# 3.11
# 震災は日本を変えたのか

3.11: Disaster and Change in Japan
Richard J. Samuels

リチャード・J・サミュエルズ［著］
プレシ南日子　廣内かおり　藤井良江［訳］

英治出版

東北の人々に

3.11
Disaster and Change in Japan
*by*
Richard J. Samuels



Japanese translation rights arranged
with Richard J. Samuels
through Tuttle-Mori Agency, Inc., Tokyo

# 3.11
## 震災は日本を変えたのか

目次

# 序文

七転び八起き

――江戸時代の格言

二〇一一年三月一一日、日本列島は北アメリカ大陸に約二・四メートル近づいた。地軸も傾き、一億二八〇〇万人の日本人はまさに天地がひっくり返るほどの衝撃を受けた。マグニチュード九・〇を記録したこの大地震により三陸沖の海底断層がずれ、まもなく巨大な津波が発生、壊滅的な被害をもたらし、二万人もの人々を飲み込み沖へと連れ去った。だれもがこの津波の映像を見て恐怖におののいた。その後私たちは、今度はより時間をかけて、福島第一原子力発電所の原子炉がメルトダウン（炉心溶融）を起こし、住民一一万人が退去を強いられ、目に見えない（想像でしかないとはいえ現実の）放射能の恐怖が日本列島全体に広がっていくのを目撃することになる。地震と津波にメルトダウンが重なるというこの未曽有の大災害――正式名称は東日本大震災――は、まもなく単に「三・一一」と呼ばれるようになった。

もっとも、日本は三・一一以前にも、数々の大震災を経験している。東京都の下町、神保町に立ち並ぶ古書店には、過去の大災害の記録や当時の大衆メディアがそれらをどう伝えたかがわかる資料が山ほどある。私の行きつけのある書店には、ただ「震災」とだけ書かれたラベルを貼った木箱が置かれていて、そのなかに数千枚もの写真絵はがきがひっそりと納められている。そのほとんどが一九二三年の関東大震災の写真だ。一面が壊滅状態になった平野を上野の山から見下ろした写真もあれば、銀座や大手町で撮られたくすぶりつづける建物の写真もある。とりわけ象徴的なのは、強大な力を誇る大蔵省の門の写真だ。その門の背景には、もはやなにも立っていない。火災現場から逃げていく人々の写真から、救援物資を整理している公務員、市の職員と軍当局者の同行のもと被災地を視察する若き皇太子（のちの昭和天皇）や焼け焦げた遺体の写真まで、すべて売られている。これらの写真がとらえた光景は――文字どおり、また隠喩的な意味でも――今回の大震災に、恐ろしいほど似ていた。

同じ神保町界隈の一般書店でも、これらの絵はがきの現代版ともいえるものを目にした。三・一一から何カ月にもわたり、どの書店も入り口のすぐそばに「震災コーナー」を設け、毎日新聞、日本経済新聞、読売新聞といった大手新聞社が大急ぎで印刷した一連の写真をところせましと掲示していたのだ――あちこちで見かける「がんばろう日本！」というスローガンが書かれた横断幕が張られていることも珍しくなかった。雑誌風のフォトエッセイに加え、自衛隊の救助活動や復旧作業を紹介する数々の書籍、急遽出版された一般市民の英雄的行為を描いた漫画も置かれていた。そのほか、震災コーナーには非常食のガイドブックや節電マニュアル、「どこでもライト」という名の非常用懐中電灯までそろっていた。

一〇年前、アメリカで九・一一があらゆる国民的議論に影響を及ぼしたように、三・一一およびその災禍は長年つづく日本の将来に関する議論にあらためて注意を向けるきっかけとなった。今回の出来事について――だれが悪役でだれがヒーローかといったことも含めて――もっとも説得力のある説を唱えた人々が政治的主導権を握るチャンスを得た。三・一一の前、長年にわたり日本の政治的議論は山積する懸案事項に覆われていた。有能なリーダーに恵まれず、安全保障環境も不安定、コミュニティは崩壊し、なによりも変化が求められていたのだ。震災の発生後、指導者層はそれぞれの自説に三・一一の教訓を取り入れ、みずからが掲げる大義を強化しようとするようになった。一般の人々のあいだで交わされる会話も危機感をあおる論調を帯び、いっそう切迫感が増した。それまでは人口動態や経済的影響により引き起こされる緩やかな打撃について議論していたが、いまや突発的な打撃への対策が急務となった[1]。そして、何十年も耳にすることがなかったか、真実味を帯びなくなっていた言葉――たとえば国家の危機を表す「国難」といった一世紀近く使われていなかった言葉など――が議論に登場するようになった。

もちろん、日本の指導者たちはただ言葉の問題を論じていたわけではなく、単なる対話をはるかに超えたことを行なっていた。どの国のオピニオンリーダーにもいえることだが、彼らは国民の論調をコントロールできれば力を得られることを知っている。「甘い言葉」で人々の選択を左右し、「強制せずに説得」できればだ[2]。彼らは三・一一を利用して国民の関心(さらに可能であれば国民のアイデンティティ)を形づくり、自分たちの思いどおりの方向に歴史のバランスを傾けようとした。選択肢はさまざまだ。一部の人々は、三・一一は日本が「変化を加速して」、新たな方向へ進むよう促す警告であると考えた。日本が対米従属や原子力への依存を解消し、積極的に前進することこそが国益にかなうというのだ。一方、変化によって失うものが大きい人々は、今回の災害は一〇〇〇年に一度の「まれな出来事」であり、日本は「現状を維持」すべきだと説く。これまでと同じように——ただし、もっとうまく——やっていくことが日本の利益につながる。方向転換するのは逆効果だというのだ。また、過去を理想化し、三・一一は日本が昔に戻って近代化と国際化によって失ったものを取り戻すべきだという明確な教訓を与えてくれたのだと主張する人々もいた。彼らは日本の基本的価値観を取り戻し、本質的アイデンティティを再発見することだけが国益につながるのだという。

一時期、三・一一は日本にとって終わりのない悪夢のように思われていた。一般の人々も、マイクロシーベルト、ベクレルといった単位や、セシウム、ストロンチウムといった物質など、なにやら恐ろしげな専門用語に詳しくなり、政治家も自衛隊員も官僚も、災害にかかわる言葉やものごとを以前のようには気安く扱えなくなった。ところが、時間がたつにつれて、この危機も日常の政治の一部となる。もう大丈夫だと確信した人もいれば、さらに不安を募らせる人、やがて「東北問題」に関する人々の記憶も薄れていくと胸をなで下ろす人もいた。震災から一年以内に行なわれた別々のインタビューで、横浜市の副市長は、変化に反対する人々は時間稼ぎをして大衆の熱が冷めるのを待っていると述べた。また、ある国会議員は、二万人の命が失われても国政を左右するには不十分だと発言している。彼らの発言が正しいとすると、三・一一は政治的道具としては役に立たないことが証明され、あれだけ議論を重ねたにもかかわらず、それは震災による痛みを安っぽいものに変えただけだということになる。

三・一一が歴史的文脈においてひとつの区切りとなる句読点なのか、括弧にはさまれた挿入句にすぎないのかを判断するには時期尚早である。しかし、この判断がどれだけ複雑だとしても、ひとつ確かなのは、三・一一が起こっても、日本で発言力を持つ人々のほとんどは自分の意見を変えなかったということだ。オピニオンリーダーたちは、三・一一の教訓を正しく導き出すことができれば、これまで以上に効率的に大衆の意見をリードできるようになると確信していた。そこで彼らは、自分たちの主張を巧妙に書き替えた。新しいヒーローと悪役を加え、新たなレポートと分析結果を提示して、日本が三・一一の災禍の後処理を行なううえで最良の方法（自分たちにとって都合のいい方法）があると国民に信じさせようとしたのだ。そのため、彼らのいう最良の道が三・一一の前後で変わっていないとしても驚くにはあたらない。どうやら彼らはどのような場合でも一般大衆の選好は変えられると考えていたようだ。とくに声を上げない大多数の人々は、十分な説得力と刺激があれば――政治的な議論が盛り上がっている場合でも、激しい論争が存在しない場合でも――特定の見方を支持するように誘導できる。どの国においても、大惨事が起これればそれについて解釈を加えたり、対応策を示したり、支持を求めたり、政策を見直したりするのが民主政治の主な仕事だ。したがって、日本政府が三・一一のあと、長期にわたり腰を据えて市民およびさまざまな考え――これを本書では「競合するナラティブ（物語）」と呼ぶ――に向き合ってきたことには多くの意味があり、なんといっても民主主義が活発に実践されている証拠である。本書では、ナラティブがどのような機能を果たすのか、大災害は変化を求める人々に力を与えるのか、現状維持を望む傾向を助長するのか（あるいはそのどちらでもないのか）に着目する。

これらの問いを国家安全保障、エネルギー、地方自治の三つの政策領域について検証する。国家安全保障とエネルギーを取り上げる理由はいうまでもないだろう。いずれも三・一一が起きたことで、過去に例を見ない運命の逆転を経験した。かつて過小評価されていた自衛隊が一躍脚光を浴び、国民からの評価が飛躍的に高まった。また、ことあるごとに批判の的となっていたアメリカとの同盟関係も自衛隊と同様に称賛された。一方、エネルギーについては、かつては自信に満ちて力を誇った業界が国民の非難の的となった。その結果、エネルギー業界は戦後最大規模の業界再編成につながる抜本的改革を迫られた。こうした国家安全保障やエネルギーの事例ほどわかりやすくはないかもしれないが、第三の分析対象に地方自治を選んだのにも、それなりの理由がある。三・一一後の地方自治体の活躍から日本の行政の未来を占う数々の手掛かりが得られるというのもそのひとつだ。なんといっても、それまで気づかれていなかった中央政府の短所と地方政府の長所が浮き彫りになった。それに三・一一でもっとも被害を受けた三県――宮城、岩手、福島――の震災後の構想から、地元の優先傾向の根本的な違いも明らかになった。日本では全国的に高齢化と産業の空洞化が懸念されているが、三・一一が起こったことで、東北地方の高齢化と産業の空洞化はほかの地方よりも一〇年早まった。したがって、東北地方の復興をうまく行なえれば、将来的な日本の再生に役立つ手掛かりが得られるはずだ。

これら三つの重要な政策領域において「復興をうまく行なう」ということは、意思決定のための審議プロセスを変えることを意味する。現在の不透明で協調主義的なプロセスを、透明で参加型のプロセスに変えることはできるだろうか？ 「復興をうまく行なう」ことが政府組織自体の変化を意味しうるだろうか？ 遠からず、積極的な政策の監視ならびに権限争いの均衡あるいは軽減が実現するかもしれない。また、新たな政策コミュニティが形成されるかどうかもわかるだろう。新たな命令系統はこれらの政策領域において重大な意思決定を行なう準備ができているのだろうか？ 政治家と官僚、自衛隊と政治指導者、産業界と政府、中央と地方の力の均衡は変わろうとしているのだろうか？ その場合、三・一一が原因といえるのか？ 三・一一はなんらかの形で変化を後押ししたのだろうか？ それとも、いずれにしても変化は起こったはずであり、三・一一はその過程におけるひとつの出来事にすぎないのだろうか？ もし三・一一の結果なにも変わらなかったのだとしたら、あれほどの被害をもたらした大災害でも変化を起こせなかった原因はどこにあるのか？

私たちは災害が起こると多くを期待する——期待しすぎるともいえるかもしれない。たとえば、一七五五年の諸聖人の日〔一一月一日。カトリック教会の祝日〕に起きたリスボン地震は啓蒙思想につながるインスピレーションを与えたといわれている。また、二〇〇四年のインド洋大津波はインドネシアで何年も続いていた流血を伴う内戦を洗い流す「平和の波」だったと信じる人々もいる。私も含めて政治アナリストは、三・一一ほどの規模の大災害に直面すると、人の話をうのみにしやすくなる。実際、日本国内でも海外でも、三・一一にまつわる大げさな話には事欠かなかった。一部の人々はまもなく新たな時代が始まるといった。三・一一が経済改革や技術革新、政治改革に拍車をかけるというのだ。三・一一はターニングポイントであり、変化の要所であり、再生をもたらすと。日本は独自のニューディール政策を行ない、低迷状態から抜け出し、生まれ変わる。新しい世代の日本人「三・一一世代」は新鮮なモティベーションを得て、新たな日本の創造へと邁進するだろう。彼らの世代を特徴づけるのは、同じ恐ろしい体験を共有していることであり、彼らにとっては国の復興が新しい日本の賛歌となる。

こうしたけた違いの期待と主張は――そのうちのいくつかをじつは私自身も口にしてしまったのだが――三・一一に限ったことではなかった。社会的・政治的理論はいずれも、戦争や自然災害などの外的衝撃は構造的・組織的変化の種になると述べている。歴史学者もしばしば、トラウマ的な出来事が政治力学および社会力学を明確に理解するための機会になると指摘している。三・一一の影響を確認するには時期尚早であることは承知のうえで、本書ではあえてこれらすべての要素を検証する。しかし、実地調査をはじめて六カ月たったころ、ほんとうに大規模な変化が起こるか確信が持てなくなった私は、本書の仮題を『国民の再生？（*Rebirth of a Nation?*）』から『危機のレトリック（*The Rhetoric of Crisis*）』へと変更したことも最初に断っておきたい。非公式ながら当時どこでも見られた「がんばろう日本！」という――三・一一の六カ月後にグーグルで検索したところ二三〇〇万件ヒットした――スローガンは、この序文の冒頭に記載した江戸時代の格言のように「復興」を呼びかけているのであって、「変化」を呼びかけているわけではないことに気づいたのも同じころだった。

このことからも三・一一をめぐるナラティブが、さまざまな方法で一般の人々だけでなく著述家の心もとらえたことがわかる。実地調査を開始してから数カ月後、私は三県の住民の苦しみを特別視する、支配的で争う余地のないストーリーラインを自分がなんの疑問も持たずに受け入れていることに気づいた。いうまでもなく宮城、岩手、福島各県がもっとも甚大な被害を受け、どの復興会議においても三県の知事の存在感が際立っていたが、被害者は彼らだけではなかったはずだ。東北のそのほかの県も関東の一部やそのほかの地方も被害を受けた。なにより三・一一という呼称自体に九・一一と同様、疑問の余地がある。三・一一という言葉で特定の政策領域に焦点を合わせることで、政治的議論を制限してはいないか？　あるいは、だれもが三・一一を経験したという事実をもって、あらゆる国家的問題に影響を及ぼそうと対象をひろげすぎてはいないか？

二〇一一年三月一一日金曜日の朝までの四年間、私はいかにして政治的制約が民主的組織をゆがめるかに関する本に取り組んでおり、すでに日本、韓国、イスラエルの事例を検証し、コロンビア、イタリア、アメリカの研究のための準備をしているところだった。しかし、それから数週間、三・一一の様相が明らかになるにつれて、私は日本アナリストとしての責任をより明確に意識するようになった。私たち日本アナリストのほとんどが、三・一一はみずからの職業人生にもっとも混乱をきたす出来事になるのではないかと見ている。私はまだ執筆にいたっていない著書『政治の誘拐（*Kidnapping Politics*）』を棚上げし、日本という国家の再生に思いをはせた。

本書は発見と再発見、きずなときずなの回復に関するプロジェクトである。くしくも三・一一によりもっとも影響を受けた政策問題は、私が生涯をかけて研究し、執筆活動を行なってきた分野であり、本書はその集大成となった。地方自治、エネルギー政策、技術の政治経済、軍事安全保障、政治的リーダーシップに関する過去の著書を執筆するなかで得てきた情報は本書でも役立っている。実際、過去の著書がひとつのテーマの下に集約され、予想もしなかった説得力を持ったといえるだろう。私の処女作である政治的世代に関する編書も、日本が直面する課題について考える一助となった。大学院時代によく語り合った友人や残念ながら連絡が途絶えていた友人を含む数十年来の仕事仲間とふたたびともに働く時間を持てたことを心からうれしく思っている。

彼らと、全力で執筆に取り組んだこの一年間に得た多くの新しい仕事仲間や友人に感謝する。このなかには日本の市区町村、都道府県、そして中央政府の関係者——議員も官僚も、自衛官も文官も——七〇人、アメリカ政府関係者一〇人以上も含まれている。彼らは私のために時間を割いて、三・一一とその後の状況に関するデータを提供し、それぞれの見解を聞かせてくれた。また、駐日アメリカ大使館（東京）、在日アメリカ軍、防衛省、自衛隊、内閣府、東京電力、経済産業省、総務省の上官数十名は匿名を条件に忌憚のない意見を聞かせてくれ、それはとても参考になった。

ここで名前をあげて感謝できる人々を紹介しよう。これは私にとって喜びである。阿部知子、赤坂憲雄、マイケル・キューセック、アレクシス・ダッデン、フジワラ・ミチタカ、ランス・ガトリング、アンドリュー・ゴードン、井戸敏三、飯田哲也、五百籏頭真、石川幹子、岩間芳仁、神田駿、兼元俊徳、河村たかし、君塚栄治、北大路信郷、河野太郎、ポール・ミッドフォード、御厨貴、西川雅史、岡本行夫、大西隆、ジョエル・ルーベン、ササキ・アツシ、瀬口清之、清水勲、鈴木達治郎、高見澤將林、達増拓也、十市勉、ジム・ザムウェルト。また、アンドリュー・デウィット、クリストファー・ヒューズ、ジェフ・キングストン、道下徳成、村松岐夫、ポール・スカリスは執筆中有益なアドバイスをしてくれただけでなく、手間暇かけて数章の原稿を読み、私には発見できなかった間違いを指摘してくれた（まだ間違いが残っていたら、もちろんそれは全面的に私の落ち度である）。全原稿を読み、その論点と構造を新しい視点から解釈できるようにしてくれたデビッド・レーニーにはとくに感謝している。スザンヌ・バーガーも初期の原稿についてありがたいコメントをくれた。白石隆政策研究大学院学長は私を数カ月間同大学院に受け入れてくれた。中村芳夫、中山洋、油木清明、半田明美は東京の経団連経済広報センターでの作業をサポートしてくれた。また、二カ月間ローマのLUISS大学に受け入れてくれたジョバンニ・オルシナ、アレッサンドロ・オルシニにも感謝している。同大学では隔離されたすばらしい環境で原稿の大部分を書くことができた。耳にたこができるほど、たまには息抜きするようにといってくれた三五年来のローマの友人フェルナンド・スカデュートは実に気前が良く親切だった。ベルリン自由大学のヴェレナ・ブレヒンガーと彼女の才能ある同僚たちは放浪の学者である私を温かく迎えてくれた。

また、マサチューセッツ工科大学（MIT）政治科学学部安全保障研究学科および日本学科のサポートにも感謝したい。彼らの助けがなければ三・一一後これほど早くこのプロジェクトを行なうことはできなかっただろう。

大震災直後、足場を固めようとしていたとき研究アシスタントのクリストファー・クラリー、フクシマ・マユミ、トビアス・ハリス、ジョセフ・トリギアンはとても頼りになった。シマブクロ・ユミは入稿直前に日本語のスペルを確認する作業を手伝ってくれた。

最後にローリー・シェフラーとロジャー・ハイドンに感謝する。最後に紹介することになったのはただ単にそれが慣習になっているからだ。ローリーは研究休暇中ケンブリッジ大学で私の留守を守ってくれた。また旧友でコーネル大学出版局の編集者でもあるロジャー・ハイドンはこのプロジェクトに情熱を傾け、私（とプロジェクト）が着実に歩を進められるようにしてくれた。二人とも正真正銘のプロフェッショナルであり、彼らと仕事ができたことを名誉に思っている。とはいえ、たくさんの仕事をつくってしまったことをこの場を借りて二人に謝りたい。

情熱といえば、私がだれよりも情熱を傾けているのは妻のデビーである。本書の制作中に彼女が執筆した日本料理の本の出版と上の息子の結婚、下の息子の婚約、そして私たち夫婦の結婚四〇周年を祝えたことは大きな喜びだった。こうした出来事が私を愛で満たしてくれなかったら、三・一一の悲劇に正しく焦点を合わせ、生活のバランスをとることはできなかったかもしれない。

# 3.11
震災は日本を変えたのか

六ヶ所村
青森
秋田
岩手
陸前高田市
大船渡市
気仙沼市
山形
宮城
南三陸町
仙台市
石巻市
震源
南相馬市
福島
東京電力
福島第一原子力発電所
高速増殖原型炉
もんじゅ
大飯原子力発電所
東京
大阪

# 第1章　過去の状況と三・一一

「いったいどうなっているんだ！」

——菅直人首相の東京電力職員に対する発言（二〇一一年三月一五日）

「過去数日間の日本の情報提供の仕方には心から失望した」
——ジョン・ルース駐日アメリカ大使の枝野内閣官房長官に対する発言（二〇一一年三月中旬）

現在では単に「三・一一」とも呼ばれるようになった東日本大震災は日本にとって最悪のタイミングで起こった。もっとも、自然災害には心を清める作用（カタルシス）があると信じている人なら、むしろ最高のタイミングだったというかもしれない。いまから一世代前の一九七〇年代後半から一九九〇年代前半にかけて、日本は世界から羨望のまなざしで見られていた。エズラ・ヴォーゲルの著書『ジャパン・アズ・ナンバーワン』は日本の経済的成功に対する畏敬の念と称賛、そして恐怖心を見事にとらえている。日本は経済運営、社会統制、さらには国家統治の見本とされた[1]。

四〇年後の現在、こうした主張は的外れに聞こえる。一九九〇年代前半、失策が招いた不動産バブルが崩壊し、日本経済は不況に転じた。一九九〇〜二〇〇九年における国内総生産（ＧＤＰ）の実質成長率は年率わずか一・一パーセントにとどまった。これはアメリカの半分以下であり、当時世界中から注目され投資が集中していた、いわゆるＢＲＩＣｓ――ブラジル、ロシア、インド、中国――全体の八分の一にすぎなかった。低成長でもゼロ成長よりましだとはいえ、この「失われた二〇年」に日本が経験した一連の経済問題に目を向ければ、負の影響が連鎖し悪循環に陥っていたことは明らかだ。日本の株式市場と不動産価格は一九八〇年代のピーク時と比べ七〇パーセント下落、銀行は膨大な不良債権を抱えて大規模なリストラを余儀なくされ、日本経済はデフレに陥った。公的債務も急増し、世界最大レベルに達している。日本の投資家はリスクを回避するようになり、企業は対応策として事業所を海外へ移転させた。これが国内製造業の「空洞化」を招く。二〇〇九年までに日本の工業生産の約五分の一は国外で行なわれるようになっていた――自動車においては実に全生産台数の二分の一以上が海外で生産されている[2]。日本の所得不均衡は経済協力開発機構（ＯＥＣＤ）加盟国の平均値を上回り、生活保護の受給者数は終戦直後のレベルに近づいている。実際に日本の所得移転・税引き後の相対的貧困率は一九八〇年代から二〇〇〇年代にかけて二四パーセント増加しており、先進国中ではアメリカに次いで二位になった[3]。二〇一一年三月には終身雇用者数も大学新卒者の内定者数も過去最低を記録した。内定者数の低下に関連して、日本では自殺率がすでに疫病の域に達しているが、大卒で無職の人の自殺者数が二〇〇七年から二〇一一年にかけて二五〇パーセント上昇している[4]。二〇一二年にシティグループと『エコノミスト』誌が行なった世界の大都市の競争力に関する調査によると、上位四〇都市にランクインした日本の都市は——ほかの都市よりもはるかに繁栄している——東京だけだった。東京のほかに六〇位までに入ったのは大阪と名古屋のみで、いずれも東京の七八パーセント未満の競争力と評価された[5]。日本型システムが斜陽化しているという共通認識が生まれたのも無理はない[6]。

日本の経済および産業の守護神的存在である経団連（日本経済団体連合会）は日本の政治的リーダーシップをこう批判した。「国際社会におけるわが国の存在感の低下が著しい。とりわけ国内立地環境は悪化の一途をたどっている。根源的な問題は、政府の危機感、スピード感、そして先を見通す力の欠如である」[7]。その後、政府はみずからの責任を認めた。三・一一の数カ月前に発表された『新成長戦略について』では、冒頭で日本の長期に及ぶ経済停滞および社会的病理についてこう明言している。「……約二〇年、日本経済が低迷をつづけた結果、国民はかつての自信を失い、将来への漠たる不安に萎縮している」[8]

しかしながら、これらの問題に正面から取り組もうとする政府の姿勢に心から期待することはできなかった。二〇〇九年に中道右派の自由民主党が中道左派の民主党に政権を奪われるずっと以前から、「政治的リーダーシップ」という言葉自体、整合性を失っていたからだ。例外的に小泉純一郎政権は高い支持率を維持し、二〇〇一～〇六年まで足掛け六年続いたが、ほかの首相はめまぐるしく入れ替わった。中曽根康弘首相の長期政権が幕を閉じた一九八七年以降、三・一一までに小泉を除く一五人の首相のうち一三人が、二年以内に首相官邸を後にしている。二〇〇六年九月に小泉が政権を去ってから三・一一までのわずか四年半にも満たない期間に日本では五人の首相が誕生した。そのうちだれひとりとして国民からの継続的な支持を集めることも政策で牽引力を発揮することもできなかった。一方、自民党が政権を手放した一九九三年以来、約二〇の政党が誕生している。しかし、そのほとんどは短命で、国政に一石を投じるには至らなかった。三・一一以前から日本の政治階級〔訳注閣僚や国会議員、高級官僚、公共企業経営者、政党幹部、知識人など政策決定に直接影響を及ぼす人々〕に対する国民の信頼はほぼ終戦直後のレベルまで低下し、不満が広まっていた。震災前に行なわれたアンケート調査によると、四分の三の人々が「現在の国内情勢に不満がある」と回答している[9]。

盛んに責任転嫁が行なわれ、政治家はお互いの粗探しに躍起になっていた。東京都知事の石原慎太郎は右派の立場から二〇世紀前半の日本の政治家に対するさまざまな批判を展開しつつ、日本および日本の指導者は三・一一の数カ月あるいは数年前から進むべき方向を見失っていたと断言。石原と保守派の政治的盟友たちは、民意が「物欲第一」に向かう一方で、政治も「国家」不在でポピュリズムに迎合し、先を競ってバラ撒きをしていると主張する[10]。かつてチャルマーズ・ジョンソンが「自民党が君臨し、官僚が国を統治する」と評したことでも知られる官僚制も信頼を失って久しい[11]。過去四半世紀のあいだに日本の中央政府のほぼすべての省庁が――規制の緩さから汚染された血液製剤が流通した薬害エイズ事件や約五〇〇〇万人の年金記録が失われた問題、経済政策の失敗など――なんらかのスキャンダルに見舞われていた。そのため「官僚主導の行政」に歯止めをかけるという民主党の公約がとりわけ人気を集めたのもうなずける[12]。三・一一が甚大な被害をもたらしたことで、この公約が守られているか日々試されることとなった。また、目に見えるかたちで変化が訪れる見込みも高まったように思えた。

## 三・一一のコスト

とはいえ、仮に変化が訪れるとしても、それには膨大な人的、経済的、政治的コストを要する[13]。

### 人的コスト

三・五〜九・三メートル〔遡上高は最大四〇メートルを観測〕に及ぶ津波が人々の住む東北地方の海岸線を飲み込み、二万人近くの住民の命を奪った[14]。集落全体が壊滅したところもある。東京都中心部の九〇パーセントに相当する土地を覆っていた水が引き救助活動が本格化したころには、五〇〇キロメートルに及ぶ海岸線は破壊され、七万戸の家屋が流され、一六万人の住民が臨時の避難所に身を寄せることとなった。三〇〇カ所以上の病院や介護施設、保健所をはじめとする医療機関が閉鎖され、被災者を受け入れられなくなった[15]。亡くなった人々の半数以上は六五歳を超えていたが、犠牲者のなかには約五〇〇人の学童もいた。また、二四〇人の子どもたちが孤児になった。子どもたちは教師に連れられて高台に避難できたが、親たちはそこへたどり着けずに命を落とすケースも多かった。犠牲者に支払われる生命保険金額は最終的に二〇〇〇億円規模になると予想される[16]。

しかしながら問題は津波だけではなかった。かつてこれほど多くの市町村が同時に首長を失ったことはない。市町村長も副市町村長もその他の幹部職員も、もっとも必要とされるときに役所などの公共施設四〇棟もろとも一瞬にして姿を消してしまったのだ[17]。それに東北地方はもともと特別活気のある地方ではなかった。震災以前から東北六県は二〇二五年までに一五〜二〇パーセントのペースで人口が減少していた。人口減少のペースが六県中でもっとも遅い宮城県ですら、二〇三五年までには同程度減少すると見られていたのだ。そして、二〇年かけて減るはずの人口が期せずして五〜一〇年で失われることになった。たとえば宮城県南三陸町は人口の約七パーセントを一瞬にして失い、岩手県陸前高田市は市職員の三分の一を失った。こうした予期せぬ変化のもと——しかも社会的ニーズが過去に例を見ないほど高まっているなか——地元の市町村職員は外部からの多大な支援を受けなければ政策立案が行えない状況に陥った[18]。

その上、目に見えない——だからこそなおさら恐ろしい——放射能にも覆われていた。福島県内で津波により亡くなった人の数は二〇〇〇人未満だった[19]。しかし、近隣の宮城、岩手両県では震災後機能が停止した市町村も数カ月後には正常に戻りつつあった一方で、福島では東京電力福島第一原子力発電所の三基の原子炉がメルトダウンを起こしたことにより、その周辺区域が非常に危険な放射線を浴びた[20]。避難した近隣市町村の住民一一万人のうち、自宅に帰れる見込みのある人はほとんどいない。家屋に触れただけで健康を害する恐れがあるからだ[21]。二〇一一年六月、政府は放出された放射線量が当初報告されていた数値の二倍であることを認めた。そして八月、福島で放出された放射線量が一九四五年八月に広島の街を焼け野原にした原子爆弾と比べて、セシウム一三七が約一七〇倍、ストロンチウムが二倍以上であるとする推計値を発表[22]。一二月、環境省は一〇〇以上の地域を放射線量低減対策特別緊急事業費補助金の給付対象に指定した——しかし、これはありがたいばかりではなかった。指定を受けた地域の農産物は、たとえ汚染されていなくても、汚染を疑われるようになる

陸前高田市役所．市の職員の３分の１がここで亡くなった．2011 年９月，著者撮影

大船渡市の瓦礫．2011 年３月 15 日，アメリカ海軍マシュー・M・ブラッドリー撮影

からだ[23]。

被曝量を計測できるようになり、この程度のレベルであればとくに心配する必要はないと判断すると、大半の専門家は放射線が直接人体に及ぼす影響を以前ほど懸念しなくなった[24]。ところが保育園や運動場、東京の水道水、母親の母乳、乳児用粉ミルク、問題の原子炉から何百キロメートルも離れたところで取れたワカサギ、牛肉、緑茶、そのほかの一般的な食材から放射能が検出されたというニュースが鳴り物入りで報道され、日本中が神経をとがらせるようになる[25]。二〇一一年一一月に文部科学省が、放射性セシウムは――福島ばかりでなく、一七〇〇キロメートル離れた沖縄も含め――全国で発見されていることを認めても状況は変わらなかった[26]。二〇一一年八月、福島県在住の子どもの約半数が内部被曝検査で陽性となり、一二月には福島県の佐藤雄平知事が福島県産の農産物を購入した消費者に謝罪した。同年の収穫物は安全であると知事が宣言したわずか二カ月後に基準値を上回る放射性セシウムが検出されたからだ[27]。さらにひどいことに、自宅に戻ることができなくなった福島県民の多くが、公共の宿泊施設で滞在を拒否されるという差別を受けた[28]。震災に付随して起こるこうした心理的影響は改善されるどころか、測定すらできていなかった。肉親を失ったり、生計を立てられなくなったりした住民の自殺が急増し、二〇一一年五月、もっとも影響の大きかった岩手、福島、宮城の三県の自殺者は一五一人に上った[29]。六カ月後、被災者の約半数が睡眠障害、うつ病、ストレスに苦しんでいた[30]。みずからも三・一一の津波で妻子を失った陸前高田市の戸羽太市長はこう指摘する。「被災者っていうのは、二四時間被災者なんです」[31]

## 経済的コスト

政府の推計によると今回の震災による物理的被害額は一六・九兆円——建物関連が一〇兆円以上、電力、通信、交通インフラストラクチャーが約四兆円——となっている[32]。しかし、スタンダード・アンド・プアーズは、より正確には二〇〜五〇兆円に上ると推計した[33]。しかも、これらの推計には原発事故による損害、清掃作業、廃炉にかかわる費用が含まれていない。こうした被害額の推計にひきかえ短期の経済的影響は明らかだった。第一にグローバル・サプライチェーンが混乱した。三・一一から約一週間後に『日本経済新聞』は震災の被害に遭った国内の製造業者、製造ラインの中断、業務再開のために行なった努力に関する広範囲にわたるサンプル調査の結果を掲載。回答者の多くは世界的トップ企業で、市場の九〇パーセント以上を独占する企業も含まれていた[34]。二〇一一年五月に『読売新聞』が行なった全国規模の調査によれば、回答した企業の半数が三・一一による悪影響を受けていた。ほとんどの企業において、部品と原料の供給が途絶え、消費者の信頼感が低下し、停電により生産量が減少している[35]。トヨタはアメリカとヨーロッパでの自動車生産を一時的に中断せざるを得なくなり、二〇一一年の売り上げは三一パーセント低下[36]。震災から二カ月で日経平均株価は六パーセント以上下落し、国内の自動車生産台数は六〇パーセント落ち込んだ。日本に住んでいた外国人が国外に移住し、海外からの旅行のキャンセルも相次いだ。二〇一一年に日本を訪れた外国人の数は二四パーセント減少。これは過去六一年間で最大の減少率だった[37]。東京在住の外国人のうち実に四分の一が三・一一後に一時帰国している[38]。しかし、避難したのは外国人ばかりではない。東京圏の人口は通常夏に増加するが、二〇一一年夏までに四〇〇〇人減少した[39]。また、企業も震災をきっかけに公然と海外移転を検討するようになった[40]。

影響は財政にも及んだ。多額の債務を抱える日本政府は、七月中旬に二〇一一年度の第二次および第三次補正予算を確保する前に、被災地に対してすでに六兆円を支出していた。これは前回の大災害(一九九五年の阪神淡路大震災)の二倍に相当する[41]。成長見通しの低さと膨大な債務を理由にムーディーズなどが日本の長期債務支払能力の格付けを下げ、すでに世界最大の公的債務を負う日本政府にとっては大きな痛手となった[42]。結局、二〇一一年第一四半期に日本経済は三・七パーセント縮小し、同年第二四半期にはさらに一・三パーセント縮小している。

とりわけ貿易は大打撃を受けた。貿易相手国が日本からの輸入食品を制限し、日本の港に寄港しないようにコンテナ船の航路を変え、コンテナの放射線量を測定するようになった。三・一一が「日本ブランド」に悪影響を与えることを懸念しているという中曽根康弘元首相の発言は、多くの人々の気持ちを代弁していた[43]。四月一五日までに日本の商工会議所は一〇〇〇品目以上の日本製工業製品について、放射能汚染されていない旨の業者の自己宣誓文に「サイン証明」を発行したが、効果はほとんどなかった。欧州連合(EU)はすでに日本製品の輸入を制限していたが、翌日さらに日本からの船についても放射線量の基準を設けた。二〇一二年二月に入っても、依然として四〇以上の国と地域が輸入制限を解除せず、二〇一一年の日本の食料品輸出量は八・三パーセント減少した[44]。生産低下、農産物市場の閉鎖、過去最高レベルの円高、ユーロ圏の金融危機、原子力発電能力の低下を補うための化石燃料の輸入増加という「最悪の事態」によって、日本は一九八〇年以来初の貿易赤字を記録した。

当然ながらもっとも深刻な影響を受けたのは東北地方の地域経済だ。仙台空港を含む三つの地方空港が津波により水没し、国際拠点港湾および重要港湾一四港が閉鎖または破壊され、小規模な漁港二六〇港も甚大な被害を受けた。また、同地方の農地の五パーセント以上が利用不可能になっている[45]。三・一一以降の九カ月間で、もっとも被害の大きかった東北の三県――宮城、福島、岩手――の失業率は六〇パーセント増加した[46]。人々が放射能汚染を恐れていたところへ、実際に放射能が検出されたことにより、一次産品の売り上げが大打撃を受けた。東北産牛肉の需要は――政府が安全宣言した後も――五〇パーセント低下している。日本最大の全国的食品小売りチェーンは輸入米を使用すると発表し、三・一一以前は米の生産量が全国四位だった福島県にとくに大きな打撃を与えた[47]。岩手県は漁船一万四〇〇〇艘を失い、漁港一一一港中一〇八港が利用不可能になった[48]。

政府と非政府組織（NGO）が東北地方の農産物および水産物が安全であることを消費者にアピールすべく努力を重ねたにもかかわらず、東北の第一次産品市場は底割れした。三月一五日以降、福島県産のキノコの出荷は禁止され、県内の漁業組合の組合員五二五人全員が操業を停止しなければならなくなった。また、三月末までに原発から半径三〇キロメートル以内の避難区域内にあった四八〇〇の職場に勤めていた五万八〇〇〇人が失業[49]。福島県の試算によれば、地震と津波による損害だけで九五〇〇億円を超えていた[50]。皮肉なことに三・一一以前は日本の電力全体の一四パーセントを支えていた福島県は、二〇一一年度の歳入のうち、県内に原子力発電所を有していることに対して東京電力から「核燃料税」として受け取る予定の約五〇億円を放棄しなければならなかった[51]。村井嘉浩宮城県知事は絶望的な状況でも平静を保ちつつ、復興財源として一三兆円を投入して地元経済に刺激を与えられれば大きなビジネスチャンスが生まれ、宮城県内の一五万戸の家屋を建て替え、海岸近くの集落をまるごと高台に移転することができると提案した[52]。

知事の提示した数値は明らかに誇張されていたが、東北地方は健全な状態に戻る道を模索しはじめていた。四月末までに東北地方の高速鉄道が回復し、トヨタは一八カ所すべての国内工場で生産を再開、東京中央卸売市場（築地）の水産物の取引量は三・一一以前のレベルに回復し、自衛隊とアメリカ軍の並々ならぬ努力のかいあって、仙台空港も民間機の運航を再開した。貨物船もまもなく東北の港に出入りできるようになり、さらには宮城県内でもとくに深刻な打撃を受けた海辺の街、気仙沼の朝市が再開。ニュースによれば、二〇一一年末までに東北の日本酒およびその他の蒸留酒の出荷が宮城だけで七〜二八パーセントも増加し、復興を見守っていた多くの人々に祝福された[53]。

しかし、より大規模な復興活動は遅々として進まなかった。震災から七カ月たっても建設が完了した被災者向け仮設住宅は三分の二に満たず、津波によって運ばれてきた膨大な瓦礫のうち一年後までに除去できたのはわずか五パーセント。東北復興予算の半分以上がまだ執行されていなかった[54]。二〇一一年三月後半、民主党は東北地方の復興に向けた取り組みと中央からの援助を一元的に管理する監督機関を設置するため東日本大震災復興基本法の制定を提案したが、同法案が国会を通過したのは六月に入ってからだった。その上、政治的内部闘争により、同法で設置を決定した復興庁が実際に発足するまでに震災から一年近くかかってしまった。三・一一から一周年を迎えた時点で、同基金から貸付金を受け取った企業は七社にとどまった[55]。新聞社はなぜこれほど時間がかかったのか納得がいかない様子で、うち一社は社説で、復興庁は中央政府が地方開発を永続的にコントロールするための策略のようだと論じている[56]。

そのほかの評論家も「縦割り行政の弊害」（中央政府省庁間の連携の慢性的欠如と管轄争い）を克服できる政府機関などあるのか懐疑的だった。復興庁は地方政府が計画を立案し、中央政府のさまざまな規制に煩わされることがないよう支援する「司令塔」として設置されたが、わずかでも権限を譲るつもりのある中央省庁があるのか疑問視する向きもあった[57]。復興構想会議の五百旗頭《いおきべ》真議長は、住居を高台に移す計画は国土交通省の管轄だが、病院の移転は厚生労働省、学校の移転は文部科学省の管轄であることを知っていらだった。そして、そんな状況は終わらせなければならず、今回はそれができたものの、東北地方が復興したら政府はまた従来のやり方に戻ってしまうのではないかと懸念を示した[58]。同補正予算には五つの省と四〇のプロジェクトがかかわっていた。第一線で活躍するある都市設計家は、これは完全に縦割り行政の問題だと不満をもらした。しかし同時に、もし新設の復興庁がこうした状況を終わらせられるなら、三・一一が大きな革新をもたらしたことになるだろうと希望をもって付け加えた[59]。好意的であれ、否定的であれ、懐疑的であれ、楽観的であれ、菅政権の危機管理能力に人々の注目が集まっていた。

## 危機管理

危機に見舞われると、失敗をしがちだ。政府が本領を発揮するのは、直面している状況が政府の本来の役割に適合している場合である[60]。住宅火災や交通事故などの「ありふれた緊急事態」には慣れているので、対応も的確にマニュアル化され、何度も実践されている。一方、予想外の破壊力を持ち、マニュアルのない珍しい出来事「新手の緊急事態」もある。いずれの場合も主要機能――通信、連携、資源配分――における政府の対応は危機の度合い、不確実性のレベル、珍しさ、ストレス下での指導者たちの反応にかかっている。効果的な対策を必要とする新手の緊急事態には「適応型リーダーシップ」が求められる[61]。

三・一一に直面したとき、日本には実地で試されてはいないが名目上強化された危機管理システムがあり、つねに成功していたとはいえないまでも、明らかに適応型リーダーシップも存在していた。一九九五年の阪神淡路大震災によって、政府の緊急時への備えが未発達なレベルであることが露呈したため、その後、数十本の法律が国会を通過し、より協調的で効果的な対応ができるようになったのだ[62]。こうした改革の目玉は首相官邸に付随した組織を創設することにあった。この組織は内閣危機管理監が統括する。しかしながら、連邦緊急事態管理庁のような組織がないこと、全国規模の包括的災害対策計画が不足していること、各省は省独自の計画を共有する能力もなければ共有する気もないこと、資源が限られていること、および危機管理本部の規模から「組織的欠陥」があったことは明らかであり、三・一一後、柔軟な対応を妨害したのもこの組織的欠陥だったのかもしれない[63]。

それでも、日本政府は地震の発生を感知するとすぐに行動を起こした。日本にとって観測史上最大となる地震が発生した午後二時四六分の数分後には内閣府に危機管理センターと災害対策本部が設置され、都道府県知事は自衛隊の動員を要請[64]。これと時を同じくして、原子力発電所を所管する経済産業省と防衛省にも同様の本部が設置された。そして、日本の観測史上最大の津波が海岸線から最大一〇キロメートル内陸に押し寄せ、無防備な土地を飲み込んでから一時間もたたないうちに菅直人首相は自衛隊を「総動員」するよう指示し、東北地方を特定大規模災害の被災地に指定した。午後七時までに地方自治体の多くが機能停止になっていることが判明し、政府が原子力発電所の緊急事態を宣言、航空自衛隊の隊員によってすでに最初の救助活動が行なわれていた。三日以内に日本の自衛隊全体の約二分の一に相当する一〇万人以上の自衛隊員が出動し、捜索救助活動に当たった。これは自衛隊史上最大の動員数であった。数カ月後、国際原子力機関（IAEA）の専門家の一行が視察に訪れ、原子力発電所の危機に対する政府の対応は「模範的」だったと評価した[65]。

これは予想外の評価だった。政府の危機管理チームのメンバーの一人がいっているように、三・一一の際の危機管理は「管理危機」を誘発したからだ[66]。三・一一後の捜索救助活動に参加した別の政府高官は、「まるで小さい子がサッカーをしているところを見ているようでした……いつもボールの周りに集まってしまうのです」という[67]。この問題はおおかた菅首相が官僚を信用せず、みずからマイクロマネジメントしようとしたために起こった[68]。民主党はマニフェストのなかで官僚に宣戦布告し、二〇〇九年に政権に就くと新政府は官僚のさまざまな特権を奪い取るべく精力的に活動してきたからだ。ある元防衛省職員によれば、民主党はまるでスターリンの赤軍大粛正のように官僚を敵にまわして仕事をしていたという[69]。

そうしたわけで、菅首相が緊急対策本部の設置に動いたとき、キャリア官僚を「避け」、選挙で選ばれた政治家に担当させたのも驚くことではない。首相自身と枝野幸男官房長官が担当する場合も多かった。彼のやり方を「日本を統治する新たな方法を試している」と見る向きもあった[70]。菅に指名された復興構想会議議長はこの件に関して、歯に衣着せず、菅が官僚を信用していなかったことが問題だったと語った。しかし一方で、首相が官僚に対して彼らの役割は命令を聞くことであって、口をはさむことではないとはっきりさせてくれたのだともいっている[71]。復興構想会議の別のメンバーは菅のこの姿勢を称賛し、同会議は官僚がつくった計画を批准するために開かれた会議ではなかったので、非常にいい会議だったと語った[72]。ところが、菅は官僚からの支持が得られなかったことが災いして、各方面から批判されることとなる[73]。

構想会議の政治的経験不足も批判の的になった。構想会議の初会合の席で、復興のための増税を支持する発言をした五百籏頭真議長は、岩手県の達増《たっそ》拓也知事、民主党の岡田克也幹事長、そして、表面上だけ仲間の民主党の一般議員一〇〇人以上からすぐにぴしゃりと釘を刺された[74]。結局、構想会議はこの課題を政治家に解決させることにした。そして、震災から一週間もたたないうちに菅が仙谷由人を呼び戻し、内閣官房副長官に据えたことで、政治家と官僚の分裂によって生じた問題は若干改善した[75]。千石は民主党の長老議員のなかでは官僚と比較的良い関係にあり、政府省庁から出向した一二人の政府高官からなる事務局を即座に招集して、被災者生活支援チームへの人員配置にあたらせた。

政府のアプローチを批判する人々は、このように新しい組織や復興庁を次から次へと立ち上げたことが問題の核心と見ていた――新組織の設立は菅政権の適応性を表していると見ていた人もいただろうが、本部同士が競合していると見る人もいたのだ[76]。実際、新たに設置された二〇以上の本部や評議会、作業部会、特別委員会の多くは名称も顔ぶれも似通っていて、その役割や目的の違いがわかりにくい場合もあった。震災後最初の一週間、菅首相は緊急災害対策本部で一二回、原子力災害対策本部で一〇回、民主党の地震対策委員会で一回みずから議長を務め、電力需給緊急対策本部を設置して、枝野官房長官を議長に据えた[77]。また、その間に菅は復興対策本部、復興構想会議、その他多くの問題にもかかわっている[78]。

広く報道されているとおり、菅首相は原発事故のさなかにみずから東京電力を訪れ、事故を起こした福島第一の三つの原子炉からの撤退をほのめかした東京電力を怒鳴りつけた。菅の行動は方々で揶揄され、東京電力は撤退など一度も検討したことはないと主張。この主張は事故を調査するために国会が設立した特別委員会が確認した[79]。しかし、民間の調査委員会は首相の介入が原発事故のさらなる深刻化を防いだ可能性があるとの結論に達した。同委員会の報告書によれば、菅は混乱していたわけでも、支離滅裂だったわけでもなく、むしろ状況をきわめてよく理解したうえで危機管理を行なっていたというのだ。東京電力も政府の原子力安全・保安院もメルトダウンに対して一貫した対応策を持っていないことに気づいたことを称賛し、大量の放射性物質が降下して東京を含む東日本全体を汚染するのを菅が防いだと結論している[80]。また、菅は自衛隊が、くすぶる原子炉に放水することもみずから許可した。この作戦はまったく効果を発揮しなかったが、報道されているところによると日本国民とオバマ大統領に本気度を伝えるための演出だったらしい[81]。

もっと違った状況下であれば、最高経営責任者(CEO)がこれほどの規模の危機で直接陣頭指揮を執り、一連の機関をマックス・ウェーバーが提唱した合理的支配システムとして設立すれば、広く称賛されていたかもしれない。しかし、三・一一以降の日本政界の敵意に満ちた空気のなかで、菅は支持を集めるどころか厳しい非難の的になった。比較的穏健な評論家も菅のアプローチは非生産的であると主張した。準備もそこそこに急ごしらえした本部や諮問委員会、作業部会、特別委員会は人員不足で互いに競合し、混沌とした状況にあるにもかかわらず、これらの新組織に法的権限を分散するという菅のやり方は、縦割り行政の問題を悪化させているというのだ[82]。ある評論家はこういっている。「上級官僚を通さない」菅の手法は「指揮系統を混乱させる」結果に終わった[83]。驚くことではないが、月刊誌『文藝春秋』が行なった八三人の日本の官僚に対する非科学的調査によると、彼らは菅政権の三・一一への対応について「場当たり的」「指導力が欠如」「危機管理能力が欠如」と見ていた[84]。菅首相は自衛隊の半数を出動させたが、国家安全保障会議を招集せず、危機管理チームに幹部自衛官を参加させなかった。これが多くの人々の目には奇異に映ったのだ[85]。

ＩＡＥＡから前述のとおりの報告があったにもかかわらず、国内の菅政権の危機管理に対する批判のほとんどは福島第一原発のメルトダウンへの対応についてだった。世界最大の民間電力会社である東京電力の苦悩は震災直後に始まった。奈良に出張中だった同社の清水正孝社長は内閣から自衛隊機で東京に戻る許可を得たが、北澤俊美防衛大臣が清水社長の乗り込んだＣ一三〇機を緊急物資と医療専門家の輸送用に割り当てたため、社長は降りなければならなくなった[86]。報道によると三月一四日、東京電力はまもなく現場から撤退すると内閣府に告げた。これを聞いた枝野官房長官は間髪入れずに反対し、東京電力は日本国民も見捨てるつもりかと詰問したという。翌朝四時、福島第一の原子炉で水素爆発が起きたという報告が遅れたことを受けて、菅首相は東京電力の社長を内閣府に呼び、同社を管理下に置いた。そして、今度は東京電力本社内に新たな緊急本部を設置し、補佐官を配属した[87]。

菅がいらだっていたのは東京電力が情報を隠していることに気づいていたからだ。東京電力がなかなか情報を開示しないため、メディアや駐日外国公館から菅の指導力についてまで不満が聞かれるようになっていた。三月一三日、発行部数が日本最大の新聞である『読売新聞』が福島第一の一号機の爆発について発表が五時間遅れたことを公然と糾弾し、「官邸は危機感薄い」と非難した[88]。とくにアメリカ大使館は日本政府に対して情報開示するよう強く求めた。しかし、それでも迅速かつ十分な情報を得られなかったため、日本に住むアメリカ人の避難準備をはじめた。アメリカの原子力規制委員会の当局者は「自分たちは大いなる沈黙のなかで死ぬことになるのではないか」と感じていた。そして、信頼性の高い情報がないなかで、当惑した日本政府が設定した避難区域よりもはるかに広い半径八〇キロメートルの住民に避難を勧めた[89]。同時にフランスをはじめとする国々の政府は国民を避難させるために航空機をチャーターし、ドイツ政府は大使館機能を一部大阪に移した。各国政府は十分な注意を払って行動していたが、日本政府は他国に追随することで国民がパニックに陥ることを恐れていた[90]。

菅政権は東京電力とのあいだにもうひとつ課題を抱えていた――東京電力が確実に被害者に賠償するように仕向ける方法を模索していたのだ。一九六一年に制定された法律により、「異常に巨大な天災地変」が発生した際には企業の賠償責任が免除されるからだ[91]。東京電力は今回の事故は自然災害によるものであり、同社に賠償責任があるとしても有限責任であると主張。一方、政府はメルトダウンは人災であると主張した。当然ながら、これは自然災害であると同時に人災でもあった[92]。菅は原子力発電を推進した政府にも責任があると認めたが、原子力損害の賠償に関する法律でもっとも重要な原則に則り、東京電力に賠償責任があると主張[93]。枝野官房長官は、東京電力が大惨事を避けるために十分な予防措置を取っていなかったことから、同社に無限責任があると断言した。東京電力は同法施行当時の科学技術庁長官（のちの首相）中曽根康弘が国会で、一九二三年の関東大震災の三倍の規模の災害において企業は責任を免除されると発言したことを引き合いに出した。東日本大震災は関東大震災よりもはるかに大きく、予想は不可能であったと東京電力は主張。経団連の米倉弘昌会長の支持を得た東京電力は現存するあらゆる規制ガイドラインに従っていたとも断言した[95]。

東京電力の責任が有限であっても無限であっても、政府にとっての課題は賠償期間を全うできるだけ長く東京電力を存続させられるかだった。ある原子力専門家が指摘したように、東京電力が倒産した場合、被害者に賠償するための資金が得られず、日本最大の金融機関の一部も道連れになると思われた[96]。そこで、また政府の新たな本部——原子力発電所事故経済被害対応チーム——が発足。これに先立ち東京電力、その社債権者、銀行、主要政党、政府省庁、その他を含む幅広い関係者からさまざまな計画が提案されていた。一時借入金（仮払い）から、他の電力会社に支払いを義務づける、公的資金の注入、消費税の引き上げ、東京電力の国有化、電気料金の大幅値上げおよび債務免除まで、あらゆる手段が検討された[97]。東京電力は五月に漁師や農家に対する賠償金の支払いを開始。一一月に初の公的資金の注入を受け、二〇一二年二月には経営管理を国にゆだねることになった。東京電力は事故の被害者に対して総額約一三〇億円の支払いを命じられた。そのうちほぼ一二パーセントが政府からの資金でまかなわれる[98]。かつては高い評判を博した東京電力は——国有化費用の一部として

――一兆円の救済を受けたが、事故から二年後の時点でまだ四・五兆円の賠償責任を負っていた[99]。

震災を機に非公式ながら信頼できる情報を発信できる人々がソーシャルメディアを介してつながった。真実を追究する彼らは徒党を組んで東京電力と政府に圧力をかけ、より迅速な情報開示を求めるようになる[100]。フェイスブックやツイッターで武装した市民が放射線量やその他の震災に関する情報を公式な情報源よりも早く伝え合うようになったのだ。彼らの存在は、行方不明になったり亡くなったりした友人や家族等を発見するのにも役立った。三月一一日に投稿されたツイートの数は八〇パーセント増加し、メッセージやビデオのアップロード数は数カ月間高い数値が続いた[101]。ときおりソーシャルメディアの誤報により救助活動に支障をきたすこともあり、政府当局が「承認しえない」と判断した投稿を総務省が削除しようとしたことから、二〇一一年四月には人権擁護団体とのあいだでいさかいが生じた[102]。

その一方で、より権威ある反原発活動家や科学者も声を上げた。一般市民に対して逐次情報を提供しなかったことについて、多くの人々が東京電力と同様に政府を非難した。長年にわたり活動をつづける反体制派の核物理学者小出裕章をはじめとする反原発の科学者たちは、三月一二日時点で入手できた限られたデータから、福島第一の事故が原子力安全・保安院推定値の「レベル四」よりも大きくなることに気づいた。小出らは少なくとも「レベル四」よりもはるかに深刻な「レベル六」に相当すると主張し、地元住民に対して危険度を大幅に過小評価して伝えていることに強く抗議[103]。原子力安全・保安院は推定値を「レベル五」に引き上げたが、ＩＡＥＡは今回の事故をもっとも高い「レベル七」の災害と評価した。また、民間の専門家は空気中に放出された放射性物質の大気中濃度などを予想し、住民に危険を知らせる「緊急時迅速放射能影響予測ネットワークシステム（ＳＰＥＥＤＩ）」を正しく活用できなかったことを指摘し、文部科学省を非難。これに対し文部科学省の官僚は、パニックを避けるために配慮したと説明した。この件は政府の事故調査委員会も中間報告のなかで取り上げている。事故調査委員会は、これを放射能漏れおよび健康へのリスクに関するすべての情報を正確かつ迅速に一般市民に提供できなかった事例のひとつと見なした[104]。しかし、政府に全責任があったわけではない。地震と津波からわずか三日後には懸念されていた「完全なるメルトダウン」が起こっていたことについて、政府が関知したのは事故から数カ月後のことだったからだ[105]。菅が抜擢した原子力専門家の小佐古敏荘東京大学教授が、官邸が恒常的な機能不全に陥っていることに業を煮やして辞任したことも追い打ちをかけた。小佐古は菅の場当たり的で無計画な危機管理を「モグラたたき的」と表現している[106]。

信頼できる情報が得られず、危機管理者の能力もあてにできず、国民はいらだった。その一方で政府は科学的根拠にもとづく原子力の安全性に対する懸念と国民に混乱をもたらす政治的コストをはかりにかけていた。情報が少なく、大衆がパニックに陥りやすくなっていた事故直後、菅政権が東京に避難勧告を出すことを秘密裏に検討していたことが、事故後かなり経ってから明らかになった[107]。民主党の一部の議員が避難区域をアメリカ並みの八〇キロメートルまでひろげるよう求めて菅首相に詰め寄ったとき、首相は「全国民が動揺する」のを避けるためこれを拒否したと報じられている[108]。しかし、国民はすでに動揺していた――文字どおり途方に暮れていた人もいる。政府が最終的に避難区域を決定したとき、一部の地方政府は自分たちの地域が避難区域に含まれるのか知らされなかった。

『朝日新聞』によると「住民がもっとも知りたい情報を示さなかった」のだ[109]。そして、避難区域に指定された地域のいくつかは避難区域が広すぎると主張した。たとえば南相馬市は市の南部三分の一が半径二〇キロメートルの「警戒区域」、中央部三分の一は半径三〇キロメートル以内の「緊急時避難準備区域」に指定されたが、北部三分の一は避難区域に指定されなかった。市の行政にとってさらに複雑なことに半径二〇キロメートル圏外の市西部の七つの区域は「計画的避難区域」に指定された[110]。救援物資を求めるメッセージを個人的にユーチューブに投稿し世界中から注目を集めた南相馬市長は不満を表明し、市民の避難に関してより明確な情報と指導を強く求めた。

役人にとっても市民にとっても、納得できるくらい明確な情報を得るのは至難の業だった。避難区域を急遽決定したことからひとつの村が避難区域から漏れていた件に関して、福山哲郎内閣官房副長官は住民に謝罪。一方、上司にあたる枝野内閣官房長官は市町村長に頭を下げて住民の避難への協力を求めた[111]。同じころ政府はくりかえし安全基準を変更し、年間被曝線量の限度を校庭は二〇倍、原子力発電所の作業員については一〇〇倍引き上げた[112]。こうして関係者は透明性の欠如と急な方針転換について、絶えず公に謝罪しつづけた。

なかでももっとも劇的な方針転換は二〇一一年五月に菅首相が、日本は原子力への依存を減らし、最終的には脱原発を目指すと発表したことだろう。菅は側近にも内閣にも事前に知らせておらず、枝野官房長官はこの発言について「首相の個人的見解」と説明しなければならなかった[113]。七月、菅は原発の再稼働には新たな「ストレステスト」が必要と発表したが、このときも事前に顧問に相談していなかった。これは海江田万里経済産業大臣が佐賀県の玄海原発の安全宣言をし、市長が再稼働を承認した翌日のことだった。海江田は意思疎通の欠如に対する責任をとり、辞任する意向を表明した[114]。

時には関係者が傲慢な態度をとったことで謝罪する場面も見られた。菅首相から初代復興大臣に任命された松本龍は、宮城県と岩手県の知事を訪問した際、みずから復興計画を示さない限り補助金を受け取れると期待しないようにと知事に説教しているところをカメラに撮られた。松本はまた、村井嘉浩宮城県知事が自分を待たせたことを叱責[115]。その態度に反発したマスコミと一般市民からの辞任を求める声にあらがえず、就任後わずか一週間で辞任することとなった。二〇一一年九月に新内閣が誕生しても状況は改善しなかった。野田佳彦首相の就任後わずか一週間ほどで鉢呂吉雄経済産業大臣が福島第一原発周辺を「死の街」と呼び、放射能の脅威を軽んじる配慮を欠いた言動が原因で辞任に追いやられた[116]。

首相と復興プログラムに対する支持は瞬く間に弱まった。一般市民は節電の勧告に従い、労働組合は賃金要求自制の要請に応じたが、だからといって国民が政府の援助対策に満足したとはとてもいいがたかった。ある匿名の「トップ官僚」は『読売新聞』に「(官邸は)耳当たりのいい情報ばかり発信し、住民はかえって混乱している」と語っている[117]。三・一一後の五日間で二〇回以上も首相および官房長官による記者会見が開かれ、主要な政治家が現地を視察(菅は最初の一カ月間に三回訪れている)、三月一八日には被災地に対して緊急支出の一部を支給し、被災した中小企業に無利息の長期貸付を実施、国会で野心的な提案を行ない、仕事を失った労働者のために新たな雇用を創出するなど限られた一時しのぎの手段が大量に用いられ、事故への対応全般についてＩＡＥＡから「模範的」との評価を得たにもかかわらず、菅政権の支持率は急速に低下した[118]。

## 三・一一をめぐる政治的駆け引き

三・一一以前、菅内閣に対する不信任案の提出が検討されていたが、大震災直後の結束によりかろうじて退陣を免れた。菅政権の弱点は——民主党内においても権力の座が揺らいでいたことも一因だが——最初から明らかだった。菅のいちばんの政敵は数十人の民主党議員を従える東北出身の小沢一郎だった。三・一一発生後はじめて公の場に姿を現して以来、小沢は菅の指導力のなさを公然と非難していた[119]。そして、震災からわずか一カ月後に初の統一地方選挙が行なわれ、民主党の対応が国民の審判を受けることになった。同党の候補者は苦戦を強いられ、県議会、市町村議会で議席を失い、知事選では全員敗退した[120]。

民主党内の支持者集めが、震災の被害者数と同じくらい国民の注目を集めるようになった。小沢の支持者である鳩山由紀夫前首相、菅政権の前官房長官仙谷由人、同じく財務副大臣だった桜井充らは、菅の三・一一への対応は「不十分かつ遅きに失した」、有権者は菅に警告を発したと声をそろえて非難した[121]。小沢は菅の「リーダーシップが見えない」といい、菅内閣は「無責任な内閣」だと訴えた[122]。参議院議長である西岡武夫まで菅のリーダーとしての危機管理手法を批判し辞任を求め、公正中立を旨とするべき議長ののりを越えていると評された[123]。東北復興資金の捻出方法をめぐっても戦いが勃発した。小沢と支持者たちは、国債発行および日本銀行による国債の購入を主張。一方、国民の大部分は菅が推奨した復興税の導入を支持していたため、両者の対立は民主党内および民主党と自民党の亀裂を深めるきっかけになると思われた[124]。四月末には小沢グループの六〇人が集まり、菅を民主党代表および首相の座から追放する方法を話し合った。内閣支持率はとくに原発事故への対応に関連してすでに落ち込んでいた[125]。

三・一一後の休戦状態が終わるのをいまかいまかと待ち構えていた自民党は、民主党が内部抗争をはじめたことから、ふたたび敵対関係に戻る時が来たと判断した。菅は例によって党に相談することなく、超党派の「大連立」政権を形成することを提案していた[126]。この大連立への動きは国民および自民党内部からもおおいに支持されていたにもかかわらず、自民党の谷垣禎一総裁は菅の試みが失敗したほうが都合がよいと考えた。災害復興大臣のポストを打診されたがにべもなく辞退[127]。菅が高速道路無料化や子ども手当など、復興以外の分野での「バラ撒き」政策の撤回に同意しない限り、自民党は復興のための新税の導入は承認しない姿勢だった。新聞論説委員やビジネスリーダーは、危機に直面しているいまは首相の進退を論じるときではないが、すでにさいは投げられたと主張した[128]。国会が膠着状態に陥り、国債の新規発行ができなくなったのもそのためだ[129]。また、国民は両党および旧態依然たる政治に対して不信感を深める結果となった[130]。

二〇一一年六月上旬、菅内閣に対する不信任決議案は否決され、造反した民主党議員は二人にとどまったものの、菅は八月に辞任する旨約束せざるを得なくなった。菅はこの誓約について、（一）補正予算案の提出、（二）予算の財源としての公債発行、（三）革新的なため激しい論争の的になっていた再生可能エネルギーの開発を助成するための法案の可決という三つの条件を提示。震災から半年足らずの二〇一一年九月二日、三つの条件すべてを達成したうえで退陣した[131]。しかし、人々の記憶に残ったのは危機への対応の遅れ、失策、および不十分な対応についてだった。退陣が決定してレーム・ダックとなった菅は残りの数カ月間で総額六兆円の比較的小規模な二つの補正予算案をそれぞれ五月と七月に可決した。被災地の自治体や住民が首を長くして待っていたにもかかわらず、これよりはるかに大きい一二兆一〇〇〇億円の第三次補正予算が国会で可決されたのは一〇月に入ってからだった。

## 不幸中の幸い

東北の人々にとって幸いだったことに、行政の震災への強引な対応や政府の機能不全は、国際的な支援やボランティア活動によって補われた。日本政府は外部の援助の申し出を歓迎。一六三カ国と四三の国際機関が三・一一をきっかけに日本に援助の手を差し伸べた。最初の一週間で二九カ国が救助チームと医療関係者を派遣[132]。そのなかには中国も含まれていた。中国は二〇〇八年の四川大地震に対する日本の援助への返礼として四五〇万ドルの人道的支援を約束するとともに一五人からなる救助隊も派遣している[133]。韓国も救援物資を提供するため即座に行動を起こし、同国のメディアが大々的に報じた影響もあり、幅広く寛大なチャリティーが行なわれ、韓国赤十字は東北の被災者のために二週間で一九〇〇万ドルの募金を集めた。また、台湾からの支援は慈善団体からだけで一億七五〇〇万ドルに上った[134]。

一方、日本国内の活気に満ちた市民社会は三・一一後過去に例を見ないほど効率よく力を発揮した。東北は首都圏から遠く、被害状況も深刻であったにもかかわらず、四月だけでほぼ一五万人のボランティアが被災地へ向かった。五月には約一七万人に急増し[135]、その後もボランティアの数は増えつづけた。震災から一年間に九三万五〇〇〇人以上が福島、岩手、宮城を訪れている[136]。東京北部のターミナル駅の池袋などから被災地の各市町村が設置したボランティアセンターまで労働力を届ける夜行バスは満員だった。ボランティアセンターではNGOが派遣した職員がボランティアにタスクを割り当てたり、調整を行なったりした。これまでも、日本ではこうしたボランティアセンターが各地で主要拠点として災害支援を取り仕切ってきた——時には政府よりも早く対応することもあり、つねに政府からの支援では足りない部分を補い、歓迎されている。ボランティアセンターは市町村の災害本部や地元の企業や団体、非政府組織の社会福祉団体と連携し、ほかに先駆けてニーズの評価を行ない、ボランティアを手配し、彼らの仕事を評価し、日本内外へ情報を発信する。三・一一以前、岩手県内には二四のNGOしか存在していなかったが、震災の半年後には三六〇に増えていた[137]。経済広報センターが行なったある調査では回答者の約九割が被災者のために寄付をしたと報告、七七パーセントは勤務先の企業等が被災地へのボランティアの派遣や募金集め、救援物資の配給などの効果的な対応を行なったと回答している[138]。別の調査では六〇パーセント以上の人がボランティア活動に参加したと答えている[139]。日本の経済界は災害の救援資金として一二二四億円を集め、東北でのボランティア活動を希望する従業員に対し、有給休暇、交通費、保険料などの支援を提供したと報告している[140]。さらに法務大臣は国内の刑務所に収容されている受刑者約三〇〇〇人から被災者に二〇〇〇万円以上の募金があったと発表[141]。被災地は五兆七〇〇〇億円という前代未聞の寛大な寄付金を受け取った[142]。

詳しくは第三章で述べるが、一九九五年の阪神・淡路大震災後もボランティア活動が盛んに行なわれた。しかし、今回のボランティアおよびボランティア組織はより経験豊富で、準備も整い、政府および被災者からプロの活動家としてより広く受け入れられた――非営利団体に関する法律が改正されたのもその一因である[143]。実際、これらの個人や団体の多くが神戸ではじめてボランティアを経験し、その後も時には日本政府が派遣する救助団体と協力し合いながら世界中で救済活動を行なってさらに経験を積み、深いネットワークを築いてきた[144]。レスキューストックヤード、ピースボート、日本災害救援ボランティアネットワークをはじめとするこうした団体の多くは、もともと環境活動や平和活動などを行なう明らかな反体制団体であり、元暴走族のメンバーがはじめた団体まであった[145]。しかし、国際協力機構（JICA）の緒方貞子元理事長が述べたように、救援活動の経験はほかの活動にも役立つものであり[146]、震災を通じて政府と経済界はボランティアとの協力活動を切望し、ボランティア側も政財界との協力に積極的だった。とりわけ主要な平和主義組織であるピースボートと陸上自衛隊との協力は注目を集めた[147]。

ピースボートが二〇一一年を「企業の社会的責任（CSR）元年」と宣言するよう経済界に呼びかけたとき、すでに扉は開かれていた[148]。日本企業の多くはすでにCSR事務局を設けており、経団連加盟企業間には企業収益の一パーセントを慈善活動に割り当てることを求める「紳士協定」があった。

このいわゆる「ワンパーセントクラブ」を通じて、経済界とNGO部門の関係は三・一一のはるか以前からかなり発達していたという[149]。震災後、大企業のほとんどが東北で支援活動をしたい従業員のための「ボランティア休暇」を提供しており、経済界は救済物資や資金、物流支援、NGOボランティアの主な供給源であった。市民社会の地位が向上した証拠にピースボート創設者の一人である辻本清美はかつて市民活動家であった菅首相から災害ボランティア活動担当の内閣総理大臣補佐官に任命された。「ボランティアの第一人者」として辻本はワンパーセントクラブと密接に協力し合いながら、資金調達とボランティアの確保を行なった。とはいえボランティアの専門家が反体制派だった過去を完全に払拭したわけではなかった。彼らは自衛隊と国との新たなレベルでの協力体制を築いたが、とくに「公式声明と主要メディアを補い、新たな方向へ進む」手段としてソーシャルネットワークを使用したのだ[150]。

アメリカも積極的に支援の手を差し伸べた。地震発生から数時間以内に、オバマ大統領は日米の同盟関係は「揺るぎない」と宣言し、「日本の人々を支援する」と約束[151]。同日、第三海兵遠征軍のC一三〇輸送機が支援物資と救援部隊を乗せて被災地に到着し、救助活動を開始した。震災から四八時間以内に国際開発庁災害救援対応チームが原子力規制委員会の職員と総勢一四四名の捜索救助チームを従えて到着した。ピーク時にはさらに国務省、国際開発庁、エネルギー省、原子力規制委員会、保健社会福祉省から一四五名のアメリカ政府職員が派遣され、東京のアメリカ大使館の指示の下、災害対応および救援活動に取り組んだ[152]。その上、日本国際交流センターの推計によれば、アメリカの市民団体が被災者救援のために六億三〇〇〇万ドルを提供、これは先進国への支援としては過去最高額であった[153]。

しかし、もっとも目覚ましい活躍をしたのはアメリカ軍だった。三月一一日に韓国海軍との合同演習に参加していた空母〈USSロナルド・レーガン〉をただちに日本に派遣。三月一三日に東北沖に到着すると自衛隊のために燃料補給と輸送の支援を開始した[154]。そして、数日以内に約二万人が動員され、航空機一四〇機、船舶二〇艘で陸上自衛隊の捜索救助および救援活動の支援に当たった——ちなみに派遣されたアメリカ兵の多くは政治的にデリケートな問題を抱える沖縄基地に所属していた。アメリカ軍は自衛隊のために物資や部隊、装備を輸送し、隊員の訓練を行なった。はじめて日本の民間飛行場を使用し、福島第一の損害状況を安全に評価できる放射能の影響を受けないロボットや無人機を提供[155]。輸送機からヘリコプターまで、大きさも機能もさまざまな航空機二〇〇機を動員し、短期間で約二〇〇〇回出動した[156]。ある上級外交官によると、仕事の配分は簡単明瞭で、日本が小売りを担当し、アメリカが卸売りを担当しているようだったという[157]。

ごく初期の段階からアメリカの連絡将校が数名、防衛省内の指揮所に参加し、海上自衛隊の最新かつ最高性能の船舶のひとつ〈JSひゅうが〉に配属された人もいた。また、逆に日本側の連絡将校もUSSロナルド・レーガンに配属された。アメリカ軍は、まもなく「トモダチ作戦」と命名されたこの活動中、みずからを「統合任務部隊《ジョイント・タスク・フォース》」ではなく「統合支援部隊《ジョイント・サポート・フォース》」と位置づけた。世間の注目が自衛隊に集まるように配慮し、あくまでも自分たちは自衛隊の補佐であるという立場を強調したのだ[158]。在日アメリカ軍司令官バートン・フィールドをはじめとする軍指導者は三・一一がどのように語られるようになるか、そのナラティブ（物語）に明らかに配慮していた。仙台空港再開の際、アメリカ軍は清掃作業で中心的役割を果たしたが、ロバート・F・ウィラード太平洋軍司令官と彼の部隊は裏方に徹したため、自衛隊の功績が称えられた。アメリカ軍のある将校は「私たちは飾り物の拳銃を持った連中だと思われるわけにはいかなかったのです」と説明してくれた。[159]彼らは仮設トイレから「アメリカ軍専用」の文字まで消した。「統合任務部隊」ではなく「統合支援部隊」という言葉を選択したことよりもさらに重要だったのは、数十年間「合同演習《エクササイズ》」をしてきた日米両国が、三・一一がきっかけとなって、日米同盟の半世紀にわたる歴史のなかではじめて「共同作戦《オペレーション》」を行なったことだ。

とはいえトモダチ作戦——およびアメリカと日本の対応を調整する試み——にも技術的なミスがなかったわけではない。第一にアメリカ側は指揮命令系統を整理しなければならなかった。作戦指揮権を持たない在日アメリカ軍が太平洋軍の指揮下に入る際、一時的に戦略的問題が発生し、摩擦が生じたという。[160]また、つねに保守的な日本側は、米軍基地からはるかに離れたところまでアメリカ兵が足を伸ばすことに慣れなければならなかった。防衛省のある職員は、当初アメリカ軍が東北に歓迎されるか確信が持てなかったという。二〇〇五年に新たなXバンド・レーダー設備を導入した際、東北地方で反対にあったことを、みんな覚えていたからだ。ところが第三一海兵隊進攻部隊が気仙沼に到着すると、温かく歓迎された。[161]そして約一カ月後、北澤防衛大臣は「今私たちが目にしているのは、たゆまぬ合同演習を行ない、基地を提供することで半世紀にわたり同盟関係を深めるために努力を重ねてきた成果です」と語った。[162]

北澤防衛大臣にこのような発言ができたのは、日米両政府間およびアメリカ大使館と在日アメリカ人のあいだの深刻なコミュニケーション問題が解決したからだ。両政府間の問題に関しては、日本側

気仙沼の後藤由美子さんの店舗兼倉庫．2011 年．ジェニファー・ロバートソン提供

トモダチ作戦中，キャンプ仙台にアメリカ軍艦隊の司令官パトリック・M・ウォルシュ（左）と統合任務部隊指揮官の君塚栄治(右)を訪ねた菅直人首相．2011 年 4 月．アメリカ海軍ティファニー・ダスターホフト撮影

はアメリカ大使館からの情報開示および日本政府の政策決定への参加を求める過剰な圧力に不満を抱いていた[163]。加えて、数十年に及ぶ両国の政策協調は、各省庁が連携せず競合しながら行政を行なう前述の「縦割り行政」の環境で進められてきた。ある政府関係者が説明したように「大使館内およびアメリカ政府の個々の部署はそれぞれもっとも定期的にやりとりする日本側の対応部署が表明した見解を提唱する傾向がありました。（中略）私たちは対応部署の見解を支持するようになっていったのです」[164]。この種の「縦割り調整」は情報をだれよりも必要としていた意思決定者への情報の流れを妨げるように見えた[165]。三月一四日、ジョン・ルース駐日アメリカ大使は東北の放射線に関する正確かつタイムリーな情報が得られない状況を懸念し、「アメリカ国民のための情報を得るために」首相官邸での会議にアメリカの専門家を出席させるよう枝野官房長官に要求[166]。日本の威信にかかわる問題と感じた枝野はその要求を拒否した。

一方、アメリカの懸念はいっそう高まっていった。アメリカ大使館は自国民に対して半径八〇キロメートルを避難区域と定め「十分な注意」を喚起したことに加え、さらにアメリカ人コミュニティに向けて「危険通知」――情報提供のための文書――を発行しはじめた。これらの対応は人々を安心させるどころか、むしろ恐怖を与えたという人もいる[167]。なかにはヨウ化カリウムに関する矛盾する情報や誤報もあり、とりわけ不安をあおる例としては「アジアの安全な避難場所」へ自主避難するための航空機の「空席に限りがある」という情報が流れたこともあった[168]。三月一六日、USSロナルド・レーガンと空母打撃群が放射能汚染の懸念から福島の風上へ移動した翌日、損壊した福島第一原子力発電所にヘリコプターで注水する自衛隊とアメリカ軍の共同作戦が予定されていたが、放射線障害の危険性が高まっていたため中止された。そうこうする間に、安全が確保できるか不確かだったことから何万人ものアメリカ人、その他の外国人が日本を離れた。

待てど暮らせど情報がポツリポツリとしか入ってこない状況に業を煮やしたアメリカ政府当局は自国民に警戒を呼びかけ、ルース大使は日本政府にさらに圧力をかけた[169]。君塚栄治統合任務部隊指揮官はこうした初期の問題を招いた原因について、支援に際してアメリカ軍になにができてなにができないのかを日本側が理解していなかったこと、差し迫った要求に応えなければならないというプレッシャーがあり、これらの問題を解決する時間がなかったことをあげた[170]。しかし、こうした緊張状態を改善する任務を負った民主党議員は首相に対し、アメリカ側への連絡を一元化して省庁縦割りの弊害を排することを進言したという[171]。この議員はまた、フラストレーションがたまりアメリカと日本の相互信用関係が危機に直面していたとも語っている[172]。

いまやだれもがこの「縦割り調整」の問題を意識するようになり、ルース大使は三月一九日に菅と会談し、問題の解決と「対話の枠組み」を改善するよう求めた[173]。菅はこの課題を北澤防衛大臣にゆだね、北澤は民主党の期待の新星、細野豪志に託した。三月二一日には日米両国の政府高官が日常的に公式に会談するようになり、ボトムアップで問題を解決するため日本政府関係者全員がこれにならった。こうして震災から数週間たってやっと制度上の問題を解決し、解決策の調整を行なうという主要な役割を担う人々が現れた。彼らはのちに「細野グループ」と呼ばれるようになる[174]。細野はこれを日米同盟の最高意思決定機関と見なしていた[175]。実際に日米の連携を支えてきた人々も認めているように、これは日米同盟のガイドラインに定めた「二国間調整メカニズム」そのものではなかったが、十分それに近いものだった[176]。

さらにルース大使はアメリカの原子力規制委員会の職員を内閣府に派遣する許可を得たが、国が弱体化しているという意識が高まっていた日本では、政府も国民も諸手を挙げてこの動きを歓迎したわけではなかった[177]。しかし、アメリカ軍高官と原子力規制委員会職員が自衛隊の指揮所および官邸に配属されたことで、またその一方で海上自衛隊将官がアメリカ軍の軍事基地センターに配属されたことで、両国の協調は円滑に進められるようになった。とはいえ権限争いや他部署とのコミュニケーションの欠如にかかわる問題がすべて解決されたわけではなかった。ある関係者の話によると、アメリカ軍と自衛隊が中心になると同時に外務省はおおいに脇に追いやられた。細野グループの一人はこう語った。「混乱が生じていることを察知した北澤（俊美）防衛大臣は菅首相に対して影響力を持っていると自覚していたため、みずから主導権を握ったのです。防衛省は臆せず自己主張しました。（中略）［その結果］米国政府は震災の二週間後から外務省を連絡係として使わなくなりました。最終的に外務省は隅に追いやられ、会議でも米国政府代表者の後ろに座っていました」[178]。また、外務省はいまだに防衛省を抑えつけようとしているが、外務省が防衛省の政策的役割を受け入れるのが自然であり、受け入れざるをえないという人もいる[179]。

トモダチ作戦をいかに実行するかをめぐり一時的にアメリカ政府と日本政府の緊張が高まったが、まもなく自衛隊の配備が成功し――日米相互に政府高官を軍や自衛隊の指令本部に常駐させるという真に画期的なアイデアを含む――アメリカ軍との共同作戦が成果をあげた。実際、この新たなレベルの連携調整は、菅政権の三・一一への対応による成果のなかでもとくに長く続いたといえるかもしれない。この可能性については第四章で詳しく検証する。しかしまずは、三・一一をめぐるナラティブがどのようにつくられたか、政治的変化にどれだけ重要な役割を果たしたかについて、歴史的、比較的見地から検証する。

第2章

# 危機を無駄にしてはならない

「悪人の仕業です」

――ディアドラ・ナンセン・マクロスキー、二〇一一年

大惨事がかならずしも劇的な変化をもたらすとは限らない。とはいえ、社会理論的にも予測され――当事者の多くが明言し――ているとおり、大惨事の後に変化が起こりやすいことは確かだ。社会学者は「重要な岐路」――通常の国内政治における政権交代や戦争、イデオロギーの崩壊、不況、自然災害などの外的衝撃によって、選択肢の制約が一時的に「軟化」または「緩和」した「いわゆる断続平衡」の瞬間――に注目してきた[1]。こうした危機に直面したとき指導者は、制約が解除される前に指導者であった人々よりも幅広い選択肢を得る[2]。しかも彼らの選択肢は社会を新たな方向へ導き別の将来的選択肢を除外する可能性もあるため、危機以前に行なわれた選択よりも重大な選択と考えられる。こうして新たに出現した体制や機構は、また同規模以上の衝撃が起こらない限り、なかなか覆すことができない。

変化に対するこうした概念はすでに社会通念となった「パラダイムシフト」の概念と一致する。私たちは、これまで安定していたシステムが突然大規模な挑戦に直面した後には大がかりな調整が行なわれるものと考える。私たちが（超大国の対立によって決まる）異なるルールと異なる機構（ブレトンウッズ体制など）によって運営された第二次世界大戦後の世界について、戦前の世界よりも自信を持って語るのもそのためだ。共産主義やケインズ主義などの革命的思想にも同様に変革をもたらす効果があった[3]。同じく――運輸、通信、その他のインフラストラクチャーなどの――技術革新も安定した秩序に劇的な「中断」をもたらす可能性がある[4]。起業家が市場に期待するものは、産業革命以前と以後、鉄道や電話が普及する以前と以後、ジャストインタイム生産方式が導入される以前と今日とではおのずと異なっていた。超小型電子技術やさらに最近ではインターネットおよびソーシャルメディアが、富や利益を生み出すためのビジネスモデルを変えた。新技術が危機と同じように経済的・政治的権力の再分配をもたらしたことは周知の事実だ。人々は一般に「ふつう」と思われている社会的、政治的、経済的条件の範囲で選択を行なっているが、新しい世界秩序と同じように、新しい製品がこうした条件に影響を及ぼすかもしれない。

このように新たな時代が始まる瞬間や危機、ターニングポイント、革命的イノベーションに注目するのは、上記とは異なる別の政治的、社会環境論的な文脈においても見られる傾向だ。一九二八年にカール・マンハイムは、分離した歴史的経験から形成される政治的価値はその世代の知的方向性の持続的部分となると指摘した[5]。同様に年配の人々は「社会的生起の歴史的な流れのなかで類似した状態を与えられている」とき――つまり、マンハイムが「『結晶化』のはたらきをする」というところの同じ歴史的出来事を経験したとき――政治的アイデンティティを築き上げる[6]。以来ずっと、私たちは大恐慌世代やベトナム戦争世代について自信を持って語っている。日本人も同様に日米安全保障条約改定をめぐる政治闘争の時期に成人した「安保世代」や、さらに上の（より高いプライドを持った）焼け跡から国家を再建した「戦後世代」などについて語ることがある。三・一一以後の日本において多くの人々が、戦後世代の孫の世代が我が身を犠牲にしてまで国家再建に貢献し、第二の「偉大な世代」になるかどうか議論した[7]。国家全体が経験したトラウマ的出来事から半年間日本の指揮をとった菅直人首相は、日本国民がいかに勇気を持って立ち上がり、世界を驚嘆させる復興を成し遂げたかを語り、第二次世界大戦後の復興期に日本国民が持っていた決意を取り戻そうと呼びかけた[8]。彼の激励の言葉に行動で応えられるか判断するには、まだしばらく時間がかかりそうだ。三・一一が日本の若者のエネルギーに作用して反応を引き起こせるのか、それとも彼らは震災からなんの影響も受けずにこれまでどおりの生き方をつづけるのか、いまの段階ではまだわからない。

しかしながら、危機に陥るたびに迅速な対応が求められ、なんらかの策が講じられる。危機とは文字どおりもっとも大きく、もっとも急を要する問題だからだ。では、危機にはほかにどんな特徴があるだろうか？　なぜ危機はきわめて近い将来変化をもたらす（あるいは少なくとも変化を期待させる）潜在力を秘めているのか？　コリン・ヘイは危機について挑発的に――あえて矛盾を示しながら――次のように要約している。「危機は単発であることも例外的であることもあり、反復的であることも断続的であることも、一時的であることもごく短期間であることも、持続的であることも永続的であることもある。直線的であることも循環的であることもある。破壊的であることも創造的であることもある。決定要因が不十分なことも過剰なこともある。必然的なことも偶発的なこともある。病的なことも再生的なこともある。有機的であることも無機的であることもある。無力にすることも解放することもできる。内在的なことも潜在的なことも顕在的なこともある。危機はメカニズム、プロセス、財産あるいは条件とされることも、失敗、矛盾、決裂あるいは大惨事とされることも、終わり、始まり、あるいは移行とされることもある」[9]

もちろん危機はこれらすべての要素を兼ね備えているとは限らないし、ほかの要素を持ち合わせていることもあるだろう。たとえば本書では危機の「道具」としての要素を検証している。私が危機の道具としての側面に着目するのには二つの理由がある。第一に感情に関する問題だ。政治そのものと同じように危機は感情的であり、精神浄化作用（カタルシス）を伴うこともとても多い。危機が変革をもたらす可能性がもっとも高くなるのは、多くの人々が突然喪失感を抱いたり、当事者として不公平な経験をしたときだ。バウムガルトナーとジョーンズは、政策変更は「人間の感情的構造」に根ざしていると指摘する[10]。しかし、変化のチャンスが訪れても、注意深い政治的起業家と社会工学者がこのとても感情的な瞬間をうまくとらえなければ、チャンスは機が熟す前に去って行く。政治的な盛り上がりは弱まり、一時的に緩和した制約がまた硬直化する。そして、危機のもっとも差し迫った時期は永続的な影響を残さずにすぎていくだろう[11]。だからこそラーム・エマニュエルがバラク・オバマ大統領の最初の首席補佐官だった当時述べた有名な言葉のとおり、政治的指導者は「良い危機を無駄にしてはならない」[12]。

こうした意味で、危機とは元来、過去と未来に関する競合する概念を生み出すものであり、ハートが指摘するようにこれらの概念には「多数の現実」と「相矛盾する認識」が混在する[13]。危機は集団同士が状況を定義し、主導権を握るための戦いに舞台を提供する。危機の解釈をめぐる争いにおいて、人々は不安をあおられることもあれば、冷静になることもある。いずれの状態でも人々は新たな方向へと導かれる。

危機は無制限にあらゆる結果をもたらすが、大惨事の後に人々を導くナラティブ（物語）がもっとも向かいがちな方向は三つある。第一のナラティブは、トラウマ的出来事やその原因となった直近の過去の状況から早急に離れようとする。そうした「**変化を加速する**」ナラティブは新たな方向へより早く、より遠くへと前進することを促す。「変化を加速する」ナラティブは大惨事を生き延びた人々をより新しく安全な場所へと導く。ここで問題となるのは質であって、量ではない――つまり、新しい方法を採用するのであって、従来の方法をより多く行なうという意味ではない。第二のナラティブは、「**現状維持**」を目指す。この方向を支持する人々は、危機は峠を越えたのだから調整はほとんど必要ないと主張する。実際、アルバート・O・ハーシュマンが名著『反動のレトリック――逆転、無益、危険性』のなかで語っているように、大規模な調整は役に立たないことも多く、さらに悪いことにそれまでに蓄えた利益を台無しにするような道理に反する結果をもたらすこともある[14]。大惨事から自然に回復する方法は、着実に前進をつづけ、改善していくことであり、これを通じて今なお失われずに残っている知恵が実証され、見直される――あるいは少なくとも否定されなくなる。そして、安全で豊かな未来へたどり着くには現状を維持することだ。その処方箋は質的なものではなく量的なものである。つまり、この解釈における変化は、たいていいずれも従来と同じものが整然と増えたり減ったりする変化である。国家は調整や改善を勧められるが、物事を従来と異なる方法で行なうことは勧められない。第三のナラティブは、未知の領域に急いで向かうのでも現状を維持するのでもなく、現在より優れた——そして、おそらくより簡素だった——時代にさかのぼり、大惨事をもたらした原因を元に戻して危機に対応する。この「逆コース」のナラティブを支持する人々は、大惨事は自分たちが間違った道を遠くまで進みすぎたので、引き返すように教えてくれているのだと確信している。被害がなかった状態にするには、新しいものを構築したり、従来のものを強化するだけでは不十分だ——実際、新しいものを構築したり、従来のものを強化しただけでは、大惨事をくりかえしかねない。そこで、第一に大惨事の原因となった構造や進歩に関する仮定を取り去らなければならないと説く。

危機は関係者がつくり出し、操るものであり、そうしたナラティブを通じて、ナラティブのなかでの支持者によって（くりかえし）語られる。ナラティブは時系列に沿って語られる原因と結果を伴う物語であり、そのナラティブは構成される[15]。ナラティブの修辞構造は「Aいわく、Xが起こったのはYのせいであり、やがてZになる」というシンプルなものだ[16]。ナラティブには導入部、中間部、結末があり、教訓をもたらす行動をとる主人公を中心に構成される。これらのナラティブは——時には「ほかの人々と協調して」——支持者が何度も語り、喧伝し、再発信するうちに、政治的重要性を持つようになる[17]。ナラティブのなかには国民の解釈と優先傾向を構成し直すことも含めた政治的目的も組み込まれている。グレゴリー・クランシーは、とくに自然災害の後で競合するナラティブが現れるのはよくあることだと指摘する。こうしたナラティブは「文化的、政治的にとても影響を受けやすく、布に空いた穴を一生懸命ふさごうとするのに似ている。自然は突然、衝撃的な形で犠牲者の命を奪い、生き残った人々はそこから教訓を得て後世に伝えていくという責務を負う。しかし、だれがどのような教訓を引き出すかは（さまざまだ）」[18]。

問題をもっとも正確に定義できた者がその解決策を提示することになる。その過程で、人々は責任の所在を明らかにしようとする――そして、長年の政敵を攻撃することもしばしばだ。マクロスキーはこれを「ジャーナリズムの得意とするナラティブ」と呼び、大惨事は「悪者の仕業」なのだといってもらいたいという人間の心理に応えるものだと指摘する[19]。三・一一には自衛隊と日米同盟を正当化するという逆の効果もあったが、危機のナラティブは軍隊の能力に疑問を投げかけるときにも、災害発生時の政権が主張する権限を否定するときにもよく使われる[20]。

ただひとつの真実が存在し、人間がみな理性的で、情報を十分得られる世界なら、政治的要因に触発されたナラティブが現れても問題はない。しかし、私たちはそのような世界に住んでいるわけではない。民主主義国家に住む人々はしばしばまったく十分な情報が得られないこともあり、政治に対する国民の姿勢は目前の政治的問題とは直接無関係の数多くの要素に左右されることはご存じのとおりだ[21]。したがって、人々がどのようにして世界を知るか――だれが彼らに「正しい」物語を伝えるか、その物語がどのように（だれの利益のために）つくられているか――は、政治的変化を分析するうえで決定的に重要である。そのため、市民が周囲の環境を必死に理解しようとするとき、なぜ一部の一般的ナラティブがほかのナラティブよりも効果的なのか理解することも同じくらい重要だ。

効果的なナラティブにはいくつかの特徴がある。すでに述べたとおり、第一の特徴は倫理観に訴えることだ。ナラティブが善悪――だれが被害者でだれが加害者か――の判断に用いられるのである[22]。

第二に説得力のあるナラティブには「より大きな文化的テーマに共鳴する」概念と言葉が欠かせない[23]。人間は商品を選ぶときと同じように、概念についても、なじみがあって、本物だと思えるもののほうが受け入れやすいからだ。第三にナラティブはしつこくつきまとう。言説においていったんナラティブが受け入れられたら、別のナラティブに置き換えるのは難しい。たとえ新しい情報が何度も提供されても、人にはなじみのある因果構造に合わない情報の存在を無視する傾向がある。従来の情報と矛盾する情報を代わりに植えつけるには新しい因果関係を持ったストーリーを提供しなければならない――なじみのある古い話をはじめて聞く新しい話に置き換えるには新たな衝撃が必要だ[24]。第四にナラティブが効果的であるためには話者が信頼のおける人物でなければならない。私たちは「すでに社会から保護者的役割あるいは物事を解説する役割を与えられている」人々のほうが説得に長けていることを知っている[25]。

ナラティブおよび出来事の枠組みづくり《フレーミング》〔表現方法によって特定の判断を誘導すること〕に対する政治的影響を扱った広範囲に及ぶ学際的な論文がある[26]。ジョセフ・ガスフィールドが何年も前に指摘したように「『客観的条件』が自然に『本物』の意識を生み出すほど説得力を持ち、明確な形態をとることはまれである」ため、政治も社会状況も客観的に理解されないということで意見が一致している[27]。解釈の過程でナラティブが重要になるのは、望ましい結末にたどり着くようにナラティブが事実を選んで取り込んでいくからだ[28]。そのため、危機のナラティブは表現が誇張されすぎていて、過剰に批判したり、讃美したりしがちなのもうなずける。本書でも論じているとおり、日本の三・一一以降の論議も例外ではなく、過剰な表現満載の典型的な例となった。

「こいつが悪かったんだ!」麻生豊の漫画．1945 年．麻生淳氏提供

ナラティブが関心を引くためのもっとも重要なメカニズムは枠組みづくり、つまり「知覚された現実の一部の側面」を選択し、「特定の問題の定義、因果関係の解釈、倫理的評価や対処法の推薦をするためにそれらを際立たせる」ことだ[29]。もちろん「解釈」と操作は紙一重である。枠組《フレーム》みは意味を提供することで現実を体系化する——枠組みをつくる人々の見解を同時に推奨し、一般市民の中心的価値観や好みに訴えることもしばしばだ[30]。こうした枠組みはなにかを問題深いものとして描写し、その問題の原因を見つけ、倫理的要素を導入し、解決策を提案するようにできている。さらに、とくに早くからナラティブを語りはじめた人は先発者の優位性を得ることができる。すでに述べたように第一印象はなかなかぬぐえないからだ[31]。

私は別の書籍のなかで「ブリコラージュ」〔あるものを寄せ集めて新しいものをつくること〕と呼ばれるメカニズムを通

じたナラティブの展開におけるリーダーの重要性を強調した[32]。すべての政治的行為主体《アクター》が政策に対して同等の影響力を持っているわけでも、ほかの人々のために現実を定義する同等の能力を持っているわけでもないので、同書ではエリートに注目している[33]。「エリートは自分たちの枠組みが特定の問題に関して独占的な考え方になれば、世論をめぐる戦いに勝つことができるため」しばしば分裂し「枠組みをめぐる戦いを仕掛ける」ということは周知の事実だ[34]。ソーシャルネットワークと独立したプラットフォームで情報拡散できる時代でありながら、一般市民がいまだにエリートをおおいに信用しているように見えるのは驚きである。それとも、もう信用していないのだろうか？　エリートが構築した枠組みとナラティブはどれくらい人々の会話や好みを独占しているだろうか？　本書で検証するように、日本の三・一一をめぐるナラティブはきわめて広範囲に分散した双方向的な文脈で生まれたため、エリートにとってはよりコントロールが難しかった[35]。

指導者にどれほど力があったとしても、政変とはエリートが特定のストーリーを語り、自分たちに都合の良いナラティブを押しつけるだけで達成できるような単純なものではない。市民の政治的洗練、政府への信頼度、物語の拡散具合、イデオロギー的好みといった「受け手の特徴」はいずれも公的メッセージに対する人々の反応を決定するうえで重要な要素である[36]。多数の枠組みに接した市民は根底にある価値まで戻ってそれぞれの主張を分類するのか、これらの価値は定まっておらず、さまざまな解釈ができ、可変的であることを理解しているのかはまだわかっていない[37]。いずれにしても、新しいナラティブを開発するときはつねに争いが生じる。活動家たちが新たな枠組みをつくろうとすると、標的となった敵や傍観者、あるいはメディアからの反撃に遭う。メディアは主張を評価し、どの枠組みがもっとも優れているか報道するという形でこの議論に参加する[38]。こうした競争と議論が枠組みの影響力を無効にすることもある。市民はしばしば自分たちの価値を理解していて、信じたいと思うエリートを見つけ出す（あるいは探し求める）ことができるからだ[39]。予想どおり、三・一一後にもっとも影響力を持った語り手は、震災前から政治評論家としてもっとも影響力を持っていた人々で、三・一一に関する彼らの話は従来の彼らの主張と一致していた。

三・一一への反応から、政治と社会が流動化しているときにナラティブがどのように拡大し、影響力を増すのかも見て取れる。これは「一般市民は危機を察知すると政治的対応を要求する。これは官僚機構と政策支持者にとって温めていた持説を提案する機会でもある。危機は古くからの盟友を分裂させ、新たな同盟関係の誕生を可能にする。政治指導者にとって、危機下では通常は組織の定型業務に縛られているリーダーシップへの期待が高まり、行動に対する通常の制約を緩和する」というトマス・ロチョンの提唱する説を理解するのに最適な設定である[40]。

危機が起こると人々はその出来事に注目するため、政策提言を行なう余地が生まれ、政治課題の形成に役立つ。通常なら変革を訴える団体が多大な努力をしなければ放置されるような問題も、エリートと一般大衆が同時に注目する突発的な出来事が起こるとメディアが報道する[41]。日本の三・一一のような大惨事には特別な力があるようだ。ケント・ジェニングスは本書で着目する、手段としての危機のレトリックとマンハイムが長年研究した政治的世代をこう結びつける。「新たな時代を切り開くほど痛みと喪失感を伴う出来事は、国民の集団記憶に刻み込まれ、その出来事が発生してから長い年月がたっても影響力を発揮しつづける。こうした出来事は文化のなかに蓄積され、政治問題に対する大衆の反応を左右し、活動家は出来事から想起されるイメージや象徴を大義のために活用できるようになる」[42]

三・一一もまさにこのようにして潜在的分離をもたらした。こうした分離は自国の活力を疑問視する習慣が付いた国にとって、実質的な政治的、経済的、社会的変革を行なううえで必要だと多くの社会学者が考えている。三・一一後の日本では、すでに概説したように変革をめぐる三つのナラティブが誕生した。それぞれに原動力を備え、ヒーローおよび悪役を伴っていた。

## 変化と三・一一のナラティブ

三・一一後数週間から数カ月のあいだ、とても広範囲で大規模な制度的変革を求める（あるいは期待する）声が盛んに聞かれた。三・一一から九カ月以上たっても、グーグルで「再生、東日本大震災」と検索すると二七〇〇万件近くの検索結果が得られた。そして、「再生」を「改革」に替えると検索結果が一〇倍（二億六一〇〇万件）に跳ね上がったことから、国民的議論の奥底に変化を切望する思い（あるいは少なくとも期待の高まり）があることがうかがえる。実際、左派のあいだでも右派のあいだでも、経済停滞していた日本にシュンペーターが提唱した創造的破壊の時が訪れたのだというような楽観主義が広がった。

日本は「変化を加速」し、三・一一が待ちに待った景気回復のきっかけになるかもしれない。右派の意見として、ある元自衛官は、行きすぎた物質主義の時代が終わって日本の心がふたたび目覚め、「三・一一東日本大震災は、衰退しはじめた日本に起死回生ともいえる大きな衝撃を与えた」と語った[43]。保守派の石原慎太郎東京都知事はさらに一歩踏み込んで、三・一一は日本の国家的アイデンティティとなっていた「我欲を洗い流す」機会だと述べている[44]。一方、左派では、活動家の科学者とエンジニアからなるグループが、三・一一は「日本史の時代区分の日付」となり、この新しい時代はより透明性が高く、政府のエリートによる偽りの「呪縛」は終わると主張している[45]。阿部知子社会民主党政策審議会長は、東北に限らず日本全国が復興を必要としていると述べた[46]。中道派の意見として、細川護熙《もりひろ》元首相は、三・一一を東北が二一世紀の日本の手本となるチャンスととらえ、「単なる復旧・復興ではなく日本をリセットして再生するという覚悟でないと立ち直れないでしょう」と主張。東日本大震災復興構想会議の幹部は日本の制度をむしばむ老年病について語り、三・一一が新しい国家を生み出すことを期待すると述べた[47]。いくつかの発言は希望に満ちているというよりも明らかに大げさだった――たとえば、あるベテラン政治記者は三・一一が新たな政治的パラダイムを生み出し、すべてを変えたと明言[48]。和田章東京工業大学教授は三・一一を、自分たちの考え方を変え、文明を変える機会と見なした[49]。普段は分析的な復興構想会議議長代理の御厨《みくりや》貴教授ですら、「三・一一は日本をそして世界を変える」と述べている[50]。

しかしながら、一息ついて冷静になった分析家たちの大半は、三・一一は歴史的な句読点、「歴史の要所」であり「なんらかの取り消せない変化をもたらした」と見なされるようになるというタガート・マーフィーの分析に同意することだろう[51]。御厨教授が広めた造語にはこの発想が込められている。三・一一は長い（長くて機能不全の）「戦後」の終わりであるとともに健全な変化が「ようやく」可能になる「災後」への移行を示しているというのだ[52]。中曽根康弘元首相、三村明夫新日本製鉄代表取締役会長、北岡伸一東京大学教授は三・一一後の日本の復興計画を発表した。この提言には東京一極集中を避けた国土利用計画の再検討、日本をふたたび技術大国にすること、市民スピリットのある国家の育成、自由貿易への参加、財政改革の促進も含まれていた[53]。マンハイムの理論を考慮しつつ理事会の分析家たちは、日本の若い世代がより公共心を持つようになり、近隣諸国も以前ほど日本を脅威と見なさなくなるだろうと考えた[54]。どこへ行っても目に入る「がんばろう日本！」という全国的スローガンは、より前向きな「こうしよう日本！」に取って代わられるだろう[55]。つまり、日本は「変化を加速させる」べきということだ。

とはいえ、三・一一後の変化に関する話題がすべて目的論的に語られたわけではない。加速から持続、古き良き時代への回帰まで、想定される範囲のあらゆる議論が盛んに行なわれていた。エネルギーセクターと国防の専門家の双方からは「現状維持」を支持する力強い議論が持ち上がった。エネルギーセクターでは、アナリストおよび利害関係者が、あまり急いで変化を推進すると状況がさらに混沌とするので慎重にならなければならないと主張した[56]。日本は原子力計画の膨大な埋没費用を回収不能と見なしてはならず、さもないと燃料価格が上昇し、雇用が奪われ、成長が低下し、電力不足になり、環境を汚染し、増税につながり、日本はさらに不景気に陥るという向きもある[57]。また、国家安全保障に関連して、自衛隊および日米同盟は大活躍し、それぞれの重要性を実証した。両者ともその価値を証明しており、さらに強化し拡大すべきだが、変化させるべきではなく、人員や装備の削減の議論はもう収めるべきだという主張もなされた[58]。

　また、「未来へ戻ろう《バック・トゥ・ザ・フューチャー》」という議論もある。この（明らかに少数派の）立場を支持するもっとも著名な人物は東北出身の哲学者、京都大学の梅原猛だろう。東日本大震災復興構想会議で特別顧問を務めた梅原は日本の本質主義——厳しい非難を浴びた日本人論——支持者として知られている[59]。梅原は生態系の調和の観点から、長年縄文時代の文化の価値を称賛（縄文時代への回帰を支持）してきた。梅原は三・一一を「文明災」と呼び、啓蒙思想と近代化——西洋からの悪質な輸入品——が限界に達したことを示すサインであり、日本は「（自然との）共存に帰る」べきだという[60]。日本人は仏教の価値観にもとづくみずからの精神性を再発見し、西洋から取り入れた物質主義を拒否するように呼びかけている。浪費と自然に対する「傲慢な」攻撃をやめ、その代わりに自然界への尊敬の念にもとづき、精神性に立脚した新たな文明を築くべきであるというのだ。非営利団体「シンプルライフ普及センター」を立ち上げた「エコ坊主」こと活動家の内藤歓風住職も同じ考えを持っている。内藤は、物質主義から離れて人類が自然に及ぼす負担を軽減する必要性をはじめとする、三・一一から得た一連の教訓をブログに掲載している[61]。

　成長を否定する傾向を伴う、より簡素で調和のとれた時代に帰るという発想を持っていたのは、梅原や仏教徒の知識人、活動家などの保守派だけではなかった。内山節をはじめとする左派の思想家も右派とは異なるがよく似た「近代世界の敗北」に対する批評を展開している[62]。内山は近代の歴史を、生産システムがますます巨大化する一方で個人の力が縮小していった時代と見ている。内山は三・一一が近代的技術の限界を示し、「資本主義も、国民国家も、市民社会も、その劣化が明らかになる時代に生きている」ことが証明されたと示唆している[63]。左派の「シンプルライフを推進する人々」は再生可能エネルギーを支持しつつも慎重な姿勢をとっている。原子力に代わるエネルギーにはそれぞれ技術的欠陥があるからだ。人類が地球から資源を奪いつづける限り、前進するにも現状にとどまるにも同じくらいの困難が伴うと彼らはいう。

三・一一をめぐり、もっとも広く論争の的になり、さまざまに用いられた主たるテーマは、変化あるいは変化に対する抵抗だった。しかし、変化は震災後の言説を支配するようになった四つの要素のひとつにすぎない。さまざまなレトリックが入り乱れるなか、「変化」に並んでよく登場した三つのテーマとは、「リーダーシップ」「リスク」「コミュニティ」である。以下ではこれらのトロープ（個別的属性）――およびそれぞれの悪役とヒーロー――を順次検証していく。

## 拡大された危機のレトリック

### リーダーシップ

震災後の日本のリーダーシップに満足している評論家を見つけるのは難しい。日本の改革を妨げていたリーダーシップの欠如は――深刻な欠陥としてかねてから認識されていたものだが――三・一一への効果的対応の妨げとなった唯一最大の要因であると広く見なされている[64]。二〇一一年四月上旬、朝日新聞編集委員の曽我豪は、日本の政治リーダーたちは今回の震災について、人々の心の琴線に触れるような説得力のある言葉をまだ一言も発していないと力説。それどころか、国民は雄弁な演説を待ち望んでいるというのに政治家と官僚は内輪もめしていると述べた[65]。この見解はイデオロギー的違いを超えて、広く日本のメディアに取り上げられた。たとえば時事通信は三月後半、首相は人々の不安を解消できるだけの十分な説明もしていなければ、リーダーシップも示していないと述べている[66]。その三日前には『読売新聞』が、首相本人に肝心のリーダーシップが見えないと主張。数日後には『日本経済新聞』が、菅首相の顔が見えず、批判が高まっていると報じた[67]。一方で一九二三年の関東大震災後に精力的に活躍し、先見の明を持って首都東京市を復興に導いた後藤新平の再来を願う声が方々から聞かれるようになった[68]。

菅首相は民主党内外の政敵から（取るに足らない批判も含めて）さまざまな攻撃を受けた[69]。しかし、さらに大きなリーダーシップの問題を真剣に訴えたのはリーダーシップをもっとも求めていた人々だった。地方自治体職員の多くが、政府は被災者への配慮に欠くと力説した。たとえば戸羽太陸前高田市長は失望し、辺境の人々のための変化は起こらないのだと断言した。政治家はまるで対岸の火事を見るような態度で、だれも地方の被災者のニーズを評価し、ニーズがどう変化しているか正確に理解するために十分な努力をしていなかったという[70]。戸羽市長の同僚、青森県六ヶ所村の古川健治村長は信じられないといった様子で、現地の人々が経験している苦労を首相は知っているのだろうか、と疑問を投げかけた[71]。第六章で検証するように、中央政府の非効率的な対応に対する地元住民の不満が、三・一一後もっとも早急に行なわれた――かつ往々にして必然的な――政策改革につながった。

リーダーシップの問題が脚光を浴びるようになり、リーダーシップの悪役というテーマが生まれ、中道左派の菅政権がやり玉に挙げられた。この点において民主党は「素人」集団であり、二〇〇九年に党のマニフェストのなかで公約した変革を行なうのに十分な積極性がなく、危機自体への対応も遅すぎた[72]。地震と津波の翌日に福島へ赴いた菅首相は救援活動をマイクロマネジメントしようとして効果的な対応を遅らせていると厳しく非難された[73]。民主党政権は「脱官僚」を掲げて官僚制度を骨抜きにしていたため、いざ危機管理のために官僚に頼らなければならなくなったときに菅は指揮権を発揮できなかった[74]。その結果、政府の対応はつねに後手に回り被害が拡大したといわれている[75]。数々の対策本部や委員会を設置したことも不必要に指揮系統を混乱させたとして痛烈に批判された[76]。また、首相の名前をもじって「鈍菅」という言葉も生まれ、リーダーシップの失敗という文脈で彼を呼ぶのに盛んに用いられるようになった[77]。

すっかり無能なリーダーというレッテルを貼られた菅は、「悪役」として集中砲火を浴びた。まるで残響室にでもいるかのように、菅——と大衆——は四方八方から同じ批判をくりかえし聞かされることになる。菅は職業政治家に反発するあまり、まるで市民運動のように国政を行なったという人もいれば、中曽根康弘元首相や米倉弘昌経団連会長など、菅には危機管理能力が欠けているという人もいた[78]。さらには、わずか四年前にみずからの政権が頓挫した安倍晋三までも「震災復興　私ならこうやる」と題した記事を執筆し、菅は裸の王様だと断言している[79]。『読売新聞』のある副編集長は大げさに、菅は史上最悪の首相となるのか、と問いかけた[80]。首相官邸の様子を「菅首相のメルトダウン」、「ドタバタ劇」と報じた週刊誌もある[81]。三・一一当時国際協力機構（ＪＩＣＡ）理事長だった、思慮深いことで知られる公務員の緒方貞子まで、首相は自分でもなにをしているか理解しておらず、部下は優秀だったがリーダーたちはお粗末で、もっとも責任ある立場の人々に能力が欠けていたと述べている[82]。

政府に対する批評は一貫していなかった。協議が多すぎるという批評もあれば、少なすぎるという批評もあった。現場に行きすぎるあるいは距離を置きすぎている、エリートによる指揮命令が多すぎるあるいは少なすぎる、政治家による官僚の管理が多すぎるあるいは少なすぎる、「大統領制的要素」が多すぎるあるいは少なすぎる、マイクロマネジメントをしすぎるあるいは放任しすぎる、せかしすぎるあるいは無気力すぎる、即断しすぎるあるいは慎重すぎる。こうした批評は容赦がなかったが、日本国民はそれを受け入れた。首相が大統領のように毅然と振る舞った後は支持率が高まるように見えたが、そのような振る舞いはまれだったため、支持率は低下する一方だった[83]。世論調査の結果にはばらつきがあったが、批判により、わずかに残っていた支持者まで離れていっていることはすぐに明らかになった。震災の一カ月後には一般的な意味での支持を集めたものの、大衆は原発事故への首相の対応に大きな不満を持っていることがすぐに明らかになった。ある世論調査では回答者の約四分の三が原発危機に関する情報開示は「適切とは思わない」と回答。実に七〇パーセントが菅首相は「指導力がない」ので支持しないと回答した[84]。わずか一カ月のあいだに四分の三以上の国民が菅は「指導力を発揮していない」と回答した[85]。リーダーシップは日本の政治が渇望する聖杯であり、三・一一以後のあらゆる国家的懸念と関連する。リーダーシップには信頼が欠かせない。この信頼という財産を菅はあっというまに使い切ってしまった。しかし、ほかにも大衆の想像力に訴えるテーマが現れた。脆弱性とリスクを中心とするこのテーマはより強大な悪役を特定した。東京電力である。

## リスク

リスクというテーマを正式に導入したのは復興構想会議が二〇一一年六月に発表したレポートだった。同レポートの前文にはこう記されている。「大自然の脅威と人類の驕りの前に、現代文明の脆弱性が一挙に露呈してしまった」[86]。脆弱性は日本に関する言説のなかで使い古されたトロープであり、現代の生活に関する「島国論」（自分たちは無防備な土地に暮らす絶滅に瀕した民族であるという、多くの日本人が持っている考え方）のなかでしばしば用いられる[87]。したがって、この脆弱性が三・一一以後の国民的言説の主要な要素になったのもうなずける。前述の変化とリーダーシップについて、防衛省幹部の一人は震災により日本の国家的リスクが際立ったとし、危機は今後も起こるだろうが、リーダーシップを確立し政治制度を改革しない限り、日本はうまく危機管理できるようにはならないだろうと述べた[88]。三・一一以降、未来の危機を懸念する声があらゆるところで聞かれた。震災から四カ月後、日本の大手書店には『日本が融けてゆく』『第三の敗戦』『震災後の日本経済がわかる本』『日本の原発危険地帯』『原発事故自衛マニュアル』といったタイトルの本が並んだ。そして、ちょうど半年たった時点で「不安、三・一一」とグーグルで検索したところ一億三一〇〇万件ヒット、「安全、三・一一」では五億二四〇〇万件に達した。

リスクと脆弱性に対する不安を表す日本語は外来語の「リスク」を含め多数存在する。しかし、三・一一後に変化やリーダーシップ、コミュニティとともに国民的言説に影響するようになったのは、やや遠回しな「想定外」という表現だった――この表現ははるかに扇動的であることがのちに判明する。「想定外」を「リスク」「脆弱性」と訳すことはできないが、政府と東京電力が三・一一規模の災害に備えることができなかった説明に「想定外」という言葉を使ったとき、この二つの言葉が思い浮かんだ。これはおそらく人々にとって最大の脅威は予想できないものだったからだろう。程なくして、この「想定外」という言葉が国民の言説に盛んに使われるようになった。災害の五カ月後に「想定外、三・一一」と検索したところ、日本のブログやウェブページに七〇〇万件ヒットした。そのうち最初の数十件は、津波とその結果起こった原子炉のメルトダウンが想定外だったという発想自体を激しく非難していた。脆弱性が予想されていたにもかかわらず事故を想定できなかったという意識から、とりわけ日本語の言説によく「想定外」という言葉が登場するようになったのだろう。ちなみに英語で「unimaginable（想定外）、九・一一」と検索したところ、アメリカ同時多発テロ事件から一〇年以上経過しているにもかかわらず二五〇万件しか該当しなかった。

日本の変化を加速させたい集団も現状維持すべきとする集団も「想定外」という言葉を使った。後者はしばしば議論を覆い隠し、失敗の責任転嫁の道具として使っている[89]。たとえば東京電力の藤本孝副社長は、三・一一ほど深刻な自然災害を想定できなかったのは東京電力の落ち度ではなく国の責任であると主張した。「国が想定した規模をはるかに超える、数百年に一度の大災害に対し、どこまで費用をかけ、電気料金で負担してもらいながら備えるのか」[90]。東京電力の部長の一人もこれに同調し、福島第一の事故は設計基準をはるかに上回る規模の津波が原因であり、これは予見不能な事故だったといっている[91]。東京電力元副社長で有力な参議院議員の加納時夫は、原子力発電業界のリスクに対する考えが甘すぎたという意見を否定し、責任の範囲をさらにひろげた。「忸怩たる思いですが、東電や原子力業界だけで勝手に想定を決めたわけではなく、民主的な議論を経て国が安全基準をつくり、それに従って原発を建設、運転してきたわけです」[92]。こうした関係者たちはときどきメディアの同情を得ることもあった。たとえば『読売新聞』は、東日本大震災以前に起きた同規模の地震と津波は西暦八六九年の貞観《じょうがん》地震であることを読者に思い出させ、いまではすっかり聞き慣れた問いを放った。「一〇〇〇年に一度、どう備える」[93]

行動を呼びかけるために「想定外」という言葉を用いる人々もいる。彼らは想像も予想もつかない出来事を有益な失敗と見なし、より良い体制を整え、予算を増やし、政府を改善し、リーダーシップを強化する――つまり全体的に改善する――よう求める[94]。彼らの主張は一九九九年に起きた東海村JCO臨界事故の後に、いまこそ行動をはじめる時であり、想定外の状況を減らし、想定外の状況に備えなければならないと呼びかけ、原発事故も地震も危機管理において突きつけてくる問題は同じだとした中川一之の意見と一致する[95]。

実際、中川や三・一一後の一般大衆同様、東京電力の「想定外」という言い訳を受け入れた専門家はほとんどいなかった。それどころか、多くの人々が原子力発電業界および関連企業が「想定外」という言葉を使うことを不適切と考え抗議した。原子力安全委員会の班目《まだらめ》春樹委員長も国会の特別委員会で証言し、原子力安全委員会および電力会社職員の安全に対する無頓着さを激しく非難。彼らが国際的ガイドラインを無視し、それどころか適切な安全措置を取らなかった言い訳を探すために時間を無駄にしたと指摘した[96]。ある評論家はこう問いかけた。「私はこの事故を予見していたのに東京電力や政府の原子力専門家が予見できなかったというのなら、彼らはいったい何のために存在しているのでしょう?」[97]。また、ほかの評論家たちは「想定外」という言い訳は無責任であり、無謀である——日本が避けるべきだった「罠」だ——と論じている[98]。みずから命名した「危険学」「失敗学」の専門家である畑村洋太郎東京大学教授は、災害を想定するのは専門家の責任だと断言し、原子力専門家が「想定外」という言葉を安易に使いすぎていると批判した[99]。明治大学の中林一樹教授は異なる種類の偶発的な出来事を「想定内」(人間の想像の範囲内で、準備してきた対策で対応可能なもの)と「想定以上」(想像できるが、準備してきた対策だけでは十分対応できないもの)に分類。そして、まったく想定外の出来事が起きた場合、対応するには「レジリエンス(復元力、回復力)」に頼るしかないと中林は考えており、三・一一はこれには当てはまらないと指摘した[100]。「想定外」というトロープは当初自己弁護のために持ち出されたが、まもなく非難の矛先を反らし、悪役を指名するために使われるようになる。そして、この言葉を使いはじめた人々を守るどころか、彼らを悪役にし、批判をあおった。

とにかく批判には事欠かなかった。リーダーシップをめぐる言説においては菅がやり玉に挙げられたが、リスクと脆弱性をめぐっては、だれもが東京電力を悪役と見なした。実際、東京電力は格好の標的だった[101]。同社は長年安全報告書の改竄や規則違反の隠蔽をくりかえしており、今回は管理職が意図的に情報を公開せず、設備投資が水の泡になるのを恐れるあまり機能不全となった福島第一原発の原子炉に海水を注入することをためらった[102]。東京電力の虚偽疑惑をもっとも不気味に報じたのは、四月初旬に九つの記事からなる「東京電力の『罪と罰』」という特集を組んだ日本の大手週刊誌だった[103]。進歩主義の大手月刊誌『世界』は二〇一一年八月号に「東京電力という社会問題」という記事を掲載した。菅首相も最初に東京電力を悪者扱いした人の一人で、福島第一原発の事故後まもなく同社の役員に「いったいなにが起こっているんだ」と詰め寄った[104]。佐藤雄平福島県知事も東京電力批判の大合唱に加わり、清水正孝東京電力社長からの直接の謝罪を聞き入れなかった。国会の議場で議員から愚弄された清水社長は入院し、その後、社会に心痛と恐怖を与えた責任をとって辞任した[105]。上田清司埼玉県知事は仮にガスタンクが壊れたり、デパートで火災が発生したりすれば逮捕者が出るものだと語り、東京電力の役員も刑事責任を問われるべきだと主張した[106]。愛国的教科書をつくっている活動家で新しい歴史教科書をつくる会の設立者の一人、西尾幹二は想像力が足りずに日本を裏切った人々を激しく非難した。とはいえ日本は技術大国のはずである。では、もっと早く原子炉を安全に停止させられたはずのロボットはどこにいたのか？　原子炉を冷却してメルトダウンを防ぐ送水ポンプは？　放射線防御服は？　なぜこれほど多くのことが考慮されず想定外のまま放置されていたのか？　日本の原子力発電所は事故を前提としない事故対策をしていたにすぎない、と西尾は腹立たしそうにいい放った[107]。

悪役の攻撃に余念のない批評家たちは、福島のこととなると舌鋒がさらに鋭くなる。六五〇人以上の隣人を亡くし、支援を求める動画をユーチューブに投稿して世界的に知られるようになった南相馬市の桜井勝延市長は、東京電力こそ三・一一の悪役の親玉だと非難する[108]。東京電力は被災者への対応に際して、また昔と同じ虚偽とデータの改竄というパターンに戻ってしまったと桜井市長は主張した。福島第一周辺の住民は避難所を離れ、東京に来て東京電力の社屋の前で抗議行動を行ない、賠償を求めている[109]。震災から二〇日しかたっていない三月末に東京電力は福島第一に原子炉を二基増設する計画を提出していた——こうした傲慢な態度は一般大衆には受け入れられなかった[110]。そして、五月下旬——事故から二カ月以上経過した後で——津波発生後数日以内に四基の原子炉のうち三基がメルトダウンを起こしていたことを東京電力が把握していた事実を一般大衆もついに知ることとなる。ある外国人コラムニストは、当時のムードをとらえ、東京電力が「メルトダウンへの対応を誤ったのは恥ずべきことである」とし、かつては高品質と効率の良さで高い評価を受けていた日本が、いまや全国的に「東京電力化」していると指摘。さらに「東京電力は企業が共謀する日本の文化の申し子だ」と付け加えた[111]。

東京電力が大悪党なら、政府の規制当局者——その多くが電力業界に天下りする——はさしずめ大悪党をけしかける教唆者や従者の役割をしているといえるだろう[112]。規制当局と規制対象となる組織が何十年にもわたって癒着していたため、安全が過大評価され、危険が過小評価された。メディアは経済産業省の官僚が規制の策定に東京電力がかかわることを許し、その見返りに接待を要求していたというニュースであふれた[113]。三・一一において両者は一心同体だった。何度も事故を起こしてきたにもかかわらず規制は「ずさん」で、隠蔽や記録の改竄は日常茶飯事だった[114]。たとえば佐藤栄佐久元福島県知事は東京電力と経済産業省の過去の事故をめぐる隠蔽行為を公然と非難した。原子力をめぐる日本の政治の犠牲になった元知事は経済産業省を諸悪の根源と呼び、三・一一は政府と東京電力による人為的不作為犯——福島の人々への裏切り——だったと結論している[115]。一般大衆も彼の意見に賛同した。『朝日新聞』による二〇一一年五月の調査では、回答者の約四分の三が原発事故の情報に関して「東京電力は信用できない」と回答している[116]。

「想定外」という言葉が悪役だけでなくヒーローも生み出したことは注目に値する。三・一一からの三カ月後、毎日新聞は自衛隊の救助救援活動を称え、三〇〇枚の写真を掲載した写真集を出版した。あるページには崩壊の運命にある海辺の町から流された瓦礫と浸水した土地、火のついた燃料貯蔵庫が見開きで掲載されていた。その写真の上には「『想定外』という言葉はない。」という見出しが躍り、写真の下にはこう説明が加えられている。「自衛隊に『想定外』という言葉はない。自衛隊は、仮に、ある国や組織が武力で日本の主権を脅かす事態が発生した際、真っ先に現場に駆けつけ相手と対峙しなければならない組織だ。そこに『想定外の事態』はない。二〇一一年三月一一日午後二時四六分。東日本大震災発生とほぼ同時に、震源に近い東北方面総監部では指揮所を設置……この時から、あらゆる事態に対応し、国民の生命と財産を守る任務を遂行しようとする自衛隊の戦いが始まった」[117]。より保守的な『読売新聞』はさらに踏み込んで、大惨事が起きれば日本は自衛隊の出動をためらうことはないと指摘し、国家存亡の危機において、「想定外」の脅威などという言い訳は通用しないと付け加えた[118]。

## コミュニティ

三・一一後の日本で、リーダーシップが欠如しているという意識と日本が脆弱だという圧倒的な（当然の）感覚がヒーローよりも悪役を多く生み出したとしたら、危機はコミュニティについての議論を活発にし、その結果として英雄的行為が盛んに行なわれるようになったといえるだろう。社会的連携は日本の国民性というモザイクに新たに加わったタイルというわけでは決してない。日本社会に関する入門書にはかならずその集団性が強調して書かれているし、合意による意思決定に触れていない日本政治の入門書はない[119]。しかし、社会的連携はつねに試され、合格したら、危機のたびに強化される。一九九五年の阪神淡路大震災後、神戸市の復興計画は「協働によるコミュニティの創成」を促進するようにつくられた。計画立案者たちは、人々が密接に協力し合いながら築く、親切で優しいコミュニティを思い描き、災害後の評価ではいつもかならず、住民が互いに助け合い、励まし合うことで数え切れない試練と苦痛を乗り越えたことを称賛した[120]。

三・一一後も同じだった。東北の人々は私心がなく意志が強いとくりかえし称賛されたが、あらゆる意味でこの賛辞は彼らにふさわしい。我慢強く、運命を受け入れる彼らの姿勢は、まるで典型的な本質主義者のようであり、尊敬の的になった。自宅から避難した東北の人々は盗みをはたらくこともなく、隣人の持ち物をほしがるどころか自分たちの持ち物を必要としている人々と分け合ったという話が国内外で聞かれた[121]。こうした話によると、東北の人々が苦しんだことは事実だが、彼らはその苦しみさえも分け合ったという。このような社会機構の上に、彼らはコミュニティや地域を再建（まちづくり、広域づくり）し、そうすることで国家の再建（国づくり）の牽引役になることだろう。変化とコミュニティという二つのテーマを結びつけた記事が『日本経済新聞』に掲載された。「新しい日本へ　復興は『国づくり』」と題されたこの記事のなかで、編集者たちは二分の一ページを割いて、東北のまちづくりが「復興一体再生」につながるかを分析している[122]。

東北の人々は日本人の何たるかを体現している——彼らはコミュニティを形成し、きずなとふれあいでつながり、共通の努力（がんばろう日本！）を通して連携を維持した。これらの言葉はすべてなじみ深い言葉であり、そのうちいくつかは非常によく使われるが、いずれも三・一一以降にあらためて注目を集めた。とりわけ、ともに耐え抜こうと励ますメッセージが込められた「がんばろう日本！」は、ほぼ一夜にしてポスターやソーシャルメディア、広告、車のバンパーに貼られたステッカー、あらゆる手書きの文書などに登場するようになった。二〇一二年三月にグーグルで検索したところ一八〇〇万件ヒットしたが、この言葉をあらゆる場所で目にしていたことを考えると、これでも少ないくらいである[123]。二〇一一年一二月に「つながり、東日本大震災」で検索した結果は約四〇〇万件だったが「つながり」を「きずな」に替えると検索結果は三倍以上に跳ね上がった。「コミュニティ、東日本大震災」では約四二〇〇万件ヒットした。社会的連携を生み出したのは東北の人々だけではない。日本全国から東北の隣人たちに物資や人的援助が惜しみなく提供されたことについて、日本の人々は互いに称賛し合った（彼らも東北の人々同様、称賛に値する）。

しかしながら、三・一一後の復興――およびコミュニティについての言説――におけるもっとも手に負えない問題のひとつは、地域のアイデンティティが希薄だったことだ。東北の地方自治体の多くは最近生まれたもので、全国三二〇〇の市町村を一七〇〇強まで減らした二〇〇〇年代前半の一連の自治体再編の産物だった[124]。たとえば石巻市は二〇〇五年に七つの市と町、南相馬市は二〇〇六年に三つの市と町の合併により誕生している。目的は公共サービスをより合理的に提供することにあったが、南北二〇キロに及ぶ南相馬市を見ればよくわかるように、新しい市のいくつかは広大で、一部の住民は三・一一の初期対応の対象から外されたという印象を持った[125]。合併したことにより、住民

「がんばろう日本！」のメッセージが東京タワーに表示された．2011 年 4 月 15 日．
写真：YUTAKA ／アフロ

がもっとも支援を必要としているときに自治体が市民のニーズに応える能力が低下した。同じく重要だったのは、新しい市に帰属意識を持つ住民がほとんどいなかったことである。その代わり、住民は元の市町村や郡、コミュニティに愛着を感じていたが、仮設住宅でそれを再現するのは難しかった。新しい隣人への不信感は仮設住宅の選択にも表れ、政治指導者や論説委員が盛んに論じていたコミュニティの理想は効果を失った[126]。

復興構想会議は、脆弱性とリスクというテーマを正式に示したのと同じように、コミュニティが震災後の日本にとって重要なテーマであることを示した。同会議の短い報告書にも「きずな」という言葉が数十回——すべての章に——現れる。同様に「つながる」も三六回、ほとんどがカギ括弧で強調された形で使われている。さらに同報告書は外来語の「コミュニティ」を三五回使用。わずか三九ページの報告書のなかで合計八三回「社会的連携」に言及している[127]。この報告書は御厨貴議長代理がまとめたもので、彼はほかのメンバーに向けて詩的にアピールしている。「人と人とをつなぐ、地域と地域をつなぐ、企業と企業をつなぐ、市町村と国や県をつなぐ、地域のコミュニティの内外をつなぐ、東日本と西日本をつなぐ、国と国をつなぐ。大なり小なり『つなぐ』ことで『支える』ことの実態が発見され、そこに復興への光がさしてくる」[128]

この報告書「復興への提言」で掲げた七つの原則のうち第一の原則は、復興の起点は失われた多くの命を敬い、三・一一から教訓を得ることにあるとしている。そのほかの原則にはコミュニティと社会の連携に着目したものが三つある。第二の原則は「被災地の広域性・多様性を踏まえつつ、地域・コミュニティ主体の復興」を求め、第四の原則は「地域社会の強いきずな」を守るというニーズに触れ、第七の原則は「国民全体の連帯」を復興の必要条件として特定している[129]。同様に、被災した各県は公式な震災後の復興計画に関する文書でコミュニティの確立を強調した。宮城県の復興一〇年計画では「まちづくりの推進」を呼びかけている。岩手県の計画は九つの特区にもとづいていた。そのうち第六番目の特区は「まちづくり特区」と呼ばれ、津波で失われた資本金の四七パーセント以上を割り当てる。東北地方でもっとも疲弊し、機能が麻痺した福島県の「復興ビジョン」は希望の持てる言葉よりも使い古された表現が目立つが、明確に「きずなの再生」を呼びかけている[130]。

政府の役人や計画者たちが震災後の団結に関して、ほかのどんな言葉よりも「まちづくり」という言葉を使っているのは、次のステップを具体的にイメージしやすいからに違いない。しかし、「まちづくり」より豊かな含意を持つ「きずな」という言葉も三・一一後の幅広い言説のなかでひときわ目を引くようになった。「きずな」は元来家畜をつなぐ綱のことだが、社会的関係を表す概念としてすでになじみのある言葉で、それゆえ受け入れやすかった。歌やアニメ、漫画、ビデオゲームのタイトルにも使われる「きずな」という言葉は、三・一一以前も日本の大衆文化のいたるところで耳にした。二〇〇八年に政府が打ち上げた超高速インターネット衛星の愛称にもなっている。

「きずな」は震災後の結束を表す言葉として二回正式に採用された。一回目は公的なもので、三・一一の一カ月後に菅首相が「絆　Kizuna: the bonds of friendship」と題する声明を発表し、世界の人々に向けて、彼らの寛大さと東北の人々へ寄せられた心遣いに感謝した[131]。国際コミュニティへ向けたこの声明を知らない日本人がいても無理はないが、二〇一一年一二月に「今年の漢字」に選ばれたことで、「きずな」は震災後のコミュニティをもっともよく表す言葉となった。これは京都の清水寺で毎年行なわれる恒例行事で、毎年秋から初冬にかけて年末年始の休み前に清水寺の貫主《かんじゅ》がその年の雰囲気をもっとも的確にとらえた漢字を募集する。時には（二〇〇五年の「愛」や二〇〇六年の「命」のように）めでたい漢字が選ばれることもあるが、懸念や不安などを表現した漢字に時代精神が表れることのほうが多く、二〇〇一年は「戦」、二〇〇二年は北朝鮮に拉致されていた人々が帰国したことから、「帰」が選ばれた。過去にも災害に影響された漢字が選ばれたことがある。阪神淡路大震災があった一九九五年は「震」、新潟県中越地震があった二〇〇四年は「災」が選ばれている。今回、六万通を超える応募を処理した森清範貫主は全国の視聴者の前で長い筆を巧みに操り、墨につけ、以前の震災時よりも前向きで祝賀的な「絆」の文字を記した[132]。

「きずな」は社会的連携のメタファーとして幅広く使われてきた。日本グラフィックデザイナー協会はインターネットを基盤とした印象的な「絆プロジェクト」を発足し、国民同士、また未来とつながろうと決意した国家の文化的、精神的、倫理的ムードをとらえた。絆プロジェクトのメッセージビデオは六分強のあいだに六〇以上のグラフィックイメージが次々に現れ、国全体がひとつの家族としてふたたびつながり、回復する様子を想起させる。日の丸のイメージも、赤い絹糸の結び目やハート、絆の文字の背景などの形で、東北の人々との連携を呼びかける数々のメッセージに登場する。そして、被災者に彼らは「決して一人じゃない」ことを思い出させ、「手をつなごう」「想い、つなげよう。気持ち、つなげよう」と熱心に訴える[133]。日本各地で開かれたチャリティーイベントでも「きずな」のシンボルが使われた――たとえば兵庫県で開かれた東日本大震災復興支援第四〇回加古川まつりのテーマも「絆つながれ！」だった[134]。

京都清水寺貫主森清範が2011年の漢字に選ばれた「絆」の文字を書いているところ．2011年12月12日．写真：アフロ

政治家と民間企業も、あらためて強化された国民的連帯のメタファーの活用において遅れをとることはなかった。二〇一二年一月、野田政権に反対する民主党小沢グループを中心とする国会議員九人が離党し、「新党きづな」を立ち上げたのだ[135]。皮肉なのは、新党立ち上げのために民主党との「きずな」を断ち切らなければならなかったことだ。日本労働組合総連合会はコミュニティを求めるメンバーを募集した。地下鉄に貼られていたポスターによれば、組合員になると「希望と心の安らぎが得られる社会づくり」に参加でき、「日本をつなぐ」と約束された[136]。一方、ある酒蔵が「東北の絆」という日本酒を発売し、収益の二パーセントを被災者支援にあてると約束した[137]。同様に通信大手の巨大企業NTTは四〇ページの洗練された小冊子「東日本大震災における復旧活動の軌跡」を発行した。

そのタイトルの上には「つなげよう、明日へ」という激励の言葉が添えられていた。

コミュニティに関する国民的議論でヒーローを見つけるのははるかにたやすい。彼らは被災地のコミュニティから直接現れるからだ。ヒーローのなかには市町村長がいた。たとえば南相馬市の桜井勝延市長は市内四〇カ所の避難所に身を寄せている約八〇〇〇人の被災者のために「SOS」を求める動画をつくってユーチューブに投稿し、この動画は瞬く間に有名になった。また、陸前高田市の戸羽太市長は妻子と職員六八名が津波にさらわれた後も救助救援活動を監督しつづけた。そのほかのヒーローには、殉職した二二名の警察官のような一般職員や、自分自身が津波に流されるまで南三陸町の危機管理センターで避難を呼びかけつづけた二四歳の女性、遠藤未希さんなどの防災職員もいた。遠藤さんは七〇〇〇人の命を救ったといわれている。彼女の功績を記念してユーチューブには数十本の動画がアップロードされ、数百件のブログ記事が掲載された。二〇一一年九月野田佳彦首相は所信表明演説のなかで、彼女の「危機のなかで『公』に尽くす覚悟」に触れている。さらには右翼の漫画家小林よしのりも彼女を称賛した[138]。ところが、コミュニティのきずなには深い溝もあった。東北で被害者の遺族が団体をつくり、失われた家族の安全を十分に確保しなかったとして市町村当局を相手取り訴訟をはじめたのだ。二〇一二年八月には警察の捜査対象となる初の民事訴訟が起こり、遠藤さんの上司である佐藤仁南三陸町長が告訴された。震災後そのときまで佐藤はヒーローとして各方面から評価されていた[139]。

しかしながら、ヒーローといい切れるのかはっきりしない例はそれだけではない。最初に世界中のメディアの注目を浴びたのは、身の危険を顧みずに被害を食い止めるため現場に戻った原発作業員だった。海外メディアに「フクシマ五〇」と命名された彼らの話は非常に魅力的で、大げさな武勇伝を得意とするライターたちには見過ごせなかった。『朝日新聞』には「フクシマ五〇　終わらない苦闘」という見出しが躍り、「不安と苦悩を背負い、見えない敵と戦いつづける」と記された[140]。しかし、これらの解釈には二つの問題がある。第一に作業員は五〇人以上いた——東京電力によれば、現場に戻った作業員の数は七〇〇人近かったという。一度に入れる人数も中にいられる時間も限られていた。そこで、彼らは細かく交代しながら作業に当たった。さらに問題となるのは、作業員の多くはおそらく神話化されているような「サムライ・サラリーマン」でもなければ、ボランティアでさえなかったことだ。彼らは低賃金で搾取されている建設作業員で、ほかに働き口がなかったのだ。あるアナリストは挑発的にこう問いかけている。彼らは「献身的に最前線に立っている東京電力の職員なのか、それとも日本の雇用システムからはじき出され、高収入の自殺的任務のために送り込まれた人々なのか」[141]。実際に東京電力は二〇一〇年の年間報告書のなかで、福島第一原発の従業員のうち東京電力の正社員は二割に満たないことを公表しており、二〇〇九年に重傷を負った原発職員は全員が正社員以外だった。なお、この割合は二〇〇八年の八九パーセントから増加している[142]。保守派の猪瀬直樹東京都副知事はこの事実を無視し、原発作業員が他人のために命を捨てるという戦後のタブーを打ち砕いたことを歓迎した[143]。

実際、福島第一原発の事故をめぐっては、英雄的行為と自殺、犠牲が背中合わせだ。元住友金属工業の技術者、山田恭暉《やすてる》は高齢者ほど放射線の影響を受けにくいという仮定にもとづき、原発事故収束作業のため六〇〜七〇歳のボランティアを募り、三〇〇人以上が集まった。山田は「退役技術者の部隊」を発足すると語ったが、メディアは彼らを決死隊と呼び、経済産業省は彼らの美徳を称賛した[144]。しかし、疑いなく英雄的な行為をした東京電力社員もいる。福島第一原子力発電所の吉田昌郎《まさお》所長だ。吉田は原子炉への海水注入を中止するようにという東京電力本社からの命令を無視して、原発内の職員の命を救い、その功績を高く評価された[145]。

あらゆる大惨事にいえることだが、三・一一も痛みと想像、ヒーローと悪役を生み出した。動機と資源を持った政治的起業家はすばやく事態の収束へ向けた戦いに乗り出した。彼らは今回の悲劇について、幅広い意味や価値観にもとづき、ナラティブによる説明をした。そのすべてが変化に対する彼らの既存の選好と一致していて、日本の一般大衆に対して効果的な形に合わせてあった。既存の敵はいまでも敵だが、新たな悪役でもあった。そのため再武装した利害関係者は、ナラティブを積極的に用いて、この理解しがたい出来事を理解しようと必死に努力している一般大衆の選好に影響を与えるよう努力した。その努力のダイナミクスについて、本書では三つの特定の事例——国家安全保障、エネルギー、地方自治体——を検証する。しかし、その前にこれらの要素を歴史的、比較的文脈に位置づける必要がある。

# 第3章 災害の歴史的・比較的考察

「壊滅的な地震の後では救助の作法すら倫理的、政治的に複数の意味を持つ。救助のための戦いは、自然との闘いではなく、自らの設計上の失敗により崩れた建物との戦いだからだ」

——グレゴリー・クランシー、二〇〇六年

「かの大震災の折、自分が助かったと思った刹那横浜にある妻子の安否を気遣ったけれども、ほとんど同時に『しめた、これで東京がよくなるぞ』という歓喜が湧いてくるのを、如何ともし難かったのである」

——谷崎潤一郎、一九二三年

「米国政府と米国民の、かくも純粋で心のこもった友情により（中略）両国はさらに親密性を増し、世界にあまねく存在する調和と平和の絆を強化することになりましょう」

——山本権兵衛首相からカルビン・クーリッジ大統領へ、一九二三年日本列島を襲った自然災害を列挙すると悲しいほど長いリストになる。あまりにも災害が多かったため、歴史学者ピーター・ドウスが指摘したように過去二〇〇〇年以上にわたりどの時代にもかならず大災害の記憶を持つ老人がいたという[1]。災害の多さは「地震、雷、火事、親父」という言葉にもよく表れている[2]。

## 日本の大災害の歴史

日本のもっとも古い地震の記録は西暦四一六年にさかのぼる[3]。一九世紀半ば以降だけでも日本は四〇回以上大地震に見舞われている。そのうち福井地震（一九四八年）、新潟地震（一九六四年）、新潟中越沖地震（二〇〇七年）、十勝沖地震（一九六八年）、三陸はるか沖地震（一九九四年）など、まだ現在生きている人々の記憶に残っている地震の多くは、このくりかえし悲劇に見舞われた歴史のなかでは比較的小さな出来事のようにも見える。江戸時代だけでも大火災が五〇〇回以上起き、そのうち一〇〇件は三〇〇〇軒以上の家を焼いた。一六五七年に江戸で起きた大火災は一〇万人以上、一七七二年の大火災は二万五〇〇〇人の命を奪った。当時の日本人は、「江戸の花」である大火事に三度出くわさなければ一人前ではないと教えられていた[4]。したがって、明治維新後西洋諸国の視察に派遣された岩倉使節団がほかの国々がどうやって火事を防いでいるかをとくに学ぼうとしたのもうなずける。

三・一一以前の震災でとくに被害が大きく、記録がよく残っているのは一八五四〜五五年の安政の大地震、一八九一年にいまの岐阜県で起きた濃尾地震、一八九六年の明治三陸地震、一九二三年に東京と横浜を襲った関東大震災、一九九五年の阪神淡路大震災だ。物理的被害と影響はそれぞれ大きく異なる。実のところ安政の大地震は北は江戸、千葉から南は九州まで太平洋岸で一年間に起こった三回の本震と何十回もの前震と余震を合わせた総称である。これらの地震による火事と津波によって一万七〇〇〇人が命を落とした。マグニチュード八・〇を記録した濃尾地震の被害者は七〇〇〇人で、近代以降現在に至るまで記録に残っているなかで最大の直下型地震である[5]。明治三陸地震は二つの大津波を引き起こし、二万二〇〇〇人の命を奪った。不気味なほど三・一一を想起させる。一九二三年の関東大震災は大都市で起こった災害としては一六六六年のロンドン大火以来世界最大である[6]。一四万人の犠牲者のうち、建物などの倒壊により命を落とした人は一〇パーセントにすぎず、ほとんどの人々は火災によって焼死した——そのうち四万人は当時空き地となっていた墨田区本所の陸軍被服廠跡に詰めかけた避難者で、期せずして風向きが変わり被害に遭った。こうして東京にあった五〇万軒の建物のうち三〇万軒が全焼している。一方、阪神淡路大震災は逆に「耐震構造でつくられた近代都市に対する最初のテスト」に落ちた形になった[7]。阪神淡路大震災は同地域では有史以来一五〇〇年間で最大の地震であり、六四〇〇人の犠牲者のうち八九パーセントが建物の倒壊により亡くなっているのだ。このようにそれぞれの震災には違いもあるが、これらの震災によって生じた政治力学と説明のためのナラティブは、三・一一後の日本にも影響を及ぼし、盛んに議論された。

## 安政の大地震、一八五四〜五五年

安政の大地震で政治的に被害を受けたのはすでに衰えが見えはじめていた徳川幕府と各藩の上層部だった。一八五五年一二月に起こった安政江戸地震の二日後には、街頭で匿名の瓦版が数百枚配られ、そこには――日本列島を背中に乗せた神話上の生き物である――巨大なナマズの浮世絵が掲載されていた[8]。この「鯰絵《なまず》」に描かれた商人、職人、役人は巨大ナマズがしっぽを一振りしただけでその財産を失うことになる。

ナマズがかんしゃくを起こすと大地が激しく揺れるため、ナマズがじっとしているように注意深く見守っていなければならない。商売繁盛の神である恵比寿が巨大ナマズの動きを抑えるという任務に失敗する様子は、さまざまな鯰絵に描かれている。なかでもくりかえし登場するモチーフは炎が立ち上る空から小判が振ってくる場面を描いたもので、当時の人々が富の再分配に並々ならぬ関心を持っていたことがうかがえる。こうした浮世絵が控えめな表現を用いることはめったにない。無能な役人や（おそらく法外な値段で）建て直しをしようとたくらむ欲深い職人、売春婦などをすべてを失い苦しむ一般市民と対峙させるなど、不平等や腐敗といった階級に根ざしたナラティブがはっきり描かれている。幕末の日本の殺伐として悲観的なムードに対する批判も明らかだ。幕末を専門とするある社会歴史学者は、人々の「恐怖、不快感、怒り」を反映しているこれらの浮世絵が人気を博したのは「幕府の中枢を直接攻撃」していたからだという[9]。傾きかけた幕府はこうした浮世絵を批判の源と

19 世紀に刷られたこの浮世絵には，鹿島の神がナマズを抑えている間に福徳の神として人気のあった大黒天が民衆に小判をばらまく様子が描かれている.
国会図書館ウェブサイトより．国会図書館提供

して危険視し、ただちに禁止した。それから一〇年後、二五〇年続いた武家政権は崩壊する。地震とそれに伴う火事で多くを失った人々が幕府の役人を惜しむことはなかった。

## 濃尾地震、一八九一年

安政の大地震が弱体化した政府に対する階級にもとづく批判を生み出したとしたら、その三〇年後、開国まもない日本が列強に追いつくためにみずから帝国を築こうとしていた時期に起きた濃尾地震は、外国人を悪役にするために利用された。一部の建物（ほとんどが西洋建築）が大きな被害に遭い、ほかの建物（ほとんどが日本建築）は倒壊を免れるなど、建物の壊れ方が西洋科学と近代化の価値に関する激しい議論を呼んだ。犠牲者のほとんどが日本古来の設計と建築方法で建てられた木造家屋で亡くなったにもかかわらず、まもなく近代化の現れであるレンガとモルタルでできた建物――ほとんどが官公庁や駅などの西洋技術を象徴する建物――の倒壊は破滅的で卑しく堕落した西洋型発展への道を象徴していると見なされるようになった。「近代化は新政府を強化せず、むしろ旧政府よりも弱体化させたようだ」[10]。濃尾地震の後も安政の大地震の後と同様に浮世絵を通して政治的戦いがくりひろげられた。そのなかには倒壊した西洋建築に注目を集めようとするものもあれば、崩れた伝統的寺院を描いたものもあった。ちなみにナマズはもうほとんど登場していない。「かつての言説は階級や国と国民との関係についてだったが、今回の言説は文明に関するものだった」[11]。なぜ十分な規制や監督をせずに外国人に建築を許可したのか？　これからも日本人は自分たちの優位性を信じていくべきなのだろうか？　クランシーはこの点を見事にとらえている。「だれもがこれらの浮世絵から（中略）西洋風の景観は脆弱で危険であるという印象を受ける。（中略）これらの浮世絵は、脆弱性は『封建主義』の景観特有のものであり、移ろいやすさは日本の特徴という過去二〇年にわたって明治時代の言説にとてもよく見られた植民地化のトロープ（個別的属性）を見事にひっくり返して見せた」[12]

濃尾地震は愛国主義的なナラティブを生み出した。その理由としては、はじめて外国人に罪を着せられるようになったこと、そして、長期間にわたって全国的に報道された大災害はこれがはじめてだったことなどが考えられる。安政の大地震の際は被災地周辺だけで自己批判が行なわれたが、今回はそれだけでは不十分だった。多くの日本人が国の対応を期待し、要求するようになっていたからだ。メディアの報道が地方まで届くやいなや全国から被災地へ義援金が集まった。しかし、明治維新以降は明治天皇からのお見舞いの言葉と軍の配備、科学の発展に関する議論を伴わなければ国の対応として認められなくなっていたため、明治政府は震災が起こるたびに皇族に現地へ駆けつけてもらった[13]。被災地では「(皇族による）慰問」が頻繁に行なわれ、皇族が親身になって積極的に救援活動に参加している様子を全国メディアが報じるようになった[14]。とはいえ、彼らもただ見世物になっているわけではなかった。クランシーの説明によれば、皇族は「京都や江戸で謎に包まれたまま隠居していた過去の政権時とは異なる日本政府」を構成する要素であり、皇族と官僚が被害者の苦境に同情して涙を流す様子が頻繁に描かれていたという[15]。失うものはなにもなくなった住民が政府の対応の遅さに抗議して岐阜市で暴動を起こし、新政府がそれを制圧するために軍隊を招集した際、このイメージが新政府を守るのに役立ったことは間違いない。科学技術もなおざりにされていたわけではない。近代では災害が起こるたびに今後被害を軽減するための対策が行なわれてきた。濃尾地震の直後、日本政府は地震とその影響を調査するための学際的研究機関をはじめて設置している[16]。

## 関東大震災、一九二三年

一九二三年九月一日に発生した関東大震災は、国の能力を試すさらに大きなテストとなった。日本の国家権力はかなり前から確立されていたが、震災を機にあらためて国家が優勢となり、斬新な変化の機会は失われた。日本は廃藩置県を強行して中央集権化をはかり、その後、日清戦争と日露戦争を経験——いずれも相手国は弱体化していたが、日露戦争は西洋のロシア帝国が相手だった。これにより、日本は西洋式工業化への道を着実にたどっていることを証明した。ところが、日本政府にとって、この時期に大震災に直面したのは間が悪かった。一九二三年は国内政治が混乱していたからだ。政党政治が行なわれていたが、うまく機能しておらず、軍隊は政治権力をもてあそんだ。二〇一一年三月同様、内閣がめまぐるしく入れ替わり、党が弱体化し、経済が停滞、愛国主義的方針がとられ、市民社会が誕生し、大々的な災害外交がくりひろげられ、テロを恐れる向きもあった[17]。

混乱は上層部から始まった。一年前に総理大臣に就任した海軍大将、加藤友三郎子爵が震災の数日前に他界し——三・一一後の数週間同様——無党派による大連立が提案されたが、最大政党である政友会が即座に拒否した[18]。新しく首相に就任した山本権兵衛海軍大将が招集した内閣の初会合が開かれたのは震災の翌日で、大臣が六人欠席したため内務省は戒厳令を敷きやすくなった[19]。陸軍が首都圏を全面的に直接支配することになり、四県の秩序を維持するために一週間以内に三万五〇〇〇人の兵士が動員された。しかし、それには及ばなかったことが判明する。というのもほとんどの場合、人々は多くを失ったにもかかわらず、秩序を守り、指示によく従ったからだ。関東大震災後の様子を直接目にしたある人物は「被災地を長時間さまよい歩いたが（中略）一般大衆が不当利益行為を行なっているところを目にすることも、そのような話を耳にすることもなかった。（中略）彼らの平然とした態度は称賛された」といっている[20]。九〇年後に東北を訪れた人々も同じように感じていた。また、「関東大震災が起こったことによって、日本人のもっとも優れた特性のいくつかが表に現れた」という人もいた[21]。

三・一一と関東大震災に共通するのは、こうした称賛の言葉だけではない。東北で自衛隊が活躍したように、関東大震災でも救助活動と生活基盤の復旧のために軍隊が即座に動員された。震災後一週間以内に首都の街灯はふたたびともされ、路面電車や郵便も再開。帝国軍はその後まもなく四五本の橋を建設あるいは修理した[22]。元植民地経営者で元東京市長の後藤新平子爵は震災後の山本内閣で内務大臣に任命され、復興を担当することになった。だれよりも野心的に変化を求めた後藤は、帝国の首都は帝国そのものの偉大さを反映しているべきだと主張。東京を以前と同じ外観に再建するのではなく、都市の景観がどうあるべきかあらためて問い直そうとしていた。後藤が思い描いた東京は、広々とした大通りや緑地帯、官庁街があり、持続的発展、社会的進歩を体現した、都市の再生を象徴するような「畏敬の念を起こさせる」場所だった[23]。

後藤はアメリカの政治史学者で都市計画家でもあるチャールズ・A・ビアードの助けを借りつつ、多くの人々から大風呂敷をひろげていると見られたこの壮大な計画を推し進めた。まずは政府が焼け野原になった土地を買い上げ、近代的な輸送機関や下水設備を導入して再開発する予定だった。この初期費用だけでも四〇億円以上かかったと思われる。しかし、日本政府にはとてもこれをまかなうほどの財政力もなければ、土地収用を宣言するほどの政治力もなかった。約九〇年後の東北の人々同様、ビアードもこう自問している。「日本の人々はこの機会を生かして過去の過ちを正し、くりかえし起こる大災害から十分に守られた近代都市を築くことができるのだろうか。それともロンドンやサンフランシスコのように古い街路網に沿って街を再建するのだろうか」[24]

その答えが判明するのに時間はかからなかった。官僚主義の同僚たちには後藤の構想に対する熱意が伝わらず、彼らはコストばかり気に掛け、東京が政府の資金を無駄にするのではないかと疑っていた[25]。また、政治的反対もあった。ビアードの解説によると、彼らの多くは「スローガンと先入観、憎悪」に満ちた政党と同盟を組んでいたという[26]。各省は用心して自分たちの特権を守りつつ、帝都復興審議会に頼っていた。帝都復興審議会は九月に山本首相が招集した委員会で、首相に再建についてアドバイスをし、中央の計画組織の主導権を弱めることを目的としていた。帝都復興審議会は後藤の案を日和見主義——具体的にいうと、長年思い描いていたプロジェクトを復興計画に導入した——と断じ、彼の計画をほぼ没にした。後藤はこれに対抗して、既存の省や都市計画組織を超えた権限を持ったひとつの組織に資源を集中させる省の設立を提案。これと同じ動きが三・一一後にも見られた。しかしながら、豪腕な井上準之助大蔵大臣率いる大蔵省は「浪費」を嘆いて復興予算を四〇億円から五億円に減額した。ビアードはこの額について「事実上ないに等しい」といっている[27]。その後設置された組織、帝都復興院は後藤が総裁を務めたが、独立して計画を練り、実行するのではなく、復興

関東大震災後の東京の下町．1923 年．著者所有のポストカード

関東大震災後，壊滅状態となった東京の生存者たち．1923 年．著者所有のポストカード

にかかわるほかの機関を補佐する役割を課された[28]。後藤はさらに政治家階級とつながりのある地主からも強く反対された。東日本大震災復興構想会議の御厨貴議長代理は、後藤の計画は「政治的には失敗したが技術的に成功したところはあった」といっている[29]。

実際、復興をめぐる議論は――三・一一後の言説同様――既存の政治的、行政的、社会的分裂により尻つぼみになった。復興法案は国会により骨抜きにされ、同国会は山本政権崩壊後に解散。後藤の復興計画は、過度に拡散した権力を各省の狭い垣根のなかで頑なに守ろうとする国政により破棄された[30]。後藤の失敗から日本の未成熟な民主主義が根本的に抱える病理に気づいたビアードは、解決策は選挙権の拡大を含む民主改革だと結論している。「東京がまた火災時に避難しにくい街に再建されるのを防げるのは革新的な勇気だけだというのに（政府は）保守的である。（中略）人々が発言権を得た昨今、組織ぐるみで近視眼的に私益を追求し、不条理な政治がまかり通るなかで都市計画を包括的に構想できるだけの力を結集できるのか。それを知るにはまだ時間がかかりそうだ」[31]。後藤の野心的計画をよそに、一九三〇年三月の帝都復興祭で東京の完全復活が宣言されたとき、東京は震災以前とおおかた同じように再建されていた。

また、震災当初は恐ろしいほど非民主的な事件が起きた。最初の数日間、自警団が戒厳令を悪用して政治的過激派やアジア系外国人を迫害[32]。ニュースに飢えたマスコミに暴動や詐欺などの挑発的な話を吹き込んだ。たとえば一九二三年九月二日付の『東京日日新聞』は、朝鮮人と社会主義者が反抗的・反逆的な企てを行なっているため、軍および警察と協力して朝鮮人を警戒するよう呼びかけている[33]。政府が震災救護事務局の設置を進めているころ、戦艦や駆逐艦を含む海軍艦艇五〇隻が朝鮮半島へ向けて派遣された[34]。

朝鮮人の迫害は数日間続いたが、政府はこれを黙認していた[35]。ある目撃者の話によると「デマが東京中に広がり、その後、街全体が恐怖に支配され、任務で疲弊しきった警察にはもはや事態を制御する力は残されていなかった」という[36]。飛び交ったデマには、朝鮮半島からの移民が地震による火災に便乗して放火をしている、独自に軍を結成している、日本人の無政府主義者と共謀している、空き巣をはたらいている、東京の井戸に毒薬を投入している、といったものがあった。そうしたうわさが「無慈悲な暴行」を誘発し、自警団や兵士が朝鮮人や共産党員を捕らえては、そうした数千人の「敵」を即決裁判でさばき、処刑した[37]。九月四日になるとそのような脅威も下火になり、政府当局は東京郊外に朝鮮人専用の避難所を設けることができた。九月五日、日本政府当局は自警団を公式に非難したが、その理由のひとつは「外国で報道されたら日本の栄誉に傷がつく」からだった[38]。政府は軍隊による「思いやりのある行為」として朝鮮人数千人の救出劇を描いた映画を制作し、配給したが、プロパガンダであることは見え見えだった[39]。

関東大震災はほかのメディア、とくに無線通信の力によって、日本の自然災害としてははじめて国際社会の注目を集めることとなった。当時の観測筋は次々に寛大な支援が寄せられたことに衝撃を受け、諸外国が突如として「寛大さを争う」ようになり、「国々は国境も人種差別も忘れた」と大きな驚きをもって報じている[40]。最初にこの「競争」のスタートラインを切ったのはアメリカだった。アメリカは過去最大規模の国際救援団を派遣した。トモダチ作戦はこの救援団に細かいところまでよく似ている。カルビン・クーリッジ大統領は日本救済のための募金活動を行なうようアメリカ赤十字に指示し、一九二三年一二月までに一二〇〇万ドルが集まった。山本首相はカルビン・クーリッジ大統領に電報を送り、アメリカ政府へ感謝の気持ちを伝えるとともに日本政府が両国間の関係維持に尽力することをあらためて確約した。一方、被災地東京ではサイラス・ウッズ駐日大使がアメリカ人救済委員会を組織。同委員会は震災で家を失ったアメリカ国民の保護と避難を主に担当した。また、九月二日には大連に停泊中だったアメリカ軍の戦艦が救援物資を積んで出航し、九月五日に横浜港に到着。その三時間後には同じく中国からイギリスの蒸気船が駆けつけた[41]。アメリカ海軍は帝国海軍および民間の汽船会社とともに救援物資を供給し、避難者を安全な場所へ運んだ[42]。海兵隊は瓦礫の撤去を補佐。陸軍はフィリピンから兵士を派遣し、病院を建設するとすぐに日本人職員に引き継いだ。アメリカ軍アジア艦隊司令官エドウィン・アレクサンダー・アンダーソン大将は、日本の軍隊と政府当局者のプライドに配慮し、救援物資は波止場で降ろして配給は日本人に任せるように指示した。それから九〇年後のウィラード大将と同じように、アンダーソン大将も「我々は全力を尽くして日本国民を助けるためにここに来たのであって、我々の考えを彼らに押しつけに来たのではない」といった[43]。チャールズ・エヴァンズ・ヒューズ国務長官は「日米両国間の伝統的友好関係は、さらに強められるに至った」と宣言した[44]。

しかしながら、このように思いやりのある大規模な救援活動を行なったにもかかわらず、アメリカの災害外交は結果的に失敗に終わった。日米両国は震災を長期的な相互利益につなげることができなかったからだ。直接の原因は、東京でアメリカからの救援物資が配られているまさにそのとき、アメリカ議会で日本からの移民を禁止する法案が審議されていたことだ。クーリッジ大統領は米国からの援助に対して日本が十分に感謝していないという各方面からの批判にさらされ、人種差別主義者のロビー活動に屈し、「アメリカはアメリカでありつづけなければならない」と宣言した[45]。このいわゆる排日移民法は反対票わずか九票で上院を通過し、日本政府とウッズ駐日大使の訴えもむなしく一九二四年七月に施行された。日本政府は同法案が可決された日を国家的屈辱の日と定めた。排日移民法はアメリカからの支援が生み出した「善意を完全に無効にした」[46]。そのため、海外からの支援は迅速で寛大なものだったが「すべてが歓迎されたわけではなかった」としても不思議ではない[47]。そして、アメリカの支援はアメリカ政府が企てる支配計画の隠れ蓑ではないかという――いくつかの根拠を伴う――強い疑念が残った。

その一方で、実のところ関東大震災は日本軍による政治支配への道を開いた。東京を拠点とする部隊は、震災直後パンク状態となりサポートを必要としていた救急業務を補助し、地方部隊の協力を得ながら倒壊した建物を撤去、住むところを失った人々を援助し、都市圏を再建すべく、数カ月にわたって働いた。最終的に常備軍の五分の一近い五万二〇〇〇人の兵士が日本各地から東京周辺の治安回復のために派遣されたが、そもそもこのような威嚇行為は不要だった[48]。こうした日本軍による治安回復とは対照的に、政治家は復興予算をどう捻出するかについて延々と議論をくりかえした。政治指導者や評論家が震災について語る際に軍事用語を使用したことも、さらに軍隊の地位を高めた。評論家たちは、東京圏を襲った大震災は第一次世界大戦中に経験したような「全体主義へ向かう経験」だったと指摘している。後藤市長の後任の永田秀治郎は、あえて第一次世界大戦の停戦記念日である一九二三年一一月一一日に震災犠牲者のための追悼式を行なった[49]。政府全体が緊縮政策をとり、軍隊も支出削減の対象となったが、国民は軍に感謝するようになっており、さらに震災に関連して軍を英雄視するナラティブが圧倒的に多かったことから、軍の評判は著しく高まった。軍はリーダーシップと社会的連帯、変化という旗印の下、脆弱な国家をふたたび結束させていた。なお、この旗印はより無害な文脈で約一世紀後にふたたび掲げられることになる。

こうして一時弱体化していた大日本帝国軍は権限を強化した。しかし、いくつもの政党が誕生し、政治的左派が勢力を拡大してきたことにより、軍は日本政府内で権力を求める新たな競争相手および軍の評価に対する批判と対峙せざるを得なくなる。第一次世界大戦後、他の国々同様日本においても平和運動が盛んになり、人々は条約や国際連盟のような国際組織によって国際関係を友好的に維持できると考えるようになっていた。また、戦後の景気低迷により、軍事予算削減圧力も高まった。入隊者が減り、早期除隊者が増え、残った兵士たちの士気も低下していた。そんな折、震災時の救助・復興活動が軍にとって幸運な転換点となる。「思いがけない状況に置かれた軍は、日本国民からの高い評価を取り戻すことを意識しながら活動し、それ以来一般大衆の軍の扱いは東京だけでなく全国的に目覚ましく改善した」[50]

当然ながら、ヒーローとなった軍隊と敵対する悪役も、数多く存在した。関東大震災の直後、まだこれからヒーローや悪役が誕生しようとしているとき、大正天皇が伝統的価値の回復を呼びかけたことで形勢が変わった。大正天皇は近年の科学および人間の英知におけるさまざまな進歩を認める一方で、ふしだらで浪費的な習慣が生まれたことに言及し、このたび日本国民に降りかかった災害は甚大であり、こうした習慣を今すぐ正さなければ、日本の未来は暗いものとなるであろうと憂慮[51]。そして、あらゆる角度から近代化批判を展開した[52]。こうして評論家は気兼ねなく、退廃主義と道徳崩壊の中心としての東京と地震とのつながりを強調するようになった――石原慎太郎東京都知事も三・一一後に同様の主張をし、こちらは受け入れられたとはいいがたかったが、関東大震災の後は多くの人々が、今回の地震は神が日本に方向転換を求める警告だと主張した。たとえば慶應義塾大学の堀江帰一経済学教授は、ぜいたくな食事や品物に無駄に金をかけることはとくに問題であり、外国製のぜいたく品に関税をかけるべきだと主張した。堀江は「東京市民とその指導者たちが成しえなかったことを神が行なった。快楽主義的消費文化の中心地を破壊したのだ」と信じていた[53]。被害が東京市東部の歓楽街に集中していたことも、震災が不適切な習慣に対する天罰だという議論を後押しした。ある宗教家は「歓楽街が壊滅状態になったのは神意の表れに違いない」と説いた[54]。しかし、吉原の遊郭がほかの地域に先んじて復旧し、震災前の隆盛を取り戻したことについて神がなにを思ったかはわからない[55]。

多くの学者と「革新」系の官僚は、震災は日本国民に社会を改善するように告げる警鐘だと論じた。しかし、国民の精神を正すために国家がなにをすべきかという点において、彼らのナラティブは相いれなかった。幼児教育の専門家である高島平三郎は、両親が震災の経験を通じて悪い習慣を断ち切り、家庭内で子どもに良い見本を示すことの大切さを強調した。哲学者の深作安文は、家庭内での自己鍛錬の価値を認めつつ、国家も「犠牲的精神、倹約、勤勉の教えをさまざまな社会階層に」広めるために公的資金を活用し、文化再生計画に乗り出すべきだと考えていた[56]。実際、日本政府は被災者の救済や復興と並んで精神的再生というイデオロギー的大義を優先的に取り上げた。そして、国民の義務にかかわる既存の問題に対処するために震災を利用した[57]。震災から二カ月もたたないうちに山本内閣は文部省に指示を出し、まだ生々しい犠牲と英雄的行為のエピソードを集めさせ、三巻からなる書籍にまとめて全国に配布した。これらの資料は「政府が日常生活と関連が深いと強調する、天皇陛下への忠誠、親孝行、慈悲、個人的な犠牲、勇気、従順さといった、くりかえし語られるテーマ」を主に扱っていた[58]。

震災に関する公式のナラティブが――脆弱性、コミュニティ、国家のリーダーシップを盛んに強調した形で――形成されつつあったときでさえ、日本の政治体制はその無秩序さに悩まされていた。震災からわずか三カ月後、ある国会議員の息子が震災後の朝鮮人の扱いに腹を立て、当時の摂政宮《せっしょうのみや》――のちの昭和天皇――に向けて至近距離から発砲した。弾は命中しなかったものの、この狙撃事件は甚大な政治的損害をもたらした。山本内閣は事件の責任をとって総辞職したが、次に政権に就いた無党派の「大連立」内閣も山本内閣と同様に無力で、わずか六カ月しかつづかなかった[59]。その後も不安定な状況がつづき、そのことが軍に「治安維持法」施行の大義名分を与え、この抑圧的な法律は翌年施行された。震災により地位が向上した大日本帝国軍は過去最大の権力を手にし、アメリカから非常に多くの同情と援助が寄せられたにもかかわらず、その後も日米関係には不信感がつきまとった。

## 阪神淡路大震災、一九九五年

こうした一連の動きの多く――とくに政治不安と災害救助における軍隊の役割――は、政治的背景はまったく異なるものの、七二年後の阪神淡路大震災の際にも見られた。阪神淡路大震災は関東大震災以来最大の地震で、一九二三年当時と同様、甚大な人的・経済的損害をもたらした。死者は六四〇〇人に上り、その多くは高齢者だった。神戸市全体の事業所の五分の一、日本最大の港である神戸港のドックの五分の四が使用不能となった。被災地域は二府県二五市町村におよび、被害額は九兆円から一三兆円。これは日本の国内総生産（GDP）の二・五パーセント以上に匹敵する[60]。

一九九五年当時、日本の民主主義は確立されて久しく、凄惨をきわめた太平洋戦争の結果、日本軍はすでに解体されていた。民主主義の基準が広く浸透したおかげで、文民統制が保障され、透明性が高まったが、かといってリーダーシップが向上し、より効率的な救助活動が可能になったというわけではなかった。政府は対応の遅さ、不十分な災害対策、戦後建設されたインフラストラクチャーが災害の被害を緩和すると過信していたこと、そして、とりわけ舌鋒の鋭いある批評家の言葉を借りれば「膠着した日本の行政機構」について非難された[61]。

村山富市首相はこれらすべての批判を一身に浴びることになった。社会主義者が内閣総理大臣になるのは一九四八年以来はじめてだったが、連立内閣は保守派の自由民主党に牛耳られていた。自民党は九カ月前に野に下り、不慣れな経験をした後で、皮肉にも（巧みに）村山を利用して政権を奪回した。政治秩序は安政の大地震や関東大震災のときほど不安定ではなかったにしても、約四〇年間つづいた自民党政権時代（一九五五〜九三年）とは比べものにならなかった。さらに、阪神淡路大震災が起こるはるか以前に軍隊は解体されたが、一部の専門家は自衛隊を過小評価していたことが神戸の災害対応と管理の問題の原因にあると非難した[62]。国民も自衛隊による救助救援活動を歓迎していたはずだが、自衛隊と政府当局の断絶および自衛隊の合法性に関する深刻な意見の対立を反映して、被災地からは競合するナラティブが生まれた。自衛隊も首相も兵庫県知事もボランティアも、みなこのドラマのなかで悪役とヒーローという重要な役を演じることとなる。三・一一の残響室でどのような言葉が響いているのかはさておき、阪神淡路大震災後に支配的だったナラティブは、自助努力と社会的結束の重要性を説くとともに、リーダーシップと官僚の怠慢を非難するものだった。

リーダーシップが非難されたのは村山首相の震災への対応が要領を得ず、初動が遅れたためだ。村山は、(「なにぶんにもはじめてのことですので」という彼自身の口から出た不用意な表現で) 震災は想定外だったと自己弁護し、何度も揶揄された[63]。一九九五年当時、首相官邸には二四時間体制で働く職員がおらず、村山は友人から電話でテレビを見るようにいわれて震災のことを知った[64]。そのときから村山は無能と見なされるようになった。彼が震災発生を知ったころには、すでに数千人の神戸市民が崩れた家やオフィスビルの下敷きになり、街は炎に包まれていた。このとき村山は信じがたい判断ミスをし、それまで培ってきた経歴に傷をつけることとなる。当初のスケジュールどおりその日予定されていた会合に出席することにしたのだ[65]。同じころ、自然災害の担当とされている国土庁は、政策対応をめぐってほかの省庁と小競り合いをくりひろげていた。その結果、内閣府に緊急対策本部が設置されるまでに二日かかってしまった。村山はさらに逡巡した挙げ句、責任を官僚に引き継いだ。もっとも、村山がほんとうの意味で責任を担っていたとはいいがたいが。官僚側も村山と同様、この責任を受け入れる準備ができてはいなかった[66]。政府は状況を迅速かつ正確に把握することができず、必要な物資の供給が遅れ、さらにいくつもの命が失われることとなった[67]。多くの通信手段——当時はまだあまり携帯電話が普及していなかったため主に固定電話——が損害を受け、問題をますます深刻化した。ある人は「プランニングの未熟さと目も当てられないほどの準備不足を考慮すると阪神淡路大震災は自然災害というより人災と呼ぶべきだろう」といっている[68]。かつては高く評価されていた日本の官僚制度が一般市民を犠牲にした——もっとも被害者数は神戸の南西わずか三〇〇キロメートルにある広島で起こった人類の悲劇の比ではないが。

災害管理と政治的リーダーシップの問題は、地方自治体の対応によってさらに悪化した。地震発生の一時間後には兵庫県庁に災害対策本部が設置されたが、実際の被害状況は同本部が想定していたシナリオをはるかに上回るものだった[69]。兵庫県は速やかに近隣地域に警察と消防の支援を求めたが、神戸市は地震の五日後まで災害救助法を行使せず、神戸市当局は市外の医療関係者からの支援の申し出や大阪市からの一時避難施設提供の申し出も断った[70]。貝原俊民兵庫県知事から中央政府への災害派遣要請も遅れ、自衛隊派遣要請は地震発生から数時間後だった[71]。さらにひどいことに自衛隊が到着したのは数日後で、動員数はわずか九〇〇〇人。装備も不十分だった[72]。その上「総動員」された時点でも、現地に派遣された隊員はわずか二万四〇〇〇人だった[73]。自衛隊の対応は遅れがちで、不十分であり、このことはその後何年にもわたって阪神大震災について語られる際、中心的な話題になった。

しかし、その原因となると意見は分かれている。政治家と自衛隊、中央政府と被災地となった自治体のあいだで責任転嫁し合っているからだ。一部の人々は遅れの原因を日本政府——首相官邸あるいは旧防衛庁——の不手際と主張する[74]。防衛庁職員は出動が遅れたことも活動が不十分だったことも認めつつ、地震が夜明け前に発生したこと、街中が煙に包まれていたことで被害状況の評価が難しかったためだと説明している。また、初動が遅れたのは左翼的な首相と知事がイデオロギーに固執したためだと切って捨てる人もいる[75]。ほかの野党の政治家の多くもそうだったように、貝原俊民知事も自衛隊と協力するのに躊躇していたといわれている[76]。当時災害管理計画に参加した海上自衛隊将官の一人はこう述べている。「一九九五年当時の兵庫県知事は扱いにくい人物でした。自衛隊は震災以前から貝原知事に接触していましたが、協力を拒まれていたのです」[77]。この件を調査したアメリカ軍高官もこの意見に同意している。自衛隊は出動準備「万端」だったが、被災した地方自治体から出動に必要な許可が下りなかったというのだ。「自衛隊についてマスコミはとやかく書き立てたが、いずれも根拠のないものだった」と彼は断言する[78]。国連による震災対応の調査によると、自衛隊は――「時間的猶予が許されない場合」は公式の出動命令を待たずに行動を開始できるとする法規定に従い――数百人の部隊を数分以内に招集していた[79]。にもかかわらず、自衛隊はさらに数日間待機させられることになる。

貝原知事は自身の災害対応が厳しい非難の的になったことを認識したうえで、構造上の問題があったと語った。

戦前の日本政府は非常に中央集権的かつ非民主的でした。明治憲法の下、中央政府があらゆる自然災害に対応し、必要に応じて都道府県や市町村に指示を出すようになっていたのです。すべて国家の権限の範囲に含まれていました。ところが地方自治法と新憲法が施行されたときに警察その他の機能が地方分権化しました。とはいえ一九九五年まで、地方自治体の能力が試されることはありませんでした。問題は私や村山首相の力が至らなかったことではなく、システム自体にあったのです[80]。

システムに深刻な問題があったことは間違いない。中央政府にはすべての所管の対応をまとめる権限を持った省庁が存在しなかった。地方レベルで知事が自衛隊の支援を要請するには、事前に市町村長が必要な資源と作戦行動を依頼する予定の期間を明記した依頼書を書面で提出しなければならなかった。電話やFAXでの依頼は受け付けられない。さらに、自衛隊の活動経費は都道府県に請求されることになっていた。事務処理の煩雑さと財政上の阻害要因の組み合わせが災害対応を大幅に遅らせた可能性がある[81]。

貝原知事はイデオロギー的批判を真っ向から否定している。

軍隊に対するアレルギーはありません。私は法律家ですから法律のことはわかっています。危機管理の専門家に聞かなくても自衛隊に正式な「派遣要請」をしなければならないことくらい知っていました。問題は自衛隊側にあったのです。自衛隊はこれほどの規模の災害を想定しておらず、準備もできていませんでした。地震発生から派遣要請までに三時間かかってしまったのは、地震が早朝に起こったため、まだ暗いなかで被害の範囲を評価しなければならなかったからです。最初はあまり情報も入ってきませんでした。県庁にはだれもいなかったからです。松島悠佐総監も今回のような派遣を行なった経験はありませんでした[82]。

いずれにしても、陸上自衛隊の松島中部方面総監は地方自治体と効率よく協力し合うことができず、昇進を見送ることとなる。うわさでは幕僚監部への異動を熱望していたらしいが、その野心は打ち砕かれた。それよりも重要なのは、こうした初動の遅れにより、神戸市内で数千人の死傷者を出したことだ。

また、外国政府や民間企業、非政府組織（ＮＧＯ）から早々に寄せられた数多くの支援の申し出に対する政府の対応も激しい非難の的になった。関東大震災当時と同じくアメリカ政府は合衆国アジア艦隊からの支援を申し出た。当時アジア艦隊は横須賀港を母港としており、被災地へも短い航海で行くことができた。しかし、日本政府はテント七八張と毛布五万枚以外の援助は辞退した[83]。それから二日間でさらに一四カ国からの申し出を断った後で、外務省は捜索犬一二頭を連れたスイスからの探索救助チーム三〇人の入国を認めた。ところが、いざ彼らが空港に到着すると、捜索犬が検疫のため隔離されてしまう。最終的にイギリスとフランスの捜索救助チームが招かれたが、外務省の反対を押して彼らを招聘したのはＮＧＯだった。外務省は複数の医療チームからの申し出も断っている。国内に十分な受け入れ先があり、外国人医師団は必要とされる日本語のスキルが足りないというのだ。七六カ国が基本的な消費財の提供を申し出たが、それすらも当初は断られた。「日本政府の説明では、消費財は国内で十分に調達できるからとのことだった」[84]。政府が方針を転換し、外国からの支援の申し出を受け入れるようになったのは、国際メディアが盛んにこのことを書き立て、きまりの悪い経験をしたためだ。一方、神戸では暴力団が地元コミュニティのためにだれよりも効率よく支援活動を行なっていた[85]。

意外なことに阪神淡路大震災の経験でもっとも成功したのは、過去に例を見ない規模のボランティアの活躍だった——彼らに関するエピソードはこの震災に関連するあらゆるナラティブを支配するようになる。地震発生から二週間で七二〇〇人のボランティアが登録し、これよりはるかに多くの人々が登録せずに駆けつけた。神戸市内の各区にボランティアセンターが設置され、被災地のボランティアのニュースが、それまで圧倒的に多かった政府の無能ぶりを伝えるニュースに取って代わった。「不親切な規制環境」と「初歩的なインフラストラクチャー」をものともせず、ボランティアたちは被災地へ向かい、「日本のボランティアの大躍進」を実現した[86]。市民社会から支援が殺到したことにより、一九九五年は「日本ボランティア元年」と呼ばれるようになる[87]。仮設住宅でのコミュニティ形成を促すようにつくられた「ふれあいセンター」が、予想外かつ過去最多のボランティア活動の拠点となった。貝原元知事によると、ボランティア組織は法的地位がないにもかかわらず雨後の竹の子のように姿を現した。これは一九九五年までに日本人がものには恵まれているが心が豊かではないことに気づいたからだと彼はいう[88]。実際一二〇万人を超える日本人が神戸市および周辺の市や町に押し寄せ——雇用から心理学カウンセリング、救援物資の配給、瓦礫の撤去にいたるまで——あらゆる種類の医療および社会福祉サービスを提供した。

こうしたボランティアは震災後の神戸に多大な貢献をした。とりわけ再建が地元の資源に与えた負担を考えると、ボランティアの貢献は必要不可欠だった。中央政府による最初の包括的援助計画は二カ月以内に整っていたが、日本政府と地方当局は中央政府がどの程度のレベルで支援するのが適切なのか延々と議論をくりひろげた。大蔵省は被災者に救済資金を直接給付してそれが前例となることに躊躇したため、再建はますます難航した[89]。兵庫県と神戸市は「ひょうごフェニックス計画」のために一〇年間で一七兆円の援助を中央政府に求めたが、中央政府からの援助ははるかに少なく、神戸の復興はほとんどが地元からの資金でまかなわれることになった[90]。神戸市の電気、ガス、水道といった公共事業は一カ月以内、交通網も二年半で全面的に復旧した。公共事業については震災に強いパイプや新たな緊急時用の貯蔵施設、予備の送電システムを導入した。公共施設――美術館、企業誘致地域など――は一〇年以内に完成したが、神戸の都市再生とのつながりに関しては賛否両論があった[91]。神戸市の人口が震災前のレベルまで回復するのに二〇〇四年までかかった。二〇〇九年の時点でも生産拠点は震災前の五分の四の規模にとどまっている[92]。復興費用が日本のマクロ経済パフォーマンスに与えた経済効果は微々たるものにすぎず、また、これらの資金は新しいものを建設するよりも震災前の状態に戻す方向に使われたようだった[93]。そして、地方自治体が膨大な債務を負うことになった[94]。

阪神淡路大震災のナラティブにおいて、危機に対する政府の備えが不足していることが盛んに批判されはじめて以来、新たに一六の国内法が施行された。なかでもとくに重要なもののひとつは、一九九五年七月の地震防災対策特別措置法で、同法にもとづき首相官邸に内閣危機管理監を長とする事務局が設置された[95]。のちに文部科学省に移されることとなるこの事務局の設置は、中央政府の説明責任をあらためて確立し、包括的な災害対応国家政策の構築をはじめるための取り組みであった。また、阪神淡路大震災発生後の対応に見られた課題は、地方の機能不全といわゆる縦割り行政――各省庁の管轄が重複し、競合しているという長年にわたり日本政府が抱えている特有の問題――の両方にあるという解釈にもとづいていた。この新たな事務局は行政上の調整と危機管理を専門としており、災害対応の効果的なプロトコルを確立し、都道府県および市町村向けの新しい危機管理マニュアルをつくり、首相がタイムリーに公式声明を発表できるよう補佐する任務を負った。しかしながら、阪神淡路大震災から一六年後、三・一一の危機の際に判明したように、中央集権化を進め、既成の危機管理マニュアルをつくることが正しい教訓だったのかは明らかではない。

第二の顕著な成果は、一九九八年にすべての主要政党の支持を得て成立した特定非営利活動促進法（NPO法）で、この法律により日本ではじめて非営利組織に法的地位が与えられた[96]。同法が施行されるまで、NGO・NPOは法人格を有しておらず、そのため事務所の賃貸や職員採用が困難だった。現在では、健康、医療、社会福祉、教育、地域開発、文化、環境、災害救援、地域の安全、人権、国際協力、男女平等のための活動を推進する組織には特殊な法的地位が認められるようになった。その結果、市民社会が再生した。以来、市民参加と地域社会への参加が衰えることはない。第一章で論じたように、神戸市民の生活におおいに貢献したNGO・NPOは、三・一一後の東北でも指導的役割を演じた[97]。

阪神大震災の際、盛んに論じられた官僚機構の非効率性から得たほかの教訓は、新たな法律やさらなる中央集権化を必要とするものではなかった。なかでもおそらくもっとも重要な教訓は、効果的な災害対応には政府の各階層や部局にまたがる協力が必要であるということだろう[98]。これにはさまざまな政治的立場の観測筋も同意し、さらに軍民双方の協力も不可欠とのことで意見が一致した。日本の保守政党はその後も「有事法制」を通過させるのに苦労していたが、緊急対応に関する議論はもはやタブーではなくなり、だれもが災害救援における自衛隊の役割を受け入れるようになった。ある進歩主義的大手月刊誌の編集者によると、一九九五年を境に自衛隊も地方自治体も変わったという。自衛隊が変わったのは十分に人命救助できなかったから、地方自治体が変わったのは災害救援部隊としての自衛隊を自分たちがどれだけ必要としているかに気づいたからだ[99]。自衛隊のある将官もこれに同意している。「阪神淡路大震災での失敗がなかったら、三・一一での成功もなかったでしょう」[100]。自衛隊と地方自治体の協力関係の発展において唯一もっとも重要なのは、より優れた装備を用いた共同防災訓練が以前よりはるかによく行なわれるようになり、広く受け入れられるようになったことだろう[101]。

## 海外の大災害との比較

自然災害がどのようにして政治的出来事に発展するかをより広い視野から観察するには、他国の経験および日本の海外での経験を検証することだ。まずはアメリカの事例から見ていこう。この事例は嫌なくらい阪神淡路大震災に酷似している。最初にアメリカの災害外交の事例をいくつか検証したうえで日本政府が中国の被災者救援のためにどのように資源を動員したか分析して結論を導き出したい。概してこれらのエピソードは、災害のナラティブがどのように生まれ、将来的に政治的選択にどの程度影響するかを理解するうえで重要となる分析的な問いを提起している。

二〇〇五年八月下旬、ハリケーン・カトリーナがニューオリンズ周辺で猛威を振るい、一五〇〇人近い犠牲者を出した。この恐るべき自然災害が注目に値すると思われる理由は四つあり、それはすべて三・一一にも当てはまる[102]。第一に、カトリーナは発生すれば大災害となることが予想されていたものの発生する可能性の低い出来事だった。そして民間当局の不適切な対応により、アメリカの災害準備が不足していることが判明した。第二に、三・一一後の東北と同様、政府当局と比較して軍――カトリーナの際は沿岸警備隊および国家警備隊――がとくに有能であると見なされるようになった。第三に、災害が中央政府およびその指導者の力量を問うナラティブと融合し、より大きなナラティブを形成した。最後に、三・一一の場合と同様に、カトリーナに対する認識は、予想どおりそれぞれの災害前の政治的志向により異なっていた。

メキシコ湾岸で大規模な自然災害が起こっても政府には十分対応する準備があるはずだと一般の人々が考えていたのは当然だった。地元メディアも全国メディアもそのような状況を予想しており、大災害につながりかねない出来事は過去にも発生していた。連邦緊急事態管理庁元長官は、最大の懸念は「高潮が一五～二〇フィート（約四・五～六メートル）に及んだ場合、ポンチャートレイン湖の堤防が決壊してニューオリンズの街が浸水」し、悲劇的な結果になることだと一〇年以上にわたりくりかえし明言していた[103]。二〇〇一年に『サイエンティフィック・アメリカン』誌に掲載された特集記事「浸水するニューオリンズ」は率直に「ニューオリンズは災害が起こるのを待っているようなものだ」と述べている[104]。また、ニューオリンズの『タイムズ・ピカユーン』紙は二〇〇二年に五部からなる特集を組み「中規模の嵐による洪水でも数千人の命を奪う可能性がある。これは時間の問題だ」と警告している[105]。こうした警告は無視されたわけではなかった。被災地および州と連邦政府の職員は二〇〇四年に大規模災害管理訓練を行ない、大型ハリケーンがニューオリンズ地方を襲った場合の被害と有効な対策を特定していた[106]。

しかしながら、こうした数々の警告と計画をよそに――ハリケーンの進路と強度を正確に予想していたにもかかわらず――カトリーナ後の主要なナラティブでは政府当局の準備不足が指摘されている。当初から大半の報道が州職員と自治体職員の責任を追及するものになった。ルイジアナとニューオリンズは強制避難命令の遅れと一部の地域においてはそもそも避難命令を出さなかったことについて糾弾された[107]。また、ニューオリンズ警察も治安維持――とくに部下による犯罪の防止――に失敗し、批判の的となった[108]。

非難の矛先は連邦政府職員にも向かう。二〇〇五年九月二日、連邦緊急事態管理庁のマイケル・D・ブラウン長官の功績を認め「見事な手腕を発揮している」と評価したジョージ・W・ブッシュ大統領までやり玉に挙げられた[109]。翌日、『ニューヨーク・タイムズ』紙に二つの記事――ニュース記事とモーリーン・ダウドによる辛辣な論説――が掲載され、ブラウン長官の能力と適性に疑問を投げかけた。ブラウンの連邦政府以前の主な職歴は国際アラブ馬協会会長で、辞任の理由はプレッシャーだった[110]。九月三日以前の報道ではブラウンの経歴にはほとんど触れられていなかったが、大統領が「見事な手腕」と評価した矢先、前職での業績不振が暴露され、連邦緊急事態管理庁の記者会見での稚拙な対応に注目が集まった。この悪役のナラティブは広範囲に及んだ。共和党系の研究機関による報告書でさえ、連邦緊急事態管理庁が災害前後に行なったさまざまな決断を批判している。ブラウン長官は数々の失敗と適性不足からブッシュ大統領と結びつけられ、連邦政府の失敗の象徴となった。CBSニュースの世論調査によると、ブッシュ大統領のカトリーナへの対応に対する支持率は一週間で五四パーセントから三八パーセントに低下した[111]。捜索救助および復旧作業はアメリカ軍沿岸警備隊のタッド・アレン中将が引き継ぐこととなり、ブラウンは九月一二日に連邦緊急事態管理庁長官を辞職した。

アメリカ軍も対応の遅れに対する非難を免れなかったが、政府当局よりも有能であると広く認められた。下院の超党派による特別委員会のカトリーナに関する報告書は「軍隊はかけがえのない役割を演じたが、協調が欠けていた」と結論。この表現からも軍への評価がよくわかる[112]。三・一一後の日本同様、ヘリコプターによる救助活動や飛行機による捜索救助活動、迷彩服を着た部隊、輸送機が着陸する場面など、軍の映像は視覚的にも説得力があり、またおおいに広まっていた。二人の伝説的軍事指導者――ラッセル・オノレ中将とタッド・アレン中将――がカトリーナ後の対応の各段階で非常に重要な役割を果たし、カトリーナ後のナラティブにおいてヒーローの地位を確立した。

オノレ中将についての発言のなかでニューオリンズ市のレイ・ナギン市長は、軍に対するいくつかの固定観念を次々に挙げ、軍人と文民の能力の差を例示している。「ところで――このことについては大統領を評価しているのだが――大統領は実際に任務を遂行できるジョン・ウェインばりの男をここに送り込んでくれた。オノレ中将のことだ。中将はヘリを降りるなり、みんなに発破をかけたものだから、みんなすぐに作業に取りかかった。そうやっていくつかの任務を達成したのだ。任務に関する全権限を――私に与えたくないのであれば――あの男に与えるべきだ。そうすれば市民の命を救えるはずだ」[113]。ニューオリンズを拠点とする普段は辛口のジャーナリスト、ジェド・ホーンですら、オノレについてはかなり肯定的な記事を書いている。軍人と文民のステレオタイプが明確に対比されているので、ここで長めに引用しておく価値はあるだろう。「メディアが求めていたのはスター、つまり実践的なリーダーシップを切望する民衆の思いを一身に集めるような人物だ――こうした素質はカメラの前でぺちゃくちゃまくし立て、他人を公然と名指しで非難し、涙ながらに語る多くの政治家にはなはだしく欠けている。そして、はっきりいうと少なくともメディアはラッセル・オノレ中将に目を付けた――彼がそれに耐えられるならの話だが。（中略）でたらめな話をしてはぐらかすことがまかり通る世界にいながら、オノレ中将は率直で行動を重視し、結果を出す実力を備えている」[114]。この危機には人種差別的要素もつきまとっていたことから、中将がルイジアナ出身のアフリカ系アメリカ人だったこともオノレ中将のイメージにプラスに働いた。

タッド・アレン中将はオノレ中将のような「主役的役割」を与えられてはいなかったものの、同様にあこがれの的となった――ナギン市長、ブラウン長官、その他の問題のある文民たちとは好対照をなしていた。アレンが連邦緊急事態管理庁長官に任命された週のニュースの見出しからもマスコミ報道の傾向がわかるだろう。「ブラウン長官の後継者は課題に精通」「百戦錬磨の新カトリーナ対策本部長」「ブッシュ大統領カトリーナ対応のかじ取り役に湾岸警備隊員投入」「賢明かつ鋭敏と評判のカトリーナ復興対策の新リーダー」「綿密な調査と危機管理のベテランが司令官に」[115]。支配的なナラティブにおいてブラウンは悪役、ナギンは無能、そして、オノレとアレンはヒーローとされた。

カトリーナはまもなくブッシュ政権の適性を問う、より大きなナラティブに組み込まれた。大統領の支持率はすでに少しずつ下降しはじめていたが、カトリーナ直後の報道には表れていなかった。実際、主要なニュース記事のなかで最初にカトリーナとの関連でブッシュ政権の能力不足全般に触れたのは、イギリスをはじめとするヨーロッパのメディアだった。たとえばイギリスの『インディペンデント』紙、『サンデー・タイムズ』紙、『ガーディアン』紙は、カトリーナへの対応をイラク戦争その他の失策と結びつけて論じている。これらの新聞のコラムではアメリカ人評論家のコメントを取り上げていた。カミーユ・パグリアは「ニューオリンズは日に日にみすぼらしさと残虐性を増し、見渡す限り癒やされぬ苦しみを抱える人々のいる衝撃的な光景が広がっていた。それと同時にブッシュ政権の有能で自信に満ちた仮面がはがれ落ちていった」と驚きを持ってつづっている[116]。一方、アンドリュー・サリバンはこうコメントした。「連邦政府や市当局には迅速に行動し、効果的に生存者を救出し、治安を守る能力が欠けていたらしく、ブッシュ政権および地方当局の能力が根本的に問われるようになった」[117]。ジョナサン・フリードランドは「アメリカ人は大統領に最低条件として有能であることを求める。そして、イランの砂漠に墜落したヘリコプターを写した一枚の写真が当時の大統領に致命的なダメージを与えたのだとしたら〔一九七九年のイラン米国大使館人質事件で救出作戦が失敗しヘリコプターが墜落、カーター政権に痛手となった〕、アメリカ国内の都市がソマリやバングラデシュのような混沌とした状態に陥っている数々の写真が現政権に災いを及ぼすことは間違いない」と断言[118]。ブッシュ大統領の元スピーチライター、デビッド・フラムは二〇〇五年九月二日カナダの新聞にこう語った。「アメリカ人ならだれでも、混沌として無秩序な状態に陥ったニューオリンズの街を見れば同じく混沌として無秩序なイラクの光景を思い浮かべ、アメリカのかじ取り役は必要な資質を備えているのか疑わずにはいられないだろう」[119]

アメリカ国内のマスコミもすぐに同調し、大統領の適性に目を向けた。九月八日、『ニューヨーク・タイムズ』紙は「民主党は愛国心を問われずに現政権の適性を問う機会を得た」と報じている[120]。ブラウンが辞任した九月一二日の同紙でコラムニストのモーリーン・ダウドは「Wが父親への忠誠心を実行に移すようになって以来、彼の政策は内容や能力よりも忠誠心によって決定されるようになった」と断じた[121]。リベラル派のコラムニスト、E・J・ディオンヌの雄弁なコメントはその後の支配的なナラティブとなる。「ハリケーン・カトリーナが去り、大統領がはじめてメキシコ湾岸の州を訪れた九月二日、確実にブッシュの時代は終わった。拡声器を手に人々の心を打つような演説をぶつこともなかった。アメリカ国民はこのときすでに連邦政府による救援活動が完全なる失敗に終わったことに気づいていた。昨日のマイケル・ブラウン連邦緊急事態管理庁長官の辞任は今回の失敗を象徴する出来事といえるだろう」[122]。このナラティブは幅広く浸透し、二〇〇七年四月には保守派の記者リチャード・ローリーまで『ナショナル・レビュー』誌上で「二〇〇八年の予備選挙では共和党の投票者はジョージ・W・ブッシュのような政権運営をしない候補を探すだろう」と論じた[123]。

ハリケーン・カトリーナの事例はヒーローと悪役を生み出す語り手の力を思い出させる。これは、災害後のナラティブが生まれる過程においてリーダーシップが重要な構成要素となること、既存の先入観を通して政府の業績が評価され、それが政府の能力に関するさらに大きなナラティブに影響すること、そして政府の支持者ですら自分の信じていたナラティブを否定するきわだって力強いナラティブに接するとその信念を捨てることを示唆している[124]。つまり、強力なナラティブは弱いナラティブを締めだして、支配的になっていくということだ。

## 災害外交

一般に、壊滅的な戦争が終わると勝者は国外まで人道支援・災害救援活動の手を広げ、しばしば有益な影響を及ぼす。たとえば第二次大戦後のヨーロッパに対するマーシャル・プランと日本に対する復興援助は、アメリカのリーダーシップと戦後の秩序を確立したと高く評価されている。戦後援助の一部である「自然災害外交」も長年つづく国政術のひとつだ。観測筋はこうした作戦が外交的優位性をもたらしているのかどうかを問う。災害外交は、競合する国同士の国際協力を促し和解をもたらすのか？　紛争を悪化させるのか？　まったく長期的な影響はないのだろうか？[125]

この国政術は過去のライバル国ではなく現在のライバル国にもしばしば適用される[126]。表1（一三一頁）は、アメリカと日本が支援した、冷戦後に発生した大災害（被害者が二万人以上のもの）のリストだ。これを見ると友好国もライバル国も同じように支援していることがわかる。

当然ながら、自然災害は国家間の関係回復、ひいては和平の機会をもたらすのかという疑問が生じる。自然災害後にライバル国や反政府勢力を支援するとどのようなメリットが得られるのか。信頼関係を築けるのだろうか？　優先傾向や利害関係は変化するのだろうか？　これまでに得られた証拠は限られているうえに、肯定的なものもあれば否定的なものもある。ある比較研究によると一九九九年のイズミット地震はトルコとギリシャの関係を回復したが、二〇〇五年に起きたパキスタン地震後の災害支援はインドとパキスタンの関係回復にはつながらず、長い年月にわたり続いているカシミール地方の敵対関係修復はとくに難しいことが判明した。対立住民間の暴力に拍車がかかり、日常茶飯事となったため、災害を関係修復の機会として利用しようとする国家指導者たちの努力が台無しになった。なお、イズミット地震がほんとうに両国の関係を回復させたのか疑う研究結果もある[127]。

インド洋大津波後のバンダ・アチェの内戦終結も、災害外交の和平効果の一例として盛んに引用されている。津波がインドネシアを襲ったときとりわけ甚大な被害を受けたスマトラ島北部は、インドネシア政府と独立を求める自由アチェ運動のあいだで長年にわたり内紛が起きている地域だった。初期の報道によると、長期間対立してきた反政府勢力と政府職員は、災害を和平のための道具として使ったという。ある地域のリーダーはイギリスの『ガーディアン』紙にこう語った。「あの津波が来なかったら、私たちはいまここにいなかったでしょう。(中略)津波のおかげで、あらゆる側面に目を向けるようになりました。そして、アチェにはもうこれ以上苦しみは必要ないとわかったのです」。反政府勢力のリーダーも同じ意見だった。津波は「膠着状態になっていた大きな扉を開いてくれました。だれもそこに扉があるなどと思ってもみなかったのですが」と語っている。津波は両陣営にとって、和平努力を加速するための口実になったのだろう。研究結果からは、災害は両陣営が歩み寄ることとなったいくつかのきっかけのひとつにすぎなかったことが判明している[128]。この事例から、災害は外交を容易にし、変化を促進するが、それだけで関係回復につながるわけではないことがはっきりした[129]。

**表1　1989年以降の大災害**

| | | |
|---|---|---|
| 2010年 1月 | ハイチ地震 | ハイチ |
| 2008年 5月 | 四川大地震 | 中国 |
| 2008年 5月 | サイクロン・ナルギス | ミャンマー（ビルマ） |
| 2005年10月 | パキスタン地震 | パキスタン |
| 2004年12月 | インド洋大津波 | インドネシア、インド、スリランカ |
| 2003年12月 | バム地震 | イラン |
| 1999年 8月 | イズミット地震 | トルコ |
| 1991年 4月 | バングラデシュ・サイクロン | バングラデシュ |
| 1990年 6月 | イラン北西部ルードバール地震 | イラン |

こうした発見はアメリカの経験にも共通しているようだが、アメリカの救援活動が外交に有益な影響を及ぼしたケースもある。一九九一年のバングラデシュ・サイクロン後の救援活動が良い例だ。アメリカ政府は一九七一年のバングラデシュ独立に反対しており、一部ではアメリカによる支援が両国間の「わだかまりをなくす」きっかけになることを期待した。また、バングラデシュ人の多くが反対した一九九一年の湾岸戦争直後だったこともあり、バングラデシュを支援することでアメリカの同情的な側面を強調したいという思惑もあった。バングラデシュは砂漠の盾作戦に参加し、サウジアラビアに部隊を派遣したが、この決定が反米運動を引き起こし、暴徒が首都ダッカのアメリカンクラブに押しかけた[130]。

ジョージ・H・W・ブッシュ大統領はペルシャ湾から帰還するアメリカ海軍をそのままバングラデシュに送り、災害援助に当たらせた。この時点で、アメリカ軍によるバングラデシュでの救援活動は、アメリカ軍が海外で行なった人道的任務としては当時進行中だったイラク北部のクルド人居住地域における救援活動に次いで第二次世界大戦後二番目の規模だった[131]。アメリカ空軍の航空機は合計二〇〇回近く任務を遂行し、被災地に二〇〇〇トン以上の物資を輸送した。これに加えてアメリカ陸軍のブラックホーク（ヘリコプター）と海軍および海兵隊の航空機が一七七四回出動し、一五〇〇トン以上の救援物資を輸送。この作戦はのちに「海の天使作戦」と呼ばれるようになった。アメリカの医療チームもバングラデシュに派遣され、一万五〇〇〇人の患者を治療した[132]。アメリカ軍による救援活動を指揮したヘンリー・スタックポール司令官は当初、やや大げさながら「我々は自由の名の下にクウェートへ向かい、慈悲の名の下にバングラデシュにやって来た」と説明した[133]。

この作戦には三つの長期的影響があった。第一に、同作戦は当時アメリカとバングラデシュ両国間でもっとも実質的な作戦で、両国の軍事協力の出発点と見なされるようになった。ある国防総省職員はバングラデシュ軍上級指揮官との会話から、「バングラデシュ軍がアメリカ軍をもっとも尊敬し、どんなときもまず彼らと組みたいと思うようになったのは」アメリカの災害救援任務のおかげだといっている[134]。第二に、同作戦が成功したことで、救援任務が両国間の共同軍事演習の主要な構成要素となり、バングラデシュ軍の災害対応能力が単独でも他国との共同作戦でも格段に向上した[135]。第三に、サイクロンがバングラデシュに到来したのは、一〇年近くに及ぶ軍事政権が幕を閉じたわずか一カ月後で、民主主義の新政権が発足したばかりだったことに関係する[136]。それが同任務の目的であったという証拠はないが、アメリカの支援は、生まれたばかりの民主主義国家が安定するのを助けたといえるかもしれない。スタックポール司令官は作戦の一年後にこう記している。「私たちはだれもが失敗に終わると思っていた生まれたばかりの政権をサポートしました。その結果、政治的副産物という予想もしなかった恩恵が得られたのです」[137]

二〇〇八年五月上旬、サイクロン・ナルギスがミャンマー（ビルマ）南岸沿いに猛威を振るったときは状況（および結果）が異なっていた。サイクロンは時速二一七キロメートルの強風と三・六メートルの高波を伴い、約一四万人の命を奪い、四五万戸の家屋を破壊し、八〇万人が非難を余儀なくされた。もっとも被害が甚大だったのはミャンマーの「米作地帯」であるデルタ地帯だったが、ヤンゴンの建物や電力、運輸、通信インフラストラクチャーも深刻な影響を受けた[138]。被害額はミャンマーのGDPの約三パーセントに上る[139]。

アメリカは当時ミャンマーと国交がなく、頑としてビルマという国名を使いつづけていたが、救援物資を送る許可を求め、承認された。二週間以内に第一機目となるアメリカ軍のC一三〇航空機がタイのウタパオ空港（民間の国際空港だがアメリカ軍も基地として利用している）を飛び立ち、ラングーン国際空港に到着。二万八〇〇〇ポンド（約一万二七〇〇キログラム）もの物資に加え、アメリカ太平洋軍のティム・キーティング最高司令官とヘンリエッタ・フォア国際開発庁長官も運んだ。キーティングはミャンマー政府に対して、より大規模なアメリカからの支援と同国への入国者数の拡大を求める要望書を携えていた。しかし許可は下りなかった。ミャンマー政府は航空機での入国は認めたものの、アメリカの船による入港およびアメリカ軍の上陸は許さなかったのだ。事実、ミャンマーは五月後半に潘基文《パン・ギムン》国連事務総長から直接要請を受けるまで、外国からの救援隊員受け入れを拒否しつづけていた[140]。

この出来事はアメリカとミャンマーの関係においてターニングポイントになるどころか、むしろ両国とも相手国に対する不信感をさらに深める結果となった。アメリカ側は、ミャンマー政府の妨害は倫理的に弁解の余地のないものと見なした。ミャンマー軍事政権の対応の遅さもひとつのきっかけとなり、ブッシュ政権はミャンマーの反体制派であるアウン・サン・スー・チーにその人権運動に対して議会名誉黄金勲章を授与した。そのため、アメリカ（とフランス）の軍用艦艇からなる船隊がただちに派遣され、支援物資と部隊、ヘリコプターの輸送に当たったことをミャンマー政府がいぶかしんだのも無理はないかもしれない[141]。二〇一一年オバマ政権はミャンマーとの外交関係を飛躍的に改善したが、サイクロン後の経験がこの結果に影響したとは断言しがたい。実際にはむしろ関係改善が遅れたと考えるほうが簡単だ。

アメリカのライバル国との災害外交は、成功することもあればかんばしい成果を挙げられないこともあった。では、友好国との災害外交はどうだろう？　被災した友好国を支援するためにアメリカ軍が使われたのはトモダチ作戦が最初ではない。三・一一後のアメリカによる支援が両国の関係を強化し、相互のかかわりを新たなレベルに導いたか確認するために、二つの事例を検証したい――いずれもアジアで起こった災害で、一方は史上最悪の自然災害のひとつだ。いずれの場合も友好国の被災者を支援するためにアメリカ軍が派遣されている。これらの事例を見ると、トモダチ作戦が日米関係に与えた影響の評価と同じように、外交への影響はさまざまであることがわかる。

二〇〇四年一二月、スマトラ沖でマグニチュード九・一～九・三という過去四〇年間で世界最大、有史以来三番目に大きい地震が発生し、インド洋を横切る大津波を引き起こした。地震とそれに伴う津波の犠牲者は約二三万人におよび、一七五万人が避難した。スリランカ、インド、タイ、マレーシア、モルジブ、セイシェルも多くの犠牲者を出し、甚大な被害をこうむったが、死亡者と行方不明者の大半はインドネシアの人々だった。この巨大津波はインド洋のはるかかなたにあるソマリアにまで到達。オーストラリア、インド、日本、アメリカをはじめとする五四カ国がこれらの国々に支援の手を差し伸べた[142]。

アメリカからの支援はアメリカとインドネシアの関係改善に貢献したと評価された。ある評論家は津波後の支援が「インドネシアにおけるアメリカのイメージを変えた。さらに注目すべき点は、オサマ・ビンラディンへの支持が低下したことだ」と主張する[143]。実際、幅広く引用されている世論調査の結果から、津波後のアメリカによる支援がこれら両方の効果を発揮したことがわかる[144]。当時海軍の作戦を指揮し、のちに統合参謀本部議長となったマイク・マレン大将はこの世論調査の結果を引用し、二〇〇六年にこう記している。「世論調査の結果から、アメリカの人道的援助の直接的影響により――イスラム国家でははじめて――アメリカ主導によるテロ対策を支持する人が支持しない人を上回った（四〇パーセント対三六パーセント）」[145]。

こうした世論の変化にアメリカの支援がどれほど影響したのか判断するのは難しい。二〇〇三年、インドネシアの人々はアメリカによるイラク侵攻に猛反対した。イラク侵攻の大義名分は「対テロ戦争」だったが、世界でもっとも人口の多いイスラム国家であるインドネシアの人々は、自分たちもターゲットにされているように解釈したのだ。イラク戦争以前、アメリカはインドネシアで一般的に人気があったが、イラク戦争により支持率は過去最低になった。子どものころにインドネシアで暮らしたこともあるバラク・オバマが大統領になっても、インドネシアにおけるアメリカの支持率がイラク戦争前のレベルに戻ることはなかった[146]。アメリカは名ばかりの同盟国パキスタンでも二〇〇五年のパキスタン地震の際に同じような経験をした。

二〇〇五年一〇月八日、カシミール地方のパキスタン支配地域にあるムザファラバード近郊を震源とするマグニチュード七・六の地震が発生し、（学童一万八〇〇〇人を含む）七万三〇〇〇人が死亡、六万九〇〇〇人が負傷した[147]。インド支配地域も被害は免れなかったが、犠牲者ははるかに少なく、停戦ラインのインド側では死亡者一三〇〇人、負傷者六五〇〇人にとどまった。冬の到来が近づき、避難者数百万人中二〇万人が低体温症で亡くなるのではないかと懸念された[148]。

パキスタン駐在アメリカ大使リアン・クロッカーはこれをアフガニスタン紛争においてきわめて重要となるパキスタンとの提携における「戦略上の好機」ととらえ、アメリカの対応はパキスタンとの「将来的な関係を左右する」と結論した[149]。アメリカからの支援は支援物資がパキスタンに到着した地震翌日から六カ月におよび、アメリカ陸空軍にとって最終的にベルリン空輸〔ベルリン封鎖後孤立した西ベルリンに物資を供給した〕以来最大かつ最長の空輸による救援活動となった[150]。一八〇〇万ポンド（約八一〇〇トン）を超える人道的救援物資が届けられ、アメリカ軍の医療スタッフが約三万五〇〇〇人の患者を治療した。市民による支援活動も合わせると、アメリカはパキスタン人八万人に対して治療あるいは医療物資の提供を行なったことになる[151]。

今回の支援による人道面での利益は政治的影響よりも明らかだったが、アメリカ政府が支援を通じてパキスタン人の「心」を捕らえようとしていた証拠は枚挙にいとまがない[152]。支援活動に参加したあるアメリカ海兵隊高官もアメリカの支援は純粋に人道的なものではなかったと認めている。彼はパキスタンでの支援活動を「人道的支援がイデオロギー的闘争における長期的な政治的成功を生み出した」ベルリン空輸の例になぞらえ、パキスタンに対するアメリカ軍の支援は「人道的活動が政治的成功に貢献することを証明した実用的な手本」であると断言した[153]。

しかしながら、支援の影響を表す証拠は一様ではなかった。A・C・ニールセン・パキスタンが行なった世論調査によると、アメリカによる支援は両国の関係を強化したことがわかる[154]。成人パキスタン人の意見が劇的に変化したのだ。過半数が自爆テロなどの市民に対する暴力は決して正当化されえないと回答。オサマ・ビンラディンを否定し、アメリカに好意的な意見を持っていた。オサマ・ビンラディンを信頼する人は半数未満で、アメリカに対して非常に否定的な人は激減した。フォーカスグループの話し合いやインタビューでも同様の結果が得られた[155]。研究結果から「パキスタンの回答者はほぼ全員が（アメリカの）組織は隠された政治的、文化的、宗教的意図をアピールするのではなく人道的な理由から支援活動を行なっていると感じている」ことがわかった。震源地近郊の街ムザファラバードのある住民も同じように感じていた。「外国軍の対応は人道的なものと解釈されています。人々はアメリカ兵が帰国する際、花束を渡して別れのあいさつをしていました。彼らに政治的意図などありませんでした」[156]

しかしながら、ほかの世論調査の結果を見ると、パキスタン人のアメリカに対する意見への影響はほとんど見られず、長期的ではなかったことがわかる[157]。アメリカの世論調査機関ピューによる調査によると、アメリカ軍の支援はアメリカの潜在的脅威に対するパキスタン人の意見を大幅かつ決定的に変化させたというわけでもなさそうだ。パキスタンでテロの支持が減りはじめたのは地震のころだったが、救援活動以前から彼らの態度は変わりつつあった。支援がもっとも集中した地域では西洋人に対する評価と信頼が局所的に明らかに高まった。しかし、この信頼がパキスタン全体に広がらなかったことも同じくらい明らかだ。二〇一一年のビンラディン暗殺以降はアメリカとパキスタンの関係は難しい時期に入ったため、一般市民およびエリート層の意見が一過性のものであったことは、ほかのどんな根本的改善よりも明らかだった。救援活動後、パキスタンにおけるアメリカに対する肯定的意見は少しだけ――二三パーセントから二七パーセントへ――改善したが、二年以内に一五パーセントまで低下している。ピューによる調査結果から、パキスタンにおけるアメリカの動機に対する不信感とアメリカの外交政策の主要課題に対する反対意見は根深く、人道的活動によって長期的に大きな影響をもたらすにはいたらなかった」ことが判明した。二〇〇五年一〇月以降のパキスタンにおけるアメリカによる災害救援活動は災害外交の「限界を示す厳しい事例」だと結論した[158]。

では、日本の災害外交はどうだろう？　日本ではじめて海外への救援部隊の派遣が許可されたのは一九八七年で、最初の国際救急援助隊が出動したのは一九九〇年に厳冬のイランで発生し、四万人の犠牲者を出したマンジール・ルードバル地震のときだった。さらに一九九二年には法改正により自衛隊の派遣も可能になった。二〇〇八年五月、サイクロン・ナルギスがミャンマーを襲ってから一カ月足らず、チベットにおいて過去二〇年間でもっとも暴力的な争乱が起こってから二カ月後、北京オリンピック開催のわずか三カ月前に、中国西部の四川省でマグニチュード八・〇の大地震が発生した。日本は国際救急援助隊を組織し派遣する一二回目の機会を得た。

四川大地震は一九九五年の阪神淡路大震災の三〇倍の規模で、韓国に匹敵する面積の地域が被害を受けた。死亡者は九万人、負傷者は三六万三〇〇〇人に上り、数百万人が住居を失った[159]。山全体が揺れて地盤が緩くなり、落石と倒木が集落もろとも谷を埋め尽くした。そして、最大の悲劇は地震で校舎が崩れ、一〇〇〇人の生徒が下敷きになってしまったことだ。サイクロン・ナルギスがミャンマーを襲った直後だっただけにさまざまな比較が行なわれ、あらゆる面で中国のほうが対応が早く、よく組織され、はるかに効率的だったことが判明した。まもなく両独裁国家について、中国政府は明らかに信頼でき透明性が高く、ミャンマー政府は無責任かつ不透明で「非人間的」であるというナラティブが生まれた[160]。

中国政府は、四川大地震の前に経験した大地震であり三倍の犠牲者を出した一九七六年の唐山地震の際はナルギス襲来時のミャンマー政府と同じような対応をしたが、四川地震では党と国家が対応を計画し、国内では政権の正当性を、国外ではその名声を強化した。地震発生からわずか数時間以内に温家宝首相が現地に到着。この時点ですでに人民解放軍一三万人が救助救援活動のために出動し、中国全土から地方の救援チームと捜索犬を派遣する許可を与えていた。中国政府は八四万人を移住させることとなった三峡ダム建設工事中に改善されたあるモデルを用い、被災地の現場で国家的支援を行なう軍隊に協力するよう命令を出した。災害復興ペアリングサポート計画の下、中国政府は一八の地域と市町村――そして大学――が被災地の地方自治体および学校とペアを組むようにした。これらの地域と市町村は、中央政府からの支援を受けつづけるにはパートナーである自治体の復興事業――計画、住宅、医療サポート、社会福祉、農業、工業的サポート、教育など――に前年度の予算の一パーセント以上を負担して、三年以上従事しなければならないようにしたのだ[161]。

さらに印象的かつ重要だったのは、地震後最初の一週間で二〇万人の人々が自発的に救援活動に参加したことだ。その半数が学生だった。過去に例を見ないほどボランティア活動が盛り上がり、中国内外の約二〇〇のNGOがボランティアを組織した。これは中国の市民社会における「一大転機」として歓迎された[162]。こうした組織はまさに中国政府がかつて封じ込めようとしていた組織そのものだったからだ[163]。その結果、日本にとっての一九九五年と同じように、中国では二〇〇八年が「ボランティアの年」と呼ばれるようになる。ボランティア活動全般が驚くほど盛んになり、その重要性が明らかになった。また、ひそかに政府との関係も安定してきたという[164]。変化は全国的に起こっていたらしく、中国各地で個人や団体が競い合うように被災地に資金提供した。こうした対応はあらゆる意味で柔軟性に富み、時宜を得ていた[165]。民間の寄付金は最初の一カ月で約六六億ドルに上った[166]。

しかし、中国は独裁主義的対応を完全にやめたわけではなかった。中国政府は被災地において厳重な警戒措置を取り、動揺した親たちによるデモを阻止しようとした。都江堰《とこうえん》市では亡くなった子どもの追悼式典まで禁止され、ジャーナリストを締めだし、拘束するという事例まであった[167]。共産党の胡錦濤総書記は、当初中国政府がメディアに対する規制を緩和したため、手抜き工事のせいで数万人の犠牲者が出たことをこき下ろす報道を許す結果となったことを重くとらえ、党としてジャーナリストの「新たな力を構築」し、世論を牽引させるよう求めた[168]。それでも中国の人々はそれまで衰えているといわれていた個人の意見と国家団結の意識をふたたび見いだそうとしていた[169]。

中国の人々はさらに国外に向けて発信する方法も見いだした。国際救援組織と災害担当外交官が支援のために列を成し、今回は――わずかな遅延により犠牲になった命もあったかもしれないが――中国政府も諸手を挙げて彼らを歓迎した。一六〇を超える国家と国際組織が弔意を表明し、支援を申し出た[170]。そして、大半の人々を驚かせたことに、この列の先頭に並んでいたのは日本だった。四川大地震が起こったのは胡錦濤総書記が日本を公式訪問し、帰国した直後だった――日中関係が緊迫していたため中国国家主席が日本を訪問するのは一〇年ぶりだった。胡主席は外交関係の進展を維持する決意をしており、五月一六日未明に到着した日本の国際緊急援助隊は、一九四九年の中華人民共和国建国以来はじめて中国の地を踏んだ最初の海外救援隊となった。中国政府はいかなる政治的意図も否定し、これは日本が「距離的に近く、反応が早かったため」としている。しかし、日中両国とも災害外交をおおいに活用していたことはだれの目にも明らかだった[171]。当時北京に駐在していた日本の元政府関係者によると、中国政府は北京オリンピックが国粋主義者の妨害により台無しになった二〇〇四年のアジアサッカー連盟アジアカップの二の舞にならないよう、日本に対する世論を軟化させようとしていたという。中国政府は日本の国際緊急援助隊のバスに中国テレビの取材班を乗車させて彼らの活動を逐一記録させ、「温家宝首相直通の」携帯電話を持った中国の外交官がこれを監視[172]。日本の救援隊のニュースは何日にもわたって中国全土で放送された。

この悲劇から外交的利益を得ようとしたのは中国だけではない。日本も同様に、こうした事態に備えていた。震災の情報が内閣官房に到着すると同時に準備がはじまった。数分以内に防衛省と外務省の担当者が集まって中国へ派遣する国際緊急援助隊を組織し、同救助隊は三六時間以内に出動準備を完了した。日本政府は中国政府からの許可を待ちつつ、同国が航空自衛隊のC一三〇輸送機による中国西部への救援隊と救援物資のシャトル輸送を受け入れる意思があるか感触を探った[173]。自衛隊が救助活動に参加することをめぐり、即座に政治家のあいだで意見が戦わされた。ある匿名の国会議員は、これは中国に自衛隊の本来の任務を理解してもらう絶好の機会だと断言した。与党である自民党の政務調査会は航空自衛隊の活用を支持する旨を確認した[174]。

しかしながら、そのせいで中国からの自衛隊派遣要請が遅れ、日本による生存者救出がより困難になった可能性もある。遅れが数日におよび、業を煮やした高村正彦外務大臣は日本から訓練を積んだ人員を派遣する準備があることをあらためて中国に伝え、町村信孝内閣官房長官は、中国は自立しているからすべて自分のところでやりたいのだろうという外交的配慮を欠く発言をした[175]。中国政府からの回答が得られず、救援隊は五月一三日、羽田空港から引き上げることになる。

二〇〇八年五月一五日、ついに中国から許可が下りた――これは同月上旬の洞爺湖サミットでの胡総書記と福田首相との会談の成果といえるだろう[176]。それから六時間以内に外務省の小泉崇を団長とする国際緊急救援隊はチャーター便で出発した[177]。しかし、人命救助のタイムリミットはすぎていた。六一人からなる二組の日本の救援隊は一人も命を救うことができなかったのだ。それでも救援隊は三カ所で一六人の遺体を回収した[178]。これに加えて二三人の医師と看護師からなる国際協力機構（ＪＩＣＡ）の救援チームが生存者の治療を行ない、日本政府は赤十字と赤新月社を通じて一七〇万ドルとテント、食料、毛布などの物資を寄付した[179]。小泉団長は、瓦礫の中から一人も救出できなかったことを悔やみつつも、中国政府および中国国民双方から高い評価と感謝の言葉が得られたことを誇りに思うと述べ、国際救急援助隊の目的はもっぱら人道援助だが、日中関係にも有効に作用したのは不幸中の幸いといえると付け加えた[180]。ＪＩＣＡのチームにつづき、日本の政治家による象徴的な訪中が行なわれた。彼らは橋下徹大阪府知事ら関西の政治家からの救援物資や義援金、日本政府と経団連の支援を受けた日本のＮＧＯからの実質六カ月に及ぶ援助などの手土産を携えていた[181]。

両国とも今回の危機と歴史上はじめての二国間協調から外交的利益を得ることに抵抗はなかった。福田首相はこの機会を利用して、事実上の災害救援に関する地域協力協定である「災害管理協力外交」を呼びかけた[182]。崔天凱駐日中国大使は日本の対応を「戦略的で双方に有益な関係のしるし」と呼んだ[183]。日本の社説もこの意見に同調している。保守系の『産経新聞』は、四川大地震における日中の協力関係から、中国政府は震災を相互の戦略的関係を短時間で進展させる貴重な機会と見ていたことがわかると報じた[184]。より中道系の『毎日新聞』は、中国が日本との関係を重視していることは明らかであり、「(中国が)日本の緊急救援隊を真っ先に受け入れたのも、(胡錦濤)国家主席訪日に対する一般社会の理解を深めようという意味合いもあったようだ」と述べている。そして、ある日本人外交官の「援助隊にはじめから中国国営テレビがついていた。政府の意志を感じた」という発言を匿名で引用した[185]。ある日本外務省職員は、国際救急救援隊は「日本の存在感を示し、日中関係に好影響を与えた」と断言している[186]。

中国では、新たな社会的結束と効果的で同情的なリーダーシップにかかわるナラティブが生まれた。中国政府は海外メディアを味方に引き入れ、メディアは同政府の迅速な対応と開放性を称賛した[187]。それまで中華人民共和国によるチベットの統治を激しく批判していた人権団体ですら、四川の人々に対する同国の配慮を高く評価している。中国外交部の秦剛報道官は中国の救援活動と同国の人権問題に対する懸念を結びつけ、中国の取り組みを「人が中心となった救援活動」と呼び、それを「中国政府が人権を重視し、保護している」証拠であると語った[188]。

日本でも自画自賛する声が幅広く聞かれた。その多くは中国メディアがＪＩＣＡの活動に注目したことを利用したもので、とくに公共放送のＣＣＴＶと新華社通信は日本の救援隊が「二十四時間働きつづけ」「決してあきらめず」身の危険を顧みずに作業に当たったとくりかえし報道した[189]。日本の救援隊が瓦礫の中から回収した母親と幼い子どもの遺体を前に頭を垂れている写真を撮影し、公開したのは新華社通信だった。この出来事は中国人の心を動かし、この写真は象徴的なものとなった[190]。日本の評論家は日本の救助隊員の勇気と一般の中国人からの感謝の気持ちに注目した。評論家いわく、それまで平均的中国人は情報不足から日本人といえば略奪を行なう残酷な占領者というイメージしか持ち合わせていなかったが、いまでは彼らの目にも日本が変わったことは明らかだという。世論調査によると――北京オリンピックの開会式で中国人のファンが日本の選手のためにスタンディングオベーションをしたことで証明されたように――中国人ははじめて日本の姿をはっきりと見るようになった[191]。日本の救援活動は日中関係の心からの和解の瞬間、「ターニングポイント」として記憶されることになるだろう[192]。高村外務大臣は重慶領事館の訪問者が「日本に対する嫌悪感は変わった」と断言したと記者団に誇らしげに語り、町村内閣官房長官は中国の人々が日本に対して新たな尊敬と憧憬の念を抱くようになったと報告している[193]。

しかし、この救援活動がもたらす付随的な外交上の利益には限度があった。震災の二週間後――日本が国際救急救援隊の成功の余韻に浸っていたとき――日本政府は航空自衛隊のＣ一三〇で四川省に救援物資を空輸する案をあらためて中国政府に打診した。当初、日本政府の要求は難なく受け入れられるかに思われた。そこで、自衛隊が救助活動のために八回往復飛行することを近日中に中国政府が

四川大地震後回収した母子の遺体に敬意を表する自衛隊の救助隊員．2008 年．
新華社通信リ・タオ撮影．新華社通信提供

許可するといううわさをうのみにしたマスコミが両国関係に突破口が開けたと報道[194]。これらのニュースが中国内で反発を引き起こす。中国語の電子掲示板に反日的な投稿がはじまり、これを受けて中国政府は、ただちに「中国人民への心理的影響から（自衛隊は）歓迎できない」と発表した[195]。今回の派遣は「自衛隊の海外任務の大幅拡大」につながるとして歓迎していた自衛隊関係者も、アメリカ、韓国、ロシア軍による物資の輸送が歓迎される一方で、日本からの支援は拒否され、面目を失った[196]。『読売新聞』の社説はこう報じている。「せっかく好転した中国世論に、（賛否両論のある空自機派遣で）水を差すのは得策ではない。そうした日中両政府の判断は、一応理解できる」[197]

このほかにもうひとつチャンスが訪れるはずだったが、それも得られなかった。C一三〇をめぐるごたごたが治まった六月、中国政府は日本の護衛艦〈JSさざなみ〉を深圳に招待した。この訪問は二〇〇七年に日中両国の防衛大臣が合意し、福田首相と胡総書記が震災前のサミットで承認したものだった。〈さざなみ〉が――日本軍が最後に中国を去ってから六三年の年月を経て――湛江港に入港する前から中国政府はほとんどすべての公式行事を中止し、外国のジャーナリストによる入港時の取材を禁止した。中国軍基地内で限られた観客のために楽団が音楽を奏でるなか、日本の船員は四川への救援物資を降ろし、ファンファーレに見送られることもなく帰路についた。中国の英字新聞は〈さざなみ〉入港時の写真を掲載し、海外の『ピープルズ・デイリー』紙は社説で今回の入港について「中国人の心の広さと自信の現れ」と報じたが、国内での批判は抑圧され、反日のウェブサイトは一時的に閉鎖された[198]。中国の人民解放軍海軍少将の一人楊毅《ヤン・イ》は「日本国旗を掲げた艦艇が入港すれば苦痛の記憶が容易によみがえる」と説明した[199]。これも災害外交の限界を思い出させる事例のひとつといえるだろう。

## 結論

日本の歴史的震災と海外の災害の事例には日本の政治と公共政策における三・一一の影響を解明するための糸口がいくつも含まれている。地震その他の自然災害が現状を強化したり、見直したり、置き換えたりすることはこれまで見てきたとおりだ。危機管理や国家による救助隊の動員、復興に伴う不安定な一時停止状態には、つねに楽観的思考と悲観的思考が入り交じる。東日本大震災以前に日本で起きた震災の事例の多くは、それぞれに国民が国家のリーダーシップに不満を持つ一方で抜本的改革への期待を抱くものの、国内の政権争いにより改革の意欲がなえていったことを示している。災害後の政治は、従来の主張に固執する政治的アクターたちに支配されてきた。彼らはなにが起こったのか説明し、状況を改善するための方法として自分の主張を売り込むナラティブをつくり出し、利用した。こうして日本では、災害が起こるたびに新たな建築基準や規制構造、土地利用計画がつくられ、市民の安全が約束された[200]。同じく重要なのは、災害が起こるたびにあらためて改革を誓い、新しい形態の政治活動および社会活動が盛んになって国家政策に疑問を投げかける動きが見られることだ。また、災害に自分に都合のよい意味を持たせ、復興を主導しようとする政治的起業家間の論争を招いた。その後には軍隊、一般市民、官僚を巻き込む議論が起こり、一八六〇年の開国以後は外国勢力との災害外交が行なわれるようになった。

また、忘れてはならないのは、本章で検証した事例から得られる多くの教訓は不確定だということだ。これほど多岐にわたる災害に共通点があることに驚くと同時に、災害には無限のバリエーションがあることも思い知らされる。それぞれの大惨事がどのように解釈され、そこからどのようなナラティブが紡ぎ出されるかを予想するのは難しい。こうしたナラティブは三・一一とその影響についての疑問を解く鍵となるだけでなく、災害はナラティブ創成の影響を受けやすいことを警告している。災害の歴史とその比較から、危機が、実際に被災し、そこから立ち直らなければならない人々に苦悩をもたらすだけでなく、政治的起業家のツールとなることもわかる。

災害復興は政治的、経済的不安定と不信感を背景に行なわれるものであり、先の見えない状況下で重大な選択が求められる。政治体制の違いにかかわらず――独裁体制でも民主制でも――政府の役人はつねに中央権力を回復できるように対応し、地方の当局者はこれに対抗して地方自治の拡大を求める。中央政府における官僚の権限をめぐる争いにより、対応が遅れ、その都度「縦割り行政の弊害」を正すと約束する結果になる。公に大きな変化を求め高望みをしては、打ち砕かれる。社会悪が暴露され、議論が巻き起こる。スケープゴートを見つけて責任転嫁することもしばしばだ――それが人命にかかわることもある。海外からの支援の申し出も、疑いの目で見られていない場合ですら、政府の力量不足と見なされないか考慮して受け入れを検討する。意思疎通の失敗や危機管理訓練の不足に中央政府の緊縮予算に伴う財政上の制約が加わる。復興後の景観には道理に反する意図せぬ結果が付きものだ。また、被災地を以前と同じように再建するか、危機を新しいものを生み出すチャンスとするか、という大きな選択が求められる。復興はかならずといっていいほど災害前の政治的分裂と日和見主義に左右される。しかし、なにはさておき、私たちは日本の人々が決意を持って対応し、日本の国家が弾力性を持って対応するのを見守ってきた。少なくとも地域の生き残りというレベルにおいては、そもそも実際のところ彼らにどんな選択肢が与えられているのかを問わずにはいられない。

海外の事例との比較からも、三・一一の教訓が得られ、日本の危機に関するレトリックの独自性がわかる。ジョージ・W・ブッシュ大統領は大きな犠牲を払って国家統治――および国家が依存する一般市民からの支持――は抽象的な経済政策や他国の支配と同じくらい地方のニーズに対する同情的で効果的な対応に左右されることを学んだ。ハリケーン・カトリーナは政府の力量と配慮をめぐるナラティブを生み出した。このナラティブは三・一一後に日本で登場したナラティブに気味が悪いほど似ている。菅首相の失敗と彼のリーダーシップに対する批判はブッシュ大統領に対するものと種類を異にする――菅は危機の現場に近づきすぎ、ブッシュは距離を置きすぎた。しかし、両者の国家指導者としての信用に傷がついた理由は共通しており、二人とも同じような政治力学の犠牲になった。リーダーシップ、コミュニティ、脆弱性、変化に関する問いは日本的であると同時にアメリカ的でもある。しかし、両者を比較することで、変化について語るだけなら安いものだということがわかる――自然災害で犠牲になった命や国による復興にかかる費用と比べればなおさらだ。

アメリカ、日本、中国の災害外交の事例からは、人道的支援と災害救助が国際政治の根本的影響力や従来の政治力学に取って代わることはできないということがわかった。(パキスタン、ミャンマー、バングラデシュにおける)アメリカの活動が戦略的だったか単なる日和見主義だったかはさておき、寛大な支援が災害後の外交関係に変化をもたらすよりも、既存の対立により災害後の外交関係も制約を受けることのほうが多い。支援を行なったことで基本的に信頼し合っていない国家同士がお互いに新たな関係を結べる見込みは低く、和解を求める理由がある国家は人道的支援をそのための便利な道具と見なすようだ。日中関係も例外ではない。両国とも外交関係を進展させるために四川大地震を積極的に活用したが、成果は限定的だった。

では、アメリカが友好国の援助に駆けつけた三・一一について、これらの教訓はどう当てはまるだろうか? 人道的介入はすでに一般市民が両国の同盟関係を高く支持している友好国間の協力関係および信頼関係をさらに高めることになるのだろうか? ほかの事例は期待値を下げたほうが賢明だということを示唆している。そこで、これらの災害史および災害の国際的比較の事例をもとに――不明確な結果しか得られない可能性も十分理解したうえで——日本の政策論争における三・一一の影響をさらに細かく分析していきたい。まずは三・一一後の安全保障に関する議論における競合する二つのナラティブの分析からはじめよう——これはまさに国内政治と災害外交がもっとも直接衝突する領域である。

第4章

# 安全保障をめぐり競合するナラティブ

「一〇〇マイクロシーベルトだろうと一〇〇〇マイクロシーベルトだろうと関係ありません。私たちの使命は日本の人々を守ることです」

――火箱芳文陸上幕僚長、二〇一一年三月

「地震ニモ負ケズ
津波ニモ負ケズ
原発モ放射能モ怖レヌ
丈夫ナカラダヲモチ
私欲ハナク
決シテ自慢セズ
イツモダマッテ命令に従フ
(中略)
国ノ守リト民ノ安全ダケヲ考へ
ヨク汗ヲカキ

ソシテ眠ラズ
ガレキノ中ノ泥ノ海ノ小サナ天幕ニヰテ
（中略）
民カラノ「アリガタウ」ノ一言デ満足ス
サウイフ自衛官ニ
私ハナリタイ」

——宮嶋茂樹、二〇一一年

「人道支援と災害救援活動での協力関係が成功したのだから、戦時にも同様に協力できるはずです」

——在日アメリカ軍グレッグ・ボットミラー中将、二〇一二年七月

「善意を集める銀行に引き出しの機能はない」

——アメリカ政府関係者、東京、二〇一二年五月

第二章で振り返った変化に関する理論ほど第三章で振り返った歴史になじみがないという方々にとって、三・一一は究極の——あるいは少なくとも良い——きっかけとなるだろう。仮に最高の成功

を収めた者に最高の利益がもたらされるとするなら、自衛隊および日米同盟は「東北の配当」――三・一一の災禍のなかの明るい兆し――を期待できるはずだ。日本の自衛官たちの英雄的物語は――テレビや書店、ソーシャルメディアなど――あらゆるところで一般の人々の目に触れた。自衛隊は軍人としては一九四〇年代以降はじめて民間ボランティアとともに日本でもっとも有名な数少ないヒーローに数えられるようになった。内閣府が二〇一二年一月に行なった世論調査によれば、日本人の九七・七パーセントが自衛隊の東北での活躍を歓迎している[1]。日米同盟を好意的に見る人々も同様に驚くほど増えた。東北での救助救援活動参加後ほどアメリカ軍が日本で人気を得たことはない[2]。

自衛隊も日米同盟も一般市民からの高い評価を歓迎したが、自衛隊にとってはとくに重要な瞬間だった。日本の自衛隊は太平洋戦争終戦の一〇年後に公式に発足したが、太平洋戦争をめぐっては軍が政治に介入し、文民統制が失われたことが原因として非難されていたからだ。新たな設計で再編された日本の軍隊は、深く分裂した政治形態において、当初から中心的な課題（非難の対象）だった。つねに野党だった冷戦時代の左派は戦後施行された日本国憲法第九条を厳密に解釈し、自衛隊は違憲だと主張した。一方、覇権を握る実用主義的な自民党は譲歩して、防衛庁以外の省庁の民間人に背広組と呼ばれる事務方の防衛官僚と制服組と呼ばれる自衛官の両方を監督させ、防衛予算を国内総生産（GDP）の一パーセントに制限、武器の輸出を禁じ、自衛隊に反対する国民の希望に沿って自衛隊の活動を制限するなどの方法を取り入れた[3]。それでも自衛隊は必要かつ合法的な日本の軍隊として徐々に一般市民に受け入れられつつあった[4]。二〇〇七年にはついに防衛庁が省に格上げされ、国連平和維持活動の旗印の下、海外派遣も日常的に行なわれるようになった。実際、三・一一以前ですら、日本人の約五分の四が災害救援活動における自衛隊の利用を承認していた。これは領土への侵入に対する防衛のための派遣を支持する人よりも多い割合となっている[5]。

それでも一〇～一四パーセントの市民は自衛隊の合法性を認めないままだった[6]。冷戦後に自衛隊が近代化するとこの少数の反対派は縮小したが、自衛隊は国民の支持を維持するのはもっとも持続的な課題のひとつであることを理解していた。陸上幕僚長の君塚栄治陸将の考えによれば、三・一一以前、自衛隊と地方自治体のあいだに均一で安定した「協力基盤」はできあがっていなかった[7]。また、防衛省大臣官房参事官（課長級）の一人は、国民からも天皇陛下からも自衛隊の正統な位置づけは認められていなかったという[8]。

軍の正当化と同盟の強化はたいてい戦争での成功によってもたらされる。軍が正当化された事例は多く、たとえば一九九一年の湾岸戦争後には泥沼化したベトナム戦争の記憶を払拭しようとする動きが見られ、アメリカ軍の支持率が上がった。同盟が強化された例としては、朝鮮戦争後に中国と北朝鮮の関係が強化されたことがあげられる。軍事行動を伴わずに軍隊を正当化したり、同盟を強化できたりした例はこれより少ないが、存在しないわけではない。中国人民解放軍は二〇〇八年の四川大地震以降、新たな支持を得ている。ドイツ連邦軍は二〇〇二年のエルベ川の洪水後、史上最大の作戦に成功し、一般市民による支持率がやや上向いた[9]。これらほど好ましい例ではないが、一九二三年の関東大震災後、日本軍も震災を利用して政治権力を強化し、生まれたばかりの民主主義を抑圧しようとした。本章では、二〇一一年三月という平時に起きた壊滅的な被害を伴う災害――および自衛隊とアメリカ軍による対応――が、安全保障において日米両国首脳が長年求めていた変革を促すことになるかを中心に検証していきたい。

多くの人々はこうした変革が自然に起こると考えていた。三・一一後の国民的議論からは期待がふくらんでいるのが感じられた。元首相（当時）の安倍晋三は、三・一一は日米同盟の「ターニングポイント」になったと発言[10]。この認識は党派を超えて共有されている。民主党のある国会議員は、日米両国は「新たな戦略協議の場として常設の機関を同盟のエンジンと位置づけ」ることになるだろうと語った[11]。ある元防衛大臣は、三・一一を経た今、日本は「自衛隊アレルギー」を払拭し、自衛隊を信頼するべきだと述べている[12]。ある大学教授は今回の震災を日本の軍事化が終わりに向かう機会と見なし、別の教授は日本の平和主義がついに反軍国主義から離れるきっかけとなると見ていた[13]。ある外務省高官は、安保体制は実際に変化が起こる分野のひとつになると期待し、日本政府は危機に直面してアメリカ軍との共同作業を見事にこなした経験から利益を得ることになるだろうと予測[14]。日本で最大の日刊紙『読売新聞』は社説で、トモダチ作戦が「同盟を新たな段階へ導くだろう」と論じた[15]。また、元防衛大学校校長は憲法改定の可能性にまで言及し、政府は時機をとらえ、自衛隊に日本の防衛におけるより広範で大きな責任とより多くの予算を与えるべきであり、憲法および安全保障政策においても自衛隊に適切な地位を与えることで、アメリカとの同盟を強化できるだろうと論じている[16]。

一方、冷静な陸上幕僚長は簡潔に、「自衛隊については数々の変革案が議論されている」と指摘したうえで、注意深く「自衛隊自体が萎縮すれば変化は不可能になるだろう」と付け加えた[17]。

国家安全保障機関と安全保障政策についてどのような改革が可能か。この議論は第二章で概説したヒーロー、悪役、思想的リーダー、政策的優先傾向を伴う三つの修辞的モデル――変化を加速するナラティブ、現状維持のナラティブ、逆コースのナラティブ――に沿って進められてきた。「変化を加速する」ナラティブの支持者――たいていは右派――は三・一一を日本への警鐘ととらえ、ついに軍事力を強化し、効率性を高め、よりアメリカから独立させるべきときが来たと訴える。「現状維持」を望む人々のほとんどは中道派と日米同盟の支持者であり、何十年も前から主張してきたように日米関係は日本の利益になることが今回の災害で証明されたと確信していた。「逆コース」の支持者――ほとんどが左派――は、三・一一によって軍備縮小および戦後制定された日本国憲法第九条の本来の意図を厳密に解釈することが正当化されたと考えている。これら三つのグループはいずれも自衛隊の活躍をほめたたえた――第三のグループは市民団体や民間のボランティアも同等に称賛している。しかし、それぞれのグループが提唱するものは著しく異なっていた。

## 国家安全保障と危機のレトリック

### 警鐘

三・一一を日本にさらなる努力を求める警鐘と見なす人々のほとんどは、対米従属を終わらせる方向で日本の軍事力を取り戻すことを長年にわたり望んでいた。日本はアメリカに依存することで「平和主義にさせられ」、自立する力を失い、戦争を想定できないという危険な状況に陥っているというのだ。三・一一に起こったことは「戦争を忘れていた日本に襲来した戦争にほかならない」という[18]。しかし、自衛隊は英雄的であったが、同時に日本の兵士による救助救援活動はアメリカの支援を必要としていた。日本をアメリカに依存させたのは、まぎれもなく三・一一規模の自然災害を想像できない人々だ。彼らに国家の管理を任せることはできない。二〇一一年三月、日本には最悪の事態を想定する能力がないことが露呈したのだ。日本がどれだけ軟弱化し、無防備になったかが明らかになった[19]。つまり、三・一一によって日本が「アメリカ軍という門番が守っているディズニーランド」のなかにいることが示されたというのだ[20]。

日本は三・一一への準備ができていなかったのだから、震災の主な教訓は、日本は変化を加速してほんとうの敵との対戦に備えなければならない、ということだという。ある評論家は「今回は原発事故だが、明日は外敵の襲来かもしれない。尖閣周辺は今もきな臭い」といっている[21]。別の評論家は、自然災害などの想定外の国内問題から、想定外の外国からの攻撃が起きた場合を予想できるという。もし日本が想定外の国内問題への備えを行なっていないとしたら、想定外の外国からの攻撃に備えることもできないというのだ[22]。右派の人気漫画家、小林よしのりは、敵のいない国防だけではなく、敵と向かい合う国防も自衛隊の職務であることを読者に思い出させた。ほかの人々と同様に小林も、敵は大勢いるため日本は警戒を緩めるべきではないと主張する[23]。また、危機感を募らせたあるアナリストは「真正の国難」はロシアの北海道侵攻だと訴える[24]。別のアナリストもこれに同意し、日本の「危機管理に対する無責任なアプローチ」とロシアの「強硬な反日政策」からの防衛拡大の必要性とを結びつけて語った[25]。

自衛隊の元イラク先遣隊長で現在は衆議院議員となった佐藤正久は視野をひろげ、日本が危機に陥って防衛が手薄になっているあいだに北方のロシア軍と南方の中国軍が日本の領空と領海を調査していたことを指摘。両国は日本の自衛隊とアメリカ軍の協力体制について情報収集し、あらゆる部分で弱点を見つけたとして「前途有望な状況とはいいがたい」と嘆いている[26]。国家安全保障を専門とする保守派の中西輝政教授は、三・一一をきっかけに中国の攻撃的意図を正しく認識している日本の政府当局者はほとんどおらず、北朝鮮が核兵器を開発した理由を理解している人はさらに少ないと指摘した[27]。引退した元警察官僚は、中国との領土問題に言及し、外交上も国家安全保障上も、中国が日本にとってもっとも難しい国になりつつあるといい、三・一一の示唆として「自衛隊はもう庶子ではなく（中略）その本務は『国防』である。尖閣諸島をはじめ、日本の国土を、領海を、領空を守ってゆこう」と宣言した[28]。

より中道的な政策シンクタンクのＰＨＰ総研は三・一一発生後初期に分析を行ない、その結果、三・一一は警鐘であったとする説を構造的に正当化している。ＰＨＰが四月に発行したニュースレターで、アナリストたちは日米同盟を支持しつつ、三・一一が発生したとき国際秩序が転換点を迎えていたが、「国家間の根本的な対立点が解消するわけではない」と主張。中国などの新興国が欧米中心の国際秩序に挑戦している昨今、「震災を契機に対日政策を調整する動きも活発化している」と予想した。こうした調整を行なうと考えられるのはロシアと中国だ——いずれも日本に敵対的で、支援を提供した直後に日本の「軍事的な監視行動」を再開した。しかし、ＰＨＰのアナリストは三・一一の結果としてアメリカがバランスの見直し（中国との和解）に魅力を感じる可能性を排除してはいない[29]。

## 概念の証明

三・一一後に自衛隊も日米同盟もその価値を証明したのだから、両者とも国民から最大限の支持を得ると確信した人たちもいる。彼らの見解によると、これは自衛隊とアメリカ軍が両国の防衛計画担当者が何年も前から設定していたコースに従ったためだという。未曽有の災害である三・一一による派遣は歴史的逸脱と見なすのではなく――震災直後の数週間に日米同盟が経験した多大なる困難にも目をつぶって――これらのアナリストたちは、冷戦時代から数世代にわたって準備され、現在でも重要性を維持している軍事計画の当然の成果として称賛している。防衛の専門家で危機のまっただなかに日米連絡調整会議設置につとめた民主党の長島昭久は、この点について明確な見解を持っている。長島はアメリカ軍と自衛隊が三・一一への対応に成功したのは数十年に及ぶ共同演習の成果であり、協力体制の確立は「きわめて大きな意義があった」とし、「日米の意思決定にとって非常に重要なものであることを示す」ことができたと断言した[30]。

中曽根康弘元首相もアメリカとの団結がこのように優れた成果をあげたことに感心している。なんといっても、アメリカが日本の災害支援に参加することを義務づける条約など存在しないのだ。それでもアメリカは支援に駆けつけた。彼らが残した成果は、日米同盟の未来を再構築し、深めるもうひとつの価値ある要素として理解されるべきだという[31]。また、中曽根元首相とその仲間は、日本がアメリカから受けた支援は日米同盟の価値を「世界に向けて証明するという重要な」役割を果たしたと示唆している[32]。別のアナリストはこの点をもとに「自衛隊が手一杯」であるときに日本の領海の周囲でロシアと中国が見せた動きを日本が脅威に感じなかったことから、共同作戦は日米同盟の抑止力に自信を持っていることを明確に示したと指摘している[33]。

自衛隊は日米同盟の枠組みとはかなり離れたところでも、その価値を証明した。危機のあいだ、長年にわたる日米共同演習の成果が評価されたように、三・一一後、自衛隊と地方自治体との長年にわたる合同災害訓練の成果も評価された。防衛省当局者の一人は「三・一一以前は我々と会おうとしなかった市町村長からもいまでは招待を受けるようになり、次の震災に備える計画づくりを手伝っています」という[34]。しかし、今回の危機の前にもなんらかの合同訓練は行なわれていた。アナリストたちは、阪神淡路大震災後に自衛隊が引退した隊員を調整役として地方自治体に配属したことや、二〇〇八年一〇月に東北六県と自衛隊員一万人、二二の市区町村を動員して行なわれた大規模災害訓練が三・一一の予行演習になっていたことに感心した[35]。数十年にわたり自衛隊を批判してきた『朝日新聞』も驚いたことに方針を転換し、自衛隊の「着実な向上」――なかでも地方自治体との協力と統合部隊を活用する能力、アメリカ軍との合同演習、被災者救助の際の「新しいレベルの親密さ」を高く評価した。『朝日新聞』はことさら人道支援と災害救援だけに注目したわけではなく、「日本の防衛に加え、海賊対処や国連平和維持活動など海外任務もおろそかにできない」ため、自衛隊の規模を柔軟に増減すべきだと社説で論じた[36]。

自衛隊の活動をめぐる武勇伝では彼らのプロ意識についても語られるようになった。救助救援活動をつづったベストセラーのなかで自衛隊は何度も神がかった調子で描かれている[37]。防衛ジャーナリスト桜林美佐は東京消防庁ハイパーレスキュー隊による救援活動に敬意を表しつつ、「熱心」で「献

高齢者を救助する自衛隊隊員．2011 年 3 月 14 日．自衛隊統合幕僚監部提供

身的」な自衛官がみずから「喜んで作業に参加している」様子を伝えている[38]。しかし、自衛隊の貢献にもっとも注目に値する称賛を贈ったのは、ほかでもない天皇陛下だった。三月一六日、陛下はＮＨＫのテレビ番組に出演し、東北の人々に励ましのお言葉を述べられ、そのなかで、自衛隊と外国人を含む緊急救援隊の幅広い努力に感謝された。このとき天皇陛下がだれよりも先に自衛隊に感謝の言葉を述べられたことが見過ごされることはなかった——実際、多くの評論家がこのことを心から称賛した。天皇陛下が公の場で直接自衛隊について言及されたのは、これがはじめてだったのだ[39]。ある防衛省高官は、自衛隊と日米同盟と並んで皇室もまた、今回の危機の最中もっとも活躍した団体のひとつだと指摘している[40]。

このグループに属するアナリストの多くは、自衛隊の支持者が長年主張してきたように、三・一一により自衛隊はより高度な装備とより多くの隊員を必要としていること――そして、それらを得るにふさわしいこと――が証明されたと断言した。ある評論家は、三・一一のおかげで、もう政治家やメディアが盛んに自衛隊の「人減らし」や「物減らし」を求めることはなくなるだろうといっている[41]。陸上自衛隊元幹部の中村信悟は三・一一により冷戦以降進められてきた陸上部隊の長期的削減を覆すときが来たことが証明されたと述べた[42]。また、三・一一は防衛省が長年要求してきたが不足していた陸上・海上・航空自衛隊の能力や、遠隔操作で動く無人機、ロボット、空輸能力の重要性を実証したと見る向きもあった[43]。

## 軍備縮小

第三のグループは、三・一一によって自衛隊がより多くの装備を必要としている――そして、おそらく彼らはそれらを得るのにふさわしい――ことが明らかになったことは認めている。しかし、できれば日本の自衛隊には銃よりもシャベルを持って活躍してほしいと思っている。また、ある論壇誌の編集長は、日本はものを壊すのではなく、つくり出す憲法九条軍を持つべきだという[44]。この方向転換は国家のアイデンティティそのものにかかわる議論の枠組みのなかで生まれた。かつて日本が「富国強兵」のため一丸となったように、また、富国強兵がのちに「技術立国」というスローガンに取って代わられたように、現在は日本が「先進災害強国」を目指すよう呼びかける人々もいる[45]。

このグループの一部の人々にとって、三・一一は日米同盟と反軍国主義の正しさに内在する数々のリスクを思い起こさせるきっかけとなった。早稲田大学の水島朝穂教授は、三・一一はアメリカ軍と自衛隊の「違憲の」一体化に貢献し、今回の危機における日米の協力は防衛計画の大綱にもとづく共同作戦のための「試用」だと主張している[46]。非政府組織（ＮＧＯ）ピースボートの活動家川崎哲にとって、三・一一の教訓は、自然災害と原子力は外国よりも大きな脅威であるということだった。川崎は原子力産業が広めた「安全神話」と関連してアメリカが日本の平和と安全に関与するのは「抑止力神話」にすぎないと主張する[47]。共産党の新聞『赤旗』は社説で、福島のメルトダウンは、原子炉周辺の住民だけでなく、アメリカの原子力潜水艦が配備されている街の住民に対する警告でもあると し、原子力の安全神話はもはや通用しなくなったことから、アメリカの原子力潜水艦配備および寄港を許可する政策も見直されるべき時が来たと述べている[48]。

このグループに属する人のほとんどは、三・一一後の自衛隊の貢献に感謝しているが、彼らは災害をロシアや中国の脅威ではなく、広島の悲劇と東京大空襲に結びつける[49]。彼らは自衛隊が東北の人々のために行なった活動を世界のほかの場所でも行えると考えている。つまり、三・一一において自衛隊の活動が成功したことで、日本が国際問題においてより適切な役割を果たすための道筋が示されたというのだ。彼らは、三・一一の人道支援および災害救援活動と戦争とのつながりを一切認めない。自衛隊はその役割を、国防から日本および世界の人々の保護に転換すべきだという。日本の世界的災害救援隊創設の提唱者である水島教授は「自衛隊の『軍』としての属性を徐々に縮小し、将来的には海外にも展開できる、非軍事の多機能的な災害救援部隊に転換すべきではないだろうか」といっている[50]。

日米同盟の劇的変化に伴い、自衛隊を非軍事的な国際災害救援隊として改革するべきだというわけだ[51]。その資金――および東北地方の復興資金――は在日米軍駐留経費負担（物議を醸しているアメリカ政府への資金で、米軍基地の公共料金からグアムの新施設建設費用まで、アメリカ政府に提供される）の削減分によりまかえばよいという。在日米軍駐留経費負担――二〇一〇年は三三億ドル――の一部は、ボーリング場や軽食堂などの娯楽施設の費用にあてられ、アメリカの浪費と結びつけられるようになった[52]。幅広い読者を持つ『朝日新聞』の論説で水島教授は今回の危機により日本はいつのまにか忘れられていた平和的で生産的な戦後日本のアイデンティティを再確認する機会を得たと指摘。もし自衛隊が非軍事的救援隊として海外でも活躍し、必要に応じて近隣諸国を支援できれば、どの国も日本を攻撃する理由はなくなり、同盟の必要性はなくなると主張する[53]。

当然ながら右派はこの提案を一笑に付した。小林よしのりは著書『国防論』のなかで『朝日新聞』の論説に掲載された水島の記事をすべて再現。このアイデアを冗談として片づけ、自衛隊は「無菌化（デオドラント化）」されるべきではないと断言した[54]。陸上自衛隊の元イラク先遣隊長はこれより礼儀正しく、自衛隊は国家を守るために存在しているのであり、「自衛隊を完全に骨抜きにしようとする社民党や昔の社会党のようなタイプの人々」によって救援隊に改変されるべきではないと主張。自衛隊の改変を求める人々は実際のところ、自衛隊を弱体化し、ひいては日本を弱体化しているのだと結論した[55]。

三・一一後の論争は、想像できる範囲のナラティブの形態において、既存のイデオロギー的傾向と一致している。変化の加速を支持するにしろ、現状維持あるいは日本の武装解除を支持するにしろ、どのタイプの政治的起業家も自衛隊員の取り組みを高く評価した。彼らは三・一一のヒーローがだれかについては合意しているが、悪役については意見が分かれている――たいていお互いを悪役と見なしている。しかし、支持者たちが根本的に異なるのは、日本が直面している脅威はなにか、国家政策によりそれらを解決する最適な方法はなにかという点である。原子力を脅威と考える人もいれば、周辺諸国を脅威と考える人もいる。アメリカを受け入れる人もいれば、(左派にも右派にも)日本の安全保障とアメリカ政府を引き離そうとする人もいる。

東北で活躍したある自衛隊高官は三・一一から学んだ教訓について「東日本大震災で成功を収められたのは阪神淡路大震災での失敗があったからこそです。しかし、三・一一を成功と見なすと失敗を招くことでしょう」といっている[56]。この言葉を心に留めつつ、こうしたナラティブを制度および政策の変化の可能性と結びつけるために、これから三・一一の大惨事から政府が実際になにを学んだのか検証する。

## 三・一一の教訓

防衛省は三・一一の危機の経験から、大きく分けて三種類の教訓を得た[57]。一部の人々は三・一一は自衛隊の役割と任務を拡大するための新たな扉を開いたと考えているが、どの教訓も現状維持という防衛省の希望と一致している。事実、もっとも広範な第一の教訓は自衛隊の能力そのものにかかわるものであり、第二の教訓は自衛隊の合法性と公的支援、第三の教訓はアメリカとの同盟関係に関するものである。ほとんどの点において三つの教訓はすべて肯定的なものだ。では、すでに概説した議論はどのようにしてこれらの教訓を長期的な方針転換に役立てられるだろうか？

## 自衛隊の能力

自衛隊の手際の良さには自衛隊員自身も感心し、日本のみならず世界の人々が感動した。地震発生から数時間以内に活動を開始し、翌日までに首相は五万人の出動を承認。二日間でこの数字は一〇万人に増加した。これは全隊員の半数に相当する。そして数週間以内に自衛隊史上最大の動員数であり、阪神淡路大震災後の神戸の五倍に上る隊員が東北に派遣された[58]。この動員数――陸上自衛隊の七〇パーセント――は約二カ月維持されることになる。航空機五〇〇機、船舶五〇隻に配備された隊員は四五〇万食分の食料を提供し、三万トンの水を供給、全長五〇〇キロメートルに及ぶ道路を清掃し、八四〇〇人の遺体を回収した[59]。

防衛省は迅速に出動できたことに満足していた[60]。しかし、それと同じくらい重要だったのは、陸海空の三部門がともに活動できることがわかったことだ。三月一四日までに陸上自衛隊仙台駐屯地に君塚陸将率いる災統合任務部隊の本部を設置。その結果、迅速な意思決定が可能となり、自衛隊内部の連携はおおむね良好だった。しかし、内閣および各省庁間の連絡や民間企業との連携はしばしば困難をきたした[61]。統合任務の成功により、防衛省は過去に提案された一般幕僚の機能強化、陸上自衛隊による統合指揮統制の導入という計画を再検討することとなった。

長期にわたり厳しいプレッシャーの下で部隊がどのように活躍できるかも、自衛隊の能力を示す尺度となった。あらゆる側面において、自衛隊員はそれぞれの任務に全力を注ぎ、そのたくましさを証明した。通常、自衛隊の慣習では日本人の隊員を出身地周辺に派遣する。自衛隊員のうち二万人以上が東北出身だったため、最初に出動した隊員の多くは、ふるさとの近くで非常に厳しい状況に置かれた隣人や家族のために活動することとなった。また、福島第一原子力発電所周辺に派遣された隊員が着用していた装備は不十分であったことが、のちに防衛省の調査で判明した。日常的に遺体を扱い、放射線にさらされながら不十分な装備で作業し、長期にわたって家族と離れて生活することによる精神的影響は予想以上に深刻だった[62]。防衛省は「隊員に課された精神的負担のレベルにもとづき」三・一一の最前線で働く隊員への手当を倍増し、自衛隊史上最高額の支払いをした。一方、自衛隊員の中から自殺者が出たことを受け、防衛省は戦力回復センターを改善し、医療サービスとメンタルヘルス・カウンセリングを拡大した[63]。

自衛隊員への要求もかつてないほど増えた。隊員と上官が長く任地にとどまるようになったことで、自衛隊では一部の重要分野の専門家が不足しているためタイミングよくローテーションを組めないことが防衛省の目にも明らかになった。この「人員不足」問題がとくに深刻だったのは高官レベルだった。防衛省はトップレベルの高官率いるチームがいつまでも二四時間体制で任務に臨むことはできないことを学んだ。これを受けて、危機発生時に招集できる退官後まもない自衛官を含んだ指揮権を持つ予備隊を創設する試みが行なわれた[64]。また、通常の予備自衛官の助けも借りずにはいられなくなり、自衛隊史上はじめて予備自衛官が招集されることとなった。三月一六日には二四〇〇人の予備自衛官が招集されたが、彼らは「非常に高い意欲」と「豊富な民間経験」を有していたにもかかわらず、

「雇用者との日程調整ができず」招集に応えられたのはわずか七〇パーセントにすぎなかった[65]。これも今回学んだ教訓のひとつである。

しかしながら、概して自衛隊と民間のパートナー――NGO、民間企業、地方自治体――との協力関係は原動力となることが証明された。石巻市（宮城県）では五月に陸上自衛隊とNGOピースボートがはじめて共同作業を行ない、臨時の避難所に暮らす三・一一の被災者に救援物資を配布した。反戦運動と日本の軍事組織のあいだに長年そびえていた壁が壊されたのだ[66]。民間企業、とくに運輸業界との関係拡大は自衛隊にとっても利益となった。史上はじめて民間空港を利用できたことに加えて、自衛隊は戦争後はじめて部隊と救援物資の輸送に民間のフェリーを利用することができたのだ。自衛隊の軍隊輸送船では足りなかったため民間のフェリーをチャーターせざるをえなかったのだが、その後、このアウトソーシング・モデルは将来的な不測の事態に備える防衛省の政策に採用されることとなる[67]。

一九九五年の阪神淡路大震災の際には対応の不手際で人命が失われたことを考えると、三・一一における地方自治体と自衛隊の協力体制は非常に優れていた。防衛省と地方自治体は、当局者同士がお互いをよく知らず、信頼関係を築けない場合、標準的な作業手順を決めておくだけでは不十分な可能性があることを学んでいたのだ。ある元防衛大臣は、危機が発生してから名刺交換しているようでは遅すぎるといっている[68]。阪神大震災以降、本腰を入れて地方自治体と深く規則的な関係を築く努力をしてきた防衛省は、各都道府県の危機管理室に元自衛官を配置し、（岩手県および宮城県などが行なったように）彼らが直接知事に報告を行なうようにした。各県が即座に自衛隊法に則り自衛隊の緊急派遣を要請することができたのはこのおかげだ。自衛隊の派遣を最初に要請したのは達増拓也岩手県知事で、地震発生からわずか六分後のことだった。（一九九五年当時は）兵庫県知事も神戸市長も村山首相も軍事嫌いで自衛隊の派遣要請を躊躇したが、達増知事はすぐに助けを求め、自衛隊本部として県庁の一一階を提供し、自衛隊の指揮官と密接に協力し合ったという[69]。航空自衛隊出身の村井嘉浩宮城県知事も同じく即座に軍民協力のための作戦司令室を用意[70]。東北のその他の県も自衛隊に支援を求め、数分以内に危機管理本部を設置した。

市町村レベルでは、津波で行政施設が流されてしまったところもあり、別の問題があった。機能している行政組織が自衛隊のみという状況では、自衛隊が「正規の手続き」を踏まずに救助救援活動を行なったが、地方自治体職員の業務を代行したある防衛省職員によると「社会主義者からもこれに抗議する声は聞かれなかった」という[71]。これを受けて、君塚栄治陸上幕僚長は文民統制を行なう文官が存在しない場合の自衛隊の役割を明確にする必要があることを認めている[72]。自衛隊による行政への介入は歓迎され、称賛された。ある岩手県職員は地方自治体が機能停止し、もはや手に負えなくなっていたところへ自衛隊が手を差しのべてくれたと語った。避難を余儀なくされた被災者の収容先を探し、避難所を提供するのに四苦八苦していたところ、自衛隊がこの作業を肩代わりし、見事にやってのけたのだ。彼らの指示系統は上から下まで一直線だったという[73]。また、自衛隊が地方の行政サービスを直接担当することもあった。たとえば自衛隊は内閣総理大臣の承認を受けずに治安維持活動を行なうことはできない。そこで、物資の運搬を行なう際にパトロールを行なう警察官がいない場合、自衛隊は住民の安全を確保するため近隣の道路を広範囲にわたり何度も往復した[74]。

これらの活動が行えたのは、膨大な訓練と計画、経験を重ねたおかげだ。自衛隊は一九九八年のホンジュラス・ハリケーンを皮切りに二〇一〇年のハイチでの小規模な救援活動も合わせると一二回、海外で救援活動を行なっていた[75]。国内で行なわれた自衛隊と地方自治体合同の防災訓練の回数は阪神淡路大震災後三倍に増加、一九九四年には一七七回行ない八〇〇〇人が参加したが、二〇〇八年には六二四回行なわれ一万二一〇〇人が参加している[76]。二〇〇八年秋、自衛隊東北方面隊が警察、沿岸警備隊、東北六県および二二市区町村の当局者とともに震災対処訓練「みちのくＡＬＥＲＴ」を開催。この訓練は宮城県沖を震源とする津波を伴うマグニチュード六の地震を想定したもので、約一万人の隊員が参加した[77]。地方自治体職員はこの改革に強い思い入れを持っていた。河村たかし名古屋市長によると、信じがたいかもしれないが名古屋市は一九九五年以降も自衛隊との合同防災訓練を行なっていなかった。だが河村が市長に就任した二年前からテロや地震を想定した防災訓練をはじめ、現在までに五回開催されたという[78]。三・一一が発生する数週間前に陸上自衛隊の計画立案者が三陸沖を震源とする海溝地震に対応するためのマニュアルの草稿を仕上げていたことは幸運だった。このマニュアルは当初自衛隊派遣のためのガイドとなった[79]。

三・一一から得た教訓は、こうした訓練や準備が役に立ったことは間違いないが、どれだけ訓練や準備をしても十分とはいえず、実際にはさらに複雑な事態が発生するということだった[80]。ある当局者の説明によると、三・一一の自衛隊派遣は一見戦闘とはいっさい関係がないように思えるが、自衛隊は自然災害に対しても本土防衛に対しても——市民を危険から守るという——同様の責任を持っている。そのためには都道府県や市区町村と同じレベルの協力関係を築く必要があり、「私たちは隊員に、危機に備えることで、戦争に備えることもできるといっているのです」という[81]。

事実、自衛隊にとってもっとも困難な問題のひとつは、福島第一原発を襲った類いの放射能事故に対する準備が足りなかったことだ。二〇一〇年に内閣安全保障・危機管理室で行なわれた机上の原子炉危機シミュレーションの参加者によると、このシミュレーションは「あまり意欲的なものではなく」、一般的に原子力発電所の事故に対する危機感が薄いのは電力会社に責任があると非難した[82]。自衛隊は何年も前から原発事故を想定したシミュレーションを実際の現場で実施するよう電力会社に提案してきたが、シミュレーションを行なうことで周辺住民が安全性に不安を持ち、電力会社の計画と国家政策に支障をきたすことを懸念した電力会社はこれを拒否してきた。東京電力の幹部の一人は東京電力が大きなジレンマに陥っていたことを認めている。自衛隊や警察とともに合同訓練を行なうべきだったが、住民がそれを知ったら大きな不安を抱き、原発に反対することだろう。東京電力は最悪の事態を想定していることを住民に知られたくなかったというのだ[83]。テロや事故を含め、原発のリスクはそれまで矮小化されてきたが、三・一一直後に訂正された。

最後の教訓は、主に日本自体の災害外交にかかわる。防衛省高官の一人は、人道支援および災害救援活動は末端の任務であり、自衛隊の最優先事項ではないと断言しているが、彼女の上司であった北澤俊美防衛大臣は三・一一の三カ月後、沖縄に救助救援活動の地域拠点を設けると発表[84]。東アジアおよび東南アジアでの災害に迅速に対処するため救助救援設備を再配備する計画を立てた。数十年にわたり救助救援活動は国民からの自衛隊への支持を支えてきた[85]。北澤の構想は軍縮のナラティブとも三・一一をめぐるより保守的なナラティブとも一致している。そのため、この構想に予算が付かなかったとき、保守派の新聞論説委員も非常に落胆し、「自衛隊の活動に対する理解が深まっているとはいえ、新たな一歩を踏み出そうとするとき、なお(自衛隊に対する)アレルギーが生じることを示す事例だろう」と述べている[86]。しかしながら、世論調査の結果が正しいとすれば、『読売新聞』はこの失敗をずっと昔に治療済みのアレルギーのせいにしていることになる。これは三・一一から当局者が学んだ第二の教訓、戦後日本における軍隊の合法性にかかわる問題につながっている。

## 自衛隊の合法性について

保守派の多くは日本の「軍隊アレルギー」を軽蔑しつづけている。これはおそらく緊急事態が発生した際に自衛隊が国民の支持を得られないことを懸念してのことだろう。しかしながら、三・一一後、この懸念の根拠はこれまで以上に弱まった。大震災からわずか一カ月後の四月、『毎日新聞』は同社が行なったアンケートでは回答者の九五パーセントが自衛隊の東北での活動を支持し、八八パーセントが自衛隊がアメリカ軍と合同で救援活動を行なったことは適切だったと回答したと報じた。こうした支持率は、政府の災害対応全般を高く評価しないと回答した六八パーセントと比較するとかなり高いものといえるだろう[87]。時間がたつにつれ、数カ月にわたりメディアが圧倒的に肯定的な報道を行なったこともあって、機関としての自衛隊も同様に高い支持を得るようになった。二〇一一年一二月に『読売新聞』が行なったアンケートでは回答者の七五パーセントがもっとも信頼する公共機関に自衛隊をあげている[88]。また、三・一一の一年後に内閣府が行なった調査では、自衛隊に対する国民の支持は過去最高の九一・七パーセントを記録。親しい人が自衛隊に入隊することに賛成するかという質問には約四分の三が「賛成する」と回答し、三分の二に満たなかった二〇〇九年の調査から増加した[89]。

自衛隊の活動に対する誇りは新しいレベルに達し、防衛省は「一元的な広報体制の構築、戦略的な広報・報道」を通じて情報発信することにより高い関心を示すようになった[90]。しかし、これまでもっとも自衛隊に好感を持っている大衆とつながる方法はほかにもあった。自衛隊員は過去数年間、駐屯地の外に出るときには私服に着替えるように指導されてきたが、いまでは誇らしげに迷彩柄の戦闘服に身を包み、地元の祭りでパレードに参加するようになった[91]。より重要なのは、二〇一一年後半、スーダン南部に自衛隊員を派遣したことからもわかるように、自衛隊の海外派遣がもはや物議を醸すことはなくなったということだ。東日本大震災後も自衛隊宿舎の数は目に見えて増えてはいないが、新たな入隊者の質は向上している。実のところ三・一一以降、幹部候補生採用試験の申し込みは若干減ったものの、防衛大学の出願者数は過去最大となり、防衛省への就職希望者も倍増した。同様に防衛医科大学校の出願者数も約一〇パーセント増えている[92]。採用拠点のいくつかは三・一一後の六カ月間で通常の一年分に相当する応募者を獲得した[93]。

自衛隊の合法性がより広く認められたことは、予算獲得にも有利に働いた。実際、三・一一後、防衛省は装備にもっとも注意を向けるようになった。防衛省が学んだ教訓を羅列しながら、防衛計画担当者は「災害時に活用される装備品の保有状況や、今回の震災で活用に制約のあった装備品等の問題点を考慮」する必要があることを認めた[94]。また、今後日本の自衛隊に対する要求が増加する可能性が高いと結論し、より多くの装備を整える必要性を訴えた。具体的には、放射線環境下で人間よりも効率的に作業できるロボットや無人機の必要性について述べている。また、津波その他による損害からより保護された新施設の必要性を主張。三・一一後初の予算要求で防衛省は謙虚に〇・六パーセント増の四・八兆円を求めた[95]。予算案への反応は防衛計画の大綱に規定された「離島防衛」のための項目に集中していたが、明らかに三・一一のために必要が認められた項目もあった。そのうちのひとつは「福島第一原発での清掃作業を行なうための」一九年ぶりの増員要求だった。また、核汚染、生物学的汚染、化学的汚染の研究資金として九億円、「大規模災害への対応を強化するため」の新たな通信機器に一五〇億円要求した。また防衛省は車両用の放射線遮蔽技術に加え、放射能事故対策の特別訓練を強化すべく特別予算枠で約一〇〇〇億円を求めた。日本政府もアメリカのGPSへの依存を解消し、「防災対策としても機能する」新たな「準天頂」全地球測位システム衛星の開発を正当化するために三・一一を利用した[96]。興味深いことに、防衛省は海上輸送および空輸能力の追加は求めなかった[97]。

自衛隊外部の想像力豊かで友好的な人々はこの件についてあれこれ議論した。彼らの多くは現状維持よりも変化を加速するほうがしっくり来るタイプだ。自衛隊の支持者は、多くの功績を挙げた自衛隊をほめたたえるか、装備がもっと整っていればさらに活躍できたはずだと論じるかのどちらかだった[98]。三・一一を「戦略的敏捷性」強化のための自衛隊の近代化と軍民共用の必需品調達を要求する機会と見なす人々にとってリモート監視および輸送はもっとも有望な分野だった。評論家たちは無人機と軍事用ロボットは反テロ作戦で二つの役割を果たせると期待した（多くの人々がアメリカの遠隔探査装置への依存を問題視していたのだ）[99]。輸送に関して、自衛隊は〈おおすみ〉規模の輸送艦は数が限られており、被災地へ移動する際、民間のフェリーやアメリカ、オーストラリアの船舶に頼らなければならず、方々からこのような状況は容認しがたいとの烙印を押された[100]。

警鐘説のナラティブと概念の証明説のナラティブが正面からぶつかり合うのはここだ。警鐘説の支持者は三・一一発生当時の準備不足への不満を口にし、自衛隊は国家防衛計画の大綱の下で責任を全うできるのか疑問視した。もし三・一一後の予算が三・一一配当を提供しないとしたら――実際に配当はなかったのだが――沖縄で不測の事態が発生した場合、自衛隊はどうやって南西の離島から住民を避難させられるだろうか？　より優れた輸送手段なくして、どうやって危機に対応できるだろうか？[101]『産経新聞』は、三・一一によって防衛省は民間のフェリーと航空機に目を向けなければならないことを学んだと説いた[102]。北澤防衛大臣は海上自衛隊の能力拡大を望んでいることを認めつつ、民間フェリーの活用を擁護し、想像できる限り最大の危機にいつでも対応できるように装備を整えてくことは現実的ではないと主張した[103]。高見澤将林防衛省防衛政策局長も同意見で――貨物鉄道も含め――輸送を委託することが三・一一の主な教訓のひとつだと述べている[104]。防衛省の事後報告書もこの点について率直に、災害時の民間事業者との連携にも言及している[105]。この種の協力は当然ながら重要な教訓を与えてくれたが、アメリカ軍との共同活動のほうが日本の国防に関してははるかに豊かな情報源であった。

### 同盟国との共同作業

日米両政府の協力体制が当初はうまく機能していなかったことは周知の事実だ。第一章で述べたとおり、細野グループが最高レベルの文民リーダーシップにより、なんとか救助、救援、情報共有の調整を行なった。市民レベルの協力への道は険しかったが、アメリカ軍も自衛隊も調整は容易だったと感じていたといわれている。しかしながら、実際のところは長年合同演習を行なってきた両国ですら、初の共同作戦に当たってはいくつかの不具合を解消する時間が必要だった。これはおそらく緊急人道支援・災害救助を目的とする合同演習はほとんど行なわれていなかったからだろう。うまく機能する方法を見いだすのにかなりの時間がかかった。そして、彼らが見いだした方法とは、自衛隊とアメリカ軍の双方が、仙台駐屯地（陸上自衛隊東北方面隊）、市ヶ谷（防衛省）、横田（米軍基地）に置かれた相手の司令センターにそれぞれの高官を「配属」するというものだった。[106] 防衛省経理装備局局長も最初の四八時間はアメリカ軍も自衛隊もミーティングポイントが見いだせずにいたと認めている。[107] 彼が「妥協点」という意味で比喩的に「ミーティングポイント」といったのか、文字どおり「集合場所」という意味でいったのか、あるいはその両方の意味を兼ねていたのかはわからないが、日米同盟が得た教訓は自衛隊が得た教訓と同じく、演習と訓練はいくらしても十分とはいえないということだった。

道は平坦ではなかったものの、アメリカ軍と自衛隊の協力関係は、アメリカ原子力規制委員会と東京電力との協力関係、さらには日本の省庁の縦割りの管轄をまたいだ協力関係よりは簡単に築くことができた。アメリカ側からの参加者は、こうして隊員や司令官を配属する方法を「真のイノベーション」と呼んだ。[108] ほとんどの人々は、これが機能したのは長年にわたり合同演習を行ない、わずかながら実体験も積んでいたためだという。アメリカ軍のある広報担当者は、両国政府が長年にわたり

宮城県涌谷町の自衛隊捜索救助チーム．2011 年 3 月 15 日，アメリカ海軍アレクサンダー・ティッド撮影

海外被害管理（化学・生物・放射性物質・核・高威力爆発物による攻撃・事故への対処支援）の演習をしてきたことで「築き上げた経路」が三・一一の際に「奏功した」といっている[109]。

もっとも重要な訓練は一九八〇年代前半に米陸軍と陸上自衛隊がはじめた演習ヤマサクラだった。ヤマサクラは時とともに大きく進化し、現在では各方面隊と師団司令部が参加し、戦術レベルの教義および運用レベルの教義を試す、主要な年次訓練となった。自衛隊のある企画官の説明によると、ヤマサクラは「今日的重要性が低い」ということで二〇〇四年にいったん終了されそうになったらしいが、現在では訓練の経験を提供するよりもむしろアメリカ軍の原理原則を伝えやすくし、とくに「国際的有事の際に派遣された陸上自衛隊がアメリカ軍と共同作業を行えるようにする」ことに主眼を置いて企画されているという[110]。ヤマサクラには徐々に個別の演習が追加され、その後、両国の複数の部門や省庁、さらには地方自治体も巻き込んだキーンエッジ、キーンソード、コープノースといった合同演習が追加された。いくつかは指揮所演習（机上演習）であり、そのほかはより詳細な野外演習で、部隊を派遣し、戦闘における役割をシミュレーションする。三・一一までアメリカ軍と自衛隊は毎年二回の合同演習を行ない、数万人が参加していた。

これらの訓練に加え、二〇〇四年にはインド洋大津波が発生し日米合同で救援活動を行なったが、共同の人道支援・災害救援活動の経験は限られていた[111]。アメリカ軍と自衛隊は、紙ベースの標準的作戦手順とくりかえし練習し経験することから得られる信頼関係のあいだには大きな違いがあることを学んだ。一九九七年に発行された「日米防衛指針」には有事の際の日米間の調整メカニズムが明確に記されていた。そして、二〇〇五年一〇月の日米安全保障協議委員会（防衛大臣と外務大臣による

気仙沼大島で地元の女性とすれ違う海兵隊第 31 遠征軍．2011 年 4 月 3 日，ケレイブ・イーマーズ撮影

二国間首脳会議、いわゆる「二＋二」）では、「自衛隊と在日米軍のあいだの連接性、調整および相互運用性が不断に確保される」ように在日米軍が横田空軍基地に「共同統合運用調整所」を設置することに合意した[112]。しかし、日本政府がこれを「挑発的すぎる」と判断したため、日米間の調整メカニズム（民間）も日米間調整室（軍隊）も一切使われることはなかった――北朝鮮からの挑発に直面したときにはこれらを利用する機会（およびアメリカ軍からの要請）があったにもかかわらず[113]。

また、三・一一でもこれらの利用を求める声があったものの、実際には利用されず、代わりにその場で新たな調整メカニズムがつくられた[114]。現場に配属されていた参加者は「細野グループは『日米間の調整メカニズム』ではなかった」といい、その理由を知るには「法医学的分析」を要すると付け加えた[115]。そして、日米合同演習は人道支援・災害救援ではなく戦闘計画に集中していたため、トモダチ作戦が成功したのは「例外」であり「両国が得たすべての利益は偶然の産物」だという[116]。別の参加者は、アメリカ側は日米間の調整メカニズムの行使を求めていたが、日本政府があまりにも混乱していて、「スイッチが入れられることはなかった」といっている[117]。第三の参加者は「数々の訓練と演習を行なってきたにもかかわらず、危機は私たちが予想したようには起こらなかった」という。この職員は「広報面では成功しましたが、実際のところ活動には時間がかかっていました。ホノルルに司令部を置く太平洋軍が騎兵隊のように現れてこの役割を引き継ぐまで、軌道に乗っていなかったのです」と説明してくれた[118]。

その実、両陣営とも数多くの救世主を迎え入れていた。しかし、「船頭多くして船山に上る」というように司令官が多すぎるのも問題だった。また別の参加者で佐官級の将校の話によると、横田には一九人の海軍将官が集まっていると聞いていたが、実際に数えてみたら九人しかいなかったという。「それでも八人余分ですけどね」と彼は付け加えた[119]。皮肉はさておき、日米両国とも三・一一が最高幹部レベルの人々からおおいに注目されたことは事実だ。自衛隊や危機管理本部、海上の船舶で任務に当たるよう派遣されたアメリカの数十人の外国地域専門幹部や機能的連絡官、原子力専門家に加え、陸上自衛隊の番匠幸一郎陸将は横田基地にある在日米軍本部に、ウィリアム・クロウ将軍は市ヶ谷の自衛隊本部に常駐した[120]。本人たちはこのことをふざけて「幹部リーダーレベルの捕虜交換」と呼んでいた。しかし、当初のすれ違いから同盟管理に関する重要な一連の教訓が得られたように、このような軽口を叩いてはいたが、三・一一では日米同盟史上もっとも高いレベルの長期的協力関係を実現できた[121]。市ヶ谷の防衛省統合幕僚監部では、アメリカ軍将校一〇人が幹部自衛官二〇人と連携して任務に当たった。このポストは幹部自衛官一〇人が常駐していた横田基地の統合支援部隊司令部と直接つながっていた。陸上自衛隊仙台駐屯地の東北方面隊にはアメリカ軍将校五〇人が常駐し、市ヶ谷が監督し、横田が支援した。陸上自衛隊の中央即応集団とアメリカ軍海兵隊の化学生物事態対処部隊の隊員一四〇人が福島の放射能事故対応のために共同で派遣された。両国の部隊が過去に例を見ない方法で、過去に例を見ないほど緊急に連携して任務を行なった。両国が協力し合っていることは――ライバル国を含め――だれの目にも明らかだった。また、実務レベルでの常駐者は数カ月にわたって同じポストにとどまった。日本の安全にアメリカが高いレベルで貢献し、アメリカ政府が日本の責任感を尊重したことは、抑止効果もあった――トモダチ作戦は「統合支援部隊」であって、統合作戦ではなく、「任務達成」と宣言されることはなかった。あるアナリストが結論したように、トモダチ作戦は「被災地に同盟の結束という重要なメッセージを送った」[122]。

アメリカ政府の支援に何度も大げさなほど感謝していた菅首相は、今回の危機における日本の責任をとりわけはっきりと理解していた。原子炉がメルトダウンを起こしたときすぐにアメリカに助けを求めなかった理由を問われた菅首相は、彼をもっとも批判した、震災は警鐘であると説く人々の感受性に訴えた。菅は、日本の自衛隊はそこまでアメリカ軍に依存しているのか、日本人は黙って腰を下ろして、アメリカ軍の働く様子を見守っているべきなのか、と逆に問いかけた。日本の問題なのだから、まずは自衛隊に頼るべきだというのだ。そして、日本人がまず命をかけて働くまで、アメリカに助けを求めることはできなかったと語った[123]。自衛隊の能力と世論における位置づけ、同盟に適応する能力についての教訓が得られたことは確かだ。しかし、これら――および三・一一そのもの――から得た教訓は、日本の国家安全保障にかかわる機関にどのような影響を及ぼしたのだろうか?

## 何が変わり、何が変わらないか?

大震災後日本の国家安全保障機関と日米同盟にどのような長期的変化が見られるか、判断するのはまだ早い。しかし、どんな変化が起きる可能性があり、こうした潜在的変化が三・一一が生み出した国家安全保障に関する各ナラティブの擁護者たちの意向とどうつながっているか評価しはじめるのに早すぎるということはないだろう。潜在的変化は次の三つの大まかなカテゴリーに分類できる。(一)自衛隊の司令官と部隊の構造における変化、(二)役割と任務における変化(予算と装備の増強など)、(三)日米同盟の新たな原動力の見通しである。

### 司令官と部隊の構造における変化

三・一一のもっとも顕著な教訓が自衛隊が統合部隊のなかで効率的に活動できることが証明されたことだとしたら、もっとも顕著な変化への提案は統合部隊を自衛隊の構造のなかに正式に組み込むことだ。ゴールドウォーター＝ニコルズ国防総省再編法並みの再編成を支持する君塚陸将は、両国が同じ脳と同じ体を使う必要があると指摘した。[124] とはいえ、第一に陸上自衛隊内部にも指揮権を一元化するという課題があった。これは司令官や民間防衛の階層組織に組み込まれている人々、三・一一警鐘説を支持する人々たちが長年待ち望んできた組織改革の一角をなす。防衛省の事後報告書はこの改革について明確に述べている。「統幕長は、軍事専門的見地からの大臣補佐と大臣の命令の執行を行なうための業務が激増したことから、今後、業務量の拡大により適切に対応するため、統幕の機能強化を図ることが必要。また、陸自に日本全域における運用を総括する機能がないことを含め、統合運用の強化の観点から、指揮統制機能および業務の在り方についても検討が必要」[125]

この報告書がここで言及しているのは、日本の帝国陸軍との不幸な経験から得た遺産だ。戦後一九五四年の自衛隊発足当初、新設された警察庁の幹部の下で働く旧内務省職員は、陸上自衛隊がまた大日本帝国陸軍のような権力を手に入れるのではないかと懸念した[126]。その解決策は陸上自衛隊を「分割し、抑える」ことだった。陸上自衛隊は三つの部門のなかで唯一、統合幕僚監部に指揮権を行使することのできる陸上総隊司令官を置くことが許されなかった〔陸上自衛隊は五つの方面総監が並列に存在していた〕。その後徐々にこの構造に対する改革が行なわれた――一九六一年に統合幕僚会議が設置され、二〇〇六年に統合幕僚監部が創設された――が、陸上自衛隊のリーダーたちは一元的司令官が存在しないことに不満を持ちつづけた。防衛省内では周期的に見直しが提案されたが、その都度却下され、最近では北澤元防衛大臣が却下した。省庁職員、アメリカ政府職員、アナリストらは三・一一で得た新たな活力によってこの提案が再検討されるよう期待している。彼らは東日本大震災が自衛隊の「統合」と新たに統合された陸上自衛隊の指揮命令系統を同時にもたらしたと考えているのだ[127]。

自衛隊の政策的役割を拡大するべく、安全問題を担当する内閣官房副長官補、アメリカ軍との調整を担当する課長級の防衛政策立案者、緊急時に外部の人材を招集する予備自衛官事務所、統合幕僚副長としての海上自衛隊将官（Ｊ３）、防衛審議官などの新たな役職を創設する計画が立てられ、いずれも三・一一後すぐに実行された[128]。

これらの改革のなかにはすでに始まっているものもあった。二〇一〇年の防衛計画の大綱と同年の中期防衛力整備計画につづき、防衛省は構造改革を推進するための委員会を設置した。三・一一後の二〇一一年八月に発表された同委員会の最初の報告書はほとんどが東日本大震災の教訓から得た提案で占められていた。自衛隊の指揮統制構造の改革に関する提案に加え、同報告書は統合輸送管理機能、調達システムの改革、民間輸送会社との調整、合同演習の拡大も提案していた[129]。行き詰まっていた計画や事業——すでに述べたように変化を加速するナラティブの支持者が歓迎したであろう水陸機動団の創設など——もふたたび動きはじめた。

また、すでに国政の問題が決着したように見えていた計画と事業も再開。陸上自衛隊の規模と構造もふたたび議論の的になった。二〇一〇年の防衛計画の大綱で重点がロシアによる北からの攻撃から中国による南からの攻撃に移ったことに伴い、陸上自衛隊の縮小も検討されてきた。予算を維持するため、陸上自衛隊は救助救援活動での中心的役割を強調したが、防衛省内部部局と政治指導部は、警察、消防、ボランティアがそれらの役割を担えると判断した。ところが三・一一以降、軍事力の縮小には寛容でいられない「変化の加速」を支持する人々からの圧力もあって、この決断は白紙に戻ろうとしている[130]。防衛省の高見澤將林防衛政策局長は、三・一一により自衛隊の配備を当初のレベルに戻すべきだと証明されたという向きもあるが、むしろ三・一一を受けて、防衛計画の大綱で想定された改革を加速するべきだと指摘している[131]。後任の西正典局長も同意見で、必要だというのはたやすいが、未来のニーズにもとづいて未来に備えなければならず、注目すべきなのは中国であり三・一一ではないと説明している[132]。防衛省の学んだ教訓は明らかだった。それは最初の二つのナラティブの境界線上にある。自衛隊の規模と構造の改革は、役割と任務における決断と密接に対応しているのであれば受け入れられるということだ。

## 役割と任務における変化

水陸機動団の創設は震災前から進行していた（「変化の加速」支持者もこの案を推している）。水陸機動隊は日米合同の演習ヤマサクラに組み込まれており、二〇一〇年の防衛計画の大綱にも盛り込まれた。防衛省は陸上自衛隊の車両も海上自衛隊の船舶も被災地への「輸送上の各種制約」があったと指摘し、事後報告書のなかでもこの件を――少なくとも遠回しに――取り上げている[133]。同報告書は追加の輸送手段を求め、日本が「現状維持する」には水陸両用車両の入手が必要となる可能性を残している。水陸両用機能を有していないのは自衛隊にとって問題であり、入手すれば救助救援活動や遠征隊の輸送など複数の機能に活用できることを指摘したのは、外部のアナリストだった[134]。民主党議員の長島昭久は、陸上自衛隊は三・一一を利用し、公式には（建前上）災害救援用に船体に貨物を積める船を購入して、事実上は日本の海兵隊の発展基盤として使うこともできると指摘。そうすれば自衛隊は災害対応と中国問題を一挙に解決できるといっている[135]。この提案は危機のあいだ自衛隊と直接一緒に任務に当たったあるアメリカ軍将校の見解と一致している。彼は水陸両用機能の共同開発の必要性は、自衛隊幹部が三・一一から最初に学んだ教訓だったという。この機能があれば「多くの命が救えたでしょう」と彼は指摘する[136]。これと意見を同じくする多くの人々のなかには高見澤防衛政策局長もいた。高見澤はアメリカ軍との共同作戦の演習の必要性を主張している[137]。二〇一二年度予算案を提出した時点では三・一一の教訓から水陸両用訓練や水陸両用装備の要求が追加されることはなく、二〇一三年度予算案で上陸用舟艇四艘（費用は三〇億円）の予算を要求した[138]。

自衛隊の装備の組み合わせが変われば、役割や任務も変わる――変えることができる。実際にいくつかの部門では「東北配当」への期待が高まっていたが、すぐに手に入るものはほとんどなかった。ある防衛省職員は二〇一一年後半に通過した第三次補正予算は自分たちへの「ご褒美」だというが、自衛隊に配分された予算は三回の補正予算の二パーセントに満たず、二〇一一年度の防衛予算の八パーセント弱にすぎなかった。二〇一二年度から国家公務員の給与は平均七・八パーセント削減されたが、自衛隊員はこの対象から外された。しかし、実のところ防衛省の二〇一二年度予算は一・三パーセントカットされていた[139]。自衛隊に配分された予算は三・一一で被害を受けた施設を再建するのには十分だったが、新たな装備を購入する余裕はなかった[140]。自衛隊擁護者――安全保障政策の変化を加速したい人々と現状維持派の双方――は、三・一一以降防衛予算が増加しなかっただけでなく、実際には過去一〇年間減少しつづけ、最高額を記録した小泉政権下の二〇〇二年と比べ、五パーセント減額されていると指摘している。

三・一一によって直接的に後押しを受けた数少ない計画のひとつは遠隔測定装置だった。二〇一一年八月、菅首相は一〇〇億円を費やし六年間研究開発を行なってきながら前年度に事実上中止されていた無人機計画を再開するための予算を承認。防衛省もロボット技術の研究開発強化を認められた。菅首相はとても明確に「日本はロボット技術やラジコン技術が発達しているはずだ。防衛省に独自に開発してほしい」と述べた[141]。救援物資や発電設備を集積し、災害時に配給するための貯蔵庫にも防衛予算が割り当てられたが、北澤大臣が提案した東アジアの地域的「災害救援拠点」構想は予算過程で棄却された。防衛大学校校長で東日本大震災復興構想会議議長の五百籏頭真によると、彼と構想会議のメンバーはこれらの方策を支持していたが、構想会議の任務に直接関係がないことから推薦は見送ったという。大震災から得た教訓の多くは三・一一以後の防衛予算に反映されていないことを指摘し、五百籏頭議長は、財務省は信じがたいほどしぶとかったと述べた[142]。防衛省の二〇一三年度予算要求は対前年比約二パーセント減で、防衛費の前年比下げ幅としては過去最大だった[143]。

一方、取り立てて予算要求を必要としない役割と任務の改革が行なわれた。自衛隊は史上はじめて制約を受けずに国内の原子力発電所に出入りできるようになったのだ。自衛隊は長年原子力の安全と拡散防止に注目しており、核分裂物質が敵対勢力の手に渡るのを阻止することに主眼を置いてきた。しかし、核物質をテロリストから守る方法と放射能汚染から住民を守る方法は異なる。ある上級自衛官はこう語った。「原子力推進派と反対派は二極化し、両陣営とも現実が見えなくなっていました。お互いに非難し合うばかりで（三・一一のような非常事態に対して）何の計画も立てられずにいたのです」[144]。三・一一以前、一般市民が安全性に不安を抱くことを恐れた電力会社は、ほかのすべての制御施設が被害を受けたときに機能するよう設計された免震重要棟への自衛隊および危機管理専門家の立ち入りを禁止していた。しかし、三・一一後、自衛隊はこれらの発電所への立ち入りを許され、施設に関するより深い知識を得ることができるようになった[145]。

## 同盟の原動力

三・一一がもたらした変化に関する最大の疑問は、日米同盟とアメリカの「災害外交」の有効性にかかわるものだ。アメリカが日本の支援に動いたのは、両国関係における力を拡大するためだったという証拠はない。逆にアメリカ政府の反応の早さ――オバマ大統領は数時間以内に支援を承認した――から、国防総省のジェフ・モレル広報官の「日本の人々を助けるために行動を起こし、提供できる限りのものを提供して積極的に対応することに疑念の余地はありません」という発言はほぼ額面どおりに受け取ってもよさそうだ[146]。

とはいえ、多くの人々はアメリカの行動をこのように見ていたわけではない。一般大衆からは好意的な反応が見られたものの、一部の日本人アナリスト――とくに軍縮支持者と変化を加速させたい人々――は、アメリカは日本人からの感謝の念で両国の同盟関係が修復されると計算し、自国の利益のために行動しているに違いないと推測した。つまりトモダチ作戦は戦略的行動にすぎないというのだ。ある批判的週刊誌は、トモダチ作戦は「無償の友情ではない」と論じ、共産党の日刊紙『赤旗』は「隠された動機」があると主張した[147]。アメリカの支援に関する具体的な説明としては、アメリカ政府は中国と北朝鮮に抑止力の信号を送ろうとしている、将来朝鮮半島有事が発生した際に日本の民間空港を使えるように前例をつくろうとしている、念願の米軍基地再編を円滑に進めようとしている、アメリカの好戦的なイメージを軟化させ害のない「親切な隣人」を装おうとしている、オバマ大統領が原子力を促進している、アメリカ企業が三・一一の復興で利益を上げようとしている、「放射性爆弾《ダーティーボム》」を取り扱う任務に役立つと考えている、将来自衛隊と共同作戦を展開する際の基盤を築こうとしている、自由貿易圏を拡大する環太平洋戦略的経済連携協定（ＴＰＰ）に対する日本の反対派を軟化させようとしている、地域の安定を維持して中国を封じ込めるための信頼できるパートナーとして国防総省が日本にテコ入れしようとしている、といったものがあった[148]。『東京新聞』は、米国は思いやり予算を返却して「真の友情を示す」べきだと迫った[149]。右派の漫画家小林よしのりは、トモダチ作戦にかかるコストはアメリカが思いやり予算として受け取る一兆八〇〇〇億円のうちのわずかにすぎず、福島第一原発が水素爆発を起こしたあと原子力空母〈ロナルド・レーガン〉を安全な場所へ移したのは「薄情なトモダチ」のすることだと嘲笑した[150]。さらにひどいことに日本国民は地震の二週間後まで放射能レベルを知らされていなかったにもかかわらず、アメリカ軍は地震の三日後に放射性プルームのデータを渡されていたことが発覚した[151]。

沖縄の新聞はとくに否定的だった。『沖縄タイムス』紙は計算高いアメリカ政府によって東日本大震災は「政治利用」されたと主張、『琉球新報』紙は「強い不快感」を示し、東北からはるかに離れた沖縄に駐在する緊急時に動員されるはずの海兵隊員が、地震の三日後まで派遣されなかったことを疑問視している[152]。その一方で、ある沖縄人の評論家はマレーシア駐在のアメリカ軍部隊が駆けつけたことを受けて、日本を守るために海兵隊が沖縄に駐在する必要はないと主張[153]。東京を拠点とするメディアと日本本土のツイッターは、沖縄のメディアが海兵隊の東北での活躍のニュースをほとんど報じていないことに気づき、かなり激しく批判しはじめた[154]。

大多数の日本人はアメリカの対応に恐れ入っていた。ピュー・リサーチセンターが三・一一の数週間後に実施した世論調査では、日本人の八五パーセントがアメリカに好意的な印象を持っており、前年の六六パーセントから大幅に増加したことになる[155]。AP通信社が六カ月後の日本人の姿勢について行なった世論調査によると、在日米軍基地の支持率は一〇ポイント上昇して五七パーセントとなった[156]。それから三カ月後の二〇一一年一二月、日本政府が行なった世論調査では、アメリカに友好的な感情を持つ日本人の数は過去最高の八二パーセントに達した[157]。『読売新聞』の世論調査でも九四パーセントがトモダチ作戦を高く評価。仲井真弘多沖縄知事も三・一一後数週間のアメリカ海兵隊の活躍を称賛した[158]。

したがって、トモダチ作戦の直接的あるいは主たる目的が日米関係改善や日米同盟の強化ではなく、アメリカ政府も国益のために行動していたわけではなかったとしても、日米同盟やさらには米軍基地の問題、港湾、空港の利用など、かつて両国が固執していた問題に「東北効果」がもたらされたに違いないと思う人もいるだろう。後者についてはいくらかの進展があった。しかし、実のところ三・一一後も日米同盟が大きく変わることはなかった。むしろ第三章で論じた災害外交の限界を強調するかのように、期待されていた「より深い同盟関係」は少なくとも構造改革や部隊の再編成への同意というかたちでは実現しなかった[159]。

こうした期待がはじめて裏切られたのは、二〇一一年一一月両国政府当局者が東日本大震災に対する両国の対応から学んだ教訓を話し合うべく会合を開いたときだった[160]。アメリカ側がリストの最初にあげた教訓は、二国間調整メカニズムの見直しと修正だった。このメカニズムは名目上一九九七年に導入されたが――大混乱と度重なる失策により――危機のさなかに新たにつくり出さなければならなかった。そして誕生したのが細野グループである。それまで二国間調整メカニズムは今回のような事態における「第一の連絡経路」と見なされており、アメリカ側は三・一一での経験にもとづき、有事のみでなくアメリカ軍および自衛隊の大規模な出動を必要とするさまざまな状況まで拡大することを提案した。ある参加者は「トモダチ作戦の経験から、この提案は実現可能だと想像していました」という。しかし、最初の試みとなりえた二〇一二年三月の北朝鮮によるミサイル発射の際には、日本側が二国間調整メカニズムは実際の戦争のためのものであるとしてこれを拒否した。日本政府は一般大衆がパニックに陥るリスクを冒したくなかったのだ。アメリカ側の当局者は、日本側が「国民が安全保障のためのハイレベルな協調という発想に慣れるための機会を逸した」と結論した。

しかし、危機の際のアメリカ軍による日本国内施設の利用といった、より難易度の低い課題ではうまく機能した。実際、アメリカ軍の施設利用が認められたことで、今後も関係を継続すれば両国関係を深め、進展させる価値があることが証明されるという希望をもたらした。一九九五年の阪神淡路大震災後、地方自治体は自衛隊との提携に以前ほど抵抗を感じなくなったが、アメリカ軍との距離は縮まらなかった。アメリカ軍による民間の飛行場、港湾、道路の利用も一九九七年以降中央政府の企画書に登場し、その後、周辺事態法（周辺事態に際して我が国の平和および安全を確保するための措置に関する法律）に組み込まれたが、二国間調整メカニズム同様、周辺事態法が行使されることはなかった。[161]事実、これらの計画は二回、いずれも新潟で検討されていた。二〇〇四年の中越地震後、地元の地方自治体職員は米国海軍に港の利用を許可せず、二〇〇九年の北朝鮮ミサイル発射実験の際、国土交通省も同様の対応をしたのだ――批評家は同省が左翼の地方自治体職員のために行動していると批判した[162]。三・一一の危機の際、北澤防衛大臣は安全策をとった。知事は周辺事態法を行使しようとせず、その代わりに国土交通大臣と内閣官房長官に電話をして、支援物資を積んだアメリカ軍のC一七輸送機が山形空港を確実に利用できるようにした。これが功を奏したことで、将来の危機――その他の事態――における協力関係の前例と見られるようになった。この対応に満足しているある防衛省職員は「また『新潟』のような事態が起こると思っているわけではありませんが、米軍はあらゆる緊急事態において港湾や道路、飛行場を使用できるようになり、共同派遣がしやすくなるはずです」といっている[163]。

これよりはるかに難しい米軍基地関連の問題は進展せず、施設利用問題ほど解決していない。ある防衛省高官は、この問題が三・一一以前、日米関係を不安定にしていたという[164]。トモダチ作戦も好評で、日米同盟に対する支持も高まっていたにもかかわらず、米軍基地の問題ではいっこうに歩み寄る気配がなかった。施設利用と同じく米軍基地もアメリカ政府と日本政府、地方自治体を結ぶ問題だった。アメリカ軍の日本駐留は一九六〇年の日米安保条約（日本国とアメリカ合衆国とのあいだの相互協力および安全保障条約）で規定され、その歴史も当時にさかのぼる[165]。米軍基地の設置を歓迎した地方自治体はほとんどなく、多くが強制的な設置に憤慨した。以来、米軍基地はつねに論争の的となっている。事実、三・一一後の世論調査で横須賀基地に駐留するアメリカ海軍第七艦隊は過去最高の支持率を記録したが、地元住民からの支持が高まっているときですら、支持者は住民の三分の一（三四・七パーセント）にすぎなかった[166]。

こうした懸念を払拭し、より幅広い相互利用を可能にするために在日米軍基地の多くが自衛隊との共同利用をはじめた。三・一一以後、こうした動きが加速するかに思えたが、そうはならなかった。さらに、在日米軍基地の三分の一が集中する沖縄には共用基地が存在しない。人口が集中する大都市からはるかに離れたこれらの施設は――「不公平な重荷」を背負わされた沖縄の人々同様――人目に触れないから忘れ去られるということはなく、数十年にわたって基地政策の中心的課題でありつづけた。三・一一のはるか以前から沖縄の米軍基地移設の必要性が唱えられている。問題は、平和主義者と中央政府のあいだで大きな戦いがくりひろげられている一方で、基地の新設や移転先での受け入れには地元自治体の承認が不可欠であり、地元自治体が重要な鍵を握っているという点だ。自治体は米軍基地からの経済的効果を歓迎しつつ、アメリカ兵による暴力事件や環境破壊、選挙への影響などの社会的・政治的コストも同じように意識している。

三・一一は米軍基地受け入れに関する姿勢に影響を与えたかもしれないが、政策変更にはつながらなかった。日本は一九九六年に議論の的となっているアメリカ海兵隊普天間航空基地を沖縄本島北部の人口の少ない辺野古沖に移設することで合意してから、一六年間で一〇回も政権が替わっている。五月、北澤防衛大臣は仲井眞弘多沖縄県知事から辺野古移転への合意を取り付けるべく三・一一後はじめて沖縄を訪問した。このとき北澤大臣は沖縄が移設を受け入れれば、沖縄に資金を提供すると確約したと報じられている。しかし、彼の努力は実を結ばなかった。仲井眞知事は引きつづき普天間基地の県外移設を主張した。彼の対応は型どおりだが、ほんとうの問題は知事が東北復興の必要性から沖縄県の金銭的利益が減ることを懸念していることにあると見る向きも多い[167]。三・一一がきっかけとなって、一〇年以上に及ぶ強硬姿勢が緩和すると期待されることに不快感を抱く人もいる。普天間基地を抱える宜野湾市の伊波洋一市長は「震災があったから（沖縄に）米軍が必要だ、というのはまったく質の違う問題です」と述べている[168]。二〇一一年六月中旬に開催された防衛大臣と外務大臣による二国間首脳会議（2＋2）での基地問題に関する議論は行き詰まった。アメリカ軍と地元自治体の協力強化が期待されていたにもかかわらず、両国政府は、近い将来辺野古移転が行なわれる予定はないと認めた。このとき菅首相は在沖縄米軍基地を「重荷」と呼び、内閣官房長官に訂正されている[169]。

　二〇一一年四月後半、北澤大臣は三・一一が普天間基地移設計画に影響を及ぼすとは思っていなかったと明言、ミシェル・フルールノア国防次官補は現在沖縄に駐留しているアメリカ兵八〇〇〇人を受け入れるグアムの施設の整備費用として日本政府が支払いを約束している六〇億円について、アメリカ政府が再交渉を希望していると示唆した。しかし、三・一一の一年後、この問題は日本の国内政治よりもはるかにアメリカ政府のアジア政策に左右されていることが明らかになった[170]。ジョン・マケイン上院議員〔上院軍事委員会委員長を務めていた〕が現在日米いずれか一方にでも基地移転実現のための財政的余裕があるのか疑問を呈すと、上院はあっさり海兵隊軍基地のグアム移設予算を削減。ホワイトハウスがアジアへの「方向転換《ピボット》」に力を入れていることから、国防総省は沖縄駐在の海兵隊をオーストラリア北部のダーウィンに移す計画を発表したのだ[171]。米軍再編の動きはあり、その多くは沖縄県外の米軍基地への移設だった。ところが三・一一によってふくらんだ期待とは裏腹に、今回の再編について同盟国日本の意見はあまり受け入れられそうになかった。

実際、日本側の意見はいずれも否定的だった。日米両政府は二〇一二年二月に再編成に関する議論を再開した。これに先立ちアメリカ側は海兵隊を他の都道府県の基地に移せる可能性を日本政府に打診していた。最初に報道されたアメリカ側の提案は、沖縄から一五〇〇人の海兵隊員を山口県岩国市のアメリカ海兵隊岩国航空基地に移すというものだった。これは一見、賢明な処置に思えた。結局のところ部隊は海兵隊の基地間を異動するにすぎない。九カ月前には福田良彦岩国市長がジェームズ・スチュワート大佐に、三・一一の際、隊員が東北のために集めた救援物資を配給したことに対して公式に感謝状を授与。市長は海兵隊員が基地と岩国市との「絆を深めた」ことを称賛していた[172]。しかし、この絆はまだ十分深まっていなかったようだ。日本政府は「地元住民からの反対」が予想されることから、沖縄から岩国への海兵隊移転案を即座に却下した[173]。玄葉光一郎外務大臣は三・一一におけるアメリカ軍と自衛隊の協調精神とはまったく相いれない口調で、安保条約のもとで山口県にこれ以上の在日米軍受け入れの重荷を負わせる計画はないと説明した[174]。その後、海兵隊のグアム移転問題が決着した時点で日本政府は三一億円を負担することに同意。これは当初アメリカ政府から要請のあった額に比べるとはるかに少ない[175]。アメリカの外交関係者たちは、日本がこのような姿勢を堅持するのは期待はずれであり、最高の決断ではないと指摘。個人的に日本政府はまったく間違った方向に進んでいると思うという人もいた[176]。また、一部の評論家は三・一一後の記録を検証し「アメリカのアジアにおける多大な努力にタダで便乗していたのに、それをやめるという日本政府の決断は愚かしい」と指摘している[177]。

とりわけ国家安全保障という意味において、三・一一も三・一一への対応も、あらゆる面で過去に類を見ないものだった。タイムリーかつ効果的に自衛隊を派遣し、日米同盟を活用したことにより、多くの命を救い、国民から熱心な支持を得たことは評価に値する。一九二三年の関東大震災後のように軍国主義者が権力を握ることも市民権が停止することもなく、一九九五年に阪神淡路大震災への対応に失敗したときのように動揺したり、優柔不断に陥ったりすることもなかった。経済成長と技術開発を支えた工場は例外かもしれないが、戦後日本でこれほど温かく受け入れられた公的機関はなかった。自衛隊も日米同盟も長年にわたりその合法性が疑問視されてきただけに、なおさら彼らは英雄的にふるまい、支援者の期待も高まった。

予想どおり、大震災に刺激されて危機のレトリックが生まれ、続いて過去と未来の国家安全保障政策および防衛機関に関する活発な国民的議論が起こり、あらゆる立場の政治的起業家が有利な立場を求めて争った。しかしながら、結局のところ多くの人々が期待し、一部の人々が模索したような変化は起こらなかった。日本の強化をだれよりも希求する人々は三・一一を日本への警鐘ととらえていたが、日本はこの警鐘に応えられなかった。日本は軍事力を拡大することも大幅に方向転換することもないだろう。「変化を加速する」ことも、対米依存を解消することもない。しかし、日本が外国の敵ではなく自然災害と対峙するために軍事力を再構築することもないだろう。日本は現状を維持しつつ、少しずつ向上するだけだ。日本は部隊と司令官のローテーションや支援提供に関する教訓を得て（それらを実行し）、自衛隊司令部内の統合に向けたささやかな政策変更を行なった。民間の輸送会社への依存を高め、上陸用船艇を数艘入手し、道路の利用に関する法律に手を加え、小規模な非戦闘装備を購入し、救援物資を事前集積することになったが、計画や政策の変更はほとんど行なわれなかった。日本が安全保障基盤を大幅に強化し、アメリカ軍と自衛隊の純粋な相互運用に向けて大きな一歩を踏み出す気配はない。唯一明らかなのは、日本が長年してきたように今後もアメリカが安価で提供する安全保障に便乗することを再確認したということだけだ。

だれもが認めるようにアメリカ政府にとってもこれは許容範囲内だった。三・一一での成功をほかに流用できなかったことについては多少失望したものの驚くほどのことではない。三・一一を活用して二国間調整を拡大するというアメリカの外交関係者たちの試みは拒否された。日米同盟の効率性が向上したことを受けて、基地問題の新たな打開策を提案したがはねのけられ、軍を再編成する努力も財政的制約から承認を得られなかった。日米関係全般において、その他の重要分野でも前進は見られない。たとえば貿易ではアメリカほか八カ国が提唱する新たな貿易協定、TPP反対の機運が高まるなか、日本政府の態度は煮え切らなかった[178]。TPPへの参加意欲を見せていた菅首相も後任の野田首相も手のひらを返したように態度を変え、TPP反対派の鹿野道彦を農林水産大臣に据えた[179]。その代わり、危機管理「調整室」を設置し、アメリカ軍と地元自治体との関係を改善、地域的緊急事態の際にアメリカ軍が民間空港を利用できるようにするなど、小さな前進はあった。

端的にいって自衛隊が全般的に自信を回復し、日米安保体制の信頼性が高まったことを除いては

――日本の戦闘力も日米同盟も――とくに目立った東北配当は得られなかった。米軍基地問題は相変わらず歩み寄りが見られず、日米同盟に北朝鮮と中国に立ち向かう自信があるのかという難しい問題についても、答えは見えてこなかった。

# 第5章 エネルギー政策の議論

「原発の歴史は戦後日本そのものです。原発は、経済成長という名の下に、財政基盤の弱い地方の自治体、弱い立場の人々にリスクを負わせ、都会での享楽的な生活が幸福であるかのような価値観を植え込み、新たな差別を生んできました」

――小出裕章、二〇一一年

「日本は原発の推進に対してブレーキを踏みながら推進をしていくということをよく申し上げます」

――甘利明、二〇〇七年

「（今回の）事故は政府、規制当局、東京電力のもたれあいによるものである（中略）。原発事故の危険を回避する国民の権利を実質的に裏切った」*

――国会事故調査委員会報告書、二〇一二年

*訳注 英語版からの引用。日本語版とは表現が異なる

「東京電力は「無期懲役」に処されるべきではない」

――澤昭裕、二〇一一年

三・一一以降、二つの分野で、変化に対する議論がこれまでになく活発になり――そして、変化を期待する声がもっとも高まった。二つの分野とは、安全保障とエネルギーである。安全保障の場合、すでに見たとおり、関連機関の対応が功を奏し、数多くのヒーローが生まれたためだ。一方、エネルギー分野の場合、主役のほとんどが惨敗したことが理由だった。メルトダウンに関するナラティブが対立するなか、悪役になりそうな人はどこにでもいたし、本書の四つのテーマも絡み合っていた。エリートたちは、あらゆるところに「変化」が起きた、「リーダー」がリードできなかった、あるいは間違った方向へ人々を導いた、そしてそのあいだにリーダーのせいでいくつもの「コミュニティ」がまるごと壊滅し、日本国民がひどく「脆弱さ」を味わったなどとまくし立てた。皮肉なのは、この状況こそが真の大転換を物語っていたことである。日本に原子力発電が導入されてからの約半世紀は、強力なリーダーシップが発揮され、コミュニティが潤い、安全宣言がくりかえされた半世紀だったのだ。

## 過去の状況

最初にリーダーシップを発揮したのは、政治家や企業の幹部だった。当時の野望に満ちた若き議員であり、のちの首相、中曽根康弘が一九五一年にアメリカ国務長官ジョン・フォスター・ダレスに対して提出した要請書がその始まりである。中曽根は日本の原子力産業の発展を望んでいた[1]。すぐに、中曽根には二人の黒幕が加わった。経団連の石川一郎会長と、有力紙、『読売新聞』の正力松太郎社主だ。自民党幹部、電力会社、設備ベンダーの三者が協力し、一九五四年にはじめての原発予算をつくり上げた。わずか二億五〇〇〇万円だった。それから一〇年間、この新たな産業が発展するスピード、あり方、方向性を支配しようと熾烈な争いが続いた。官僚は互いに管轄をめぐって火花を散らし、経済界とは覇権を争った。学者は基礎研究の財源確保に奔走し、ベンダーはわれ先にと外国技術の取得に向かう。電力会社は公的資金を最大限に活用しつつ、当局の監視を最小限に抑えようと奮闘した。のちに産業界のなかでももっとも緊密な政策コミュニティのひとつと見られるようになったものは、当初、戦争状態で幕が開けたのだ。

国のリーダーシップと、増加の一途をたどる公的資金によって原子力産業は地歩を固めていった。一九五四年のスタートこそ控えめだったが、一九七〇年から二〇〇七年にかけて、日本政府は原子力発電に約一〇兆円をつぎ込んだ。その額は公的セクターにおけるエネルギー関連支出のほぼ三分の一、エネルギー関連交付金の約七〇パーセント、国のエネルギー研究開発予算の実に九五パーセントを占めた[2]。原子力関連予算は一九八二年までに一兆円を超える規模に成長し、二〇一一年まで毎年二兆五〇〇〇億円以上が原子力産業に流れている[3]。四万五〇〇〇人の労働者を抱えるようになったが、そのうち四分の三は電力会社による雇用ではなかった。政府を味方につけながら、ビジネスとして確立されていったのである。

原子力産業は、踏み固められてきた国の産業政策の道のりをずっと歩んできた。戦前の方式に則り、通商産業省は新技術の導入で企業を支援するための制度を設け、立ち上げ時の費用を国でまかなうこととなる。はじめはどんな技術が台頭するのか未知数だったため、たとえば東芝はゼネラル・エレクトリック、三菱はウェスティングハウス、というように通産省と主要な企業グループが外国企業と提携し、さまざまな原子力技術を日本にもたらした。その間、通産省はさらに電力会社、ベンダー、銀行、建設会社、保険会社、鉄鋼メーカー、化学薬品会社、造船会社、商社に対して、ウランの調査や廃棄物の処理および再処理の研究開発費用を引き受ける企業に投資するよう指導。経済界と政府は原子力産業にどっぷりと足をつっこみ――日本は資源に乏しく製造業と貿易で成り立っている国という根深く浸透した考えを前提として――、原子力発電は日本の電源構成計画を支配するようになった。一九八〇年代中ごろまでに、沖縄電力を除く日本のすべての電力会社は原子力発電所を所有または稼働させていた。

原子力発電は産業界に電力コストの削減を約束しただけではなく、日本のエネルギーの安全保障と技術立国としての野望を一度に満たした。核燃料リサイクル――まだ実証されていない核燃料サイクルを閉じるための計画――は、実に一九五六年という早期にすでに国家政策として定められていた。電力会社が商業用軽水炉で発電し、政府の支援で使用済み燃料を再処理してプルトニウムを生産。消費量以上の燃料をつくり出す高速増殖炉の燃料にするというものだ[4]。この計画では、電力会社と政府に三つの問題がつきまとうことが予想された。まず、コストの問題である。核燃料のリサイクルに反対する人々は、二〇〇〇年代前半までに約一九兆円（二五〇〇億ドル）がかかると見積もった[5]。次が、使用済み燃料の廃棄と貯蔵の問題である。一九七〇年代前半の時点で、日本の原子炉はすでに再処理できる以上の使用済み燃料を生産しており、批評家はトイレのないマンションを建設しているようなものだと非難した[6]。そして、三番目は、再処理の副産物、プルトニウムの問題である[7]。安全に廃棄できる以上の廃棄物を生産しているというだけでなく、この廃棄物は非常に危険だ。日本が抱える、そして増えつづける膨大な量の備蓄プルトニウムの転用を心配する諸外国の懸念をよそに、日本はそれでも増殖炉プログラムを進めていた[8]。中間貯蔵施設での保管とヨーロッパの施設からのプルトニウムを含む再処理燃料の輸送は、海外では次々と高速増殖炉計画が中断しているなかで不自然きわまりなく、その費用とリスクは計り知れなかった[9]。青森県六ヶ所村の再処理プロジェクトや福井県の高速増殖炉もんじゅは、費用の超過、後を絶たない事故と遅延に足を引っ張られていた。それでも、政府関係者も反対派も施設を閉鎖に追い込むことはできず、福島第一原子力発電所の三号機を含む日本の原子炉は、プルサーマル用に加工した混合酸化物燃料、いわゆるＭＯＸ燃料〔使用済み燃料を再処理してつくった核燃料。放射能が高いため被曝の危険や保管の問題等がある〕を使用しつづけることとなる。

日本の電力一〇社は、それぞれ発電と送電の両方で各地域を独占し、経営幹部が地域の経済連合会の名ばかりの会長をつとめるのが常だ。電力会社同士、さらにベンダーとも官民連携の名の下で協力して原子力産業を推進し、新技術に投資し、原子力発電所輸出の枠組みをつくりあげた。つねに一律、一定の比較的高い料金を設定しており、一九八〇年代半ばまで、日本の電気料金は（政府主導の用地選定によって未回収費用がふくらんだことにより）経済協力開発機構（ＯＥＣＤ）加盟諸国の平均の二倍だった[10]。ビジネス誌によれば、二〇一〇年の年間電気料金収入は全国の産業収入の四分の一を占めている[11]。大きすぎてつぶせない産業があるとすれば、まさにこのことだった。東京電力は、たった一社でもその地位を獲得するのに十分である。三・一一が起きた時点で、子会社の数は一六八社、抱えていた債務は断トツで日本最大だ（国内総額の七パーセント）。したがって、東京電力の先行きに不安が広がった三・一一以降、同社の債券保有者――ほとんどの大手都市銀行――の株価は下落し、いくつかの日本で最大規模の年金基金の運用見通しも落ち込んだ[12]。

産業界のリーダーたちと政府は万が一の場合を予測していた。一九六一年に制定された「原子力損害の賠償に関する法律」では、原発事故の際は当該原子炉の運転等にかかわる原子力事業者に責任があるとされていたが、「異常に巨大な天災地変又は社会的動乱によって生じたものであるときは、この限りではない」と定められている[13]。その後、一九七四年に日本初の原子力船が放射能漏れを起こし、これを皮切りに設計上または運転にかかわる数々の事故が起こり、原子力産業に影響を与えはじめた。二〇〇七年までに、電力会社は全国の原発で九七件の事故が発生したことを報告しており、そのなかには一九七八年と一九八九年に東京電力福島第一原子力発電所で発生した臨界事故も含まれている[14]。なかでも深刻だったのは、一九九五年に動力炉・核燃料開発事業団（現在の日本原子力研究開発機構）の高速増殖炉もんじゅで起きたナトリウム漏えい事故と一九九九年に東海村原子力発電所で起きた二〇時間以上に及ぶ臨界事故だ。この事故では適切な訓練を受けていなかった作業員二人が大量被曝して亡

「プルトくん」．アニメのなかの一場面．1993 年．オンライン：http://woody.com/news/plutonium-kun/; http://news.linktv.org/videos/anime-characters-tweet-on-fukushima-disaster〔リンク切れ〕

くなっている[15]。東海村の三分の二の住民は、事故が起きるまで、原発は「安全」または「かなり安全」と感じていたが、事故後そう思う人は一五パーセントにまで減った[16]。また、こういった事故の多くがすぐに報告されず、データの改竄によって隠蔽されたのも、原子力産業に不利にはたらいた。

原子力発電の安全性に対して人々の信頼を獲得するには多額の費用がかかった。一九七三年の石油ショックを受けて政府は原発に全面的に肩入れするようになり、電力会社と協力し、膨大な時間と費用をかけて国民を安心させ、信頼獲得に努めた[17]。しかし、とくにアメリカやソビエト連邦で起きた原子力事故が国民に注目されていたこともあって、信頼獲得はなおさら困難であり、その費用はかさんだ。一方で、人々の感情は変わってきており、草の根で活動する反原発運動が力をつけはじめる[18]。原子力発電推進派は核燃料の利用に伴う危険性をいっさい示さず、継続的に広報活動を行なった。第四章で見たように、国民に不信感をもたれるのではないかという不安から、核関連施設構内での初期対応者の訓練すら行なわれなかった[19]。新聞や雑誌で原子力の安全性を訴え、広報用アニメを制作してテレビで放映した。もっとも有名なのは一九九三年に当時の動力炉・核燃料開発事業団が制作したもので、かわいい「プルトくん」がコップに入れたプルトニウムの液体を友達に差し出すというものだった[20]。

日本人のあいだでエネルギーの安全保障に関する理解は広がっていたものの、原発の安全性については疑問視されており、まして自宅の近くに原子力発電所が建設されるとなれば、その傾向はなおのこと顕著になる。つまり政府と電力会社の次の戦略は、十分な財源を投入して、原発建設に不安を持つ、あるいは積極的に反対運動を展開する近隣住民の支持を得ることだった。中東が石油の輸出を禁止し、エネルギー問題に世界の耳目が集まる前、一九七〇年代前半ごろまでには日本の精力的な環境運動が原子力発電に注目し訴訟を起こすようになっていたため、認可や用地選定、建設にはそれまでよりも時間がかかるようになっていた[21]。一九七四年、石油危機が起きるとすぐに、田中角栄政権は電源三法を成立させる。これによって、原子力発電所の受け入れに同意した地方自治体に対して従来の火力発電所の二倍にあたる巨額の交付金を拠出することに法的根拠が与えられ、財務省で把握しきれない特別会計から「原発協力金」が税金で支払われることになった[22]。やがて、中央政府から用地における原子力発電関連の交付金は一一種類にふくらみ、核燃料リサイクル交付金や研究開発費も盛り込まれた[23]。地元は原子炉一基につき五〇〇〇億円以上の交付金を完成前に受け取り、運転が始まれば四五年以上にわたって一兆円以上を受け取ることができるようになったのだ[24]。

一三基の原子力発電所を抱える福井県のように、一部の農村地域にとって、エネルギー事業は金のなる木だ。一九七四年から二〇〇九年にかけて、市町村は合わせて一五〇〇億円以上、福井県は約一七五〇億円の交付金を中央政府から受け取り、中央政府から福井県への交付金総額の三分の二を占めた[25]。また、同じく農村の広がる佐賀県では、玄海町の予算の六〇パーセント、六人に一人の雇用が原発関連だった[26]。市民会館をはじめ、博物館、学校、病院、その他さまざまなインフラ設備、さらに外国の村の人々から核施設のもとで快適に暮らすコツを共有してもらうという「視察」の海外旅行も交付金でまかなわれている[27]。電力会社と関連機関は、原発を抱える自治体に別枠の資金も提供した――六五〇件の「寄付」として総額約三〇〇億円が、二〇〇六年から二〇一一年にかけて拠出されている[28]。アナリストのなかには、こうした送金が交付金「中毒」を引き起こし、補助金、依存、請願という悪循環につながったと見る者もいる。プラントが老朽化して毎年の送金が減っても、地域の産業のほとんどが空洞化してしまった後では、過疎化した村が経済を活気づけるために頼れるものはほかにはない。なんとか現状を維持するために、新しい原子力施設を誘致することが解決策だった。たとえ「買い物への後悔」の念が高まったとしても、である[29]。

政府と電力会社は、選挙で協力を得るため、住民に大盤振る舞いしていたらしい[30]。原子力発電所を受け入れることで得られた恩恵に満足した住民のなかには、当然、その利益を守るようになった者もいる。一方、説得されて原発賛成にまわった者もいた。電力会社や規制当局が住民討論会に詰めかけ、原発作業員に地元メディアへの広報活動をさせ、公開討論が原発に有利に展開するように仕向けたからだ[31]。以前、北海道職員が北海道電力のプルサーマル計画をめぐる世論を賛成の方向へ操作しようとしたため、原発推進派で――みずからもかつて経済通商産業省の官僚だった――高橋はるみ北海道知事が責任をとり、一定期間の減給を決めたことがあった。また、公聴会で世論を操作したとして、経産省が六人の高級官僚を処分したこともある[32]。しかし、すべての自治体、すべての住民を金で買うことはできなかったのだろう。一九九六年八月、新潟県巻町の有権者は東北電力の原発建設計画を拒否している[33]。

やがて、発電所の許認可、用地、税率、燃料の選定は、一三カ月ごとに行なわれるメンテナンスや安全審査と同様、政府の規制を受けるようになった。しかし、電力会社もほかの大企業と変わらない。ご多分に漏れず、自分たちの事業を規制する条件を設定する場にうまく立ち会っていたのだ[34]。特定の燃料に対する特権の付与については――一九五〇年代の石炭、一九六〇年代の石油、一九七〇年代の原子力――いずれも供給業者とそして官僚と、綿密な交渉が行なわれた。当初は、かつての通産省、現在の経産省も民間セクターと一定の距離を保っていた。しかし一九七四年には、原子力発電の管轄をめぐる科学技術庁との争いに勝利。一九九〇年代に入ると、原子力安全・保安院を、職員も少なく、学術的でほとんど権力のない内閣府内の原子力安全委員会から分離させた。通産省は原子力事業の規制者であると同時に推進者になり、政策について企業と交渉し調整する役割を一手に引き受けるようになる[35]。原子力安全・保安院は経産省の資源エネルギー庁に属する規制当局となり、通産省の経済産業政策局の職員が電力会社の幹部と協力して国内外で原子力産業を推進した。通産省はブレーキとアクセルを同時に踏むドライバーにたとえられた[36]。政府関係者は、規制と推進は互いに干渉しないと主張したが、ゆるい監視体制によるスキャンダルが次々と明るみに出て――さらに三・一一以前、数年にわたって施設検査員の人数が規定の八〇パーセントにも満たなかったことを原子力安全・保安院が報告すると――、世論やアナリストの態度は変わった。[37]

日本の電源構成の比率は太平洋戦争後の数十年間に何度か変わっている。しかし、一九六〇年代に

2011 年 3 月 11 日の東日本大震災前の東京電力福島第一原子力発電所．右から左へ 1 号機から 4 号機．2010 年 9 月 18 日，福島県奥間町でヘリコプターから撮影．2011 年 3 月 16 日朝刊に掲載．写真：読売新聞／アフロ

2011 年 3 月 24 日に小型無人機によって空中撮影された壊滅状態の福島第一原子力発電所．下から上にかけて 4 号機から 1 号機．写真：エアフォートサービス／アフロ

石炭から石油、そして一九七〇年代に石油から原子力へと転換しても、一九五〇年代に高度経済成長を促進するためにつくられた地域独占という特権に影響を与えることはなかった[38]。ところが一九九〇年代半ばにかけて、燃料価格が下落し、バブル経済がはじけると、規制および経済構造の改革を支持する一派が現れる。消費者も、電気料金の引き下げや規制改革で政府の支援を得るため、独立供給業者や産業用需要家に加わった。一九九五年、国会は電気事業法を一九六四年の制定後はじめて改正。競争を促進するために供給業者の認可制度を緩和し、自家発電やコージェネレーション（電力と熱を同時に生産するシステム）を可能にした。新たな産業領域を誕生させ、独立発電事業者が顧客に電気を直接供給し、余剰電力を電力会社に売ることができるようになった。しかし、こうした部分的な規制緩和も地域独占にはほとんど影響を与えなかった。需要が減っており、世論の反対で認可を得ることは難しく、発電事業者は電力会社の送電網に自社の電気を乗せてもらうために、相当な託送料を払わなければならなかったためだ。多くの企業——東京電力が入札を受け入れた企業だけでも三社——が電力会社に電力を供給する計画を中断した[39]。

　二〇一〇年、電気事業産業法がいくつかのマイナーな改正をくりかえしたのち、経産省は新しい国のエネルギー戦略として四つの目標を定めた[40]。エネルギー安全保障（安定的かつ多様な化石燃料供給の意味）、エネルギー効率化（発電コスト削減の必要性を示唆）、環境保護（温室効果ガスの排出削減に対する国家的取り組みを成功させる）、そして経済成長の推進である。この四つの目標に共通するカギは、原子力発電の拡大だった。二〇三〇年をめどに国の電源構成に占める原子力発電の割合を五三パーセントまで拡大するという野心的な目標が定められた。そのためには、一〇年以内に新しく九基の原子炉を建設し、さらに二〇三〇年までに一四基以上の原子炉を建設する必要があった[41]。

あるアナリストによれば、三・一一直前、日本の電源構成は理想的なもの——少なくとも過去最高の状態——になっていた[42]。二〇一〇年の時点では、国の電力の二九・二パーセントは原子力でまかなわれ、液化天然ガス（二九・四パーセント）にわずかに及ばず、石油（七・六パーセント）をはるかに上回っていた。そして石油はありがたいことに、取るにたらない比率にまで縮小していた。石炭も一時は有害とされたが近年は洗練されて低価格となり、電源構成の二〇パーセント以上を占めていた[43]。しかし、そこで三・一一が発生した。原子力産業分野の「大きすぎてつぶせない」という主張をものともせず、衝撃は「原子力の復権」をかけたあらゆる声をかき消した。メガホンは再生可能エネルギー賛同者の手に渡った。太陽光と風力発電の占める割合はまだわずかだったが、ふたたびだれでも未来の日本におけるエネルギーの担い手になれる可能性が見えてきたのである[44]。

## エネルギー政策変更のナラティブ

大災害となった三・一一は国内のエネルギーシステムを「大幅に転換するチャンス」と見られた[45]。『朝日新聞』の社説は「電力改革は過去、何度か試みられては挫折してきた。今回のような未曾有の危機は、大胆な改革のメスを入れるチャンスでもある」と指摘した[46]。この手術のどこから手をつけるべきか、それをわかっていたのが、長い間原発に反対し、歯に衣着せぬ物言いで有名な原子力工学者の小出裕章だった。三・一一以降世界は変わった、と小出はいう。これまで原発を容認してきた者もより中立的立場を取ってきた者も、もはや同じ立場を貫くことはできなくなった。社会において利益を享受してきた人々は、今度は責任を負うようになったのだと[47]。小出の指摘は「原子力ムラ」へ向かった。まぎれもなく、日本の三・一一後の議論のなかでもっとも広く使われたメタファーである[48]。

## 原子力ムラ

「原子力ムラ」(または「原発ムラ」)は単なるメタファーでは終わらなかった。核なきエネルギーの未来へと日本を加速させようとしていた人たちが使いはじめた典型的な危機のナラティブだったのだ。三・一一後の日本で展開されたあらゆる議論の核心にかかわる、古典的な非難のナラティブともいえる。クリーンで安全なエネルギーへと日本が方向転換するのであれば、推進役を担った学者やメディアとともに、巨大な自然災害をさらに甚大な人災にした政府や産業界の悪役をまずは確認しなければならなかった。原子力ムラとは、飯田哲也が一九九七年の評論ではじめて使った表現である。小出教授と同様、原発を厳しく批判してきた元内部者だ[49]。エネルギー政策を策定し、同時に業界を「虜《とりこ》に」してきた政策関係者の集団を一言で表している[50]。このナラティブは左派の活動家によく使われたが、原子力発電をもっとも声高に非難した二人は保守系与党側の出身だった。自民党の河野太郎国会議員と佐藤栄佐久元福島知事である。どちらも、国家存亡の危機に直面するなかで日本のリーダーシップの欠如を嘆き、遠慮なく原子力ムラの批判を展開した[51]。原子力監視委員会の委員を指名する立場にあった細野豪志環境大臣は「電力会社との関係にけじめをつける。原子力ムラからは選ばない」と宣言。国会が設置した特別調査委員会も同じく、このナラティブを抵抗なく受け入れた。規制の虜」を指摘した最終報告書が提出され、東京電力は「規制当局とのぬるま湯の関係を保ち規制を骨抜きにする」道を絶たれた[52]。一方、保守寄りの『読売新聞』は「原子力ムラの解体は簡単ではないだろう」と指摘[53]。実際、二〇一一年五月二一日発行のビジネス週刊誌『ダイヤモンド』の特集のとおり、原子力ムラは日本においてあまりに主流のナラティブとなっていた[54]。原子力委員会委員長代理の鈴木達治郎ですら「(私は)村役場にいるようなものですね」と認めている[55]。

原子力ムラのもっとも顕著な構造的特徴は、透明性の欠如とエリートたちのもたれあいだ[56]。大きく報道された隠蔽やデータの改竄が、さらにそれを印象づけた。河野議員は三・一一のあと、国会の委員会が、料金設定やその他原子力関連の政策決定について検証するなかで、経産省からバックデータを入手するのに大変な苦労をしたと記し、電力会社と経産省は共謀して情報を隠匿していると訴えた[57]。不満を抱えていた原子力安全委員会のある委員は、経産省と電力会社が牛耳っていた原子力安全・保安院は、「混乱を引き起こし、原発の安全性について国民を不安にさせる」という理由で、原発事故が発生した場合の避難ガイドラインを国際基準に合わせる取り組みを阻止したと国会で証言した[58]。

原子力ムラの批評家が口にする「倫理的に疑問のある緊密な関係」はこのナラティブの大きな特徴だ。飯田は、住民の数が少ないにもかかわらず、ムラの影響力が大きすぎると指摘している[59]。日本の原発政策の最大の問題点は軍事でいうところの「文民統制」がないことだと評した識者もいる[60]。また、ある週刊誌はさらに突っ込んで、三・一一に登場する一人の悪役としてエネルギー産業全体を人格化し、この村では「国と東電が一体となって、ブルドーザーのように原子力政策を推し進めていった」と描写した[61]。表現方法はさまざまだが、この共謀したムラが、原子力産業の独占や電力会社の発送電の独占を脅かしかねない代替エネルギーシステムへの展望を踏みにじってきたと反対派は考えている[62]。

こうした構造的な特徴から、いくつかの行動パターンが推測できる。まず、学者とメディアが歩調を合わせた疑いだ。つまり「お抱えの知識人」が明治時代のように「国家の僕《しもべ》」「御用学者」となり、さまざまな規制当局の諮問機関のなかに入り、取り巻きとなって「原子力は日本に必須である」という決まり文句をくりかえしたのである[63]。批評家たちは、原子力産業界から援助を受け取っていると思われるジャーナリストたちが書いた提灯記事を指摘し、三・一一の当日、東京電力の会長と副会長が中部電力の幹部とともに中国にいたことも見逃さなかった。大手新聞社を含む二〇人あまりのジャーナリストを連れてここ一〇年つづけられてきた「中国ツアー」のまっ最中だったのだ[64]。また、東京電力が「トヨタ並」の交際費と広報予算のほとんどを印刷媒体や放送局などのメディアにあててきたという話が、このナラティブでは頻繁に登場する。河野議員は、原子力の「安全神話」を示すさまざまなエピソードでメディアを「懐柔」するためだと話した[65]。

学者も同様に難なくターゲットになった。ほとんどの原子力エネルギー分野の研究者は、電力会社やベンダー、原子力発電所に賛成する官僚機関から研究費を受け取っていたからだ[66]。このことを認めた原子力安全委員会は二〇一〇年に利害関係に関する委員会を設置したが、厳しいルールを課せば、一〇〇人以上に上る助言者のほぼ全員が参加できなくなるという結論に達した。委員会は代替案として、自発的な情報と記録の公開を決め、国民が利害関係を判断できるように配慮[67]。この政策により、新しい原子力安全委員会委員長の班目春樹教授が三菱重工業から直近の四年間、毎年一〇〇万円を受け取っていたこと、また委員の一人で京都大学の代谷誠治教授が、日本原子力産業協会から研究費や海外渡航費として三〇〇万円以上を受け取っていたことが判明した[68]。三・一一後の原子力発電所に関する作業部会に加わった三名の教授は、二〇〇五年から二〇一〇年までのあいだに一八〇〇万円以上を受け取ったと伝えられている[69]。原子力ムラに詳しい人々によれば、小出のように丸め込まれない人物は、昇進できず冷遇されたという[70]。安斎育郎もそうした研究者の一人だ。東京大学の原子力工学者だった安斎は、一九七〇年代に原子力政策を非難する危険分子と見なされ、あからさまに「村八分」にされたという[71]。また、地震活動の活発な島に原子炉を建設することの危険性を長年訴えてきたある地震学の元教授は、(原子炉の建設場所について)コストと危険性を比較しながら、活断層の上のここがいいとかあそこがいいという議論は電力会社、原子力・安全保安院、原子力安全委員会、専門家によるたちの悪いパフォーマンスであり、とくに専門家には相当な責任があると述べている[72]。

他の批評家によれば、原子力ムラからの貢ぎ物は科学技術研究の世界だけではなかった。一九八一年、東京電力などの電力会社は、事故が起きた場合、賠償金に関する訴訟や要求があることを予測して、法務のシンクタンク、日本エネルギー法研究所を設立した。三・一一の後、二〇一一年四月に賠償について話し合う原子力損害賠償紛争解決センターが設置されたとき、九人の委員のうち何人かがこの研究所と関連があったという。『朝日新聞』はこれについて、委員の中立性に疑問を呈し、河野議員は、委員が汚染されていると指摘した[73]。

役人の取り込みもこのナラティブの中心だ。三・一一後は天下りへの批判が相次いだ。記録にも残されており、その慣習は制度全体に広がっていた。企業と関連機関は、もっとも影響力を持つと思われる五〇代で退任した政府の役人を雇用した。四人の元経産省官僚が東京電力の副社長に就任しており、さらに前資源エネルギー庁長官が五人目になるべく二〇一一年一月に雇われていたが、三・一一後、「一身上の都合」で突如辞任した[74]。二〇一一年八月現在、東京電力だけでも五〇人以上の元役人が、経産省をはじめ、外務省、警察庁、財務省などさまざまな政府機関から天下っている[75]。一九八〇年当時、通産省からの天下り二五人中、電力産業へ行ったのは三人だったが、二〇一〇年になるとその数は二二人中一〇人に上った。二〇一一年五月の時点で、五〇人の元経産省官僚が理事を含め電力会社の幹部に名を連ねている[76]。天下りを根絶するために目に見える方法で民主党が行なった取り組みは、中途半端な対策と揶揄された[77]。

このナラティブでは、政界もやり玉にあがっている。電力会社は経団連に従い、一九七四年に政治家への政治献金を保留にしたが、他の方法で多額の資金を流していた。たとえば、四〇〇人以上の東京電力幹部が一九九五年から二〇〇九年にかけて六〇〇〇万円近く自民党の政治家へ献金していたことが——たいていは厳しい見出しとともに——大きく報道されている。さらに、二〇〇九年の自民党への個人献金の七〇パーセント（党への献金に含まれない四〇〇〇万円分）が一五三人の電力会社幹部によって拠出されていた[78]。この額は決して巨額というわけではない。しかし、原子力ムラの批評家はすぐに、この数字には東京電力の子会社幹部からの献金や子会社そのものからの企業献金が含まれていないことを付け加えた[79]。さらに、東京電力は報告義務のある一件二〇万円をわずかに下回る価格で、五〇人以上の自民党政治家の資金集めのパーティチケットを何年も購入しており、二〇〇九年に政権が交代すると、さらに高い割合で民主党の政治家にも同じことをはじめた[80]。また、元電力会社幹部の加納時男が原子力事業関係者からの寛大な支援を受けて議員に選出されている。東京電力の原子力担当をつとめた加納は、東京電力、東芝、日立、三菱重工業の社長から「草の根」の支援を受けたと語っており、さらに五人の私設秘書のうち一人は元東京電力の幹部、他の四人はそれぞれ休職中の東京電力社員だった[81]。また、電力会社の社員が、原子力発電所が置かれている地方議会の議員になったり、要職についたりすることもあった[82]。佐賀県では、九州電力の元社員が電力会社の支援を受けて知事に選出され、原子力発電所がある同県の玄海村の村長の親戚は、五〇億円以上の契約を獲得している[83]。

東京電力が原子力安全・保安院の報告書用に、データや分析結果をたびたび提供し、電力会社とベンダーが原子力安全・保安院に自社の専門家を送り込んでいたことは原子力ムラのナラティブのなかでも有名である[84]。その裏付けとして、二〇一一年までに、八〇人の電力会社およびベンダーの社員が原子力安全・保安院で仕事をしており、二〇〇〇年以降、電力会社の社員一〇〇人以上が政府の関係諸機関に用意された事実上の予約席におさまっていたことが報告されている[85]。とくに大きく報道されたのは、原子力安全・保安院の後ろ盾を持つ日本土木学会の津波評価部会の半分以上のメンバーが原子力産業からの支援を受けていた件だ。この部会が津波の高さ予測のガイドラインを執筆していたが、三・一一規模の津波の高さを一五〇パーセント以上過小評価し、三・一一前に他の専門家が指摘していた警告にも耳を貸していなかった[86]。

このナラティブが最終的に行き着くのは、ゆるい監視体制と原子力「安全神話」の浸透だ。飯田は業界にいたころの経験から、安全審査はなれ合いの専門家同士が調整をはかる簡素なセレモニーにすぎなかったという。安全審査で独自に専門家の分析やプラントの安全性を検査したり、確認したりするわけではなく、起こるべくして起きた事故であると指摘した[87]。原子力安全・保安院で責任者を務めたある人物は、アメリカやヨーロッパ型の監視制度の導入に対して、規制遵守に余計なお金がかかることに反対する電力会社の主張に圧倒されて屈した、ともらした[88]。こうした見方――調査報道や告発で明らかになった――は往々にして、電力会社と経産省内関連機関による公開情報への抑圧を浮き彫りにしている[89]。独立した国会事故調査委員会は、諸外国で採用されている安全政策についていけなかった原子力産業の失態は、規制の虜および透明性の欠如の問題と関連があるとした[90]。

菅首相ですら、原子力ムラというナラティブを受け入れるようになった。二〇一一年四月、福島第一原子力発電所の事故原因を究明する独立した委員会を設置する際、国会本会議で「原子力安全神話」が政府と電力会社幹部の思考に浸透していたと発言[91]。翌月、日本のエネルギー基本計画の抜本的な見直しを発表し「新しい国家エネルギー政策を一からつくり直さなければならない」と明言した。一週間後、その理由について、規制当局と推進する側が同じ組織に属していることは「独立性に疑問がつきまとう……（そして）この点についてのしっかりした構造がない」と説明した[92]。震災発生から七カ月後、原子力産業界を変えようと闘った（そして敗れた）元経産官僚は、「三・一一以前は、エネルギー政策を変更することは原子力ムラの力が強く難しかったが、三・一一後は変化の可能性が出てきた。だがそれも、時間の経過とともに難しくなるだろう」と説明している[93]。彼は正しかった。

政府は約束した二〇一二年四月一日までに原子力規制改革を完了することができなかったからだ。民主党内および野党とのあいだで政治的合意に至らなかったのが原因だった。担当大臣の細野豪志は、ひとつ屋根の下に規制と推進の側がいることは理想的とはいえないと認め、決定の遅れを残念だとし、政策論争はつづけられた[94]。

## ブラックスワン

話し合いはつづけられたが、結論には至らなかった。原子力ムラのナラティブの前には、三・一一の日になにが起きたのか、どうすべきだったのか、矛盾する複数の意見が立ちはだかっていたためだ。原子力ムラという表現が変化を加速するための古典的な説明だとすれば、原子力推進派は現状維持の道を進む理由として、二通りのナラティブで応じた。どちらも基本は同じだ。第二章で紹介したように、三・一一は計画に携わった人々の想像を超えた（想定外の）めったに起こらない自然災害だったという考え方である。

**従来どおり**。第一のグループは、原子力産業と密接にかかわりのある機関を代表する人々のグループである。原子力ムラを語る人々と同じくらい断固として、三・一一に関する彼らなりの説明を拡散した。なかには、なれ合い体質の原子力ムラが存在していたという考えすら快く思わない者もいた。自民党の加納時男は、その言葉を「差別的」だといい、元東京電力幹部の桝本晃章は、政策を協議する集まりを、知見の共有に根ざすものであり共謀のためではないと説明。原子力支持派のコミュニティがあるとすれば、それは癒着というよりも知の共同体だというのだ[95]。日本の「災害学」の第一人者、東京大学の畑村洋太郎教授の場合は、こういった見方にも理解を示しつつ、原子力ムラのナラティブとも関連づけた。原子力の専門家が想定外という言葉で防御に走った理由は、原子力という技術を扱っている人たちが構成している世界が大変閉鎖的であるからにほかならず、批判を受けると外に対して原子力は絶対に安全という正当性ばかりを主張する傾向にあった、と説明した[96]。

現状維持をはかろうとする人々は、三・一一は特殊な二度と起こらないことが重なった結果であり、たとえば安全体制を強化するといった以上に政策を変更する必要はないと主張した。日本はただこれまでどおりの原子力の日常に戻ればいい。三・一一からわずか一カ月後、中部電力が発表した上関原子力発電所の建設を「エネルギーを確保し地球温暖化を防ぐために」完成させるという計画、そして定期点検のために停止していた三基の原子炉を再稼働させるとした関西電力の発表は、原発推進派の自信を証明している。日本原子力産業協会の今井敬会長は、二〇一一年六月に開かれた年次総会でこうした考えを明確にし、原子力業界コミュニティは、一〇〇〇年に一度という規模の地震と津波が引き起こした福島第一原子力発電所の事故によって、原子力発電の安全性への信頼が大きく揺らいだことは残念であり、日本社会は一丸となって福島の復興を支援しなければならないと訴えた[97]。

同様の見方をする政治家は、津波によって福島第一原子力発電所のメルトダウンが起きたものの、この事故では「だれも死ななかった」し、近くの福島第二原子力発電所と女川原発は計画どおり安全に停止したと国民に訴えた[98]。元経済財政政策担当大臣の与謝野馨（元日本原子力発電株式会社社員）は「神の仕業としか説明できない」といい、原発は安全と宣言した（加納はさらに、「低線量の放射線はむしろ健康にいいと主張する研究者もいる」といった）[99]。与謝野は電力セクターにいかなる変更を加えることにも反対し、「最高の英知」を結集しても予測できなかった「異常に巨大」な天災地変のために東京電力が全責任を負わされるのは「不公平」だと発言[100]。原子力発電は、「日本の富と経済力をいまの水準で保つために必要」とし、原子力発電所がなければ日本は貧乏になるだろうと豪語した。与謝野はナラティブをずばりとらえていた。三・一一の事故はどんな科学的知見をもってしても予測できない規模であり、それを考慮してもしかたないといったのだ[101]。また、同氏は加納と甘利明――電力会社との関係が判明――による原発推進のため国会の議員連盟立ち上げにも手を貸していた[102]。この議員連盟の一人は与謝野と加納が去った後にその立場を引き継ぎ、脆弱性という要素を持ち出した。「脱原発なんてできるわけがない。そんなことをすると日本は農業国家になってしまう」[103]。一方、原子力発電についてさらに思慮のない発言をする政治家もいた。自民党の石破茂元防衛大臣だ。商業用の原子炉を維持することは重要だ、短期間で核弾頭を生産することが可能になり、暗黙のうちの核抑止力になる、と発言している[104]。石破は早いうちから、原発事故は、日本が地理、地質、気象条件、自然災害など日本固有の要因を精査することなくアメリカの企業が開発した核技術を導入してきた結果だと指摘していた[105]。二〇一二年九月、当時の森本敏防衛大臣は、原発賛成を公言し、その理由として抑止力としての価値があること、日本が核兵器という選択肢を持ちつづけるためのひとつの手段であることを挙げた[106]。

脆弱性という概念は、世界でも最高水準を誇る日本の電力供給の安定性が、原発なしでは考えられないと国民に思わせてきたシンクタンクや民間セクターによって、それほど物議を醸すことなく掲げられた[107]。元経産省高官で、権威ある日本エネルギー経済研究所の豊田正和会長は、「福島の教訓」を列挙しているが、そのほとんどは「従来どおり」に戻ることを示唆している。彼の考えでは、原子力発電所の事故によって日本の輸出品が汚染されているとか、日本を訪問すべきではないなどという風評が流れたが、これらは実際よりも深刻であるかのように語られていた。豊田は、原子力発電による電力供給を減らせば電力不足につながり、マクロ経済に悪影響を与え、化石燃料への転換は費用と二酸化炭素排出量を増加させてしまうと警告。「適切な」安全および規制の体制を整え、政府と産業のあいだに「バランスのとれた責任」を維持するよう呼びかけた[108]。また、日本エネルギー経済研究所の別の分析では、原発が再稼働しなければ、日本の経済力が四パーセント低下して失業者の数が二〇万人増えると予測し[109]、不安定な電力供給が、投資家を不安にさせ、投資機会が海外へ移るだろうとした[110]。

成長と雇用への不安を想起させつつ、原発擁護論者たちが持ち出したのは、非常に説得力のある、もうひとつの脆弱性トロープだった。原子力発電所の閉鎖が日本の技術の将来に与える影響である。福島第一原子力発電所から遠くない東北電力の女川原子力発電所が生き残ったのは、日本の技術がもともとのゼネラル・エレクトリック社の設計をはるか昔に追い越していた証拠であると主張し、技術立国という言葉で人々の気持ちをゆさぶったのが、北海道大学原子炉工学者の奈良林直教授である。「日本が脱原発の立場をとれば、こうした技術も守れなくなります。脱原発で技術開発を終わらせるのでなく、さらに優れた技術の創出に挑み、最先端の位置を守り、裾野の広い原発産業で日本経済を下支えすることが重要です」[111]

日本原子力発電株式会社の濱田康男社長も同様に、技術力で貢献するために今後も原子力発電所が必要なのは確実だと述べている[112]。ある電力会社の幹部は、一九九〇年代の日本の技術は信頼が高いといい、三・一一後の株主総会では、テポドン（北朝鮮のミサイル）の攻撃にも耐えられる「堅固な立派な格納容器と思っている」と述べた[113]。また、同じく日本エネルギー経済研究所の十市勉は、核に関する専門性を重視し、二〇一〇年のエネルギー基本計画にもとづく新しい原子炉の建設が進まなければ、日本が苦労の末に手に入れた技術面でのリーダーシップが失われてしまうかもしれないと懸念を表明した[114]。十市にとって再生可能エネルギー技術はコストが高く、信頼をおけないため直近の解決策にはならない。技術的に見れば、原子力発電のほうが理にかなっていたのだ[115]。

東京電力は三・一一について分析し、「ブラックスワン」（めったに起こらない現象）な出来事のあとの技術的な決定を擁護している。ある局長によれば「福島第一原子力発電所の事故が原子炉の設計によって起きたとは考えにくく、原因をさらに追究する必要がある。我々の想像をはるかに超える出来事であり、国と一体となって整備してきた対策を超えていた」[116]。たしかに、二〇〇九年、東京電力は原子力安全委員会に対して、福島の発電所は「大規模な地震にも」耐えられるもので、設計上は「近隣への放射能の影響はゼロ」と報告している[117]。事故に関する中間報告で東京電力は、既存の規制ガイドラインをつねに遵守しており、ガイドラインが変更されたときには「必要な対策を講じてきた」と主張。そして、「想定外という言い訳」をしながら、シミュレーション研究をしたり、東北の過去の記録を調査したりしても、この規模の地震には対応できなかったと記述した。「想定した事故対応の前提を大きく外れる事態となり、これまでの安全への取り組みだけでは事故の拡大を防止することができなかった」[118]

経団連はこの立場を頑なに守った。震災から一週間もたっていなかった（福島第一原子力発電所の損傷が完全に明らかにされる以前の）記者会見で、米倉弘昌会長は「一〇〇〇年に一度の津波に耐えているのはすばらしいこと。原子力行政はもっと胸を張るべきだ」と力説した。一カ月後、同じく経団連の理事、新日本製鉄の三村も「想定外の事態」に対応できる日本の強さを称えた[119]。経団連は二〇〇人からなる委員会のスタッフに事故を調査させ、データを集め、原子炉の規制はいい加減なものではないということを証明させた。また、用地選定、設計、施工手順について政府が検査と承認を義務づけている九つのステップと、商業用原子炉が稼働をはじめたあとの六種類の検査を図解し、福島第一原子力発電所には七人の検査官が常駐していることも付け加えている。データは福島第一原発事故が想定外だったことを裏付けるものでもあった。東京電力は、規定の津波防護壁よりも高い障壁を設けており、格納容器の強度は規定の仕様の二倍、外部電源も規定の二倍の数を用意しているなど、原子力保安委員会が定めたガイドラインをはるかに超える仕様で建設されていたことを示していた。そして、実際の津波の高さ、格納容器への衝撃度、外部電源の喪失が、これだけの予防措置をも圧倒したというのだ[120]。ある幹部は、委員会の作業には時間がかかるだろうから「早急な結論は出さず、（原発に関する）合理的な決定をするためにあと二、三年は待ったほうがいい」と説明した[121]。拙速な結論を警戒する一方、経団連は三・一一後初のエネルギー政策白書で、電力の安定供給と規模の経済性を強調して、原発事故に関する東京電力の責任問題を早急に解決し、エネルギー中期計画を速やかに決定するよう迫った――遠回しに原子力産業の現状維持を求めたのである。実際に経団連は、メンテナンスのために閉鎖され、福島第一原発事故を受けて稼働していなかった原子力発電所の「ストレステスト」を終わらせ、早期に再稼働するよう何度も要請している[122]。

**現実主義**。合理的な意思決定の方法がいろいろある場合、現状維持のナラティブをいい換えた「従来どおり」という考えは、原子力産業が犯した過ちを素直に認める現実主義者の前では霞んでしまう。元経産省官僚で、エネルギー政策アナリストの澤昭裕も、頭を冷やして合理的な議論をすべきと訴え、震災に対する情緒的な対応に反発した。経験の浅い国々は原子力発電を採用し、今後も日本の指導を必要としている。そのため、原子力技術を非難したり、封じ込めたりすることは国内外の安全を脅かすことになりかねないことをはっきりと理解しておかなければならないと澤は指摘した[123]。また、日本が原子力発電所を閉鎖したときの影響は甚大だとし、とくに供給停止、費用の高騰、電気料金の値上がりをあげている。輸入燃料コストとして三兆円以上が電力輸入価格に上乗せされ、その額は住宅用の電気代で月に一〇〇〇円以上、小規模工場で月に七五万円、大規模工場で月に七〇〇万円以上になるだろうと試算した[124]。澤や他の現実主義者は、日本の原子炉を稼働させつづけることを望んではいるが、この産業になんらかの構造的改革が必要だとも考えている。

この立場をとる専門家を牽引する人物の一人が、原子力委員会副会長で元東京大学原子力工学教授の鈴木達治郎だ。一九七〇年代に原子力発電が推進されていたとき「リスクを冷静に考えられる環境」になかった理由はなにかを思案してきた人物である[125]。国会の証言でもそれ以外でも、日本の原発関係者は、自分自身を含めて一人ひとりが福島第一原子力発電所で起きたことに責任を感じるべきだと訴えた。制度に不備があったことは認めているものの、「原子力ムラ」という言葉を使って責任を追及することは好まず、「コミュニティ」と呼ぶ。また「想定外という言い訳」からも距離を置いていた[126]。原子力産業は何年もかけて安全面のカイゼンを数多く達成してきたが、それ以前の安全性に疑問を抱かせることになるため、とくに改善を強調することはなかったと鈴木は語った。こうした悪循環を絶つため、鈴木は原子力委員会に対して、開かれたリスク研究を行なうよう指示した。政府によるはじめての試算である鈴木の原子力委員会の調査は――批評家を満足させる数字ではないようだが――過酷事故の可能性を五〇〇年に一度、被害額を約三・九兆円とした[127]。

現実主義の人々が問題にしているのは、原子力発電の地位固めを急ぐなかで危険性がないがしろにされたという点だけではない。三・一一後の過度なリスク回避によって、重要なエネルギー源が台無しになる可能性があるという問題だ。国民に対して、大規模なエネルギー源にはつねに危険性が伴うこと、構造に注目することが必要であることを訴えた。たとえば、武田徹は原子力の「安全神話」が、今、「原子力危険」神話や「実質的な再生可能エネルギー『安全神話』」にすりかわる可能性があると警告している[128]。別の経済学者は少し異なる角度から現実的にこの問題に取り組み、「再生可能(エネルギー)に偏向しすぎると国益に深刻な影響を及ぼしかねない」と主張している。外国の生産者が日本の市場を席巻する一方で、日本の消費者は原子力発電からの転換に伴う巨額の費用を支払わなければならなくなるというのが理由だ。日本はむしろ「安全な原子炉の運転を可能にするよう原子力技術を高めるべき」と提案した[129]。

現実主義者の多くは原則的には再生可能エネルギーに反対していない。ただし、短期・中期的には原子力発電にかなわないと考えている。国際原子力機関の田中伸男元事務局長は、再生可能エネルギーは理論的には可能だが、日本は環境の持続可能性、エネルギー自給、安全保障のために原子力発電が必要だとしている[130]。東京工業大学の柏木孝夫教授も同様に、再生可能エネルギーやエネルギーシステムの分散を提唱しているが、安定供給と炭素排出量削減を確実に実施するために既存のシステムに統合することを提案している[131]。「私たちは、原子力発電を除外する前によく考えなければならない」と訴え、安定的なベース電源と新しいエネルギー技術の組み合わせで日本の輸出経済を活気づけることができるという考えを示した[132]。澤もこれと同じ意見で、現実主義者にとっては、環境保護よりも電力供給の安全保障と経済成長が重要だと指摘する。再生可能エネルギーを支持する人々は環境保護をなによりも重視し、なんでも日和見的に敵対視する。三・一一前は化石燃料を批判し、震災の後はあっというまに原発批判に鞍替えした。だが澤にいわせれば、こういう人々は理想主義でしかなく、日本のエネルギー政策を策定する者は澤自身のように現実的でなければならないのである[133]。

**シンプルライフ。** エネルギー政策への新規参入者である三番目のグループのなかに、現実的な答えを見いだすエネルギーアナリストは多くないだろう。このグループが国の議論に影響力があると思っている人もそれほどいない。しかしこのグループの人々は、三・一一は、日本が間違った方向へ進んできてしまった証拠であり、国がひとつの共同体として生き残るためには、もっとシンプルな生活をしていた時代に戻らなければならないと信じている。原子力ムラを批判する人々のように、原子力が太陽光エネルギーや風力発電に代わることを望んでいるわけでもない。日本が帰るべきところは経済成長一辺倒を改めることであり、日本を苦しめるものに技術的な解決策を求めないという考えだ。どちらのグループに賛同する人も「持続可能で平和な社会」づくりと「地球上のすべての生き物との共存」を呼びかける文書に署名した人たちだが、どの程度まで経済成長と、そして世界経済と一体となった日本を受け入れるのかについては意見が分かれるところである[134]。「シンプルライフ」賛成派は環境保全とより緩やかな成長に満足するだろう。

この考え方を支持する人々は政府にも、知識人にも、宗教指導者のなかにも見られる。たとえば環境省は、自然と共生する低炭素社会の構築に向け、循環型社会と「グリーン・イノベーション」を通じた貢献をあらためて強調し、その理由として三・一一をあげた。震災から半年後の二〇一一年九月、二〇一二年度予算は、「安全安心で持続可能な社会作りが喫緊の課題となっていること」を踏まえ、環境保全施策によって震災の復興に対応するとした[135]。持続可能性を研究している武内和彦東京大学教授は、三・一一以前に、当時の国土庁による研究会の座長をつとめ、急激な近代化によって災害への対応力が弱まったと結論づけた「二一世紀の国土のグランドデザイン」をまとめた人物だ。三・一一後、これを「新たな災害文化の醸成」にあらため「エネルギー利用、レジリアント、ライフサイクルの変化を足下から見直すこと」からはじめるよう提唱した。三番目のナラティブの核となる考え方である[136]。

二〇一一年一〇月、明治大学の中沢新一人類学教授は、三・一一のときの日本の政治的対応力の弱さをあげ、脱原発、緩やかな成長、自給農業の達成を理念に、緑の党の結成を発表した[137]。しかし、政治的に左派出身の人だけが、三・一一をシンプルライフの立場から説明していたわけではない。京都大学の保守派哲学者であり文化本質主義と見られている梅原猛教授は、二〇一二年の元旦に『朝日新聞』に掲載された全面一ページにわたる議論のなかで、米原経団連会長と対峙。米倉の安定と成長に重きをおいた「想定外」トロープの主張と、梅原のシンプルライフを求める主張がぶつかった。復興構想会議の委員だった梅原は、福島第一原発の事故を「文明災」と呼び、すぐにでも「共存に帰ろう」を実現しなければ、修復はできないとした。地震と津波は自然災害だったかもしれないが、核のメルトダウンは人災であり、「啓蒙思想」とその技術志向が限界にきていたことを示す兆候だというのだ。日本の文化は農耕社会から生まれたものであり、西洋文化がこの島に押しつけられるまで、日本人は、人間が自然をコントロールできないことを知っていた、と読者に語りかけた。三・一一は、過去の教訓を思い出すときであることを知らせてくれたもので、人間が原子の力を制御できるなどと考えるのは「思い上がり」であり、命と環境を守ることのほうが大切であると主張した。「人間は自然を征服できる、という西洋の考え方と比べると、日本ではすべての動物、植物、鉱物もみな仏だという『草木国土悉皆成仏』の思想がある。これまでの「過剰な消費生活」を慎み『もったいない』精神で生活する。それが日本の伝統にかなう。自然の恩恵を受け、感謝して生きる。そういう文明によって新しい日本をつくるべきです」[138]

宗教家も梅原に賛同した。たとえば、自称エコ坊主の内藤歓風である。三・一一の教訓をもとにシンプルライフ普及センターという非営利組織(NGO)を創設した人物だ。梅原のように、内藤もこの地震が前例のない規模の自然災害だったことを認めつつ、『想定外』といわれているが、原発の基本的な設計、自然事象の可能性に対する甘い考え、もっとも専門性が高いはずの検査官のスキル不足という体質、危機に対する理解しがたい対応などすべてが重なり人災になった」と主張した。原子力発電もその他の火力発電も認めず、「持続可能エネルギー」への転換を支持している[139]。

ブラックスワンの二つのナラティブのような資力があるわけではなく、原子力ムラのナラティブのように成長志向でもなく、広く受け入れられたわけでもないこのシンプルライフの説明だが、やはり三・一一後の日本人の議論のなかに出てきたあの四つのテーマを重要視していた。変化は必須である。無能なリーダーは交代を。コミュニティ主義を再発見し、育てること。そして、とりわけ現代の脆弱性を解決する施策を実行すること。近代化を批判する人も、その多くは日本が安い電気料金のおかげで工業化を達成できたことを認めている。したがって、シンプルライフのナラティブが指摘したもっとも根本的な問題も、三・一一後にくりひろげられてきたほかのエネルギー転換のナラティブと変わらない。リスクとそして電力の管理を任せられるリーダーシップを中心に展開されているのだ。この国民的議論の争点は、過去にうまくいった経済モデルは、現在そして今後、明らかにリスクがもたらされるとしても価値があるものなのか、そして原子力発電推進派がもっとよい解決策を隠しているのではないか、という点だった。

## 新たな参入者

三・一一後のエネルギー政策をめぐる争いは、意思決定機関を支配するための闘いで幕が開けた。

政界および民間から新たに参入したプレーヤーたちは、すでにこの産業にかかわっている人々とともに、確立された――昔からの「持ちつ持たれつのトライアングル」による――経産省と電力会社の協力網を攻め、規制と政策の分野で新たなパワーバランスを構築しそうな勢いだった[140]。この点について、岩手県の達増拓也知事はエネルギーの政策づくりの世界でパワーシフトが起きていると見ていた[141]。

温度差はあるものの、多くの社説は、原子力産業の今後について厳しい見方を示し、変化を促した。三・一一から二カ月後、『朝日新聞』は、規制当局と電力事業者との結託を含め、民間企業による地域独占を継続すべきかどうか問いかけた。さらに、原子力発電の未来について、私企業が原子力施設を運営し、核燃料の再処理、貯蔵、利用をすることが許されていいのかという点にも疑問を呈した。『毎日新聞』は、こうした疑問に明確な答えは出さなかったが、現代の電力産業のやり方を帝国海軍時代の戦艦になぞらえた。どちらも、上級官僚が時代遅れの技術に固執し、壊滅的な結果を招いた事例だ[142]。『毎日新聞』の社説は核燃料サイクルの計画中止を求めた。経済界の味方、『日本経済新聞』でさえ、一方で原子力発電からの一八〇度の転換に警戒感を示し、データを「注意深く精査」する必要があるとしているものの、電力業界の構造的な特徴をあらいざらいオープンに議論すべきであると呼びかけた。さらに、日本には世界一広い排他的経済水域があり、洋上風力発電設備の設置場所には事欠かないとまで示唆している[143]。

原子力発電への支持が霧消するなか、世論は時間の経過とともに変わっていった。三・一一直後の『読売新聞』による調査では、国民の半数以上が現状維持か原子力発電を増やすべきという回答を支持した。しかし、その二週間後に行なわれた『毎日新聞』の世論調査では数字が逆転。半数以上が原発の廃止、ないしは削減を希望[144]。二〇一一年六月初旬までに、『朝日新聞』の世論調査ではほぼ四分の三の回答者が、またＮＨＫ（日本放送協会）の調査では三分の二が原子力発電の段階的廃止に賛成している[145]。三・一一から一年後、回答者の半分以上が国内の原発再稼働に反対し、八〇パーセントが政府の安全対策を信用していないと回答した[146]。経団連はこの問題を認識していた。経団連のエネルギー白書では「国民・国際社会の信頼の回復」を最優先にすると宣言している[147]。

### 反対運動

とはいえ、最初に原発推進派が対応しなければならなかったのは、市民の抗議活動だった。子どもたちの最大許容被曝量が二〇〇〇パーセント引き上げられたとき、福島に住む親たちが憤って文部科学省を訪れ、担当者たちの机の上に校庭の砂をつめたビニール袋を積み、自分の子どもをそこで遊ばせられるのか、と迫った。印象深いエピソードである。また、原発反対派の活動家が原子力安全・保安院の協議の傍聴を要求し、数時間以上、開始時間が遅れたこともあった[148]。電力会社の幹部は、町中では警察によって反対運動の人々から守られていたが、株主の怒りには向き合わなければならなかった。日本の株主総会は何事もなく終わることで有名だ。まれに抗議をする者がいても、通常は会場の外へと案内される（あるいは、ヤクザが脅しをかけている場合は前もって買収される）[149]。しかし、三・一一後の最初の株主総会では、電力一〇社のうち六社の株主から脱原発の決議案が持ち込まれ、喧々諤々の議論が交わされた[150]。なかでももっとも注目を浴びたのは東京電力の総会である。

大勢の機動隊が出動するなか、一万人近い株主が出席し、同社にとって史上最大の株主総会になった[151]。東京電力経営幹部が必死の謝罪をくりかえしたものの、怒りにふるえる人々を抑えることはできなかった。東京電力幹部が一七人の理事と理事長を再指名すると、株主のいらだちはさらに募った。当時、大きく報道されたシーンのなかで、興奮した株主が叫んでいた。「おまえら、原子炉に飛びこめ！」[152]

ところが予想に反してはじめのころは、三基の原子炉のメルトダウンも数十万人もの避難者が出たことも、大規模な反原発運動を引き起こすことはなかった[153]。国民の多くは原発に反対するようになったかもしれないが、政治的な意味では、事故から一年以上たってもそれほど大々的な動きはなかったのである。二〇一一年四月に東京の高円寺で行なわれたデモには一万五〇〇〇人が集まったが、三・一一から三カ月後に行なわれた東京電力本社のデモ行進に集まったのは一〇〇〇人ほどだった[154]。六月には、ひとつの組織委員会によってまとまることなく、全国的にかなりの数のデモが行なわれたが、この年のもっとも目立った反対運動は、二〇一一年九月に代々木公園で開かれた抗議集会だった。ノーベル賞受賞者の大江健三郎が呼びかけ、推定六万人が「さよなら、原発！」のプラカードを掲げた[155]。同日、人数は若干少ないものの名古屋や福島でも抗議活動が行なわれ、主催者発表で一〇〇万人の署名が集まった[156]。平和主義者の象徴である大江の活動や署名を通して東北の人々と広島や長崎の原爆被害者を連携する試みもあったが、目に見えるような効果があったわけではない。また、ニューヨークの「ウォールストリート占拠」運動に呼応した「霞が関占拠」の呼びかけ人たちによる経産省前の陣取り作戦も同様の結果だった。一部の人がいうように、こうした抗議活動がきちんと主要メディアで報道されなかったためなのか、あるいはなにかほかの理由によるのか、占拠活動は拡大せず、反原発の抗議活動に参加する人の数は、三・一一から一年を迎えるまでに減っていった[157]。むしろ、社会運動は個人の活動に集約され、これまでにない数の人々がボランティアとして復興を助けるために東北に足を運び、「市民科学者」になって近所で放射線量を測定した[158]。いずれにしても、こうした活動にはリーダーシップ、脆弱性、そしてとくにコミュニティというテーマが浸透していた。震災発生からの一年間、日本の市民は憤慨よりも不安のほうが強かったようである。

震災後一五カ月ほどのあいだは、たしかにデモ行進という形の反対運動は比較的おとなしかった(あるいは、少なくとも多くの国民には見えにくいものだった)。ところが、核の問題を超えて民主制度の投票メカニズムに直接訴えようというグループが現れた。「みんなで決めよう『原発』国民投票」が、日本の都市部で原子力発電に関する住民投票を求めて署名活動をはじめたのだ。戦後の日本では、特定の政策に関する直接的住民投票は珍しくなかったが、その九割以上は中央政府が市町村合併に関して地方の承認を得るために行なったものだった。残りは公害問題、米軍基地問題、市長のリコールなど強い関心を引く問題に関するもので、結果はまちまちだった[159]。地方自治法の下、地域の有権者の五〇分の一の署名が集まれば首長にそれを提出し、首長は正式な賛成または反対の提案とともに、地方議会に提出しなければならない。その後、地方議会で票決が行なわれる。一九八二年に高知県の窪川町ではじめての住民投票運動が行なわれてから、二九の運動が原子力発電所を建設する用地選定や核燃料の利用について必要な署名を集めた。しかし、最終的に投票が行なわれたのはそのうち三件のみだった[160]。

今回の件は、いくつかの理由から事情が異なっていた。まず、企業や労働組合、その他の団体から金銭的な支援を一切受けず、すべてソーシャルネットワークを使って組織された。二〇一一年六月、この運動をはじめた今井一のツイッターに二〇人が返信。個人的に知っている人は一人もいなかったが、あとはボランティアの数（一人一〇〇〇円を寄付した人）が数千人にふくらんでいくのを見守っているだけだった[161]。第二に、この署名は都市対地方という明確な構図のもとで呼びかけられた。原子力発電を行なう過疎の町ではなく、原発電力を消費する大都市圏の人々に原発の是非を問う、はじめての住民投票だった。この切り口で対象を絞ったことは、この反原発運動にとっていくつかの点で戦略的に有利にはたらいた。まず、東京都と大阪市はそれぞれ東京電力と関西電力の大株主であり、この大都市圏で原発が否定されれば、企業に相当な影響を与えられる。次に、日本の都市部を対象にすることで、今井は中央政府による補助金や交付金の公平性、原発の意思決定に都市部の住民が参加できないことへの異議を唱えたのだ。都市と地方では政治の関心事が異なることを認識しつつ、今井は、人口の一パーセントが相当な富を得ていることを疑問視し、数万人もの人々が何十億もの金を受け取っているものの、これも報告されている数字にすぎないと訴えた。これまでは過疎化した地方の人々だけに選択肢があったが、原子力発電所は町や都市の住民にも影響を与え、原発から離れていても大気、水、食の供給が汚染されるのだから、この問題はもっと多くの人の手で解決されなければならないと主張した[162]。今井は、原子力発電所が終わりを迎えれば、コミュニティの生き残りをかけて交付金に依存するようになった地方の人々には、経済的な困難を強いることになるかもしれないことを認めている。交付金が限定された地方の人々を応援したい気持ちはある。しかしまずは、立地地域の人々が地域経済のあり方を追求し、すべての日本人にとって、もっと安全な決定をすべきであると主張した[163]。

二〇一二年一月までに、橋下徹大阪市長に提出するのに十分な数の署名が集まった。二月には、東京でも二六万筆が集まり、石原都知事への提出に必要な二一万四〇〇〇筆をゆうに超えた[164]。石原都知事は――東京電力の味方ではないが――この署名運動について「センチメンタルともヒステリックとも思える」と、先手をうって牽制[165]。五月に三二万三〇〇〇筆が正式に提出されると、すぐに反対する意見書を添えて都議会に提出した[166]。これに対して、当初、不透明だったのは、反原発を唱えた日本の政界の若きスター、橋下市長がこの運動を支持するかどうかだった[167]。しかしふたを開けてみれば、答えは「ノー」。次の関西電力の株主総会で脱原発依存を株主提案するという市長自身の策と干渉するとの理由だった。住民投票は「くりかえしであり費用がもったいない」と切り捨て、みずからが選挙で反原発を掲げて当選したことで、すでに「民意を示す」という願望に応えていると主張した[168]。大阪市議会も橋下につづき三月に住民投票条例案を否決した[169]。住民投票運動は敗れ、その後すぐに橋下市長は方向転換し、関西電力の原子炉再稼働を支持したのである[170]。

当初は、国民からの巻き返しもなかった。関西電力の管轄にある住民は、僅差で大飯原発再稼働を支持。圧倒的多数の六七パーセントが橋下の方向転換を「理解できる」とした[171]。しかし、再稼働が現実として目前に迫ると、ソーシャルメディアを通してゆるやかに連携を組んできた反原発グループのネットワーク、首都圏反原発連合が東京で大規模な抗議活動を行なった。ほとんどがはじめてデモに参加する人だった。六月二二日、一万一〇〇〇人から四万五〇〇〇人ともいわれる人々が「脱原発！」、とりわけ大飯原発について「再稼働反対！」と唱えた。一週間後、関西電力が大飯原発再稼働のスイッチを入れる前日、数万人以上の人々が首相官邸前に結集。整然としたその列は一キロ以上に達し、霞が関の官庁街にまで届いた。一九六〇年代以来最大の抗議活動となり「アジサイ革命」とも呼ばれるようになる[172]。抗議活動は次の週まで続いてふくれあがり、七月一六日には、少なくとも七万五〇〇〇人が広大な代々木公園に集まった[173]。抗議活動の矛先は、政府のエネルギー政策タウンミーティング（対話集会）が操作されていた件にも向かう。最初のタウンミーティングが開かれたのは仙台で、七月中旬のことだった。その際、東北電力が不安を抱く市民のふりをして従業員の一人を滑り込ませたことで非難を浴び、細野環境大臣はボディガードにはさまれてそのイベントを進行することになった[174]。

## 古株たち

橋下の方向転換、そして反対運動の後れはあったものの、署名運動や原発に対する国民の不満の高まりは、電力会社が「従来どおり」に戻るどころではないことを示していた。昔の仲間ですら、これまでと違う方向へ進みはじめた。小泉純一郎元首相は、原発費用の多くが隠されていたと明言。日本の原発依存を軽減し、代替エネルギーを増やすよう訴えた[175]。議員連盟を通して三・一一直後から原子力発電を支持していた自民党は、七月になると長期的な支援体制を見直す考えを表明し、二〇一二年二月には、原発の今後に関する決定を先延ばしにした[176]。その間に河野太郎をはじめとする八人の自民党国会議員が、社民党（当時）の阿部知子率いる超党派二一八人の議員連盟「エネルギーシフト日本（エネシフ）」に加わる。民主党の代表団では長嶋昭久が先頭に立ち、「立ち上がれ日本」の園田博之が保守系としてバランスをとった。こうした超超党派の議員連盟は、まれに見る広範囲の主義主張を含み、シンクタンクの専門家や活動家たちの注目を集めることとなる[177]。

与党の民主党はといえば、こちらもどっちつかずの態度を示し、リーダーシップという点で国民の不安をあおった。三・一一直後、菅首相は二〇一〇年に発表されたエネルギー基本計画を破棄するつもりだと宣言。これは、稼働中の原発の電源を切り、建設予定の原子力発電所の計画をすべて凍結するという意味である。菅が要求した国のエネルギー政策の「白紙撤回」は、二〇二〇年までに再生可能エネルギーの割合を二〇パーセントに増やすことを目標に掲げたパリでの軽率なスピーチと同様、党の幹部から認められなかった[178]。枝野幸男官房長官は、直後に日本の「原発政策の基本は変わっていない」と強調し、菅の盟友で昔から原子力発電に肩入れしてきた仙石由人官房副長官も政府の原発支援をくりかえし主張した[179]。しかし、二週間もしないうちに、枝野と玄葉光一郎国家戦略担当相は電力産業の構造改革の目標について合意し、発送電分離の可能性を示唆している[180]。一カ月後、菅の経済に関する指南役の一人、前田匡史内閣官房参与が全原発の国有化を提案[181]。七月には、「ストレステスト」を実施していない原子炉は動かさないと発表したが、この要件について菅は、原子炉再稼働を承認してもらうために佐賀県と交渉していた海江田万里経済産業大臣と協議をしていなかった。七月の時点で、『朝日新聞』は「日本の原子力政策は混迷」と書いている[182]。

この問題は、民主党内での政策調整が不十分だったことにも起因している。党内の異論を集約して党としての計画を策定し、政府に反映させる場であった政策部会を初期に廃止したことが事態を悪化させた。さらに、民主党の基盤に反自民党があったことから、いやおうなしに原子力発電に対して猜疑心があり、この問題に対する意見が分かれたことも要因だった。菅と仙石は、原発を支持する電力会社の労働組合、電力総連の元労働組合員に担ぎ出された政治家だ。しかし、労働組合の連合体である「連合」が原発に対して明確な支持を表明し、原発推進派の民主党重鎮たちと足並みをそろえたのは、二〇一〇年八月、つまり三・一一のたった七カ月前のことだった。民主党の政治家は、自民党ほどの支援を原子力発電所の労働組合からもらっていたわけではないが、それでもかなり依存するようになった。電力総連政治活動委員会は、二〇一〇年の参院選で四八人の民主党候補を推薦し、菅内閣の数名に寄付したことが記録されている[183]。そして震災から七カ月後、連合は自身の立場を逆転[184]。二〇一二年五月にふたたびひっくり返した。東京電力労働組合の新井行夫中央執行委員長が民主党の脱原発に対する報復を宣言したのである。民主党にとって最大の支持母体であった連合も、民主党と同様、国のエネルギー政策について態度が一貫せず、なにが最善の道か（あるいは、どんな道があるのかも）わからない状態だったのだ。

菅の後をついだ民主党の野田佳彦首相は、こうしたことを明確にしなかった。二〇一一年八月に党の総裁（つまり首相）に選出される前、野田は影響力のある月刊誌『文藝春秋』で野田が描くエネルギー政策の方向性を提示している。原子力ムラと現実主義者のナラティブを区別しようとして、野田は「原発の『安全神話』は崩れた」と明言し、当時行なわれていたストレステストに合格しなかった原子炉の解体を支持した。しかし同時に、原子炉があまりに長く停止していた場合の電力供給に与える影響について、深刻な懸念を表明した。加えて、日本の「新成長戦略」の一環として原子力発電所を輸出することも支持した[185]。国会での施政方針演説では、日本の原子炉を再稼働するものの、長期的には段階的に廃止すると呼びかけた[186]。翌月、共産党と社民党の党首に原発関連予算は東北の復興にあてるべきと伝えた[187]。政府の政策がどのように決まるのかを厳密に知っている人はほとんどいなかった。内閣官房のある高官は、首相は原子力発電について「まだ意志を固めていない」ことを示唆した。経団連と電力会社は「最悪の事態に備えて」いたようである[188]。

政府の政策はその後も迷走した。二〇一二年一月の同日、環境大臣であり「災害王」こと細野豪志は、四〇年以上たっている原子炉を再稼働するのは不可能だと訴えたが、内閣は、状況が「厳しい」ときは二〇年の延長を可能にするという法案を承認。『朝日新聞』の社説は、政府が「混乱した」メッセージを送っており、築四〇年以上の原子炉は、原発依存からの脱却を約束した野田首相の公約死守のため、閉鎖されるべきであると論じた[189]。そして二〇一二年五月、二つの民主党作業部会が再稼働について異なる案を提出し、国内で運転中だった最後の原子炉閉鎖に向き合ったあと、政府は関西電力の福井県大飯原子力発電所の二基の再稼働に安全宣言を出したのだ。しかしこの時点で、地元住民と自治体のどちらからも協力を得ることが難しくなっていた[190]。自治体はある意味、必死だった。民主党の仙石が、再稼働できなければ「集団自殺」になると明言し、脆弱性トロープのもっとも気になる点を刺激したからだ[191]。しかしこのころには、世論は完全に原発に背を向けていた。二〇一二年五月、日本は一九七〇年以来はじめて運転中の原子力発電所がゼロになり、国民の三分の二近くが再稼働に反対した[192]。日本の五四基の原子炉はすべて停止し、野田政権と経済界が関西地方の知事と市長を説得して「暫定的」に反対を撤回させるまで、二カ月間停止しつづけた[193]。

何度か宣言したように、民主党は原子力ムラの解体をほんとうに決心したのか？　それとも、従来どおりに戻る準備をしていたのか？　あるいは、単に現実主義になっていただけなのか？　あいまいな態度は、二〇一一年一〇月に経産省がつくった総合資源エネルギー調査会の基本問題委員会結成の際にも露呈された。委員会では、日本のエネルギー基本計画の根幹を再検討するための選択肢を洗い出すことになっていた。委員長にこそ新日本製鉄の三村明夫が指名されたが、過去の慣習からの決別と銘打ったなかで、委員の半分は原子力ムラの批評家が占めた[194]。枝野幸男経産大臣によって「枠にとらわれない」考えを追及するよう託された、まったく共通点のない専門家たちによる同委員会は、国の電源構成から産業構造まであらゆる問題をカバーすることになる。そしてたどり着いたのは、共通点のない「枠の中の」結論だった[195]。結局、これまでと違う道筋を描こうとしたためか、あるいは（メディアが報道しているように）あまりに委員の相違がありすぎたのか、委員会はすでにわかっているさまざまな方向性に合わせて、具体的な政策を打ち出しただけだった[196]。したがって、民主党のエネルギー政策の内容、あるいは今後の展望にかかわらず、政府は原子力発電によって生じるかもしれない脅威を低減させることも、あるいは率先して国民を導くこともできずに国民の疑念を増幅させ、信頼を失っていった。

民主党は規制の面でも一貫性に欠け、選択を誤った。野党だった民主党は原子力安全・保安院と経産省を分離し、原子力安全委員会と統合するよう訴えていたが、政権についてからは消極的になり、いわゆるもっと「現実的」な立場にすり寄っていく[197]。しかし、三・一一でその態度を一変。二〇一一年四月にあったはじめてのもっとも骨太ともいえる政策発表で、政府は原子力安全・保安院を経産省から切り離し、原子力安全委員会を内閣府の外に置くことを発表した[198]。環境省のなかに、発電所の運転を規制し、原発事故に際して直接指揮をとる責務を担う「原子力安全庁」——アメリカの原子力規制委員会を参考にした——を二〇一二年四月に新たに発足させるという内容だった。歴史的改革を行なうなかで、環境省が原子力発電所の規制を所掌することになったのだ。ところが、今回も歴史的改革はすぐには訪れなかった。二〇一二年二月、この新しい機関の誕生が宙に浮いた。急速に弱体化する民主党内の優先順位争いと、官僚の陣取り合戦の犠牲になったのだ[199]。二〇一二年七月後半、やっと新組織のメンバー候補が正式発表された。そして三・一一前に政府の大胆な原発政策の策定を後押ししていた委員長候補を含む二人が、「原子力ムラ」の人間であるとして、党内の反対派から非難されたのである。

経産省と原子力産業の癒着を集中攻撃した原子力ムラの批評家や、東京電力ではなく経産省が原子力発電の「本丸」だと主張した佐藤栄佐久福島元知事はいうまでもなく、官僚社会も原子力発電の利点について、長らく意見が分かれていた[200]。経産省のなかでも、何年も前から部署によって立場が異なっていたが、産業界の自民党へのロビー活動がすさまじく、原発反対派は自分たちの意見を通すことができなかったとある職員はいう。経産省の外局である資源エネルギー庁内の部局はつねに電力会社寄りだが、製造産業局は最終消費者のためにあり、東京電力が自家発電や電力卸供給に協力的でないことを快く思っていなかった[201]。また、資源エネルギー庁のなかでも、再生可能エネルギー局がつくられたのは、二〇〇八年の北海道G8サミットのあとだ。代替エネルギー技術の導入でドイツに後れをとり、経産省が矢面に立たされることが必至になったサミットである。さらに、「バックエンド」にあたる廃棄処分と再処理の政策をめぐっても、長いあいだ、まったく意見が合わなかった。

三・一一以降、二〇〇〇年代前半の燃料サイクルをめぐって隅に追いやられていた経産省のある反原発派の職員たちが、「革新的エネルギー環境戦略」の策定を目指す内閣府の国家戦略室で仕事をするようになった[202]。政府のエネルギー政策に関する最高の意思決定機関、内閣閣僚会議のエネルギー・環境会議の事務は国家戦略室が担った。二〇一一年六月に発足し、国家戦略担当大臣が議長をつとめることとなる。職権上の構成員は経産大臣（副議長）、環境大臣（副議長）、経済金融担当相、文部科学大臣、農林水産大臣、国土交通大臣、内閣官房副長官だった。同会議に詳細な報告を提出する経産省の諮問委員会のように、この会議も三・一一後のエネルギー政策について産業構造、電源構成、リスク評価、規制コントロールなどあらゆる側面を検証し、エネルギー戦略を「一から」策定すると断言[203]。そのため、経産省の委員会のように、またも閣僚会議ではさまざまな利害が交錯した。会議の最初の報告書に、原子力発電所の賛成と反対の両派からの提案が含まれていたことも、不思議ではなかった。

三・一一のあと、まだ原子力発電の初期の構造が残るなかで、管轄をめぐり政府のなかに新たな競争相手が現れた。そのひとつが環境省である。東北における再生可能エネルギープロジェクトとして八〇億円を二〇一一年の第三次補正予算案で提案した。この金額は政策分野としては最大で、電力会社からの全面的な協力を得て策定された経産省の「スマートコミュニティ」プロジェクトに直接対抗するものだった[204]。また、農林水産省も地方における分散型エネルギー供給システムの構築を目指していた[205]。

## 新しいプレーヤーたち

ほんとうの新しいプレーヤーは、中央の官僚社会とはまったく違うところから現れた。ぶれないリーダーシップや正式な政策決定がなくても、電力産業はすでに変わりはじめていたからだ。二〇一二年五月には最後の原子力発電所が停止したが、それでも電気は国の送電線を通って供給されつづけ、足りない電力は、天然ガス、石炭、石油の火力発電と節電を組み合わせてまかなわれた。これによって、原発を止めると電気の安定供給が維持できなくなるという電力会社（そして経団連）がくりかえした主張は説得力を失った[206]。それから数カ月後、電力が足りるのかほんとうに試されることとなる。七月に福井県の大飯原子力発電所が再稼働し、その後はじめて夏のピーク需要を迎えたのだ。しかし、電気の供給中断や停電は起きなかった。部分的な「従来どおり」への回帰――電源構成に占める原子力発電の割合は減っても、ある程度は維持しなければならないという最低限の現実的な構成――は、三・一一の教訓を独自に生かしたナラティブを持つ新勢力に、はじめから挑まれることになったのだ。

電力セクターの内部からも挑戦者が出てきていた。多くを化石燃料に依存する小さな電力会社が、関西電力や東京電力など巨大原子力企業と距離を置きはじめたのだ[207]。大規模電力会社はこれまでどおり、経団連に対して積極的に原子力ビジネスを支援するよう働きかけていたが、その経団連自体は両賭けをはじめていた。新しいエネルギー生産者が控えていること、セクターの新しい論理が生まれつつあることを暗に認め、三・一一後初のエネルギー政策に関する声明で「集中型電源と分散型電源の連携強化」が電力供給の安定性と効率性を高めるだろうと述べた[208]。化石燃料の輸入業者や重工業分野に属する自家発電器製造業者の利害と原発依存の電力会社との利害はもはや一致しなかったのだ。三菱化学や新日本製鉄などいくつかの自家発電器の製造業者は、送電線への供給を増やす計画を発表し、電力卸供給確立の取り組みをはじめる構えを見せた[209]。また、千葉県にガス燃料の中規模プラントを建設する計画を発表した非上場企業の日本テクノのように、まったく新しい参入者もあった[210]。非電力会社が所有する最大の発電所を稼働させている大阪ガスも同様に、二〇二〇年までに、原子炉一基分に相当するレベルまで発電量を増やすと発表[211]。東芝や日立などの製造業者、そして丸紅のように、核燃料を取引し原子力発電と密接にかかわっている大手企業も、すでに軸足を移しはじめていた[212]。政府が原子力発電への依存度を低下させる取り組みをはじめてからは、再生可能エネルギーを使った小規模発電に目を向けるベンチャー企業も徐々に現れていた[213]。

東京都を筆頭に他の自治体も自分たちで所有する火力発電所を建設し、電力卸供給からの直接電力供給を増やし、独占企業以外の電力会社から電気供給の契約をとるなど、地域独占の体制に真っ向から立ち向かう計画を発表した[214]。関東地方の各県知事は、大都市の市長と協力し、経産省に対して電力産業分野に競争を導入するよう要請し、ある区長は、区内の一〇〇以上の施設に電力を供給する契約の入札に、独立発電事業者を招待している[215]。愛知県は、再生可能エネルギーと環境保全に全力で取り組むことを発表し、札幌には八八の市町村の首長が集まって再生可能な「スマートシティ」プロジェクトについて議論した[216]。東京電力が送電線利用料の三〇パーセント引き上げを検討していることを知った東京都は、送電の規制緩和を訴えた。猪瀬直樹東京都知事は「電力供給にさまざまな選択肢があることを示したい」と明言[217]。ある横浜市の職員も、現在のシステムはあまりに一方的であり、エネルギー利用の多様な関係を結びたいと賛同した[218]。また、岩手県の達増拓也知事は、エネルギーは今後、地域の会社も含めてさまざまな会社が供給するようになるだろうと説明。電力会社の役割は小さくなっており、東北電力に頼り切っているわけにはいかないだろうと語った[219]。

達増知事は、電力会社や経団連が応えなければならないであろう大規模な変化を期待（そしてみずからもそれに関与）していた。三・一一以降、一極集中で一方的な二〇世紀型の電力供給モデルは一転するかもしれないとだれもが感じるようになっていた。いわゆる「生産消費型」――多くの家庭や企業が電力の生産と消費をどちらも請け負う二一世紀型のシステム――が、リアルタイムの電力負荷、需要、蓄電情報を提供する「スマート」技術によって可能になり、後押しされる。そんなネットワーク型の相互オープングリッドによる発電に対し、独占された送電線による一極集中の発電や配送電は影をひそめることになるだろう[220]。経団連の理事会室では、国の今後のエネルギー政策をめぐり注目の駆け引きが展開され、日本有数のインターネット企業、楽天の三木谷浩史会長が現状維持を支持する経団連に反発して脱退した[221]。ところが、一極集中のエネルギー生産に「新技術」で対抗するチャレンジャーとして先頭に立ったのは三木谷ではなかった。その称号は、日本でトップの起業家、ソフトバンクの生みの親の孫正義が獲得したのだ。同社も日本の通信・インターネット巨大企業のひとつだが、三木谷と違い、孫は「内側からの改革」のため、経団連に残る道を選んだ[222]。

日本の脱原発依存を願う人々にとって、あるいは単にこうした逆襲を応援したい人にとって、孫はヒーローになった[223]。再生可能エネルギーを支持する企業、政治家、自治体首長のあいだでリーダーシップを発揮し、日本のもっとも野心的な非政府のエネルギー対策「新エネルギー戦略計画――バージョン二・〇」を打ち立てたのだ。そこで呼びかけられた「エネルギー分野のパラダイムシフト」はわかりやすかった。地方自治体の規制当局の協力を得て、太陽光発電の電力に適正な価格がつくのであれば、孫の新会社、SBエネルギーが八〇〇億円を投資して「メガソーラー」発電所を日本中に一〇基建設し、一〇〇ギガワットの安全でクリーンな電力を供給して公用地の地代を払うというものである[224]。

三・一一以降、国民的議論のなかでは（だれもが求める）コミュニティ、（だれもが感じる）不安、（だれもが欲している）リーダーシップ、（だれもが期待している）変化が重視されており、この計画は比較的支持と関心を得やすかった。二〇一一年四月に数名の知事と一回目の非公開の会合を開いた後、四七都道府県のうち三五都道府県と、当時一九のうち一七の政令指定都市が参加に同意し「自然エネルギー協議会」が設立された[225]。七月に東北で開催された初会合は、日本中の注目を集めた[226]。孫と参加知事は、使われていない公用地を地方自治体が提供し、代わりに孫のメガソーラー企業の収益と電力を分配するというプロジェクトの計画づくりに取り組んだ。孫は二〇三〇年までに、原発五〇基分、日本の発電量の六〇パーセントに相当する電力をこのプロジェクトで発電したい考えだった[227]。またこれに付随して、中国、韓国、日本、マレーシア、タイ、フィリピン、シンガポール、インドを結ぶアジア横断三万六〇〇〇キロの「スーパー送電線」の建設を支援するという、さらに壮大な案も提示した。このモデルとなったのは、ヨーロッパと北アフリカを結ぶDESRTEC計画である[228]。

孫の計画の国内版は菅首相や原子力ムラの批評家に気に入られたが、既存の電力会社とその仲間たちからは即座に反対された[229]。電力会社は再生可能エネルギーの限界を指摘し、とくに原発の発電量一ギガワットと家庭の太陽光発電四キロワットという規模の違いを強調。太陽光発電が普及して一〇〇〇万軒が発電しても、コストは原発五基分に相当する上、発電量は国内需要の四パーセントに満たない。原発一基分を発電するには、東京全域（六七平方キロメートル）の広さと一〇〇ギガワットの発電力が必要で、夢のまた夢だと指摘した[230]。日本は不安定な再生可能エネルギーによる二〇パーセントの発電に注力するのではなく、原子力、ガス、その他火力発電でまかなわれる八〇パーセントの電力確保に努めるべきであるというのだ[231]。原子力委員会の鈴木達治郎元委員長代理は、孫の計画した発電量はピークロード時の発電を補完することはできるが、原発の代わりになるにはあまりに遠いと説明した[232]。ある経産省の職員は、孫の計画は市場の原理よりも補助金をベースにした原始的なやり方だと話した[233]。一方、先駆的な再生可能エネルギープログラムを進めていると自負していた宮城県知事は、孫の自然エネルギー協議会への参加を断った。私企業一社に率いられたプログラムに注力し、税控除やその他の配慮が認められるのは適切だと思えないという理由だった[234]。「内側からの改革」を主張し、エネルギー政策の議論に「もっと多様な声を」と呼びかける孫に対しては、さまざまな個人攻撃があった。原子力発電の現状維持をはかる擁護論者は孫が「金のことだけ考えている」非日本人のアウトサイダーだと印象づけるため、孫が民族的に韓国人であることを強調し、他の企業のほうが愛国心があるように思わせようとした[235]。自民党の河野太郎衆議院議員は、こうした反応は誹謗中傷だと遺憾の意を示した[236]。

孫は再生可能エネルギーの競争力が低いこと、彼の投資が経済的に可能になるためには、彼自身にも他の投資家にも政策上の支援が必要であることを認めていた。孫の協議会は政府に対し、再生可能エネルギー発電の大胆な国家目標を設定するよう迫った。独立事業者が発電した再生可能エネルギーの全量を買い取り、配送電線との接続義務を保障する法律を整備するという内容である[237]。孫が選んだ政策とは、ＦＩＴと呼ばれる全量固定価格買取制度だ。これは、価格を抑えて代替技術の拡散を加速させることができると賛成派がいう、ヨーロッパの政策のひとつである[238]。全量固定価格買取制度では、電力会社は特定の代替エネルギー技術を用いた電力を、電源ごとに決められた価格で一定期間すべて買い取らなければならない。購入にかかる電力会社のコストは、電力消費者に転嫁される。

三・一一の前まで、日本の全量固定価格買取制度はさまざまな変遷をたどってきた。二〇〇三年にこの制度がはじめて導入されようとしたとき、電力会社と関連機関が反対し、代わりに「再生可能エネルギーの利用割合基準」が合意された。全量固定価格買取制度と異なり、電力会社は再生可能資源由来の電力を政府の設定した一定量のみ買い取ればよい。この電力のほとんどは事業所内で買い取れるため、電力会社はライバル企業を育てなくてすむ。活動家はこの議論の争点を変える必要があると考えた。全量固定価格買取制度を日本の政治における「三大少数派」――左翼、反成長、反原発――の領域から、保守派の支持を得られる領域へ転換させようとしたのだ。そこで、再生可能エネルギーを「国産」と呼び、とくに自民党の愛知和男元防衛大臣のような「環境系タカ派」が、再生可能エネルギーを支援することは愛国的だと感じられるようにした[239]。また、一九九七年京都議定書のもとで政府が約束した温室効果ガス削減も活用した。

二〇〇九年、ついに最初の全量固定価格買取制度が採用された。しかし、適用されたのは太陽光発電のみで、電力会社が安定供給の確保に不安があると独自に判断した場合は、発電者の送電線へのアクセスを拒否できるという逃げ道があった[240]。結局、太陽光での発電量は増えたが、投資家にとっての不安は払拭されず、日本はいまも多くの先進国に比べ再生可能エネルギーの利用で後れている。二〇一〇年、OECD加盟国の一〇カ国はどの国も、日本よりこの分野への投資額が大きく、その額は三三億ドルに上った[241]。推進派はその後も熱心に取り組んだが、皮肉なことに、この情勢が大きく変わったのは三・一一の直前だった。全量固定価格買取制度に関する新しい法律——電気事業者による再生可能エネルギー電気の調達に関する特別設置法——が二〇一一年三月一一日、東北の震災のわずか数時間前に閣議決定されたのである。

当初、全量固定価格買取制度法案は、野党が参議院の過半数を占める「ねじれ」国会で立ち往生していた。しかし、菅首相が二〇一一年八月、辞職と引き換えに法案成立を訴えると、自民党は態度を軟化させる。署名の直前、党内の反原発派議員は民主党や他の議員と協力し、全量制度の価格率設定に対する経産省の権限をなくし、国会に指名された独立委員会にゆだねられるようにした[242]。経産省の職員はこの手の政治的リーダーシップに慣れていなかった。ある人物は、三・一一の前は官僚と大企業は諮問委員会を使ってエネルギー政策を決定していたが三・一一で情勢が変わったといい、また価格率決定委員会の設置は非常に珍しく、同僚が困惑し怒っていると語った[243]。対応が遅れた経産省はその後、委員会に五人の委員を送り込もうと画策することも忘れなかった。二〇一一年一一月、民主党とそれ以外の党出身の代替エネルギー推進派——全員エネシフ議員連盟のメンバー——は、経産省承認の三人の候補者を調達価格等算定委員への指名から外した。そのうちの一人はすでに全量固定価格買取制度に反対の意見を表明していた[244]。

消費者への負担増や成長の鈍化を招かず、代替エネルギーへの投資を十分に刺激できる水準で全量固定価格買取制度の価格を設定するには、費用を正しく算出する必要がある。しかし、燃料別の発電費用は以前からあいまいだった。日本の電気代は世界でも高いほうだが、原発支持者はつねに、化石燃料や太陽光、風力発電などの代替エネルギーに比べて費用が安いことをアピールしていた[245]。原発反対派は、実際の費用は一般の人々の目から隠されていると主張。公式な数字の一キロワット時五円から七円というのは、真の費用を反映していないという。用地選定、安全対策や健康対策、汚染除去の費用、解体費用、賠償費用など一揃いすべて含まれるべきで、使用済み燃料再処理や貯蔵施設関連の費用も膨大だからだ[246]。孫は、三・一一前の原子力発電の真の費用は一キロワット時一五円から二〇円だと主張した。これは、事故に関連する費用が含まれた場合、原発が非常に高価な電力になることを示している[247]。

こうした相反する意見を整理するため、エネルギー・環境会議は、国家政策室内に独立した発電費用調査のための委員会を設置した。この委員会も、固定価格買取制度の価格算出委員会のように、あっというまに自分たちの一派を送り込もうとする両サイドからの思惑の対象になった[248]。二〇一一年一二月、見直しによって原子力発電の費用は八・九円に引き上げられたが、孫やほかの仲間たちの思いよりは、はるかに低い数字だった[249]。結果として、原子力発電のコストは依然ほかの発電方法に比べて安いとされたのである[249]。

二〇一二年四月、産業界や潜在的な投資家から提案された最初の固定価格は、ほとんどが政府試算の二倍で、これをレントシーキング〔企業が政府にはたらきかけ自社に有利な政策策定を促すこと〕と見る向きもあった。孫は太陽光発電が一キロワット時四〇円未満であれば利益がなく、このプロジェクトは放棄することになると個人的に断言した[250]。

これは、いくつかの点について具体的に孫の提案を批判していた多くの反対派にとって都合がよかった。まず、買い取り価格と投資としての効果が疑問視された。二〇一一年六月、経団連の新成長戦略実施会議で米倉会長は、高い買い取り価格を性急に導入すれば、電気料金の急激な値上げになり、投資家の投資意欲をそぐことになると主張。全量固定価格買取制度は代替エネルギーシステムのコストを抑える効果があるが、原子力発電の費用が増加しているときのことであり、消費者に多大な負担を強いることになる。国内企業は海外へ移転し、期待した外国投資家もほかへ行くだろうと予測した[251]。次に、電源ごとに価格を固定化することによって、全量固定価格買取制度は電源構成の競争を妨げると見られた。長期間にわたって価格を固定すれば、イノベーションに対する士気が下がり、競争が抑制される[252]。全量固定価格買取制度に反対する人々は、全量固定価格買取制度の補助金が、必需品に対する逆進性の高い消費税になるだろうと指摘した。元東京電力幹部は、とくに皮肉といった様子もなく全量固定価格買取制度は補助金制度であり、企業は補助金をもらうべきではないと述べた。政府はつねに国民と企業から金をとろうとしているようで、全量固定価格買取制度はカモフラージュされた税金だというのだ[253]。ある経団連の幹部職員は、全量固定価格買取制度への反対は社会的公平性の問題でもあり、大地主が太陽光パネルを設置できれば電力会社から金をもらえるが、都市部の借り住まいではその金を払わなければならないと主張した[254]。

いずれにしても、口に出すことはほとんどないものの、すべての反対意見の根っこにあるのは、『朝日新聞』が書いているように、全量固定価格買取制度が「電気は電力会社が巨大な発電所でつくるものという『常識』が覆る」ことへの不満だったことは間違いない[255]。再生可能エネルギーか原子力発電かという議論は、一九八〇年代の汎用大型コンピュータを選ぶかパソコンを選ぶかという問題や、一九九〇年代の固定電話か携帯電話かといった選択と似ているという人もいる。どちらも結局、大規模独占企業や寡占企業が機動力のある競争相手に道を譲ることになった。ある原子力ムラの外国人批評家は、「独占的、中央集権的で料金が高く、そしておそらく先のないパワー経済を選ぶのか、それとも世界を打ち負かすイノベーションを起こし、分散したスマートパワーの経済を選ぶのかという問題だ」と評している[256]。まさにそれが、電話戦争の偉大な勝者である孫の描いたパラダイムシフトであり、孫が後れをとらなかった理由なのだろう。

西欧や北アメリカのエネルギー分野の発展を間近に観察してきた経産省が、このパラダイムシフトの可能性に気づいていないはずはなかった。二〇一〇年、ヨーロッパではピーク時でない時間帯の再生可能エネルギーからの電力供給が電力需要を上回り、太陽光発電への世界の投資額は二〇〇二年以降、二兆円から二二兆円に成長した。ついこの前の二〇〇三年、日本に設置された太陽光エネルギーの容量はドイツよりも大きかったが、政府がドイツ式の全量固定価格買取制度を導入すると、ドイツの太陽光発電量は日本の八倍まで伸びた。日本は、二〇〇五年の時点で世界の太陽光発電量の約半分を占めていたが、二〇〇九年には一二パーセントにまで落ち込んでいる[257]。経産省は、輸出成長の原動力になったかもしれない代替エネルギーセクターを育てる姿勢を何十年もほとんど見せなかった[258]。もちろん、原子力発電とそのサービスを推進してきたのだが、職員は環境配慮型や分散型技術のほうが、市場が大きいことを理解していた。ある経産省の研究は、小・中規模発電機、蓄電システム、相互送電線、スマートビルディング、そのほか環境配慮型技術が二〇二〇年までに八六兆円と三倍に膨れると試算し、自動車産業の半分に相当するこの規模は、二〇三〇年までにさらに二倍になると予測していた[259]。つまり三・一一の前、二〇一〇年のエネルギー基本計画で野心的な原子力発電の目標を掲げていたころでさえ、経産省は再生可能エネルギーのほうを向いていたのである。

産業政策にかかわる官僚にとっての課題は、原子力発電や既存の電力会社を見捨てることなく、日本の製造業関連の企業を方向転換させ、先頭に立たせることだった。そのために、経産省は経団連の積極的な支援を得て「スマートコミュニティ」プログラムを推進。二〇社から連携プロジェクトの提案を受けて審査したのち、四つの実験プロジェクトを二〇一〇年八月に指定した。横浜市と東芝やその他複数の企業が共同で実施する家庭内エネルギー管理プロジェクト、家庭の全需要の六〇パーセントの供給を再生可能エネルギーにすることを目指す豊田市とトヨタ自動車のプロジェクト、京都府と三菱重工業などが協力して家と乗り物をつなげ電力利用と需要のデータを交換できるようにするプロジェクト、そしてＩＢＭジャパンの支援を受けた北九州市の家庭や工場に廃熱回収交換器を設置するプロジェクトである。北九州市を除き、各地域の電力会社が中心的役割を果たし、商社や設備ベンダー、システム統合業者がエネルギー利用者に加わった[260]。輸送、建設、通信、エネルギーインフラ分野と行政が、企業を超えて統合し、関連産業における次世代技術の開発を促進し、最終的に日本の環境、エネルギー産業の競争力強化につながることを経産省は期待した[261]。問題は、現存する権力構造の中核をなす数多くの組織を守りながら、この目標を達成できるのかどうかであった[262]。日和見的ではあった。

地方政府は既存の体制を維持することにそれほど熱心ではなかったかもしれないが、当然、エネルギープログラムについて交渉していた。たとえば岩手県の達増知事は孫の計画に参加したが、東芝やトヨタとも代替エネルギープログラムについて交渉していた。達増は代替エネルギー供給のための競争は、県からすると選ぶチャンスになりありがたいと語った[263]。三・一一以降、地域の首長は、これまでと違う電力供給者をかつてないほど積極的に試し、さらに原子力発電から遠ざかりつつ、際立った——時としてまったく新しい——方法で政治権力を活用した。まず、東京電力の二・七パーセントの株を保有する東京都と関西電力の八・九パーセントの株を保有する大阪市は、株主総会で電力会社のリストラを強力に要請した[264]。知事や市長のなかには、定期点検のために停止していた原子炉の再稼働を一時的に凍結するなど、さらに見えやすいインパクトを残す者もいた。一地域の自治体にそうするだけの法的権限はなかったが、原子力発電所を置いている地域は電力会社と「安全協定」を結んでいる。そのため「重要な行動」を起こす前には「地元の同意」を得ることが定められており、そのなかには保守点検後の再稼働も含まれていた。そうした「紳士協定」に法的拘束力がなかったとしても、三・一一後の国民の信頼を失った状況のなかで、市長や県知事が実質的に相当な拒否権を持っていたといえる[265]。二〇一一年七月、新潟県の泉田裕彦知事は停止中の柏崎の運転再開は「ストレステスト」が完了した後も認めないと発表[266]。被災地福島県の佐藤雄平知事は事故の起きた県内の一〇基をすべて解体するよう要請した[267]。

なかでも注目を浴びたのは、野田政権が関西電力の大飯原子炉を二〇一二年四月に再稼働しようとしたときの地元の反対だ。関西電力は原子力発電に電力供給を半分以上依存しており、とくに需要の高くなる夏季はサービスが脆弱になる。しかし、橋下大阪市長――原発反対をすでに表明しており、国政をねらって新しい革新的な党を立ち上げていた――はこの機会を使って、民主党に対する「全面戦争」を宣言した。大阪は大飯原発から一〇〇キロメートル離れており、県もまたぐため、この件に市長の権限はない。しかし市長は再稼働に八つの「条件」をつきつけた（原子力発電の廃止、発送電の分離、天下りの禁止なども含まれていた）。メディアのアナリストもこの条件をまじめに受け止め、有権者は三分の二が再稼働に反対した[268]。二〇一二年四月、要求事項について橋下市長は内閣府の藤村修官房長官と協議（そして、おそらく宣戦布告）している[269]。同時に、大飯原子炉から三〇キロ圏内の緊急時防護措置準備区域にある京都と滋賀の知事は、住民の安全配慮について懸念を表明し、政府にも反対。名古屋市の川村隆市長も同様に、大飯での原発事故は同市の水源を汚染すると主張した[270]。橋下やそのほかの自治体幹部は、最終的に経済界からの圧力に負けて後退したが、自分たちの政治的な力を十分に見せつけたといえる。

知事や市長はこれまでにも、原子炉による発電に限らず、関連する内容で法的権限を使うことがあった。たとえば二〇〇七年の中越地震の後、柏崎市長は火災保護法を使って柏崎原子炉の運転を止めている。また少し前の一九九八年、青森県の木村守男知事は、県の港と港湾に対して知事が持つ権限を使い、フランスから来た高レベル核廃棄物を積んだ船の停泊を拒否し、地元の同意なしで青森県を最終処分場にしないことを保障するよう求めた。またとくに関西地方では、三・一一後に法的および実質的な地方自治の権限が積極的に用いられた。第六章で見るが、県の連合、関西広域連合は国会に対して、直接、再生可能エネルギー法について訴え、個々の県ではなく、連合として原発事故の際には真っ先に情報提供することを関西電力に同意させた[271]。大飯原発再稼働の交渉では、個々の地方地自体ではなく、この連合体が中央政府と協議した。さらに知事たちは、核廃棄物の貯蔵を拒否しはじめ、中央政府に対して長いあいだ宙に浮いたままのこの問題の解決を迫った[272]。関西の市町村や県は、節電が必要になると予測された二〇一二年の夏にその立場を転換し、二基の大飯原子炉は七月二日に再稼働したが、電力業界に限らず、日本国内のパワーバランスが変わる兆しが、至るところに見られていた。

反原発の反対運動が盛り上がるなか、政府は夏を通して、一一の都市で原子力発電の今後について公聴会をひらき、そこで二〇三〇年までの原子力発電比率について国民と議論するために、二五パーセント、一五パーセント、ゼロパーセントという三つのシナリオを提示した。この会で発言を促された人の圧倒的多数（七〇パーセント）が、ゼロシナリオに賛同した。また政府は、市民から五万件以上のコメントを受け取ったが、この数は、通常、特定の政治的課題に対して提出されるコメントの五〇倍に上った[273]。野田政権は、老朽化した原子炉を廃炉にすることで達成できる一五パーセントという選択肢を希望しているようだった。しかし、両サイドから相当なプレッシャーを受け、政府は新しい政策の発表を何度も延期。不気味に迫る衆議院選挙を前に下した最終判断で、民主党は中期、長期計画として、あいまいかつ矛盾する「ゼロ」目標を掲げた。どの有権者にとっても満足のいく内容ではなかった。原発推進側の利害関係者は、政府は原発の段階的廃止に傾いたが、経済界が主張するように、それはエネルギー費用を押し上げ経済を壊滅させると憤った。反原発活動家は、既存の発電所を再稼働させ、三・一一前に認可された発電所の建設が再開され、再処理と高速増殖炉プログラムは継続し、既存の発電所に関する築四〇年運転の制限が実施されるのかどうかも不確実な上、原発廃止の目標年が二〇三〇年から二〇四〇年代に引き伸ばされたことに、失望感を表した[274]。そして一週間後、政府の無策を強調するかのように、この新政策は内閣の承認が得られず撤回された[275]。

# 結論

三・一一以降、日本のエネルギー政策をめぐる活発な議論は、変化、コミュニティ、リーダーシップ、脆弱性についての考え方に収斂された。原子力ムラを悪役と見る人々は、もたれあいの危険な原子力産業が解体され、エネルギーに関する意思決定の権限が、地方政府や熱心な起業家の手にゆだねられるであろう、分散型で地域単位の発電に移行することの美徳を称賛した。あるいは、何十年ものきわめて重要な原子力エネルギーへの投資を中断させ、日本の産業、ひいては国民をこれまでになく脆弱な状態におくであろう無能な国のリーダーたちや嘘つきの原発推進提唱者のなかに悪役を見つけた者もいる。原子力産業のいたるところで、変化——既存の利害関係者と新規参入者のどちらからも求められている根本的で重大な変化——が宙に浮いたままだった。財源の違う、根源的にまったく異なる政治的利害に根ざした変化のナラティブが、日本のエネルギーの今後を決めるために競い合った。

**表 2　電源別の発電コスト、2010 年試算**

| 電源 | コスト（円／キロワット時） |
| --- | --- |
| 原子力 | 8.9 |
| 石炭 | 9.5 |
| 液化天然ガス（LNG） | 10.7 |
| 石油 | 22.1 |
| 風力 | 9.4 - 23.1 |
| 地熱 | 9.2 - 11.6 |
| 太陽光 | 33.4 - 38.3 |

出典：エネルギー・環境会議コスト等検証委員会、日本エネルギー経済研究所による報告 http:// eneken .ieej .or .jp /en /jeb /1201 .pdf

東京電力は、――だれのヒーローにもなれないまま――この議論の中心にいた。幹部が戦後日本の政治においてもっとも権力を持つ人々の仲間入りをしてきた企業、毎年一〇〇〇人の新入社員を採用してきた企業、たった数カ月前まで四五〇〇億円の株式発行額を達成していた企業が、震災から数秒のうちに「幽霊企業」になった[276]。一般的な企業防衛の方法である謝罪、減給、幹部の辞職が、国民の信頼を回復するのに何の役にも立たないことを証明した。中間以上の管理職はヘッドハントされ、設備製造業者、商社、独立電気事業者に引き抜かれていった。さらに数百人もの若い従業員――ある幹部がいうところの「東京電力の未来」――は、退職するか、地元に帰って地域のエネルギー産業で働くか、あるいは家業に就いた[277]。東京電力の株は、メルトダウンから三カ月で九〇パーセント近く下落し、三・一一前の約一二分の一で価格が安定するまで、二〇一一年の四月から一二月のあいだに六〇〇〇億円を失った[278]。二〇一二年の前半まで国の財政管理を受け、犠牲者に賠償金を支払うための収入としてぎりぎりの支援を受けていた。二〇一二年第一四半期だけでも、中央政府は東京電力に八〇〇〇億円をつぎ込み、東京電力はさらに二兆円の追加を要求した[279]。四月、野田政権は東京電力の経営を維持するため原子力損害賠償支援機構〔現在は原子力損害賠償・廃炉等支援機構〕から一兆円を拠出することに同意。三・一一まで世界最大の民間電力会社だった東京電力は、日本のエネルギーシステムのなかで、大惨事によって大幅な変革がもたらされた最初の組織になった。しかし二〇一二年七月に交渉が決着したとき、政府が保有していた東京電力の株はちょうど過半数で、理事会はコントロールできたが、（選択肢のひとつである）同企業の徹底した改革の実現に必要な四分の三の所有には届いていなかった[280]。したがって、東京電力の場合でさえ、企業のオーナーシップの交代はかならずしも徹底した運営体制や構造の改革にならなかった。

ほかで起きていた変化は緩やかで、変化したとしてもわかりにくかった。コミュニティの美徳を訴えた人々は、一企業がつぶれたからといって満足できるものではなかっただろう。電力業界そのものの構造的な転換がなければ変わったとはいえない。地元の自治体職員が権限を得ること、代替エネルギーへの転換、そして、「野暮」な一方通行ではなく「スマート」な相互システムへのもっとレベルの高い新しい形の発送電が必要だった。また、三・一一という大惨事によって、電力会社を発電と送電で別々の企業に分割するという道がひらかれたが、同時に、戦後システムの核となってきたビジネスモデルを攻撃する道をひらくことも可能になった[281]。経団連は機能による分離か、法的実体に合わせた分離なら受け入れるだろうが、どちらにしても、既存の電力会社による支配が条件だろう。経団連にとって、大胆な構造改革は、メリット（価格競争）よりもデメリット（不安定な供給、過剰投資、効率性の低下）のほうが大きい。経団連と電力会社はどちらも、分裂した民主党と対峙していた。そのうちのひとつは、原子力の今後とエネルギー分野の構造改革をもっとも重要な二つの優先事項に掲げていた。日本は変化を加速する必要があると宣言するのか、それとも現状を維持するのか、各党は構造改革に関する議論に対して、社会の団結を守っていくことを重視していると語った[282]。

脆弱性をもっとも心配した人々は、貯蔵、再処理、そしてまだ開発中で費用がかかり、事故も起きやすい核の「バックエンド」に注目した[283]。二〇一一年一〇月に、原子力委員会によって再処理MOX燃料は「使い捨て《ワンススルー》」ウラン燃料の二倍の価格になることが確認されたにもかかわらず、三・一一によってどのような変化がもたらされるのかは、ここでも不透明なままだった。菅首相が国会で高速増殖炉プログラムの中止を宣言すると、日本の長きにわたるエネルギー自立の夢を放棄するのかとたたかれた[284]。一週間後、中川正春文部科学大臣は高速増殖炉について、日本はすでに多額の投資を行なっているため、政府がプログラムを放棄することはないと主張したが、同じ党の細野豪志大臣は、政府は積極的にもんじゅの解体を考えているとメディアに伝えた。どちらも三・一一後最初の事業仕訳委員会（行政刷新会議）で報告されたもんじゅ予算の緩やかな一〇パーセント削減の発表に対する回答だった[285]。核なき日本の将来も、原子力発電の縮小も、賭けでしかなく、政治的決断ができないままに再処理を進める政策がつづく可能性は高いだろうともらす関係者もいた[286]。

三・一一後の政府のリーダーシップの欠如を何よりも心配した政治的起業家は、適切な電源構成を見つけることに注目し、原子力事業の技術で先頭を走って世界のなかの日本の地位を守るよう訴えた。三・一一の年、事故後に次々と原子力発電所の稼働が停められ、日本は突如、電源構成の転換を強いられることになった。再生可能エネルギーの技術を優遇して原子力発電を安楽死させるのか、それとも立証されていないエネルギーには冷静に対処するのか、政策提言者の議論は真正面からぶつかり、その間、電力事業者は急いで化石燃料へ戻った。あるシンクタンクが「日本の切り札（輸入依存、炭素排出型ではあるが）」と呼ぶ天然ガスは、先の見えない転換期のなかで当初は独り勝ちだった。輸入量は二〇一一年度に一八パーセント上昇し、発表された費用は国内総生産の一パーセント以上を占めた[287]。

原子力発電さえ、ある種の勝利を手にしていた。三・一一以前、原子力産業と経産省は、原発の輸出を日本の「新しい成長戦略」の中心に据え、民主党政府はこれをすべて承認していた[288]。これまでの産業政策に照らせば、製造業者と一体となり、政府は日本の原発建設とサービスを買ってもらえる国々への開発援助を提供しただろう。「インフラ輸出パッケージ」である[289]。トルコ、リトアニア、ヨルダン、ベトナムなど受け入れが見込める国は数多くあった。三・一一後、新たに資金を調達することができなくなり、東京電力はそのリーダー的立場から身を引き、世界有数の電力会社として第二のフランス電力会社になる夢を捨てた。ところが、三・一一は、もっと大きな国家戦略には実質的になんの影響も与えなかったのだ。くしくも三井物産の槍田《うつだ》松瑩《しょうえい》会長が、日本が今後もさらに優れた原子力技術で世界に貢献することは、国家のエネルギー政策と外交にとって重要だと語っている[290]。槍田は、野田が政権についた直後に、原子力を利用した発電を追求する国々の関心にしっかりと応えていく、と発言したことをなぞっていた[291]。福島第一原子力発電所のメルトダウンから半年後、日本原子力発電株式会社は、二基の原子炉建設の予備調査を実施するためベトナムと署名を交わし、二〇一一年一二月、民主党が多数を占める衆議院は、民間企業が外国と原子力発電所契約を交わすことを承認。[292] ドイツが原子力発電の段階的廃止を決定し、イタリアでは国民投票で原発再開が否決されたニュースが大きく伝えられたが、多くの国の原子力発電計画は三・一一の影響を受けなかったと国際原子力機構は報告している。[293] 現状維持で原子力輸出への道を歩みつづけることは日本の「想定外」を語る一派にとって当然の政策判断であり、三・一一後にかろうじて原発産業が獲得した勝利のひとつだった。

安全保障の分野と同じく、震災から一年半のあいだ、耳障りなほどのさまざまなナラティブが登場し、激論が交わされ、アナリストは期待したが、エネルギー分野で見られた変化はそれほど大きくなかった。東京電力の名ばかりの崩壊とは別に、政策に実質的な変化が生じたのはむしろ地方だったようだ。地方の首長は、疎外された有権者に近く、東京での大々的な戦略闘争から距離があった。次章では地方自治体の変化を検証する。

第6章

# 地方自治体の再活用

「明治から続いている中央集権体制、国と地方の融合型の統治機構はもう腐っています。つぎはぎだらけの改善ではもう無理です。リセットして一から統治機構をつくり直さないといけない」

――橋下徹、二〇一二年一月

地方行政――地方政府による住民へのサービスの提供――とは、戦闘のようにドラマティックなものでもなければ、立派な産業機械によるエネルギーの生産・配給のようにすばらしいものでもない。だが、それらに劣らぬほど重要なものだ。教育、福祉事業、不動産登記、輸送機関、公衆安全、レクリエーション、選挙――まさに誕生から、人生、その終末、税金にいたるまで公的領域のほぼすべてにかかわる事柄が、身近な地方自治体で行なわれる。これらは日常業務だ――しかし、それすらできなくなるときがある。三・一一がつぶさに証明したとおり、それらの業務は地方自治とそのシステムのなかに組み込まれており、その地方自治の質は、生死をも左右しかねない。かくして、安全保障とエネルギーについては「地方自治をうまく行なう」ことが、変化とかコミュニティとか脆弱性とかリーダーシップなどという言葉をまとった、新たな国民的議論の的となった。他の事例にも見られるように、議論に参加する当事者らの姿勢は、これまでに見てきた変化の三つのモデルと歩調を合わせる傾向を最初から持っていた。

　変化についての議論を理解するには、まず日本の地方自治の構造と機能を理解する必要があるだろう[1]。地方自治は二つのレベルで運営されており、それぞれのレベルに選挙によって選出された首長と議会が置かれている。これら「地方公共団体」の予算は日本の公共支出のおよそ六〇パーセントに上る[2]。中央政府の下に行政を司る四七都道府県があり、名目上、総務省がその監督責任を負っている。二〇〇〇年までは、都道府県の職務の七〇～八〇パーセントもが（総務省によって緩やかに統合された）中央省庁からゆだねられたもので、第二章で述べたようにその構造は長きにわたって分裂した「縦割り行政」の一因と見られてきた。評論家らも、こうした「機関委任事務」は地方自治の原則とは相いれないと非難した。なぜなら、それは地方議会の監視の目の及ばないところで行なわれていたからだ[3]。都道府県の下には（「都道府県に従属して」とのいい方もあるが）、一七〇〇を超える市町村が存在する。市政サービス提供の合理化を目指そうと合併の急増が見られたのは、一八八八～八九年、一九五三～六一年、一九九九～二〇一〇年の三度であり、これにより劇的に市の規模は拡大し、その数は減少した[4]。最高位にあるのが一九の「政令指定都市」で、さらに三九の「中核市」、四三の「特例市」があり、県当局からある程度の自立性を享受している[5]（二〇一五年現在、政令指定都市は二〇、中核市は四五、特例市は三九となっている）。日本の行政のほとんどは地方行政であり、二〇一〇年一月現在、三五〇万人いる日本の公務員の八三パーセントが地方行政に携わっている[6]。機関委任事務という制度が改革されたにもかかわらず、中央政府で働く三三万人のうち三分の二が、つい二〇〇六年まで東京以外の「出先機関」で勤務していた。また二〇〇七年においても、九〇の中央官庁組織がおよそ五〇〇〇の出先機関をまだ運営していたのだ[7]。

こうした機関委任事務は、中央政府が地方自治体を支配してきた五つの保護監督制度のひとつにすぎない。保護監督制度の二つ目は財政だ。これもまた同様の問題を抱えてきた。戦後はほとんどずっと、地方自治体の財政支出のうち、わずか三分の一しか地方税によってまかなわれてこなかった。このことから地方行政問題の実状を伝える「三割自治」という言葉が生まれ、広く使われてきた。二〇〇九年に所得税の税基盤を国税から地方税へと部分的にシフトしたばかりだが、地方税は相変わらず地方自治体の支出一〇〇兆円のうち、わずか三六パーセントしかまかなっていない。残りは中央政府から交付される何百種類もの財源や、わずかながら増えつつある地方債によってまかなわれている[8]。地方財政は一九九〇年代初頭以来、劇的に悪化した。三・一一により甚大な痛手をこうむった三県はすでに中央政府の財政支援に大きく依存しており、みずからの手で資金を調達する能力も乏しく、危機に瀕していたのだった。

三つ目の保護監督制度として同じく中央の特権を支えたのは、地方の政治的主導権を認めるか否かを決定する中央政府の権限だった。四つ目の「行政指導」は、中央省庁が地方に命ずる多数の通達、指針、覚え書き、モデル法案、指令を意味する総括的な言葉である。最後の五つ目は、慣習として地方の戦略上重要な役職に中央政府の職員を大勢配置することだ。地方の予算関係の長には財務省の役人を据え、土木関係の局長は国土交通省から出向させ、副知事は総務省からの天下りとする、というように。つまり、委任事務とは、委任された指針にもとづき、委任された財源をもって、委任された職員が行なうことになりがちなのだ——こうして地方自治が犠牲になる。

当然、こうした地方自治体のあり方については何十年にもわたって議論されてきた。自由裁量をひろげたい地方自治体は二つの態度をもって中央政府による支配に反応した。まずは、公然と政治的に。一九七〇年代初頭、国政が依然として保守主義の自由民主党に握られていたころ、反自民の左派の政治家らは公職の権威を地方レベルで活用できることに気づいた。横浜、大阪、京都などの反自民の市長を擁する市と、同じく反自民の知事を擁する県（もっとも突出していたのは東京都だったが）は、大衆の支持を大きく得られるような環境規制はもとより、医療や教育の革新に乗り出した。数年のうちに、日本の人口のほぼ半数が社会主義政党か共産主義政党、またその両者が支持する首長の治める自治体に住んでいるという結果になった。自民党は、それらの革新的な計画の多くを取り入れるという、建設的な反応を示した[9]。

日本の民主主義においては、有権者は具体的な政策を支持するため、政治家は仕事や家庭や党派の結びつきだけでは再選できないことが先例として明らかになっていた。いまや日本ではおなじみとなった拮抗する国政選挙も地方政治から生まれた（そしてなおも続いている）。その途上で、私たちは市区町村長や知事が限られた財政や行政手段のなかで、軍事基地の設置や原子力規制に関して、権力を行使するすべを学ぶのを目にしてきた[10]。三・一一が、彼らにさらなる力を与えるだろうと思っている人もいる。市区町村長をはじめ、地元の政治家らは、壊滅した地域社会をどこに、どう再建するかの決定を任されているからだ[11]。

二つ目の解決策は、政治と行政の両方にかかわるものだ。地方自治体は互いに協調する方法を知り、より協調することで自身の地元や中央からより多くを得る方法を学んだ。三・一一という観点から見れば皮肉なことだが、地域をまたいだ政治的連携が最初に形づくられたのは、江戸時代の「応援協定」で、自然災害の際にはお互いに協力することが約束されていた。この取り組みは、のちに防災対策基本法（一九六一年成立）として法制化された[12]。一九八〇年代には、地方同士の横の連携が五つの役割を積極的に果たすようになる。まずひとつ目は、**コミュニケーション**だ。政策改革は多くのルートを通じて普及したが、地方自治体が試行錯誤しながら学んだのは、新たな政策について自治体同士で頼り合えること――それは少なくとも政府という高いレベルに頼るのに劣らないこと――だった。二つ目は、地方が共同で中央になにかを要求すれば、単独で嘆願するよりも成功率が高い場合が多いとわかったため、スムーズな**財源獲得**をねらって、全国で地域的なしくみがつくられたことだ。三つ目として、中央政府の計画を**応援**するチアリーダーとしての横の連携もつくられた。場合によっては、地域を越えた利害関係者らが集結した利益団体による嘆願を出さなければ、新たな計画を立ち上げられないこともあった。**対立**は、長らく地方自治体の連携の四つ目の役割だった。グループは党派で分かれることもあれば、ある特定の政策をめぐって分かれることもあった。五つ目の役割は**企画提案**である。この役割は地方が徐々に革新的になるにつれて、一九八〇年代から成熟を遂げ、中央政府に先駆けて新たな政治構想を生むこともあった。

こうした横の連携が広がりつづけるなか、支援という本来の機能は、一九九五年一月の阪神淡路大震災ののちに見直されることになった。地震後の二カ月間、他の自治体は、消防士、ソーシャルワーカー、土木技師、医療専門家などを送り込み、およそ二〇万人日《にんにち》分の支援を行なった。大阪府からだけでも一万人が駆けつけ、県外から派遣された一七五人は兵庫県庁で半年以上働いたのだ[13]。中央政府はその後まもなく、各消防署間の連携をつくるシステムを構築した。二〇〇六年には、全国知事会が公務員を被災地に派遣するための煩雑なしくみをつくったが、三・一一が起こり、その実用性のなさが明らかになった[14]。

しかし、震災の最大の副産物はほかでもない地方自治体のあいだから生まれてきた。地方自治体間の防災相互協定だ。これは通常たかだか一ページ程度の簡単なものだが、神戸の震災以降、だれもがいちばん頼りにする自主的な「リスクヘッジ」として機能するようになった[15]。市長らは、家を失った人のための避難所の供給などの相互支援を誓い合い、被災地の費用負担による救援物資の提供や人員の派遣を約束した。緊急事態対応計画の取り交わしが行なわれ、相互連絡を行なうことが定められた。地方自治体はこれらの協定を公式に記録することは求められず、総務省さえも一九九五年以降、どのくらいの協定が結ばれたかわからないくらいだった。山形県に派遣されたある総務省職員によれば、山形県はそうした協定のひとつを隣県それぞれと結んでおり、このような協定の数は全国では何千にも上るだろうという[16]。東京都も同様に、近隣の県や特例市それぞれとの「広域支援」協定を結んだ[17]。これらの協定は、江戸時代のかすかな名残りどころのものではない。この新しく強固だが非公式な取り組みは、三・一一の余波のなかで何よりも重要なものであることが証明された。当時、被災しなかった地方自治体は自主的に行動し、被災地に支援の手を差しのべたのである。

この非公式だが入念に結ばれた横の連携は、限られた（そして何度も頓挫した）中央政府による大規模な分権化への努力と足並みをそろえた。その一例が一九九四年の地方自治法の改正である。それは、近隣の府県や自治体が地方の協議会をつくり、おのおのの境界を越えた環境規制、観光事業、交通システムなどの政策を実行することを許可するものだった。この「広域連合」は、さまざまな既存の合法的組織に横のつながりを持たせた。たとえば、近隣の地域に対するサービスの外部委託である。サービスの提供や共同施設の使用のために、地方公共団体が一部事務組合を設置した。たいていの機関は特定の政策分野に限られたものだが、この新たな広域連合はそうではなく、いくつもの分野を通じて政策を実行することができる。それには、地方レベルでの法の制定や新たな行政単位の創設が求められる。収益を生むことはできず、それぞれの地域からあてがわれる納付金に頼るしかないが、より高いレベルの行政責任を引き受けることができる。だからこそ、広域連合は都道府県の構造改革のための重要なお手本、あるいは少なくとも、より現実的な選択肢と見られているのだ[18]。二〇一〇年七月には、このようなさまざまな協定が結ばれ、地域をまたぐ政策協定の数は七五〇〇件以上となった[19]。

これに関心を寄せたメディアはごく限られていたが、この広域連合という形態は地方自治を前進させる大きな一歩となった。二〇〇四年にはわずか八二だった広域連合は、創設からちょうど一五年目の二〇一〇年七月には一一五に増え、全国でおよそ二三〇〇の地域が参加していた[20]。これら連合の半数以上が、高齢者や障害者向けの公共医療サービスを提供しているが、九州のある広域連合は税に関する条例を調整するために活用され、東北地方のある広域連合は、条例を調整するというモデルを二〇以上の地域で実施した。一部の人々はこれが「東北州」実現への第一歩になると期待した。

横の連携の発展への道は、地方自治体が三・一一の打撃を受けたあとに気づけばたどっていた道であり、地方分権を実際に進める唯一の道だった。その道によって、地方自治体はあの大惨事からの復興を目指し、最大の力を奮い起こしたのである。

地方自治と同様、地方分権もまた定義が難しい。地方分権はひとつの理想として広く支持されているが、どういう形が取られるべきかについては、それぞれに異論がある[21]。都道府県を「州」に置き換えるという改革の試みは、何十年ものあいだ成功しなかったが、一九九五年、自社さ連立政権の村山内閣は地方分権推進法案を通した。この法律によって、地方自治体を中央政府と「同等」にするという目標を唱える委員会が生まれた。一九九〇年代、地方債への懸念と国レベルでの行政改革が広がるなか、経済界で、さらにはじめて知事らのあいだでも、県の合併を支援する動きが新たに勢いを増した[22]。最初にこれを支持した一人が、経営コンサルタントであり、著述家で有能な知識人である大前研一だ。大前は広域連合を「中途半端」と批判し、道州制を主義の核に据えた[23]。一九九二年、大前は自身の政治基盤として平成維新の会を発足。一九九五年、彼は道州制への転換に向けての計画書を出版した。大前の取り組みは次の数十年に作用し、全国に名を知られた野心家の大阪府知事（のちに大阪市長）の橋下徹にも影響した。橋下は大前と道州制への熱意を分かち合い、二人は三・一一後も話し合いをつづけた[24]。

二〇〇〇年四月、地方が担う役割は拡大され、機関委任事務は名目上廃止された。しかし、地方財政の問題は尾を引いた。翌年、地方分権化によって地方財源と地方自治権を増大させる、いわゆる三位一体の改革のなかで、小泉純一郎内閣は年間三兆円のひも付き補助金の削減、地方を束縛していた補助金制度の改革、地方交付税の配分の削減を目標に据えた。少なくとも名目上は、地方自治体は完全に自分たちの財源を管理し、より自由に自分たちの選択する政策を行なうことができる。この改革の発表にあたって小泉はいかにも彼らしく、地方分権化についての責任は内閣府が負うとし、財務省や総務省の頭越しにこれを行なった[25]。

小泉内閣は中央省庁の反対を見越してこのような手法を選んだが、それがさらなる反発を招いた。中央省庁は激しく抵抗し、地方財政は不健全なままだった。自民党と民主党とのあいだの長年の対立を思えば、これを推し進めるための合意に至るにはあと五年ほどかかるのは確実だった[26]。大前や経団連などは改革のペースに不満を表し、これを追及した。道州制は日本人の「創造性を解き放つ」とし、債務超過の危機から国家を救い、国家の発展を妨げる汚職や談合をなくすものだと彼らは主張した[27]。二〇〇六年、大前は、小泉は慎重すぎると発言し、残りの中心的な出先機関が統合され、県の合併が構築され次第、道州制を導入するよう強く求めた。その後、自民党はふたたび、中央の機能を大きく地方の権限にゆだねようとした。この計画によって、またも自治体間の横の関係は強まることになる。

地方分権化の歩みが徐々に這うほどのペースに落ちていくなかで、安倍晋三首相は地方分権改革の特命担当大臣に、元岩手県知事の増田寛也を任命した。増田は地方間の「自立と相互協力」を推し進めようと努めた。二〇〇六年には安倍首相が道州制のための大臣のポストを用意し、北海道と近隣の三県（もしくはそれ以上）による道州制の「モデル」をつくる取り組みを体系化。改革に弾みがついた[28]。安倍首相は小泉の範にならって中央省庁の反対を回避するために内閣府を通じてこの取り組みを行ない、中央省庁は改革のなかで縮小すると見られた。そのころ、道州制の概念ははじめて全国知事会の支持を得た。ついに全国知事会のメンバーの大多数が、道州制は実際に中央政府による見落としを減らし、ひも付きでない財源を提供するだろうと納得したのである[29]。そして、九つの州、一一州、または一三州という三つの道州制の案が浮上し、地方の活発な主導権争いが起こった。さまざまな県が州都として名乗りを上げた。たとえば広島県と岡山県は「中国州」の主導権を争った[30]。しかし、二〇〇九年に自民党が政権を民主党に明け渡し、党首小沢一郎がこの改革への民主党の長年の支持を覆したことで、三・一一以前の、道州制導入のための最後の努力は水泡に帰す[31]。

小沢が著書『日本改造計画』（一九九三年）で「新分権体制」によって「中央の権力を限定すべき」であり、中央政府がすべてを抱え込んでいると「権力に依存する無気力な国民を生み出し、日本国民の潜在的可能性まで潰してしまう」と論じたのはよく知られている[32]。小沢の提案は、都道府県の廃止ではなく、そのほとんどの機能を一連の三〇〇の自治体に移譲することだ。その数と規模は一九世紀後半の明治維新以前の藩を思わせる。移譲後の中央の機能は廃止され、国防や公衆衛生などの一部の機能以外の、ほとんどの行政責任や財政責任は地方自治体にゆだねられる。地方の首長はもう「国の出先機関」として扱われることはない。つまり、小沢は決して道州制を支持してはいなかったのだ。そして、二〇〇九年の選挙での民主党の歴史的な勝利のあと、道州制をつぶす機会を得た小沢はそれを実行した。

鳩山由紀夫が率いる新たな民主党政権は、一極集中の行政を終わらせるという、いまとなっては無意味なマニフェストで武装し、前政権が全国市長会、全国知事会とともに練り上げた合意を退け、その代わりにいわゆる「地域主権改革」を強調した[33]。たいてい小沢のいいなりだった鳩山は、この件でもおそらく小沢の入れ知恵で、中央政府と地方政府の立場の逆転を目指すと宣言、寄せ集めの政策を並べた新五カ年計画を提案した。地方政府による財源管理の権限の強化、地方自治法の見直し、地方議会における議員定数の法定上限撤廃、中央政府の出先機関の解体、すべての「ひも付き」補助金の廃止、地方司法機関の設立、そして、(もはやおなじみの話だが)地方自治体の横のつながりの強化などだ。すぐにでも実現しそうなものは、なにひとつなかった[34]。党内で小沢の影響力が衰えたあとも、民主党が県の合併や道州制をふたたび支持することはなかった[35]。

しかし、いまや地方自治体は——少なくとも、自分たちでなんとか管理できる問題については——みずからの手で問題に対処していた。なかでも重要なのは横の連携という、各党派と中央政府が改革に不可欠なものとして掲げてきたしくみである。二〇一〇年一二月、三・一一のわずか三カ月前、日本で二番目に繁栄している関西地区の七つの府県が関西広域連合を設立した。発案者の一人である兵庫県知事の井戸敏三によれば、各知事は連携して産業の発展を強化し、中央政府の出先機関を撤退させるだけでなく、団結して(そして先見の明をもって)危機管理を行なうということだった[36]。したがって、第五章で論じたとおり、三・一一以後、中央政府による原子炉再稼働計画に対するとくに厳しい異議申し立てが、関西広域連合という名の地方当局によってなされたことも、公益事業体と複数の地方自治体の**連合体**がはじめて協定を結んだ事例として、関西電力が、万一、原子力事故があった場合は関西広域連合に通知することに同意したことも驚くには当たらない[37]。同様に、「カウンターパート方式」という言葉とともにまずスタートを切ったのが、地方自治体のこの特別な連携だったことも、意外ではなかった。この連携は、三・一一以後の東北を支えるもっとも革新的な形態であり、三・一一がもたらしたもっとも革新的な政治的イニシアチブだったといえるかもしれない。

## 窓は開かれた

中央政府の三・一一への対応がもたついているように見えるなか、地方行政システムへの取り組みはすでに進行していた。井戸兵庫県知事は二つの事柄を結びつける。彼によれば、三・一一が権力の東京一極集中による弱みを露呈した結果、地方分権や、関東と関西のバランスのとれた地方行政制度を目指す、いっそうの努力が見られるだろうということだ[38]。国民はこれを高く評価した。二〇一一年八月の調査によれば、六〇パーセントの人々が、災害後の情報源として中央政府はもっとも信頼できないと見なしているという（この数字は、三・一一以前の調査から二二パーセント以上増加したものだ）。また、五分の一以上の人が、災害時の情報源については都道府県および市町村がもっとも信頼できると考えている[39]。三・一一以後の中央政府に対する不満は明らかになり、それは地方レベルに広がり、地元当局はすぐさまその恩恵を受けた。ある元総務省関係者によれば、人々は政府が助けてくれるだろうとずっと思っていたが、ここにきてそれは疑わしいと感じているという。政府に対する大衆の信頼は落ちているが、地域にとどまるほかなく、その復興のために働かねばならない知事や市長への信頼は高まっているというのだ[40]。知事らはこれに同意を示し、早くも四月にはその六〇パーセントが――自衛隊をひたすら称賛していた人々も含めて――中央政府の対応に不満を表明した[41]。

だが、時にはこうした地方の首長らが計算抜きで心から不満の声を上げることもあった。津波による大きな被害を受けた岩手県の陸前高田市の戸羽太市長は、政府高官や政治家がシャッター・チャンスとばかりに被災地域やその市長と写真を撮りたがったことを嘆いている。「国会議員も陸前高田に来て、瓦礫の山を見ているはずなんです。その時は『大変だね、かわいそうだね、なんとかしないといけないね』と声を掛けていただけるんですが、東京に帰ったら、すぐに忘れてしまうんでしょうか」[42]。心の叫びを上げたのは戸羽市長だけではなかった。彼と同じ立場にある南相馬市の桜井勝延市長は三月二四日、支援を求める動画をユーチューブに投稿し、福島第一原発のメルトダウンについての情報不足を訴えたことにより、政府による支援の遅れはとくに注目されるようになったのだ[43]。桜井の動画が全世界に配信されたその翌日――避難者が市民の七割を超えたころ――政府は自主避難勧告を発令した。これについて桜井市長は、避難したくても避難できないか、留まることを決意して市内に残っている人々を、さらに混乱させただけだと述べている。「屋内退避」を指示され、物流がとどこおり、救援物資も満足に行きわたらないなかで、いまさらどうやって「自主避難」しろというのか。四月には、津波で三六人の職員を失いながらも名をはせ、力をつけた桜井市長は、東京で内閣官房副長官と直接対面することができた[44]。政府の失敗という認識が広まり、地方の政治指導者がさらに幅広い支援を享受できるようになったことで、三・一一は地方自治改革への窓を大きく開いたのである。

地元の政府当局は他にさきがけて、三・一一が日本のシステムに変化を促すだろうと示唆した。元宮城県知事の浅野史郎は、三・一一は日本の自治体経営をまったく新しいシステムに生まれ変わらせる機会だと述べた[45]。同様に、元志木市長で地方自治改革の第一人者である穂坂邦夫は、三・一一を「我が国の統治構造をはじめすべてのシステムを大きく変えることのできる起点」とすべきだと記している[46]。岩手県知事の達増は三・一一は地方自治体をかつてないほどに強くすると確信するようになったが、それは震災当時の政府に対するいらだちに根ざしている。彼はまた、歴史的役割の転換が進行中であることも示唆した。政府は情報や指揮に関してかつてないほどに地方自治体を頼りにし、地方自治体同士も、かつてないほどに頼り合うようになった[47]。兵庫県知事の井戸はさらに踏み込んで、政府の役人が自分たちに正当性がないことに気づいていないといって侮蔑の色を浮かべた。彼によれば、政府のほとんどの役人は、三・一一は自分たちの役割の重要性を証明したと主張し、行政権限を大きな地方自治体に移すことにも、出先機関をなくすことにも反対するというのだ[48]。盛岡市の出先機関にいた、ある総務省の政府高官はひそかにこう同意した。「この制度は変わるでしょう。いまや中央は地方自治体とじかに接触しています。もうわれわれの仕事が都道府県を介して行なわれることはなく、協議はまさに対等に行なわれているのです。地方自治体の基本姿勢は、われわれに頼らないものになるでしょう」[49]

政策知識人らも負けず劣らず、三・一一がもたらすシステムの変化に期待していた。明治大学の中林一樹《いつき》特任教授は、東北の復興を革新的な政策の試験台として利用する機会ととらえている。彼のいう「事前復興」において、三・一一は行政についての新たなアイデアを生む機会を与え、それはやがて全国に受け入れられるというのだ[50]。神戸大学で都市計画を専門とする平山洋介教授は、三・一一について「危機は機会なのか?」と問い、全国の地方行政に影響を及ぼす公共建築計画を練った[51]。『朝日新聞』は二〇一一年九月の紙面で、「復興への取り組みを通じて、政府と地方自治体との関係を見直すべきだ」と論じている[52]。復興構想会議の議長代理でさえ、地方自治体は行政の転換において主導権を握るだろうと予言した[53]。オーストラリアの弁護士で政策アナリストのジョエル・ルーベンは、この問題と将来の見込みをとりわけ明快に表現している。「中央政府中心の官僚主義的復興政策に対する潜在的な不満が地域のイニシアチブを失速させ、空洞化していた地方自治体が長期的可能性を見きわめるとき、まったく別のタイプの地域のガバナンスが東北の灰の中からわき起こるかもしれない」[54]

こうした変化に向けて広がりを見せる情熱は、持続するのだろうか? そう考えない人もいる。その一人である横浜市の副市長は、震災からちょうど半年後に残念そうにこう述べた。「たしかに地方自治は変わるべきです。だれもが変化の期待に熱くなりましたが、私はその情熱は消えたと感じています。すでに勢いは失われており、気がかりです」[55]。エネルギーと安全に関しては、地方行政における三・一一以後の変化への期待は、三つのモデルとして説明できる。ひとつ目は加速して前進する「変化を加速する」モデル、二つ目はいまの流れをさらに濃いものにする「現状維持」モデル。三つ目は、日本を過去のよりよい時代に戻す「逆コース」モデルだ。

## 地方自治体における変化のナラティブ

### 日本のサイズを見直す

変化を加速させるための二つの主張は、三・一一の瓦礫のなかから芽生えた。二つとも、いまこそ地方自治体の「サイズを見直す」ときだと訴えた。ひとつ目は、数十年来実現していなかった、都道府県を統合して限られた数の「より効率のよい」州にする試みにもとづいていた。二つ目は公益事業の合理化や合併整理への努力を否定し、むしろ地方自治をより住民に近づけようというものだ。私はひとつ目を「スーパーサイズ化」、二つ目を「ローカル化」と呼んでいる。両者ともリーダーシップとコミュニティのトロープにてこ入れするもので、それぞれの提唱者らはこれらを三・一一の真の教訓として正当だと論じている。

「スーパーサイズ化」について。三・一一による「スーパーサイズ化」のナラティブは、それぞれに範囲と規模を重んじる二つの要素の上に成り立っている。経済界とその政治的、行政的協力者は、この二つを東北の復興による「正の外部性」から紡ぎ出す。ひとつ目は経済だ。地域復興の一部として大規模な経済活動が導入されれば、地域の繁栄がもたらされるだけでなく、世界貿易の道をひらき、結果的に日本全体が栄える。東北は中小企業に頼ってきたため、発展が遅れていた。経済規模の問題を解決すれば、その経済は、安定したエネルギー供給をはじめ、減税、規制緩和、労働市場の改革といった一連の公益を生むだろう[56]。二つ目は行政である。市町村、あるいは府県を合併することで、行政区域が拡大すれば効率は高まり、おそらく公共サービスの提供についての政治的雑音は減るだろう。広い管轄域を持つ少ない行政区という形は、より効果的なリーダーシップを提供し、よりよい公共サービスを約束するだろう。

「スーパーサイズ化」が目指すのは、行政の範囲と規模を決める、別々だが密接に関係する二つのしくみを実現することだ。両者とも数十年間、出番を待っていた。支持者らは、それが大規模に採用される好機を待っていたのだ[57]。そのしくみのひとつが、「ローカル化推進者」がいっそう効率的に権力を行使する、「特区」というモデルだ。一九九〇年初頭に橋本龍太郎政権によって構想され、一〇年後に小泉純一郎首相が導入した特区は、特定の製品や事業に対する規制緩和を求める地方や民間企業の要請を受けて、政府が指定する[58]。特区の認定を決める際は、地方と中央の関係者のさまざまな視点を調整するために、「国と地方の協議会」が創設される。内閣府は、名目上は交通整理をする警官のような役割で、特別に認可された件について規制を緩和するように系列の省庁を指揮する[59]。政府はこの特区モデルについて二つの目標を設定している。ひとつ目は、コミュニティのトロープを活用し、地域産業の特色を地域の活力と結びつけることによって、その特色を持続させることだ。二つ目はリーダーシップのトロープを前面に打ち出し、成功例を拡散させて全国的に構造改革を推進することだ[60]。二〇一〇年には、こうした特区の申請は五〇〇件に満たず、認可されている特区のほとんどは限定的な影響力しかなかった[61]。地方からはほとんど無視され、経済界からも見下されていた。なぜなら、「ひとつの特区にひとつの役割」という絞り込んだ手法のために、お役所仕事をなくすどころか、むしろつくり出していたからだ[62]。

しかし、三・一一以降、内閣府はこの「総合特区制度」は「成長戦略実現のための政策課題解決の突破口」だと宣言した[63]。名古屋市長の河村たかし（彼は歯に衣着せぬ「ローカル化推進者」で、その震災時のリーダーシップについては本章の後半で考察する）は、この「総合」特区が行政の規模と範囲の問題を解決に導くかどうかと問われ、中央官庁を「あほみたい」と評した[64]。それでも、特区のステータスは、三・一一以後、目に見えて高まった。特区は、東北各県が提起する詳細な復興計画の雛形となり、地域のための「総合特区」という構想は民主党、中央官庁、全国の組織、そして宮城県知事の村井嘉浩によって支持された[65]。

三・一一以後の規模と範囲の見直しを促す、より野心的な二つ目の改革とは、不死鳥のごとく蘇った「道州制」だ。三・一一はこの構想にあらためて脚光を当てる最高の機会をもたらした。五月、もっとも積極的な「スーパーサイズ化推進者」である経団連が、規模の拡大を三・一一以後はじめてとなる政策プログラムに直接組み込んだ。この政策プログラムは、道州制が生み出す数多くのさまざまな公益における防災力の優先順位を高め、初期対応能力を強化するものだった[66]。またその際に経団連は、一九九五年の阪神淡路大震災後に行なった助言の多くをくりかえし、今度は兵庫に代わって東北を、行政改革を試すのに理想的なモデル地域と見なした[67]。この「マスタープラン」とそれにつづく報告において、経団連は被災地の復興を「効率的・効果的に」行なうよう呼びかけた。最初の一歩は「震災復興特区」の創設で、これは中央官庁の指針のもと、適切な規制、税制上の優遇措置、財政支援、投資を促進するための行政措置といった、地域全体の総合的な事柄に対応する。「地域住民の意向の尊重」を明言した経団連は、政府と地方自治体とのあいだの「適切な役割分担」を探り、東日本大震災復興対策本部に多大な権限を与える重要性を強調した。内閣総理大臣を本部長とするこの対策本部は法案を作成し、予算を調整し、各省庁の政策の調和をはかる[68]。経団連が思い描いたのは、この特区の成果は、高い付加価値を持つ産業拠点をつくることだけでなく、技術系企業を発展させ、「大規模・先進的経営を実践する」第一次産業従事者を育成することであり、彼らが地域を立て直すだろうということだ。この特区の「司令塔」をつくることが、国を道州制へと導く[69]。ある幹部によれば、経団連は、復興庁の監督のもと東北全域にわたる特区を設け、全国に先駆けて地方自治体の統合を道州制へと導くことを希望しているという。「東北州」は全国に道州制を導入するモデルになるだろうというのだ[70]。

まさにこれが、三・一一後の復興に関して、知事や国会議員の一部がもっとも恐れていることだった。社会民主党政策審議会長の阿部知子は道州制をミニ中央集権以外のなにものでもないといい、戦前の軍事組織にたとえた[71]。元福島県知事の佐藤栄佐久はそこまでではないが、このスーパーサイズ化戦略を火事場泥棒にたとえて牽制し、企業や行政のリーダーは三・一一を利用して県をなくそうとしており、地方を捕らえようとしていると警告した[72]。岩手県の達増拓也知事など、他の知事らは道州制の構想を、国民から行政を遠ざけるものとして否定している[73]。達増は、道州制は東北にとって大変厳しいものになるという。岩手県には確立した機能があり、面積もすでに大きく、仙台から盛岡に行くのにヘリコプターが必要なくらいだからだ[74]。兵庫県知事の井戸敏三も、道州制に対して非常に冷めている。井戸によれば、企業のリーダーらがこの構想を支持するのは、大勢の知事たちに頭を下げたくないからだという。州は「地方」ではなく中央政府とその出先機関に依存しつづけるだろうとして、井戸は「中央の言いなり」になると見ている[75]。彼の主張は、地域協力と地域統合は分けて考えるべきだというものだ。前者は重要であり、井戸みずからが連合長を務める関西広域連合のように、地域間の結びつきを通して達成は可能だという[76]。民主党議員で元総務大臣政務官の小川淳也は、より皮肉な説明をする。道州制に賛成するか反対するかは政策志向ではなく、損得勘定の問題だというのだ。都道府県が統合すれば、中央省庁は退職官吏のためのポストを失い、ほとんどの知事は生き残れないだろう。なにしろ、それぞれの州に知事は一人、州都もひとつしかいらないのだから[77]。

しかし、地方のリーダーのなかには影響力を持つスーパーサイズ化推進者がいた。宮城県知事の村井嘉浩だ。村井は宮城県の漁業の発展のために、既存の協同組合とともに（あるいは競合して）水産加工会社や漁業会社が参加できる特区を復興構想会議に提案した。彼のいう「東日本復興特区」とは、一〇年間の税制優遇措置と、八つの分野（建設、農業、工業整備、水産加工など）への中央からの資金供給を得るものだ[78]。この「変化を加速する」手法を信奉する村井知事は、阪神淡路大震災後の兵庫県の失敗を引き合いに出した。兵庫県の失敗とは、復興の目標を震災前の状態への回帰としたことである。過去の地点に戻ろうとして、神戸はほかの港湾都市や工業都市にその座を奪われた。村井の主張は、人々の脳裏には三・一一以前の記憶が焼きついているが、時代は容赦なく変わるというものだ。計画を立てるなら、一〇年後の日本のかたち、東北のかたちに目を向けることが必要だと彼はいう[79]。

第一次産業に依存するほかの地方と同様に、宮城県の未来の展望を支配しているのは、漁業の担い手の半数が六〇代以上で、その多くは復興しても、もはや海に戻る気はない（あるいは戻れそうも

漫画冊子『やっぱりいいね！道州制』．経団連，経済広報センター提供

ない）という事実だ。村井は一日でそれを知った。宮城県の水産業は一気にいまから一〇年先の姿になった。労働人口は減少し、新たな財源も技術革新もなく、県内一四二の漁港のうち再建されるのはごく一部にすぎないだろう。漁業はもう立ち行かない。そのため村井は経団連の構想にしたがい、地元の漁業協同組合の独占権を廃止し、大手民間企業に港をひらくことを提案したのだ[80]。東日本大震災復興構想会議委員で学習院大学教授の赤坂憲雄によれば、村井知事は東北出身ではなく、最初から、地域を変えようという東京のシンクタンクと経済界の支援を受けており、それが今回の提案につながったのだという[81]。村井知事や経団連だけではない。三・一一後の日本スーパーサイズ化構想は全国的な議論をかき立てた。大震災から半年後、グーグルで「大震災、道州制」と日本語で検索するとヒット数はほぼ五〇万件だった。ある市民グループ――一九九〇年代に大前が主導した残党――は、ウェブ上で、もし日本が道州制をすでに整えていたなら、国はもっと効果的に三・一一に対応しただろう、「他県への増援を要請することも困難」ではなかっただろうし、この難局に対処するのに十分な基盤を構築できていたはずだと主張した[82]。このグループは、もし県ではなく州が地方行政の最前線にあったとしたら事態はどうなっていたかを議論する場として、「震災後初の道州制カフェ」を開催すると発表した[83]。影響力のあるメディア〈東洋経済オンライン〉も足並みをそろえ、道州制を「震災後の国づくりの土台」として、復興の「軸」とすべきだと論じた[84]。二〇一一年五月には、一三〇人の国会議員らが「東北州」創設について議論する、「道州制懇話会」という超党派グループを結成した[85]。小規模だが人気野党のみんなの党は、地方分権を擁護しており、道州制の東北への導入を呼びかけはじめた。主導者の一人で、理想の地域のかたちを訴える江口克彦は「これを契機に、中央集権体制に終止符を打ち、道州制を土台とした新しい国づくりを推し進めなければならない」と主張した[86]。

スーパーサイズ化は、日本のサイズを見直すという主張のほんの一部にすぎない。二番目の主張は、小型化することが前進するためのよりよい方法だというものだ。前者は資金力があり、広範囲に影響を及ぼすが、後者はより刺激的で感情に訴える。そして、後者もまた、目に見えて支持を獲得した。

「ローカル化」について。道州制やその他のスーパーサイズ化改革に対する強い抵抗は、三・一一後も揺るがなかった。それどころか、集団によってはより力をつけている。反対意見の多くは、平成の大合併――道州制への第一歩――が三・一一の際の救助・救援活動の妨げになった、という見方にもとづいていた[87]。元福島県知事の佐藤は、南相馬市や田村市といった、新たにつくられたいくつかの市はあまりに広大になりすぎたため、救急活動の手が住民にまるで届かなかったと主張。もし町村が合併していなかったら、もっと多くの命を救えたかもしれないと佐藤はいう。スーパーサイズ化推進者らによる逆効果を招くような主張は、サービスの合理化と規模の経済にもとづいており、もっとも対応が必要とされるときに、的確に対応すべき地方の能力を弱めたために、「多くの混乱が生じた」のだ[88]。これに同意する岩手県のある計画担当者によれば、合併により自治体職員の数が減ったことが、緊急時の対応に負の影響を与えたのは間違いないという。初期対応をする者が減り、その仕事を負う担当者も減ったということだ[89]。このことは地方メディアによって裏付けられた。『河北新報』によれば、石巻市（宮城県の第二の都市でひどい打撃を受けた）の職員数は、合併のせいで四割減っていたという。残った職員——合併前より三〇〇人減っていた——は大きな負担に苦しんだ。いまは人手不足の出張所となった、かつての町村役場と市当局のあいだには、情報伝達の問題もあった[90]。

さらに、不均衡という問題もあった。合併された市の多くは人口減少や経済衰退の渦中にあり、まさにそれが「合理化」が正当化された理由のひとつだったのだ。だが、第五章で論じたとおり、原子力発電所の設置を受け入れた隣接地域は補助金で潤い、突如として繁栄を迎えた。福島県沿岸の六つの町（浪江町、双葉町、大熊町、富岡町、楢葉町、広野町）だけでなく、佐賀県の玄海町、宮城県の女川町、青森県の東通村、新潟県の刈羽村は、それぞれ合併による恩恵はないだろうと判断した——恩恵どころか、補助金を分け合わねばならない——ため、合併を断った[91]。その結果、新しい市は地理的には広がったものの受けられるサービスは最小限度にとどまったのに対し、新たに豊かになった町は従来どおりの広さのままでサービスを拡大できたのだ[92]。

兵庫県知事の井戸敏三は、「ローカル化」というナラティブに注意を向けるような言葉で、この問題を語ろうとした。井戸によれば、平成の大合併は失敗であり、結局、市長の数が減り、小さな県より大きくなった市もあるという。地方公務員への道は閉ざされ、都市の中心部の息の根は止まり、人々の行き先はなくなった。求められるのは大きな行政単位ではなく、小さな行政単位だと彼は主張する[93]。三・一一のなかの「スーパーサイズ化」のナラティブには際立ったヒーローや悪役がいない——元民主党の黒幕で、三・一一以前の最後の道州制案を潰した小沢一郎を除けば——のに対して、「ローカル化」のナラティブのなかにはその両者が大勢いた。たとえば、社会民主党政策審議会長の阿部知子は、政府がぐずぐずしているあいだに市長が行動を起こしたといい、未来の優秀な市長や知

南三陸町防災対策庁舎．津波により鉄骨の骨組みだけが残った．2011 年 9 月，著者撮影

事は危機のなかから生まれる、と市長らを称賛した[94]。岩手県の達増知事にとって三・一一のヒーローは、東北の活気ある未来を受け継ぐ小規模生産者だった。合併推進者や道州制を悪しきものと表現する人々は、ほかにもいた。たとえば、『朝日新聞』は社説で政府の圧力についてて述べ、「まちの将来を決めるのに、お伺いを立てねば前へ進めないというのは、どうか」と疑問を呈した[95]。元福島県知事の佐藤は、道州制推進派を攻撃し、いまの道州制の議論は効率性だけを最優先し、そこに住む住民の視点からはまったく考えられていない、と訴えた[96]。変わり種のリーダーシップの話を引き合いに出しながら、「効率を求めた構造改革者らが農村や漁村を破壊した」と述べて、「スーパーサイズ化」モデルに反対する人々もいた[97]。

東北のローカル化推進派のなかでも急先鋒に立つ岩手県の達増知事は、際立ったスーパーサイズ化推進派の急先鋒で近県の同職にある宮城県の村井知事と真っ向から対立している。達増は「少なくとも岩手における復興にとって、規模集約・大型化、民間大手資本の導入などの手法――端的にいって〝TPP（村井や経団連が支持する地域貿易協定案）的〟な路線は、まったく考えられません」と主張した[98]。達増は「答えは現場にある」と信じている[99]。彼は特区の利用を受け入れているが、経済界が大規模な合併に通じるものと見ている総合特区については受け入れていない。彼は、小規模な地元産業に「フェアトレード」ができるよう後押しし、特区を機能的に利用したいと考えている。また、村井の好む「フリートレード」という名の大手の第三者企業の参入を避けたい考えだ。

達増は、岩手はアメリカやブラジルでの大規模な商業的農業には太刀打ちできないが、ニッチ市場向けの輸出は可能であり、それが岩手の強みだと語る[100]。達増による岩手の展望――彼いわく、日本の展望――は、高い品質、職人技による製品、農産物が世界市場を支配する、フランスやイタリアを手本にしている。これを機能させるためには、その計画は地方で生み出されたものでなければならないという。「漁業のことは漁業者がいちばんよく知っている」いるからだ[101]。三・一一の直後に、達増は岩手県東日本大震災津波復興委員会を招集した。その構成員は、最近大地震に見舞われたニュージーランドのクライストチャーチの視察から戻ったばかりの立案者らや、地域農業、漁業、林業および商業を代表する社会政策の専門家らだ。その結果、地域に立脚した再開発のモデルプランができた[102]。

達増だけではない。東日本大震災復興構想会議の報告書を書いた人たちは、直接言及しないものの、この取り組みを支持した。彼らは場合によっては地域合併を認めたが、事実上はきわめて局所的で機能も限られる特区を認めたのだ。実際、その報告書の冒頭では地方をコミュニティの理想と結びつけて、被災した東北の再生のため、地域・コミュニティ主体の復興を基本とし、「国民全体の連帯」によって復興を推進する、と宣言している。そのことについては、『「特区」』手法の活用と市町村の主体性」という項目がまるごとあてられている[103]。同会議の見解は、このように記されている。「復興の主体は、住民にもっとも身近で地域の特性を理解している市町村が基本となる。（中略）国は（中略）復興の全体方針を示し、復興の主体である市町村の能力を最大限引き出せるよう努力すべきである。その際、現場の意向を踏まえ」てこれを行なうべきである[104]。「ローカル化」の展望を述べるものとして、これほど明晰なものはない。東北再生のための戦略を示しながら、この提言は、地方のイニシアチブ、地方の知識、地方の資源、地方での医療専門家の育成、「地域特性に応じ」た地域単位の分散型エネルギーシステムの価値を強調した。さらには、「地域に内在する景気循環」を最大限に活用することも呼びかけている[105]。

スーパーサイズ化推進派とローカル化推進派の対立がもっとも際立ったのは、二〇一一年五月、復興構想会議に提出された復興計画においてだった。この対比を『朝日新聞』の論説委員は「一国二制度」と巧みに表現した[106]。宮城県は八つの項目からなる今後一〇年の復興計画を提示したが、明らかに三・一一を構造改革と新たな発展への足がかりとしていた。総合特区制度を中心に据え、八つの機能項目はそれぞれ別の「特区」を割り当てられている。規制緩和になれば、政府の規制を解く方向で再建が進むだろう[107]。宮城の復興計画は、住宅を高台に移し、住居と職場を分離し、公共インフラを再建することにより、「まちづくり」の推進を目指す。二番目の特区は、製造業と低炭素エネルギー源を重視して、民間投資を促すものだ。三番目は、論議の的である漁業に関する特区で、業界を垂直的に統合し、「競争力」の強化を目指す。四番目の特区も同じく三・一一を糧《かて》にして他の第一次産業に構造変革をもたらそうとするもので、宮城県は経済効率という名のもとに小規模農業を終わらせようと提案している。それに加えての輸送、医療、エネルギーについての提案は、「競争と新たな経営手法を導入する」という提案に比べれば、それほど論議を呼ばなかった。宮城県の復興委員会の一二人の委員のうち地元の委員はたった二人ということが、無関係とは思えない。

岩手県もまた、特区に注目していたが、よりローカル化を進める手段をとった。第一に、復興委員会の一九人のメンバーは全員が岩手県出身だった[108]。達増知事は、最優先すべきは地方繁栄のための能力を高めることだと主張し、水平戦略を展開しながら、沿岸部と内陸部という二つの地方行政の連携の上に計画を築いた[109]。岩手県の計画は、他県と同じ重要な政策分野の多くを強調している。コミュニティの構築、再生可能エネルギー、医療サービス、債務再構成、第一次産業の活性化、教育などだ。しかしそれは、復興とは政府の存在感を薄め、大手民間企業の浸食から地方の生産者を守るべきものという、達増の信念の上に進められた。岩手県の新たな特区のひとつは、県が津波浸水地域を買収し、そこを水産加工に効果的に利用し、土地使用や設備取得について小規模生産者に無利子の貸付を行なうことを可能にする。もうひとつはTOHOKU国際科学技術研究特区で、海洋研究と防災研究を行なう。達増は、地方政府が独自に出す情報は救援活動や長期計画を指揮する際に不可欠だと主張する[110]。

村井知事の計画はすぐに、三・一一をなんとか生き抜いた漁民たちからの反対に遭った。地域経済の利益が失われると心配した漁業協同組合（ＪＦみやぎ）は、当初からこの提案に断固反対していた[111]。村井は、漁協に対して特区構想を事前に説明すべきだったと認めたが、将来の宮城、日本の水産業を守るためにこの考えを進めていきたいと主張した[112]。村井は、商社による生産の近代化によって、宮城県産のパプリカが（売れ行きはともかく）生産量で全国一となった例を引き合いに出した。これに対してJFは女川町の例を出して対抗した。女川町では民間企業が参入を許されたものの、鮭の価格が下落すると企業は早急に手を引いたのだ。特区に反対する署名は一万四〇〇〇筆も集まり、六月に村井知事に提出された。七月後半にはJFの新しい会長の菊池伸悦が、漁協の独占支配を維持できるからには、企業の参入を支持することなど到底できないと主張した[113]。しかし、三・一一後、一年以内に宮城県漁業協同組合は、新たな企業から競争を仕掛けられた。その新参者とは東京の大手企業などではなく、漁協の離反者ら――村井知事と同様に宮城の水産業の未来は過去とは違うと信じる若い漁師たち――がつくった会社だった[114]。

おそらく、三・一一の悲劇から生まれたもっとも創造的なローカル化政策とは、復興まちづくり会社という構想だろう。これは、都市計画の専門家で復興構想会議の委員でもある、東京大学教授の大西隆が提案した[115]。三・一一後の議論の核をなす三つのテーマ――変化、コミュニティ、リーダーシップ――を柱に据え、大西は、復興まちづくり会社はふつうの人々が経済復興を起こす起爆剤になると考えた。地元に根ざし、地元から始動し、地元の人材で、地元が運営する事業のなかで公的資源と私的資源を組み合わせることによって、復興を目指す。地方の経済発展が第一であることをはっきりさせるために、大西は地元民が参加し、復興を主導する計画をつくった。市長らは継続して通常の行政を行ないつつ、復興まちづくり会社の社長という責任も負う。地元住民はその社員ということになる。

資本は県や政府によって用意されるが、中央政府の管理は受けず、現状復帰を目指すこともない。東北では急速に高齢化が進み、産業基盤が衰え、商業地域がさびれている。そこで、復興まちづくり会社は迅速に復旧や復興の段階を越えて、「創造的復興」の段階に入るべきだ。それには、地方レベルでこれまでとは違ったやり方が要求されるだろう。復興まちづくり会社は、まずは瓦礫を取り除き、漁業を復活させ、家を失った人々のための雇用を創出したうえで、新たな事業をはじめ、企業家のモデルとなる。新しい技術が求められる事業については、それを使いこなせる人材を復興まちづくり会社が地元で育成する。資源は外部に頼るかもしれないが、あくまでも地元がリーダーシップをとる[116]。

五月一一日付けの『日本経済新聞』の「経済教室」という影響力のあるコラムで、大西教授がこの構想を紹介すると、それは広く国民の関心を引きつけた。この記事は広く流布し、同構想への支援は二〇一一年秋の法案の草案にも盛り込まれている。まもなく、東北のメディアが復興まちづくり会社の設立を伝えた[117]。大西教授は、三・一一は地域社会と被災地主導という二つの大事な教訓をもたらしたと考える。地方の人々は地方自治体のさらなる行動を期待するようになり、地方自治体はそうした期待に応えられるということを見てきた。大西の考えでは、地方自治体は管轄区域の再編などする必要はないという。必要なのは、本物の活力への投資なのだ[118]。

## 一致団結

三・一一以後、仲間を支援するため盛んに努力を重ねた地方自治体ほど、教訓をよく学んだ地域も、地方の活力を確固たるものとした地域もほかにはなかった。新たな行政の行方についての構想から生まれた情熱とは違って、地域を越えた協力関係はつづき、横のまとまりや長年にわたって進行中だった地域をまたいだ連携は深まった。地方自治体は何十年も前に決められた道をたどっていたが、今、その小道を幅広い大通りに変えようとしている。「一致団結」の旗の下にコミュニティとリーダーシップを呼び覚ますことによって、それは成されるだろう。最初は自発的に、後に政府の財政支援によって、各地方自治体は、家を失った人に住宅を供給し、生活物資をまとめて輸送し、地元のボランティアグループや非政府組織（NGO）に資金を提供し、途方に暮れる——場合によっては行方不明の——被災地の公務員の補充のために、みずからの自治体の公務員を大勢派遣した[119]。

この展開にはどこか特別なものがあった。すでに検証した七五〇〇を超える正規の共同体（外部委託の事業、地域同盟、一部事務組合）の支援も——さらに過去数十年で劇的に増加した相互援助協定による支援さえも——被災地へ殺到した都道府県や市町村からの支援には及ばなかったのだ。数日もたたぬうちに、日本の各都道府県は東北を援助しており、最初の二週間で五〇〇近い地方自治体が物資やサービスを提供。ひと月がすぎるころには、二五〇〇人の自治体職員が被災地に派遣されていた[120]。この数字は七月までに、五万七〇〇〇人にふくれあがる[121]。そして、七カ月以上たった時点でも、まだ一三〇〇人以上の地方公務員が東北各県で勤務していた[122]。二〇一一年一二月の時点で、関西から現地での支援のために派遣された人による仕事量だけでも、一七万五〇〇〇人日《にんにち》に及ぶ[123]。最初の一年間で七万七〇〇〇人の地方公務員が、東北の復興支援のために派遣された[124]。

こうした数の合計からは、特定の県や市の多大なる献身の姿は見えてこない。たとえば、二〇一一年九月三〇日現在で、横浜市だけで東北に三三八五人の地方公務員を派遣している。その三分の一以上は教員や教育委員会の職員で、一五パーセントが消防士、一四パーセントは環境資源の専門家、残りは、医療、土木工学、ソーシャルワークなど、あらゆる専門分野にわたっていた[125]。名古屋市は市職員の四人に一人が津波の犠牲となった岩手県の陸前高田市に四五〇〇億円の支援をしたが、陸前高田は名古屋から六〇〇キロメートルも離れており、それ以前はお互いになんの関係もなかったという[126]。河村たかし名古屋市長は、かつて自分と同じく民主党議員だった達増知事と地震直後に協議し、一週間以内に名古屋の最初の派遣チームが岩手県内の各市町村に散った。数日以内に第二団がこれにつづいた。名古屋市の陸前高田市への支援は、あらゆる機能分野に対して「全面」的で長期にわたるものを目指していた。八七人の公務員のうちのほとんどは三カ月交代で派遣されていたが、三・一一から半年後の時点で三一人が現地で勤務していた[127]。二〇一一年一二月までには、兵庫県が七〇〇〇人を超える職員を派遣し、そのほとんどは宮城県庁に赴いた。さらに、兵庫県の市町村からは三万人以上の職員――神戸市からは八五六九人、淡路市からは三〇七二人――が宮城県内の市町村に勤め、そのうち三七人は、兵庫県が創設した「現地支援本部」に一〇カ月間も滞在した[128]。こうした横の連携のなかで、公式の「姉妹都市」関係や既存の相互応援協定にもとづいたものは少数だったが、大多数は名古屋市と陸前高田市の例のように、急遽、立ち上げられた連携だった[129]。こうした概念は、英語由来の「ペアリング」や「カウンターパート支援」、あるいは、中国語由来の「対口支援《たいこう》」と呼ばれるようになった。対口支援とは、二〇〇八年の四川大地震のあとの中国当局の対応をモデルにしたもので、各自治体は多くの初期対応と継続的な救援を求められる。もちろん、中国と日本では違いがあり、中国では中央政府によって自治体のペアリングが定められたが、日本では中央の主導なしに事態が展開した[130]。

実際のところ地方のリーダーやアナリストらは——政府の役人らの一部もしぶしぶ認めているように——政府が断固とした行動に踏み切れずにいるあいだに地方自治体が救援のイニシアチブを取ったと見ている。元日本銀行の行員で、四川省地震の際に日銀の北京事務所に勤めていた瀬口清之は、三・一一直後の数日のうちに国土交通省にこの中国モデルのことを伝えたが、なんの反応もなかったと述べている[131]。二〇〇八年に四川省で活動し、現地で「対口支援」の利点を見てきた東京大学教授の石川幹子は、体系的なペアリングがつくられることを期待してこの考えを総務省に紹介したが、ひどい経験をしたという。議員らにも訴えたが、彼らは、指導者の資質の試金石となるその課題を受け入れなかったらしい[132]。そこで石川は、日本学術会議にこの構想を示した。すると、三月二二日に同会議は国家機関としてははじめて、「ペアリング支援」という提言を行なったのだ。それは被災地以外の自治体に、国内援助計画のひとつとして一対一で東北に手を差し伸べるよう、呼びかけるものだった。同会議は政府にも呼びかけ、全国知事会や全国市長会からの行動や組織的支援を求めたが、最初はあまり得られるものはなかった[133]。全国知事会は、三月下旬には、六〇〇人以上の公務員を東北に送るよう手配していたと主張している[134]。

しかし、当初はこうした派遣活動はよい案なのか、中央政府は必要なのか、だれもが確信を持っていたわけではなかった。総務省も地方自治体の全国協会も、こうした提案を検討していたが（無視していたという人もいるが）、先陣を切ったのは新たに結成された関西広域連合だった。連合長である兵庫県知事の井戸と京都府知事の山田啓二——両者ともに元総務省の官僚——は、何万という地方公務員とボランティアによる救援活動が、この若い組織の最初のプロジェクトにうってつけだと意を同じくし、三月一三日、会合が開かれた[135]。政府は完全に固まっていて、反応していないと確信した関西広域連合は、現地連絡所を設置し、直接、東北の相手方に対応させる「ペアリング支援」制度を採用した。兵庫県、徳島県、鳥取県は宮城県と、京都府と佐賀県は福島県と、大阪府と和歌山県は岩手県と、それぞれペアを組んだ[136]。数日のうちに、三県それぞれで現地連絡所が機能していた。この最初の一歩は井戸知事にとって決して譲れないものであり、彼は、兵庫県は一九九五年に苦い経験をしたと振り返る。当時、なにが必要か尋ねてくれる人はだれもいなかった。だから、兵庫県はペアとなった東北の県になにが必要かをかならず尋ねるようにしたというのだ[137]。さらに関西広域連合は、姫路市と石巻市、尼崎市と気仙沼市、西宮市と南三陸町、それぞれのパートナーシップを構築した。南三陸町の佐藤仁《じん》町長は関西の尽力について、感謝を込めて、政府のどの行動よりも迅速だったとほめたたえた[138]。

息もつかせぬ勢いで、地方自治体の対応を称賛する人もいた。多くの人々はそれを、大惨事の中だからこそ生まれた、まったく新しいものだととらえた。たとえば、地方行政を扱うある有力な雑誌は九月のカバーストーリーで、日本の「ボランティア元年」という一九九五年に広く受け入れられた概念を引き合いに出し、二〇一一年を「自治体連携の元年」と宣言した。二〇一一年は、地方行政への「政府支配の終焉の始まり」になるというのだ[139]。同誌は、これは「日本の行政史における新時代」だと主張し、「新時代の幕開け」を宣言した。三・一一後の経験は地方自治体に、政府だけに頼る必要はないことを示したのだ[140]。達増知事さえも、地方間協調の新たな関係とかたちについて言及し、

石巻市で救援物資の荷卸しをするピースボートのメンバーの小林深吾と自衛隊．2011 年．上野祥法《よしのり》／ピースボート撮影．ピースボート提供

制度化されるものもあれば、その場限りで終わるものもあるだろうと予測した[141]。
こうした興奮状態のなかで、地方公務員を派遣する利点については言及されないことが多かった。そのもっとも顕著な恩恵は、派遣された公務員らがこの機会にしか受けられない再現不可能な管理者教育を受けたということだ。なんといってもシミュレーションなどではないし、その経験と新しいスキルは、明日はわが身かと懸念する地方自治体が求めるものだった[142]。兵庫県の井戸知事によれば、最初に派遣された職員は、阪神淡路大震災直後を乗り切った経験者だったという。つづけて、危機管理を学ぶべき職員を次々と送り、彼らは帰ってくると毎週、「ミニ協議会」を開いて、自分たちの学んだことを各部署に報告した[143]。二〇一一年一〇月下旬、兵庫県の防災企画局は職員向けの回覧で、こうした派遣職員によって蓄積された知識を活用することが望まれると説明。「次なる大災害を乗り切るための効果的な方針を立てるために」、東北での職員らの経験の記録をまとめることにした。同様に名古屋市も、陸前高田市での経験を振り返るために四〇〇人の職員らが参加するシンポジウムを開いた。結論のひとつは情報伝達の保護と維持が不可欠であるということ、もうひとつはあまり技術的なことではないが実に重要なことだ。「災害後、市職員は自分がどれだけ深刻な被害を受けていても、最優先の責任として行政活動を支援しなければならない」[144]
政府が地方に派遣費用を償還した事実が見過ごされることもあった。総務省によれば、二〇一一年四月八日から九月二〇日までの五カ月間に、政府の特別譲渡税の予算から拠出した九三億円で職員派遣費用の八〇パーセントをまかなったという[145]。三カ月後、政府はこれを一〇〇パーセントの援助に引き上げる決定をした[146]。要求されて資金を出したという過程は見苦しいものの、償還は、こうした高いレベルでのカウンターパート支援を刺激し、持続させる一助となった[147]。このことは、政府が怠けていたとか麻痺していたとかいうよりも、ただ単に災害に直面して途方に暮れていた可能性を示唆している。三・一一後の一年で、中央省庁は七万人以上の職員を東北に派遣した[148]。このペアリング制度を広め、調整してほしいという議員らの要求に対し、総務大臣だった片山善博（前鳥取県知事）は、地方がイニシアチブをとって「自治体の自由度を高め」たことを称賛し、この要求を丁重に断った[149]。

もちろん、地方公務員の派遣はいくつかの問題にぶち当たった。たとえば、わが身が人手不足に陥った自治体もある[150]。自分たちの税金をよそに使うことに、市民が反対することもあった。東北への長期にわたる派遣の順番が回ってくると、「びびる」職員もいた[151]。だが、いちばんの難題は、東北から放射線を帯びた可能性のある瓦礫を引き取って自分たちの処理施設で処理することを、多くの自治体が渋ったことだ。宮城県も岩手県も、近隣の福島県の原発のメルトダウンのために県民を避難させる必要はなかったものの、津波による瓦礫は通常の一〇〜二〇倍にふくらみ、放射性物資を含むと思われる瓦礫を処理する余裕はなかった[152]。別の問題においてはどの都道府県も協力的だったが、二〇一一年一一月の時点で瓦礫を受け入れる意向を示したのは東京都だけだった[153]。四カ月後、県知事が政府は「なにもしない」と不満をもらしていた愛知県が、三・一一の瓦礫の処分場建設にしぶしぶ同意している[154]。四川大地震から二年後の四川省を訪ね、パートナー都市の北京や上海によって、別の居住地が競うように再建されているのを目の当たりにした瀬口清之は、その発展と、三・一一から一年以上たった日本の歩みののろさを比較した。彼によれば、救助や救援のための対口支援は簡単だが、同じように復興段階でもその支援は必要なのに、政府にはまったくリーダーシップがないという。

もし政府から対口支援を指示されていたら、すべての都道府県が三・一一の瓦礫処分の支援にかかわり、兵庫県のように真に献身的な自治体だけであそこまでやることもなかっただろう、と瀬口は語った。[155]

## その土地ならではのものを残す

三・一一が日本の地方行政に与えた教訓をめぐる議論は、三つの変化のナラティブのうちの二つを軸にしている。ひとつ目は**変化を加速させる**こと、つまり、効率化の名のもとに管轄区域をひろげる（スーパーサイズ化）、もしくは、地方の強みに着目して一から成長を生み出す制度をつくる（ローカル化）かのどちらかだ。二つ目は、地方自治体が数十年間守ってきた**現状を維持する**ことだ。それは、相互依存と連帯を深め、政府が手を引くというやり方で、地方自治と政策改革の両方をいっそう強化する。最後のひとつは、三・一一が壊す恐れのある東北特有のものを残すために**逆コースに向かう**べき、というものだ。この三つ目の変化のナラティブは、リーダーシップよりもコミュニティや脆弱性というテーマに立脚しており、また、これらのテーマと共鳴する。

テッサ・モリス＝スズキはこの考え方がどこから来るのか調べ、環境が劣化して危機を迎えると人はやがて過去を振り返り、よりよい調和のなかにあった地域モデルを探そうとするものだと示唆した。日本の場合、世紀をまたいで続いた徳川家支配の時代――日本が孤立し、戦争の心配がなく、急速に工業化する前の時代――に目が向けられた。評者のなかには、「持続可能で調和のとれた自然環境との関係を獲得していた」という、理想化された日本社会への復古にあこがれる者もいる。[156] かくして、この比較的安定したユートピアは、現代生活の改善への手掛かりを求めて探究されてきた。環境省のホームページには、「西洋諸国の文化が流入し、日本の『もったいない』の心は変化した」と書かれている[157]。

この考えを取り入れている環境問題の専門家らは、はるか昔の田舎と都会との均衡を引き合いに出し、灌漑《かんがい》や天然肥料を巧みに使うことに注目する。モリス＝スズキが述べたように、環境に関する政府の白書はこうした話を「江戸の社会が西洋文明化の負の側面――大国間の競争、戦争、環境破壊――を避け、日本版の文明化を未熟ながら具現化したもの」として採用している[158]。二〇〇三年、「ジャパン・フォー・サステナビリティ」と称する団体が、岩手県は日本の「スローライフ」運動の主導者であり、その運動は生活を「より人間らしく、より自然に、よりシンプルにする」ものと報告した。岩手県は、日本の繁栄のためには不可欠だと信奉されてきた「速い、安い、便利、効率的」という価値観を拒絶しているという話だ[159]。スローペース（車を使わずに歩く）、スローウエア（国産素材でつくられた伝統的な衣服）、スローフード（地元の食材を使う）、スローハウス（地元の素材で建てる）、スローインダストリー（第一次産業を基本とした持続可能な産業）を信奉する「スローライフサミット」には、日本の各地から参加者が集まった[160]。

三・一一を背景とするこうした考え方は、悪役（グローバリゼーション、大きな州）とヒーロー（小規模生産者）が「ローカル化」という物語に登場するものだが、それは、原子力について第五章で検証した「シンプルライフ」の物語と大きな共通点を持つ。梅原猛教授は、聡明な指導力もそこに存すると主張してきた。梅原は三・一一を「文明災」だとし、西洋のゆがんだ影響を受ける前の伝統的な価値観に戻るべきだと論じる。復興構想会議において、彼は「東北の文化というのは要は縄文文化である。これは森の文化であり、海の文化です。そしてすべての生き物と共存する文化です」と断言した[161]。

だが、「未来へ戻る《バック・トゥ・ザ・フューチャー》」ことを支持する知識人はほとんどいない。また、それは安全政策やエネルギー政策における「逆コース」の議論よりも、さらに地方行政の主流から外れるものだ。実際、逆コースの議論は危機によって注目されることは多くても、政治的起業家に擁護されることはあまりない。復興構想会議の御厨貴議長代理は、だれの意見かは明らかにしなかったものの、日本人の多くが消費と成長を抑え、孤立を深める「スローライフ」――御厨らはこれを日本の「ガラパゴス化」と呼ぶ――を求めはじめていると述べた[162]。同じく、同会議の構成員である大西隆も、多くの人は東北はこれまでの東北らしさを守るべきだと考えていると述べるが、東北特有のものの保存におおいに関心を持つ人でさえ、巨大な防波堤を伝統的な町の風景となんとか調和させる方法を考えている、と認める[163]。

じつは、伝統的な東北の価値観への回帰にもっとも賛成しそうな人たちが、それを否定する。もっとも顕著な例が、学習院大学教授で民俗学者の赤坂憲雄だ。専門はみずからいうところの「東北学」。「日本政府からの情報や意見に頼らず、地元の知識を基に東北の人々みずから意思決定をしてもらうために刊行した」といわれる『仙台学』という雑誌にしばしば寄稿している[164]。復興構想会議の構成員で、同会議の地方版とも呼べる「ふくしま会議」の代表理事も務めている。「シンプルライフ」推奨者と目されており、東北の喪失と差別の長い歴史を雄弁に語ってきた。だが、彼の見解は夢物語とはほど遠い。太平洋戦争以前、東北は国内植民地で、「男は兵隊、女は女郎、百姓は米を、東京に貢ぎ物として差し出してきた」と赤坂はいう[165]。三・一一がこの植民地風の関係を浮き彫りにしたのは、ほとんどなにも変わってこなかったからだと赤坂は考えている。東北の労働者は地元以外の大企業によって搾取され、住民は、はるか遠くの東京の人々に電力を供給する危険な施設を地元に受け入れるというリスクを背負っていると、赤坂は思っている。彼はブログで、東北の希望を求めたいということ——とくに労働者にとって搾取的で非情でアジア的な工場の状態を終わらせることができるかについて語った。彼は、東京が目にしていない東北があり、そこにおいて地域社会は小さな町村で生き残り、再生するだろうと強調する[166]。

しかし、まずは教訓を学ばねばならない。赤坂は、三・一一の被災者が入ることとなった仮設住宅をけなしつつ、被災者が地元の計画にもとづき、地元の素材でつくられた避難所を要求するまでは、大手メーカーの在庫品のなかに住む羽目になると述べている[167]。また、彼は地域を無視した——あるいは調査すらしていない——計画者による「とんでもない復興プラン」も酷評[168]。いまも、保存のための保存には我慢できないという。赤坂は変化に反対なわけではなく、東北の搾取の歴史は終わらせるべきだというが、その変化は（地方の価値観と一致した）ヒューマンスケールの変化でなければならないと考えている[169]。仮説住宅単位で元のコミュニティを再建しようという住民の努力は、住居の割り当ては抽選によって行なうと主張する当局によってくじかれ、その結果、コミュニティ全体が失われたと赤坂は報告している[170]。コミュニティは、たとえまったく新しくつくられた新たな場所（たとえば高台など）であっても、その地域社会の施設——寺、神社、墓地——が一緒であれば、保持できると赤坂はいう。だが、生き残るためには、コミュニティはその記憶に——たとえ死の記憶だとしても——包まれていなければならないというのだ[171]。

どれを保存するかについては明らかに意見の相違がある。いずれにせよ、三・一一後の地方自治に関する議論は、変化を加速するあるいは現状を維持する方向に進められている。では、この先、どんな教訓が得られるのか。そして、どのナラティブが広まり、変化を導くのだろうか。

## 結論——学んだ教訓とつかんだ機会

三・一一という大災害は、論争の的である地方行政改革——地方分権、地方自治、地域化——をめぐる議論にふたたび火を付けた。日本のある大都市の幹部職員は三・一一の主な教訓として、こう語った。「これまで継承されてきた、中央から都道府県、都道府県から市町村、という三層のモデルは機能しませんでした。地方が地方を助けるために団結せざるを得なかったのです」[172]。兵庫県の井戸知事はこれに同意し、ペアリング支援制度は全国で制度化されるだろうと示唆した[173]。しかし、地方自治体が学んだ教訓を生かすために、法改正や、法的指針さえも待つつもりはないのは明らかだった。政府が教訓を求めて三・一一についての調査を行なっているあいだに、地方自治体は事実上、防災と災害対応のプログラム強化に乗り出したのだ[174]。徳島県知事の飯泉嘉門《いいずみかもん》は全国知事会の会議で、その理由を、全体のビジョンを確立すべき政府が自分の果たすべき役割を決定できない以上、それをする責任は知事にあるからだと説明した[175]。

だが知事たち、とくに東北の知事からは、行政改革のためにふさわしい教訓とはなにか、よくわからないという声も上がっている[176]。全員が「カウンターパート方式」に前向きで、宮城県の村井知事や福島県の佐藤知事は、この制度が早急に全国的に確立されるよう呼びかけた。だが、地域全体の行政改革を「時期尚早」と判断しつつ、より東北の状況にかなうのは関西のような広域連合か、それとも道州制なのかという点では意見が割れている。ローカル化への改革がより望まれているときに、東北広域連合を設立しても単に政府の計画のための「受け皿」になるだけではないか、という懸念の声もある。これと同じ分裂が、道州制への展望についても見られる。村井知事が、道州制を将来、住民の助言も仰いで導入することがきわめて重要になると述べたのに対し、秋田県知事の佐竹敬久《のりひさ》は、道州制は権力集中の新たな形態を招くのではないかとの懸念を示した。一方、地方公務員は、三・一一によって中央政府と地方との関係が今まさに転換しつつあることが明らかになったとはいえ、中央政府の役割はまだ存在すると認めている。ある岩手県復興局計画担当者は構造的問題について、縦割り行政は相変わらず県にとって問題で、土地利用、財政、港湾管理といった、中央省庁の権限の重複に対処すべき分野はとくにそうだと述べたが、三・一一によって、各県の横や斜めの結び付きはかつてないほどに強まっていると明言した[177]。ある専門家は、日本は地方レベルで政策の効率化に向かって「じわじわと」進んできたが、新たな協力体制に向けては疾走してきたと説明する。その体制が、三・一一当時、混乱した政府とは裏腹に早急な対応を可能にしたのだ[178]。総務省が二〇一三会計年度予算要求で「カウンターパート支援」に一五億円を割り当てたことによって、その混乱はようやく少しは落ち着いたようだ[179]。

これについては、二〇一二年三月に内閣府の中央防災会議が中間報告を行なっている[180]。ほぼ一年がかりのその調査は、主に政府機関の当面の危機対応に対する評価と、（それまでにおなじみになっていた）情報伝達、救援物資の輸送、人員、燃料供給、避難所、医療における障害をつきとめることに焦点を当てたものだった。その報告書は、災害対応の改善のために増えつづける勧告で埋め尽くされた。それは、災害時には、政府、地方自治体、民間企業、個人それぞれが不特定の役割と責任を負うものと結論づけ、最終報告書では詳述されていないものの、法改正が望ましいとしている。だが、危機管理における中央と地方の関係の大きな変化については、ほとんど述べられていない。三・一一から一年以上たち、日本は総合的な分析を待ちつづけていた。

その分析が政治に後れをとったのは、あの災害に見舞われたのが地方自治体にとってとりわけ不安定な時期だったからだ。二〇一一年六月、総務省の諮問委員会は、府県に政府機能を持たせることで、より大きな権限を委譲する方法について報告を出した。そこでは、地方自治法を改正し、震災後の救援に主導的役割を果たした広域連合にさらなる権限を与えることが提案されている[181]。たしかに、出だしでつまずき数十年がすぎて、大衆主義のリーダーらはすでにイニシアチブを取りはじめていたが、三・一一によって彼らの反中央というメッセージはより伝わりやすくなった。名古屋市では、元衆議院議員で、二〇〇九年に反中央の声を上げて地方レベルへ移行した河村市長が、地域政党「減税日本」の共同設立者となり、二〇一一年二月には民主党の対立候補の三倍の票を得て再選された。河村は地方自治体の首長のなかでも、もっとも精力的に三・一一後の東北を支援した一人だ。だが、地方行政についてもっとも耳目を集める抗議を申し立てたのは、河村と類似した志向を持つ橋下徹だった。前大阪府知事の橋下は、地方行政改革を掲げて二〇一一年一一月に大阪市長となった。多くの知事とは違い、橋下は道州制を擁護している。「道州制という大号令をかけるしかない。しかし道州制など、口でいうだけではなにも進まない」[182]

また別のところで橋下は、改革が進まない理由として、中央省庁は東京にあり、各役所の役人はどうしても東京からの視点でしかモノを考えられないからだと述べた。彼はこう提案する。「地方のことは、地方に任せることが最良の策なのです。なぜならその地のことは、そこに生まれ、そこで生活する人間がいちばんよくわかっているからです。言葉が悪くなりますが、今すべての地方は霞ヶ関に『隷属』しているような状況です」[183]。この問題に少なからぬ効果を及ぼすために（あるいは政治上の盟友を見きわめる試金石として）、橋下は二〇一二年初頭、「大阪維新の会」という政党を立ち上げ、維新政治塾という政治教育の場をつくった。国政レベルで、自民党や民主党に対抗する候補者を養成するためだ。橋下の人気は、三・一一の直接的な結果ではないが、三・一一は彼に力を貸した。彼の政党のマニフェストは、三・一一がくっきりと浮き彫りにした、いくつかの問題にまともに向き合っている。そのマニフェストとは、道州制を擁護し、地方交付税制の代わりに消費税を地方税化し、大阪市と大阪府の統合を目指し、原子力発電の廃止を訴え、憲法改正により総理大臣の直接選挙と参議院の廃止を求めるものだ。かなりの批判（ヒトラーやムッソリーニとの比較から、既存の政治家らに「ファシモト」と呼ばれることもあった）にもかかわらず、橋下は三・一一後、日本でもっとも注目された政治家となった[184]。彼の努力は、地方自治法の改正に賛成する自民党や民主党の支持者を刺激した。その改正とは、地域連携の強化だけでなく、ある程度以上の規模のすべての市に都道府県の権限を持たせることだ。これほど広い分野にわたって、地方の力を国の力に変換することを迫った者は、これまでだれもいなかった。しかしまた同時に、地方行政がここまで多くの日本人にとって大問題になったことも、これまでほとんどなかったのだ。

# 結論

「この物語に悪役は登場しません。ただ機能不全を起こしたシステムが存在するだけです」

――黒川清医学博士、二〇一二年五月二一日

「東日本大震災の犠牲者は二万人ですが、毎年三万人の日本人が自ら命を絶っています。第二次世界大戦とは違い、東日本大震災を機に日本がティッピングポイントに達することはありませんでした」

――民主党衆議院議員小川淳也、二〇一一年一一月一八日

ここに引用した言葉は三・一一から学んだ日本政治と公共政策に関する二つの相反する教訓を表している。日本学術会議元会長で医学博士の黒川清は、新設された東京電力福島原子力発電所事故調査委員会の委員長に衆参両院から任命された[1]。日本では政府任命の学識経験者による会議がよく設けられるものの往々にして力を発揮しない――あるいは発揮できない――が、この委員会は別だと見ら

れていた。同委員会は日本史上初の政府からも事業者からも独立した調査委員会となった。国会内に設置されたが、国会からも内閣その他の行政機構からも独立していた。また、目撃者の証言を求める召喚状の発行を許されたのも同委員会がはじめてだった[2]。

黒川は決して部外者とはいえない――彼は安倍元首相の顧問をつとめたほか、何年にもわたり数々の要職を歴任していた――が、政治家と官僚に対する不信感を隠そうとはしなかった。二〇一一年五月には「（政府から）『独立』した、『外』（中略）の特別委員会」の設置を呼びかけ、これと同様に重要なのは「すばやい情報の全面公開」であり、透明性を高めなければ「信頼回復は始まらない」と述べている[3]。それから数カ月、調査委員会設立後には、報告書が闇に葬り去られるかもしれないとの懸念から、公聴会をインターネットで配信し、彼の記者会見を日本のカルテルのような記者クラブに属さないジャーナリストにも公開、その書き起こし原稿を日本語だけでなく英語でも閲覧できるようにして、世界に公開されていることを政府に知らせ、あわよくば海外からの圧力（外圧）を促そうとした[4]。

二〇一二年七月に発表された同委員会の報告書は、公的レポートとしてははじめて産業界と政府の癒着が三・一一の一因であったと痛烈に批判[5]。三・一一は「人災」であったことを強調し、三・一一が想定外の非常にまれな出来事であり、対応準備ができていなかったのも仕方がないという考え（第二章で論じた「想定外を理由にした弁護」）を否定した。また、日本の規制システムを長年にわたる一党支配から生まれた「規制の虜」と激しく非難したうえで、透明性を強く求め、そのための規制改革および事業者の業務改善、日本の危機管理体制の見直し、法改正を呼びかけた。さらに日本の全規制組織に対する国会の監視責任も要求。同報告書の序文で黒川は日本の組織的問題にとどまらず、今回の事故の根本的原因は日本社会が生み出した「思いこみ（マインドセット）」にあり、このマインドセットにより「おごり、慢心」したエリートが国民の命を守ることよりも組織の利益を守ることを優先したことにあると述べている[6]。

同報告書が特定した組織的問題のなかでも、とくに根強い（そして言葉で表しにくい）文化的要因の影響を受けていない改善可能な問題について、黒川は委員会の権限をはるかに超えた構造改革の可能性を示唆している。同報告書は、国家統治の問題の根本原因は意思決定プロセスの不透明さにあるという、日本で広く認められている考えに則っていた。この考えはもはや政治活動家だけのものではない。たとえば原子力委員会の副委員長が国会で証言したように、日本はスイス型の公開討論会を開き、アメリカ型の技術評価局が透明性の高い調査を行えるようにする必要がある[7]。つまり――少なくとも額面どおり解釈すると――三・一一後、さまざまな神話が生まれ、責任を追及し、外圧にさらされる風潮のなかで、一部の政策当局者と結集した一般市民は、日本の民主主義を悩ます根本的問題を解決しようとしているということだ。これらの人々の懸念は本書の見解とぴったり一致する。もどかしい制度的問題を抱え、改革への抵抗が根強く残るものの、三・一一はよりオープンな議論とより透明性の高い意思決定への動きを促したのではないだろうか。もしそうなら、危機に関する活発な議論は、民主主義をこれまで以上に強化できる可能性を示唆している。

これとは対照的に、衆議院議員小川淳也の見解はまた別の、おそらくもっと根強い見解と一致している。危機に関する議論の多くは空虚で利己的な無駄話とたいして変わらないというのだ。国会議員二期目で、民主党政策調査会副会長でもある小川は危機全般に関する不快な（不謹慎ともいえる）事実を口にした――お互いに助け合っていた人々ですら、思いやりの気持ちが長つづきせず、より大きな不満を抱えるようになるだろうというのだ。この発言は三・一一後に広く受け入れられていたコミュニティというテーマと真っ向から矛盾している。それも三・一一ほどの規模ですら変化をもたらすには不十分だという小川の発言を耳にした多くの人々がショックを受けた理由のひとつだ。もっとも、当惑したのは自分たちがひそかに恐れていたことを国会議員が公の場で口にしたからだと認めた人もいる。またこの発言について――「彼は西日本の出身なのか？」と尋ねた国会議員のように――全国的コミュニティの結束が弱まった証拠と位置づける人々もいた[8]。

しかしながら、より広い（あるいは少なくともより間接的な）意味で、小川のコメントはアナリストがいかに話をうのみにしやすいか、政治的起業家がいかに巧みに変化への期待をあおったかをよく表していた。そういう意味でも、危機のレトリックは創造しえないものを創造しようとするのではなく、失われたものを取り戻すという、より現実的なレベルに立ち返ったほうがよいだろう。つまり、三・一一の被災者が実際にあてにできるのはせいぜい自分たちの回復力とほかの人々の寛大さくらいということだ。小川の発言は本書の序文で紹介した江戸時代の格言のように、日本は「七回転んでも八回起き上がる」ことを思い出させてくれる。実際、三・一一後の地域社会の決意を象徴的に表した「がんばろう日本！」というメッセージは、革新ではなく復旧を希求するものだった。小川は黒川よりはるかに悲観的であり、変化につながりにくい要素を分析すべきだと主張する。

小川は、日本人が変化に思いをはせ、大災害がそれをもたらすと予想したことをあらためて示唆している。日本が三・一一以前から変化を切望していたこと、そして、当初震災がその切実なニーズを強調したことについてはほとんどの評論家が同意している。変化は震災直後から見られた——これまでになく、自衛隊と地方自治体の対応は迅速で、膨大な数のボランティアが駆けつけ、国民は「通常どおり業務をつづけること」が十分かつ適切な対応だと考えた東京電力の幹部その他の人々を軽蔑した。しかし、何カ月もたって振り返ると、厳しい批判の的となった体制は、現代日本が直面する課題に適していないうえに、多くの人々の評価よりもはるかにしぶとかったことがわかる。自衛隊がより幅広い人々に受け入れられ、ボランティアの活躍によってより広い意味での全国的コミュニティが生まれ、大規模な反原発運動が起こるなど、なにか新しいものが生まれようとしていることを示唆する数々の要素はあるものの、日本政治の中核に刺激を与え、長期的変化をもたらすには不十分だったのだ。

これら二つの見解は、地方と国は「復旧」を目指すべきか、「復興」に近いものを目指すべきか、という三・一一後の日本で根強くつづく議論を反映している。復旧も復興も「戻る」、「復帰」などの意味がある「復」という漢字から始まるが、二つ目の字が異なるため東北の開発においても二つの言葉は違う道筋を示す。「旧」は過去を想起させ、かつて存在したものを再建するという印象を与える。「興」はより前向きで、繁栄や隆盛、再生を想起させる。この選択とその意味は、三陸海岸沿いに住宅を建設するか、すべて高台に移すかといった判断から、漁船団から地方自治にいたるまですべてのものの範囲と規模を見直すべきかという決断まで、三・一一にまつわる議論のあらゆるところに見られる。要するにこの選択は東北が日本の発達の先頭に立つべきかという葛藤ともいえる。二〇一二年、政府がついに復興庁を創設したとき、積極的な変化を選択したように見えた。しかし、復興庁の公式な英語名をReconstruction Agency（再建庁）とした時点で、相変わらず煮え切らない姿勢が露呈した。より開かれた未来が日本を待っているのか、以前の状態に戻るのか判断するのはまだ早い。しかし、遠からずどちらかの状態になると思われる理由――そして、両者の要素が根強く残る理由――を示す証拠を評価するのに早すぎるということはない。事実、黒川と小川の発言は、私たちが取り上げる理論の検証からはじめるよう示唆する。黒川のコメントは強い意志を持つ創造的なリーダーがいて、人々が結集すれば、少しずつでも組織を動かせることをあらためて示唆している。一方、小川のコメントを読むと、どのレベルに達すれば危機が変化を引き起こすのか事前に知ることはできないということを思い出す。

三・一一にまつわる話――そのなかで語られる行動――にはリーダーが付きものだが、変化に関する理論ではリーダーの存在がそれほど明らかではない。変化について解説する際、社会科学は人間の営みを考慮せず、経済学なら公共事業、政治科学なら権力、社会学なら構造、人類学なら文化といった大きな力に着目する[9]。そして、多くの理論は個人の選択を無視して分析をするかのように、変化がもっとも起こりやすいのは体制が大きく動揺したときだと説く。戦争や経済崩壊、自然災害が変化のきっかけとなると推測するのは、それらが均衡状態を「中断」し、新たな政治集団の誕生を促し、長年つづいた組織の安定を揺るがすためだ。そして、偉大なリーダーの選択をしのぐ、または鼓舞するような膨大な力を放つ。

近年の進歩は、変化には大きな外的衝撃が必要だという仮定に異議を唱える。たとえばキャサリン・テレンとジェームズ・マホニーは通常の政治の一環として起こる漸進的変化が累積して組織的変化をもたらす過程に注目している。大規模な危機が起こらなくても、既存のルールが新しいルールに取って代わられることも、新しいルールが既存のルールの上に積み重なっていくことも、リーダーが既存のルールに新しい意味を加えることもある[10]。なんらかの衝撃が変化を促すことはあるが、体制が衝撃を受けなくても変化は起こりうる。こうして三・一一後の日本で見られた数々の活動から、危機はそれまで漸進的変化が累積し、渋滞を起こしていた体制の目詰まりを解消して流れをよくする効果があることがわかった。新たな方向性に対する期待が高まるハイリスク・ハイリターンのエネルギー産業ですら、変化は通常の政治と結びついた段階的進歩によって起こるほうが多い――当然ながら、こうした変化も自分に都合のいい未来を肯定するために危機を利用したような政治的起業家に扇動されて起こるのだが。三・一一が危機であることに間違いはないが、三・一一が促したのは既存の経路内での戦いであり、生み出した解決策も既存の目標に沿ったものだった。恐ろしい震災体験談は別として、三・一一にまつわる議論に目新しいものはなかった。

では、私たちはどのような変化を探していたのか？　そして、どのような変化を見つけたのか？　体制的変化《システム・チェンジ》を見つけるために私たちは企業と政府、政治家と官僚、自衛隊と政治家、中央と地方の力の均衡の変化を調査した。その結果見つかった変化は、いずれもすでに始まっていたか、少なくともすでに議論されていた変化ばかりだった。つまり、「変化と安定性は表裏一体である」というテレンとマホニーの説は理にかなっているということだ[11]。変化が起こったとしたら、それは漸進的なものであり、その大部分は推進者たちがすでに企画していたものだった。三・一一は力の均衡を揺るがし、突如として組織の正当性が否定されるようなビッグバンではなかった。事実、特権を維持あるいは手にしようと必死に争う政治的アクターたちによって、力の均衡がすでにどれだけ揺らいでいたかは注目に値する[12]。三・一一の地震が発生する数時間前に、内閣が国会に再生可能エネルギーの利用を促進し、原子力への依存を減らすための法案――固定価格買取制度――が閣議決定されたことは、きわめて象徴的である。二〇一一年三月一〇日までに政治的ライバルたちは、一〇年以上にわたってこの問題について争ってきた。三・一一は単に彼らの主張を後押しする道具にすぎなかったのだ。

ここで小川議員の言葉をもう一度検証してみよう。政治体制を変えるためにどれだけの衝撃が必要になるか事前に知ることができないというのに、なぜ大きな変化を期待することができるのか？どれだけの衝撃が必要かという基準が理論化できることはまれである。人々が変化をそれほどまでに期待する理由のひとつはジャーナリストや学者、政治階級が期待をあおるからだ。大量の極端な主張が三・一一をめぐる議論を支配していた。ついにチャンスが開ける、新たな章の始まりだ、もう自衛隊に対するアレルギーはなくなるだろう、我欲は洗い流されるなどなど、その多くは隠喩的なものだった。日本は生まれ変わり、新たなスタート、リセット、改革、再生、再建、回復、パラダイムシフトが起き、文明が変容するはずだった。日本は国家を徹底的に見直し、すべてを変える新たな世代へと導くひとつの転換点にあった。歴史的瞬間、ターニングポイントといってもいいだろう[13]。

まもなく変化が起きるという考え――すぐにでも政策全般に影響するような変化が起こるという思い込み――が評論家と一般の人々に受け入れられるやいなや、三・一一は安全保障、エネルギー、地方自治という本書で検証した各政策領域に特有の説明的、勧告的ナラティブを盛んに生み出した。政治的アクターたちは、自分たちがすでに真実だと「確信している」説に合わせて物語を紡ぎ出す。三・一一以前から電力会社を悪役と見ていた人々は、三・一一が自分たちの説を証明したと断言した。以前から民主党は無能な成り上がり者の集団だと見ていた人々は、自分たちの説を正当化するさらなる材料を得た。日米同盟と自衛隊を支持していた人々は、自分たちは昔から正しいことをいってきたとあらためて主張した――三・一一は日本と世界にその考えの正しさを証明したのだと。震災という新たな道具で武装した政治的アクターたちが競争をつづけ、さらに激しく争う様子を私たちは見てきた。カール・フォン・クラウゼヴィッツなら、三・一一は他の手段をもってする政治の延長にすぎなかったというだろう[14]。

二〇一一年三月一一日に生まれたこれらの新しい道具には「既存の」悪役とヒーローが多数登場し、あらゆるところに非難の矛先が向かった。東京電力はみずから生み出した大災害のさなかに物欲の深さを露呈したことについて、菅直人元首相はありとあらゆることに干渉しすぎた、あるいは十分な成果をあげられなかったことについて、経済産業省と自民党は「原子力ムラ」における倫理の崩壊について、そして学者は彼らの陰謀に加担したことについて責任を問われた[15]。また、三・一一はヒーローを称えるための道具にもなった。孫正義は日本を救い新たな技術の最前線へと導く存在として見られた。民主党の細野豪志は日米同盟の評判を回復し、未来の首相候補としての地位を得た。原発作業員と地方自治体職員は、みずからが津波に流されるまで南三陸町の危機管理センターで住民に高台への避難を呼びかけつづけた遠藤未希のような無私の行動から、一躍英雄視されるようになった。福島第一原子力発電所の吉田昌郎所長は東京電力本社からの指示を無視して数え切れないほど多くの命を救った。自衛隊は中央政府のもっとも――見方によっては唯一――実践的な機関として受け入れられた。そして、悪評の高かったアメリカ海兵隊も温かい称賛を浴びた。これは悪人をやっつけ、善人に見返りを与えられれば日本に有益な変化が訪れるという話を意味していた。

変化は本書のいちばんのテーマであり、もっとも意見が分かれるテーマでもあった。本書では三つのモデルを取り上げ、それらがいかに支持されているか、どのように安全保障、エネルギー、地方自治に当てはめられるかを検証した。第一のモデルは三・一一には活発で前向きな対応が必要だと説く。今回の大震災は過去の習慣を捨て、新たな方向へ進むよう警告していると主張する人々が現れることが予想された。彼らは安全保障の領域において、三・一一を「警鐘」ととらえた。三・一一は自衛隊にどれだけ対策ができているか試す機会となったが、現実の脅威はこれに輪をかけて過酷なものとなるだろう。戦争の場合、部隊と司令官が携帯電話で対応を話し合うこともなければ、市民の救出にばかり集中することもない。ひたすら敵を攻撃し、生き残るための努力をする。そのため日本は「変化を加速」し、ほんとうの敵に備えるためのこの歴史的チャンスを活用する必要があった――日米同盟を超えて前進しなければならないという人もいた。当然ながら自衛隊はヒーローとなった。一方、震災の責任はないものの、中国、ロシア、北朝鮮が自衛隊の敵と見なされた。

エネルギー政策について、「前向きな」対応をするには電力業界全体の変革が必要だった。彼らが震災から得た教訓は、三・一一まで日本のエネルギー基本計画の基礎であり、新成長戦略の要であった原子力を持続可能なエネルギーに置き換えざるをえないということだった。第二の経済復興が起こるとしたら、戦後の奇跡的経済成長を支えた集中発電方式と一方向送電方式による地域独占を改め、電源を分散し、次世代送電網を導入する必要があるだろう。規制構造全体を解体し、企業や政府内にいる同企業の協力者に牛耳られない規制構造を新たにつくり上げなければならない。このナラティブにおける悪役、東京電力と経産省、自民党、経団連は一見したところ諸悪の根源であることから、彼らが共謀している原子力ムラは根こそぎ解体されることになるだろう。

地方自治体について政治的起業家は三・一一後「スーパーサイズ化」と「ローカル化」という二つの進路を提案した。いずれも行政の範囲と規模に大きな変化をもたらすと予想される。経団連などスーパーサイズ化を支持する人々は、三・一一は都道府県を廃止してより大きな州に置き換えるという、延々議論を重ねてはいつも棚上げされていた計画を復活させるチャンスだと考えた。彼らは三・一一によって、自治体が小さすぎると権限が分散され、公共サービスが効率よく行きわたらなくなることが証明されたと主張した。特別な包括的経済圏をつくり、中央政府からの規制を緩和すれば、サービスを合理化し、自由貿易を含めた公的利益の規模をひろげる道州制への第一歩となる。村井嘉浩宮城県知事は県内の主要産業を監督しようとしており、こうした特区制度の中心的支持者の一人だ。三・一一後全国的に一躍時の人となった、明らかにもっとも有名な若手政治家である橋下徹大阪市長は、この大規模な道州制の発想を積極的に採用した。一方、ローカル化支持者は大企業と大きな州を悪役とはいわないまでも問題視していた。彼らは政府が三・一一以前に市町村の合併を強要していなければ、かなり多くの命が救えたはずだと主張。規模が小さいほうが経済的利益も大きいと見ている。東北の経済を救うのは、世界的なニッチ市場で特権的位置を占める小規模な生産業者だというのだ。この説を支持する達増拓也岩手県知事と村井宮城県知事の対決はスーパーサイズ化かローカル化かという選択をくっきり際立たせている。

第一のモデルが物事を従来と違う方法で行なうことを要求し、変化を正当化するために三・一一の失敗を強調しているとしたら、第二のモデルは方法を変えずに以前よりもうまく行なうことを求め、現状の価値を誇張した。つまり、やることは同じだが、その回数を増やす、あるいは減らすということで、いずれにしてもこのモデルの支持者は大震災が既存の知恵と習慣の正しさを裏付けた（あるいは少なくとも否定しなかった）と主張した。彼らにとって三・一一の教訓は、もし変化が起こるとしたら量的なものであり、種類や方向性、質は変わらないということだった。日米同盟当局者も防衛アナリストも自衛隊とアメリカ軍の同盟がこれまでになく多くの一般大衆に受け入れられたことを喜んだが、国家安全保障について支配的な見解は現状維持だった。第二のモデル支持者が紡ぎ出すナラティブは「だからいったとおりだっただろう」というようなもので、何年も前から主張している日米同盟の価値と自衛隊の質の高さがやっと証明されたと断言する。彼らが三・一一から得た教訓は、国家安全保障のニーズが高まればすぐにでも日本の軍事力と同盟の力が強化されるということだった。

エネルギー問題に関して、第二のモデルには二つの形態があるが、いずれも「非常にまれな出来事」という弁解によって正当化される。このモデルの支持者は、三・一一は非常にまれな――想定外の――出来事が重なった結果であり、もたらされた被害はだれの責任でもないと主張した。両グループにとって、国家安全保障の現状維持を支持するより、エネルギーの現状維持を支持するほうが難しい。ヒーローの自衛隊ではなく、悪役の企業を擁護しなければならないからだ。第一のグループはより守りの堅い「従来どおり」という姿勢をとった。既存の電力業界に変化をもたらすことは、それがなんであれ——原子力対策に関するものならなおさら——賢明とはいえない、あるいは民主党のあるベテラン議員がいったように「自殺行為」と見なされた[16]。変化が予想に反する結果をもたらす可能性もあった。電力供給量が減少し、電気代が上がり、経済成長が失速し、失業者が増え、環境汚染が進むかもしれない。産業界でもっとも安定した供給システムの運営を危険にさらし、自由化の流れに逆行する。そうすれば資源を無駄にし、無益に終わるだろう[17]。したがって、通常業務をつづけることが最高の選択肢だったのだ。原子力政策の現状維持を支持した第二のグループに属する自称「現実主義者」たちは、電子力は電力業界と規制当局が認めている以上にリスクが高く、これは日本が原子炉を再稼働させるまでに変わるはずであり、また、変えるべきであると認めている。このグループは一般大衆に対して、リスクをまったくなくすことは不可能であるとあらためて認識させ、企画者に設計を改善し、透明性を高めるよう促した。こうする以外に容認できるレベルまでリスクを軽減する方法はないだろう。

第二のモデルがもっとも優勢だったのは地方自治のケースだ。数十年にわたり新しい政策協力の形態を生み出してきた地方公務員は、これまでの努力がおおいに報われた。都道府県と主要都市——そのいくつかはたとえば関西広域連合のように連合を組んでいた——はすぐに東北の「相手方」にあたる自治体を見つけ、中央政府よりも早く彼らのさまざまなニーズを特定し、それに応えた。被災地の知事や市町村長からすれば、中央政府からの支援を待っている暇などなく、中央からの指示を必要としない姉妹都市からの支援は大歓迎だった。四川大地震後の中国政府の対応（対口支援）を見習いながら、すでに始まっていた地域を越えたつながりの深まりを手本に全国の都道府県と市町村は現状を維持しつつ協力した。彼らは両自治体のあいだに臨時のサプライチェーンと管理系統をつくり上げた。まず、数千人の公務員が被災地に派遣され、長期にわたってそこで働き、東北の自治体の切実なニーズに応えた。遠く離れたところからやってきた隣人が、緊急支援物資を集め、届け、配給し、新しい公共インフラストラクチャーの建設計画を手伝い、年金受給者にアドバイスし、避難民を別の場所へ移転させ、子どもを教育し、瓦礫を集めた。こうして派遣された人々は次に職員に対してかけがえのない訓練を施した。職員たちは地元で災害に遭ったときにこの経験が非常に重要となるはずだと考えている。知事と市町村長、派遣されてきた大勢の公務員は、二〇一一年を記念すべき地方政府団結「元年」とした。しかしながら、彼らは地方自治における大切な要素を掘り下げていたわけだが、実際のところ彼らは三・一一以前からこの要素を強化するために努力を重ねてきた。彼らにとっての悪役は、無頓着あるいは無能な中央政府の役人だった。彼らは長年にわたりしばしば見過ごされてきた政策改革を推進していた。中央政府がこの横の協力関係を高く評価したことは彼らの成功を表すひとつの尺度といえるだろう。

第三のモデルを展開したのは、三・一一によって、日本がもう取り返しのつかないところまで来てしまったことが明らかになったと信じる人々だ。なにか新しいことをするよりも、同じことをより多くあるいは少なくするよりも、日本は方向転換し、過去の行ないを取り消すべきであり、日本はしばしば理想化される過去の状況に断固として戻らなければならないという。このナラティブは劇的な変化や現状維持を支持する人々とうまく張り合うことができなかった。安全保障について、この逆コースを支持したのは軍縮派だった。彼らは日本の自衛隊の活躍を認めつつも、救助救援活動における自衛隊の成功からもわかるとおり、自衛隊がもっとも活躍できるのはシャベルを扱っているときであり、銃を持っているときではないと主張した。軍縮支持者たちは彼らにとっての悪役である軍国主義者が三・一一から学んだ教訓は完全に間違っていると真っ向から抗議した。彼らは三・一一が自衛隊を強化し、日米同盟を拡大するチャンスだという考えを否定している。第三のモデル支持者は戦後日本が再軍備へ向かったのは誤りであり、三・一一は再武装路線を放棄するきっかけになったと主張。日本は国際救急救援隊を創設して、平和憲法の精神に立ち返るべきだとした。

　エネルギーと地方自治に関して、この第三のモデルのナラティブは同じテーマの多くに触れており、たとえば梅原猛のように共通の支持者もいる。彼らの議論は「未来へ戻ろう《バック・トゥ・ザ・フューチャー》」というもので、日本は成長を抑え、都市と田舎の生活の均衡を保ち、その土地特有の言葉が守られていた日本の原点を再発見すべきだと主張した。支持者たちは、明治維新の前は農民が食糧を供給し、町民が肥料を供給し、持ちつ持たれつの関係でバランスを保ちながら、どちらも現在より少ない資源で快適に生活していたと過去を美化し、リサイクルとその土地ならではのものを残すこと、「シンプルライフ」を提唱した。三・一一の責任を科学――とくに西洋科学――に求める人もいた。人間が自然をコントロールできると思い込みうぬぼれていたというのだ。危険な技術を使って利益を追求する財界のエリートたちは国を間違った方向へ導いた。もはや科学的進歩の概念を人間が管理できるレベルまで戻す以外に効果的な解決策はない。西洋の啓蒙主義的発想は仏教的な悟りの発想に道を譲るべきであり、悟りの発想こそ日本にも自然にも合っていると説く。

　このように三・一一後の議論では、変化を起こすためのまったく異なる三つの方法が競合している。

もっとも熾烈な争いは、変化を加速する第一のモデルか、現状を維持する第二のモデルかをめぐるものだった。しかし、これら三つのナラティブはいずれも国民的議論において価値のある地位を築いており、重要なことにどれも日本ではよく「保守的」「進歩的」と表される通常の「右派対左派」の傾向とは一致しない。第一のモデルの一部の議論は、たとえば安全保障など、保守的な政治的起業家が大多数を占めているが、第一のモデルのエネルギーセクターの変化に関する議論は進歩主義者が大勢を占めている。第一のモデルの地方自治に関する二つの議論は一方が保守的でもう一方は進歩的だった。政治的起業家が容易に一般市民を引き込み、新しい仲間を増やすことができたのは、ほとんどのモデルがイデオロギー的に普遍的だったからに違いない。アナリストに課された問いは、こうした議論によって世論がどの方向にどの程度シフトしたかだ。

安全保障について、第二のモデルの「概念の証明」は広く普及しているように思えるが、支持者のなかには、日本は変化を加速すべきだと感じている人もいる。世論はこれまでにもっとも自衛隊と日米同盟の正当性を支持する方向に傾いた。しかし、これほど支持率が高まっても防衛省は新たな予算割り当てを求めたり、新しく大規模な兵器システムを求めたりはしなかった。逆に防衛予算は減少の一途をたどり、防衛官僚と日米同盟当局者は三・一一後に北朝鮮がミサイルテストを行なった際、「日米の協調メカニズム」を行使するというアメリカの勧めを断った。危機のさなかにはアメリカを批判する報道もあったが、いまや日本人はこれまでにもっともアメリカと自衛隊を信頼している。それでも意思決定者はこの新しい協力体制を試すのをためらっている。

エネルギーに関して、第一のモデルの原子力ムラを悪役にする議論が国民の議論を支配し、既存の発電システムのあらゆる側面が論争の的となった。しかし、ほとぼりが冷めるとすぐに原子炉は再稼働し、原子力の輸出は国家政策としてあらためて認められるようになり、論争の的となっていた核燃料サイクルの「バックエンド」――むつ高速増殖炉と六ヶ所村の再処理工場――も世間の支持を失いつつあったにもかかわらず、なんら手を下されることはなかった。新たな規制制度が確立され、原子力発電は縮小し、活動家が政府の諮問委員会のメンバーになり、再生可能エネルギーへの投資を増やすため固定価格買取制度が導入された。とはいえ原子力発電はいまでも日本の燃料構成において重要な位置を占めている。二〇一二年九月、民主党は議論しつくされ最終的に妥協に至った待望の国家エネルギー計画を発表。このなかで長期間かけて原発稼働数ゼロを目指すこと（いわゆる「ゼロオプション」）を標榜したが、結局のところゼロに近いレベルから二一世紀後半まで日本の原子炉が稼働しつづけられるレベルまで増やすことを許した。したがって、ここでも第二のモデル――少なくとも現実主義者といえるグループ――のナラティブが優勢であるといえるだろう。

同様に地方自治体では「スーパーサイズ派」と「ローカル派」が第一のモデルの日本の「サイズを見直す」というナラティブの支配権を争ったが、少なくとも短期的に見て、どちらも広まることはなかった。この分野でもっとも成功した政治的起業家は、中央政府に対抗すべく互いに腕を組んで団結し、地域を越えた団結を強化して地方自治の発展を後押しした人々だった。そして、逆コースのナラティブ（第三のモデル）はこれら三・一一後の政策議論のいずれにおいても主力とはならず、もちろん日本の政治家がこれを選択することはなかったが、シンプルライフと低成長を支持する人々は実のところ、すでに多くの夢をかなえていた。日本の一人当たりの国内総生産は一九九〇年代前半から横ばい状態だったのだ。一方、一九九〇年代半ばにはシンガポール、香港、台湾が日本を抜き去り順調に成長をつづけ、韓国も二〇一七年には日本を追い越すかという状況になった[18]。

変化はもっとも論争の的になったが、三・一一後に日本の政治家がみずからの志向する方向に政治を導くために用いた四つのトロープのひとつにすぎない。残りの三つは変化よりも画一的に用いられた。日本が大きな変化を遂げるべきか二の足を踏んでいるという主張は誤解を招きがちで、誇張され、意見が対立していたが、いずれの主張も共通して日本が置かれている窮状と日本の強さを想起させる要素を含んでいた。どのアナリストも日本におけるリーダーシップの欠如と社会的連携の無限の可能性、恒常的につきまとう脆弱性に言及しないわけにはいかないような空気があった。これら三つの追加的テーマが相互に依存していなかったら、たとえばリスクと変化とどちらについて考えるのが適当かを問うような、事例研究をめぐるたわいない論争を記録することになっただろう。リーダーシップは日本の政治が抱える構造的問題を解決する新たな方法としてのコミュニティと真っ向から対立していたかもしれない。

そのほかのテーマはいずれも相互に対立するというより、すべての事例に当てはまり、人々が志向する三種類の変化に組み込まれている。変化同様、リスク、リーダーシップ、コミュニティも変化と違い論争はないものの――原子力発電の現状維持を主張した米倉弘昌経団連会長から、三・一一の大震災から限定的な教訓を引き出した東北を専門とする赤坂憲雄民俗学教授に至るまで――だれもが口にした。各トロープが別のトロープを強化するために使われることも少なくなかった。たとえば朝日新聞社から出版されたオピニオンリーダー八〇人の三・一一後の日本に関する意見をまとめた貴重な論考集は「若い世代に託せる社会に」と変化の到来を歓迎する論調で始まっている。そして、「強い指導力よりもマネジメント能力に長けたリーダー」が必要であると訴え、つづけて「町づくりも国づくりも三〇代までの若い世代に任せたい」と説く。そして、編集者たちは「島国『日本』」という言葉を用いて日本の脆弱性に触れ、短い序文を結んでいる。この朝日新聞社の論考集は、三・一一をめぐるもっとも顕著な三つのテーマが、相争うことなくそれぞれを強化しながら変化をめぐる個々の議論の正当性を強調している例のひとつにすぎない[19]。

日本のリーダーシップの欠如、コミュニティの結束を促す自然なつながりの要求、長年にわたり日本が直面しているリスクというくりかえし語られるテーマが三・一一後の変化への期待を助長したとはいえないだろうか。リーダーシップについては、失敗を犯した現職のリーダーを新しいリーダーと交代させて変化を起こすべきかが絶えず問われているように見える。しかし、菅元首相と民主党内の彼の後継者のリーダーシップをめぐる議論は必要以上に否定的だったかもしれない。菅元首相についていえば、彼の政敵が描写したような不器用なアマチュアではなく、優れた「状況判断」を行なっていたともいえるだろう[20]。さらに、菅元首相が原発推進派から反対派に転身したのも注目に値する。三・一一をめぐるあらゆる出来事のなかで、大災害を踏まえて実際に志向を変えたリーダーは彼だけである。彼の後継者である野田佳彦は菅のエネルギー政策をひっくり返し、現状維持を主張。これも効果的なリーダーシップを補強した。野田は長年の反対派――関西地方の有力な知事と市町村長――を説き伏せて二〇一二年夏に原子炉を再稼働させ、彼らの立場を逆転している。

残る二つのトロープも変化への期待を助長し、世論を間違った方向に導いた可能性がある。脆弱性とリスクにまつわる議論の多くは、東北の人々の回復力《レジリエンス》を強調していた。しかし、正確にいえば、回復力は選択肢になかった。被災地の住民は革新を強いられたのだ。東京を含む主要都市でもまもなく大惨事が起きるという説も含め、三・一一後のシナリオが全国の人々を引きつけたことから判断するに、日本人は三・一一によって、自分たちが暮らしている国は思っているよりさらに小さく無防備な島国なのだと確信したようだ[21]。三・一一後のコミュニティの理想像も単純ではない。震災後、日本人の多くは社会的連携を強めようという訴えに安堵したが、「きずな」や「つなぐ」といった言葉が軽々しく使われ、結果的に政治階級や主要な行政機関、経済団体に対する不信感を助長した。東北地方の市町村長のなかには、震災時に違法行為を行なったとして「被害者団体」から訴えられた人々もいた。三・一一から約一年後、日本人の八五パーセントが日本の政治の状況に「不満」を抱き、六五パーセントが日本の政治は間違った方向に進んでいると感じていた。約三分の二が政府の復興対策を評価しておらず、経済が回復すると楽観視していた人は一六パーセントにすぎなかった。こうした不満の主な原因は政治家と政党にあった[22]。さらに、電力不足に直面しているときですら日本人の過半数が原子力発電所の再稼働に反対し、危機のさなかに首相の退陣を切望した。もっとも、民主党の支持が低下したからといって、その分自民党その他の野党の支持率が上がったわけではない。それどころか、すでに大きな割合を占めていた無党派層がさらに増加した。

災害事例の歴史的・比較的考察から、社会学や政治学の理論よりも効果的にこれらの結果を導き出すことができた。日本で過去に起きた自然災害のいくつかは楽観を許さないものであり、いずれも三・一一を予測する出来事として重要な意味を持っていた。安政の大地震（一八五四〜五五年）と濃尾地震（一八九一年）は市民の動揺と不信感を助長した。明治三陸地震（一八九六年）では「想定外」などと弁護することすら思いつく余裕はなかっただろう。関東大震災（一九二三年）とそれに伴う大火災のあとには想像力に富んだ復興の希望がふくらんだが、政治的現実と財政的制約により頓挫した。阪神淡路大震災（一九九五年）は市民社会にとってひとつの転換点となった。日本のほかの地域もバブル崩壊後の不況にあえいでいたため、神戸は取り残されていた。これらの事例は――アメリカのハリケーン・カトリーナ（二〇〇五年）にいたるまで――すべてリーダーシップ、コミュニティ、脆弱性、そして変化について同じ疑問を提起する。どの災害のあとも、しばらくは組織的改革への期待が高まるが、やがてチャンスは失われ、競合するナラティブが現れては消えていった。そして、政治改革が実現するかはあてにならないという認識が高まった。過去の災害は、現在進行中の災害同様、自由な解釈が可能であり、構築されるナラティブの影響を受けやすい。どの事例においても、ヒーローと悪役と並んで縦割り行政の弊害――行政の管轄争いに伴う機能不全――が話題の中心となっていた。災害発生当初は全体的に楽観主義と悲観主義が不安定に入り交じった状態で、人々が結集し、復興を行なう取り組みにもそれがよく表れていた（時にはこうした取り組みの足かせになることもあった）。結果として、過去において（も現在においても）、構造的変化より漸進的変化のほうが多いことがわかった。また、関東大震災後に軍隊が権力を掌握し、政党が弱体化したように、過去に起きた構造的変化のなかには日本の民主主義にとって有益ではないものもあった。

同様にアメリカがバングラデシュ（一九九一年）、インドネシア（二〇〇四年）、パキスタン（二〇〇五年）、ミャンマー（二〇〇八年）で、日本が中国四川省（二〇〇八年）で行なった災害外交および四川大地震の際に中国が日本の支援を利用した事例から得られた教訓は、すべて三・一一にも共通していた。人道支援・災害救援はいつも現地では歓迎されたが、いずれも国際関係を変えるまでには至らなかった。救援も支援も切り札とはならず、その影響力に期待することはできない。外交政策と安全保障政策を左右するのは、平時の国際政治や国内の政治力学なのである。一方、トモダチ作戦は四川における日本の支援活動やアメリカのミャンマーでの活動とは違い、なんらかの目的の下に行なわれたと見られる証拠はなく、あるアメリカ政府当局者の言葉を借りれば「『善意バンク』に善意を寄付した人が今度はそれを引き出す立場になった」ようなものだった。歴史の慣例に従うなら、この種の取り組みは確実に失敗に終わるはずだったことを考えれば、これは幸いだった。

一部の評論家は、三・一一が起こったことで、日本を敵視し、脅威と見なす近隣諸国の日本に対する評価が変わるだろうと指摘したが、三・一一に関連して地域的な力の均衡が変わることはなかった。自衛隊の動員とトモダチ作戦が中国と北朝鮮に日本と日米同盟の実力に関する明確なメッセージを送ったことは確かだが、三・一一は「世界と新しい関係を構築する契機」にはならなかった[23]。それどころか当初は善意に満ちていた中国と日本の友好的感情は三・一一の数カ月後に激変した[24]。災害発生当初、周辺諸国や貿易相手国が放射能と汚染された商品の輸出をもっとも恐れていたころ、日本政府は政府開発援助の予算を二〇パーセント削減することを決定した[25]。二〇一二年半ばには領有権問題に関連して中国国内で大規模かつ暴力的なデモが行なわれた〔東京都による尖閣諸島購入に抗議するもの〕。また、韓国では国民の日本に対する不信感から急遽軍事協力の合意が取り消された。

のちに判明したとおり、三・一一も過去の災害同様、いったんは人々の心をとらえたものの、力の均衡、既存のライバル関係、イデオロギーの対立、外交政策および安全保障政策の優先事項をめぐる国内の政治闘争といった現場の事情に屈することとなった。日米同盟にも同じことがいえる。当初は温かい思いやりにあふれ、トモダチ作戦のおかげで友好関係が深まったものの、その後の日米関係を形づくったのは当面の政治課題と長年にわたる懸案事項だった。たとえば日本は米軍基地問題に手を焼き、北朝鮮のミサイル発射に際しても日米間の緊急調整メカニズムを活用できずに小心ぶりを露呈した。このことからも日本が安全保障政策およびおそらく日米同盟に対しても自信を持っていないことがうかがえる。どうやらトモダチ作戦もこの点を改善するには至らなかったようだ。そこへ政治階級と官僚とのより熾烈な戦いや縦割り構造の政策決定機関、厳しさを増す財政見通しが問題をさらに複雑にした。その結果、不確実性が増し、政策が行き詰まり、日米同盟の政策決定にトモダチ作戦の功績では穴埋めできないほど支障をきたした。

これらの理論的、歴史的、相対的基準は安全保障、エネルギー、地方自治の分析の参考になった。そして、特定の事例について政策が成功あるいは失敗した理由がわかっただけでなく、政策領域のどの部分が重なっているかも明らかになった。これらの事例をもっともよく観察するにはそれぞれを隔離すべきではない。領域が重なる部分と三・一一後の議論の中心的テーマを結びつけて考察すると、日本の政策過程の重要な力学が見えてくる。組み合わせごとに関連するテーマは異なり、それぞれが強調する組織的変化の可能性も異なる。

たとえば福島第一原発事故後にくりひろげられた原子力発電の未来に関する議論は国家安全保障の問題とより透明性の高い方法で結びつけられた。自衛隊の正当性が高まり、電力会社の正当性が低くなったことから、日本の国家安全保障管理全般に関する新しい可能性が明らかになる。もはや核物質の保護に対する自衛隊の懸念より、リスクを隠蔽したい電力会社の都合を優先することはできなくなった。メルトダウン直後、防衛省は日本の原子力発電所史上はじめて施設への無制限の立ち入りを許可され、原子力委員会は使用済み燃料、輸送、脆弱性とリスクに影響するその他の問題に焦点を絞った核セキュリティー作業部会を設置した[26]。同じころ、かつてはひそかにささやかれていた潜在的核抑止の話題が公に語られるようになり、平和主義団体はノーベル賞受賞者の大江健三郎が率いる反原発団体と同じ大義を共有していることに気づいた[27]。大江は二〇一一年九月に開催された脱原発集会と日本有数の平和主義市民団体である九条の会の年次会合で演説。脱原発集会主催者は、原子力発電所をめぐる問題は取りも直さず憲法第九条をめぐる問題なのだと主張する[28]。この点については、二〇一二年六月の原子力基本法改正時、広く議論を行なわずに「国の安全保障」のための原子力利用に関する文言を追加し、国内外に懸念が広がったことから、あらためて活発に議論されるようになった[29]。三・一一後のエネルギー政策と国家安全保障政策をそれぞれ個別に見た場合、両者はいずれもよく似たベクトル上にある――両者とも現状維持の態勢にある――が、両者を合わせて観察すると、脆弱性とリスクに対する懸念から国民的議論を活発にし、組織的変化の新たな可能性を示唆していることがわかる。

国家安全保障と地方自治についても同じことがいえる。両者のあいだではリーダーシップというテーマのもとに新しい形で政策の相互作用が起こった。一九九五年の阪神淡路大震災の際は致命的なほど連携が取れていなかった自衛隊と地方自治体だが、のちに協力関係を深め、三・一一の際には自

2012 年 7 月 16 日に東京の代々木公園で開かれた「さようなら原発 10 万人集会」の模様．主催者の推計によれば 17 万人が参加した．写真：鈴木幸一郎／アフロ

衛隊も地方自治体もその正当性がより広く認められるようになった。両者は三・一一が起きる数年前から災害のシナリオを共有し、合同で防災訓練を実施しており、地域全体が訓練に参加することもあった。しかし、全国知事会と自衛隊が協力して救援物資の供給を行なうのも、行政当局が自衛隊基地を輸送の中継点として使用するのも、三・一一がはじめてだった[30]。自衛隊による「宅配便」よりもはるかに重要だったのは、危機のさなか、自衛隊がだれからも異議を唱えられることなく地方自治体の機能を補佐したり、場合によっては完全に引き継いだりしたことだ。実際に連隊長は東北の市町村の首長および副首長など、リーダーの役割も引き受けた[31]。

さらに三・一一後、日本の地方自治体はそれまで想像もできなかった方法でみずからアメリカ軍に助けを求めるようになった。たとえば、静岡県は災害対策と協力関係の強化のためアメリカ軍に接触した。これは将来的に災害が発生した際、政府は静岡県内ではなく東京に日米間調整室を設置するのではないかという懸念からだった。静岡県の危機管理監によれば、二〇一一年三月の大震災の経験から、アメリカに支援を求めなければならないことがわかったという[32]。沖縄駐在アメリカ海兵隊広報官のロバート・エルドリッジは、この「静岡モデル」について、日本の地方自治体は中央政府が効果的に危機に対応できなかったときのためにリスクヘッジをしていると見ている[33]。理由はさておき、地方自治体は中央政府がリーダーになれなかった場合に備えて、みずからがリーダーになる準備を整えていた。もし実際に地方自治体が主導することになれば、中央政府の存在意義はさらに薄くなるだろう。

日本の地方自治体はエネルギーセクターに対しても創造的な方法で意見を主張するようになった。安全保障、エネルギー、地方自治の組み合わせのなかでももっとも露出度が高いのは地方自治体とエネルギー政策だろう。実際、地方自治体は三・一一後ことあるごとにエネルギー政策に口をはさんできた。最初に持ち上がったのは電力セクターの構造改革の問題だった。発送電分離をめぐる活発な議論は、地域密着型の「次世代送電網」および代替エネルギーの開発にも関連していた。知事と市町村長は孫正義ほか、地域に根ざした再生可能エネルギーを支持する民間の人々に追随。多くの首長および地方議員はこれまでなかった選択肢を積極的に比較検討した。地方自治体は巨大な地域独占企業への排他的依存をやめ、新たな電力会社に投資し、そこから電力供給を受けることが可能になった。発電を地域で管理できれば――そして、一方向ではなく双方向の送電網を建設できれば――分権的規制制度を考案することもできる。電力供給と分権的管理を結びつけることで、とくに地域的規制に対する規制改革の余地が生まれた[34]。地方自治体は日本の電力と場合によっては政治力の供給源になることが可能になったのだ。

これは地方自治体とエネルギーセクターが出会う第二の場所でとくに顕著に見られた。従来は中央政府の規制当局と電力会社、原子力発電所を受け入れるよう説得される可能性のある農村が特殊な関係を結んでいた。しかし、三・一一後そのほかの地方自治体——とくに大都市——が政策決定への参加を求めるようになった。電力生産地の自治体のように電力会社から潤沢な助成金や補助金を受け取っていない電力消費地の自治体が、原発事故が起きれば原発周辺の住民同様に自分たちも危険にさらされると主張し、原子力発電の未来について発言権を要求した。二〇一二年四月、三五都道府県の現職および引退した市町村長七〇人が反原発団体をつくり、東京で設立総会を開いた[35]。関西広域連合に属する知事たちと大阪と名古屋にいる彼らの仲間たちはさらに強い主張を展開した。彼らは、公的には何の権限も有していなければ、隣接もしていない福井県にある関西電力大飯原子力発電所について、事故が起きたら自分たちの地域まで汚染される可能性があると主張し、再稼働するという政府の計画に数カ月にわたって抗議したのだ。こうして、エネルギーと地方自治という二つのセクターのあいだで、三・一一後の日本におけるコミュニティ——およびその力——の本質をめぐり交渉が行なわれた。

このように、安全保障、エネルギー、地方自治のつながりはさまざまな方法で従来の不透明な政策力学に光を当てた。こうして判明した政策力学を安全保障、エネルギー、地方自治それぞれの政策領域内の政策力学と比較すると、主要な組織同士の関係について理解する手掛かりが得られる。本書では三・一一が日本政治における都市部と農村部の新たな亀裂――現代日本に関する文献にはほとんど取り上げられていない分裂――をどう広げたかを見てきた。大都市を抱える都道府県が独自の電力供給源の設置を約束し、国家エネルギー政策コミュニティにおいて存在感を示しただけでなく、東京と大阪で行なわれた原発再稼働に関する住民投票を求める署名活動に代表される都市住民の運動は、農村部と都市部の不平等に焦点を当てたため、多くの有権者の心の琴線に触れた。

同様に、ボランティア活動による全国的な公共心の高まりは、阪神淡路大震災の経験をくりかえすだけにとどまらなかった。今回は過去最大規模であり、新たなメディア技術を効果的に活用しただけでなく、市民による社会活動がより充実した組織的影響をもたらした。阪神淡路大震災の際にはじめてコミュニティを組織した非政府組織（ＮＧＯ）の活動家たちは、一〇年以上に及ぶ――国内外での――救援活動で得た経験を東北で存分に生かすことができた。首相官邸も彼らを受け入れ、リーダーの一人は全国的なボランティア活動の調整役を任された。また、名目上の敵である企業や自衛隊とも密接に協力し合った。その結果、右派と左派の長年にわたる亀裂が閉じたわけではないが、新たに共通の基盤ができたことは間違いない。

また、地方自治体同士の横のつながりが強化されたことは、あまり語られていないが大きな収穫だった。中央政府に対抗する野心を持った地方のリーダーたちが力を得たことは、三・一一がもたらした革新のなかでもとりわけ重要だ。もっとも有名なのは橋下徹大阪市長が中央政府に「宣戦布告」して大衆から称賛を浴び、石原慎太郎都知事をはじめとする地方自治体の首長から支持を得たことだろう。石原知事は主要な政策の違いにもかかわらず、中央集権に反対する橋下市長の主張に共感し、支持を表明した[36]。仲間の市区町村長や知事の言葉を代弁して――彼らの積極的な支援を受けながら――橋下市長は現行の制度は破綻していて、一九世紀のように個々のリーダーが責任を果たさない限り制度を変えることはできないと延々とくりかえし説いた。日本のエリート層は責任逃れをするのが当たり前になり、体制も融通が利かなくなってしまったというのだ。橋下は、現代日本の政治家の傲慢さと間違った自信は戦時中の政治家に共通すると指摘する評論家を支持し、黒川清教授の原子力ムラに対する見解にも同調した[37]。橋下市長自身、独裁主義者と批判されることもあるが、熱弁を振るって政治的既成勢力全体の問題を明らかにし、大きな牽引力を得た。二〇一二年九月、橋下市長は次の衆院議員選挙を目指して全国政党「日本維新の会」を立ち上げた。

政策に関連して、関西電力は電気消費量のピーク時に節電が必要になった際、経済連合や中央政府だけでなく、ある地方自治体の連合体とも交渉しなければならなかった。この連合体は被災地へ支援物資を送る際にも指導力を発揮していた。こうした連合体は中央政府よりもはるかに早く対応することで、地方自治の新たな可能性を実証した。三・一一後もっとも長く続いている変化を実現したのは、危機の際にもっとも称賛された組織（自衛隊と日米同盟）でももっとも非難された組織（電力業界と政府の規制当局者）でもなかった。持続的な変化は、それまで顧みられずにいた、あるいは少なくとも軽く見られがちだった地方自治体で起こった。彼らこそ、中央政府がにっちもさっちもいかなくなり、対応に苦慮しているあいだに力をつけた唯一の民主主義組織だったのだ。

もちろん三・一一は、かねてから注目を集めてきた主要な組織同士の関係にも脚光を当てた。もっとも顕著な例はキャリア官僚と政治家の力の均衡だろう。民主党は、頭が固く、特権をほしいままにする官僚に対して政治的リーダーシップを発揮することを公約に掲げ、二〇〇九年に政権についた。しかし、やはり彼らには専門職の助けが必要であったことが判明する。政府のもっとも成功した機関である自衛隊には実力——組織的優位性、階層的指揮統制、自給自足、規律、自己犠牲のイメージ——があり、これらは危機下で求められる条件に見事に合致していた。一方、政治階級の能力（選挙で勝つための最低限の連合を巧につくり上げ、有権者の支持を得るために資源を割り振る能力）はそれほど役に立たなかった。従来、政策変更は管理された環境で官僚が利害関係のある人々とともに行なっていたが、いまや開かれた討論の対象となった。こうして、それまで以上に関与する人々の数も増え、世論も巻き込むようになった一方で、与党の支持率が歴史的な低さを記録し、国会も「ねじれ国会」だったため、三・一一後の政策過程は多くの人々の予想以上に早く膠着状態になる——そして、期待するほどの変化は起こらない——と思われた。安全保障政策と危機管理のための「司令塔」の役割を担う国家安全保障会議を設置するという計画ですら、三・一一から一年たっても話し合いの段階にとどまり、内閣府がいっそう専門家の助言を必要としていることが明らかになった[38]。三・一一後——かなりたっても——日本の政治階級は、さらに多くの市民から、これまで以上に時代遅れと見なされるようになった。大震災で日本人の回復力が試されただけでなく、硬直した政治体制の回復力も露呈することになったのは、皮肉というほかない。

影響は企業と政府の関係にも及んだ。長年癒着していた両者だが、とくに原子力発電をめぐり対立するようになった。企業組織の連合体である経団連は結束して電力会社を支持し、日本は現行の原子力政策を維持すべきだと主張した。しかし、企業も経済産業省内の協力者も、日本のエネルギー政策の進路を決める諮問委員会の人選を操ることはできなくなっていた。また、経済界自体、原子力政策に関してはもはや一枚岩ではなかった。経団連内の原発反対派は、原子力を理想化し、固定価格買取制度を支持する方針に反対した。ほかの人々はエネルギーセクターにおける原子力以外の新たなビジネスチャンスを急いで探し出し、投資した。同様に民主党からのあいまいなメッセージも経済界をいらだたせた。ある経団連幹部は「もはやだれを相手にロビー活動をしていいかもわかりませんよ!」とあきらめを示した[39]。

おそらくもっとも重要なのは、三・一一後にいっさい政治的関心を集めなかった、自衛隊員と政治家の関係だ。太平洋戦争以来最大の部隊が動員されたあとも、保守派がくりかえし言及したいわゆる「軍隊アレルギー」は根強く残っていたにもかかわらず、文民統制について懸念を表す声はいっこうに聞こえてこなかった。自衛隊は効果的に救助救援活動を行ない、彼らの民主主義的価値への貢献を疑う人はいなかった。政党組織は一九二三年当時と同じくらいガタが来ており、民主主義体制下の合法的な組織としての自衛隊への国民の信頼は新たなレベルまで急上昇したにもかかわらず、アナリストが東日本大震災を一九二三年の関東大震災と比較する際、彼らは後藤新平と彼の復興にかける壮大な夢が挫折したことにばかり注目し、大日本帝国軍がどのように力をつけていったかは顧みない。三・一一から一年以上が経過した時点で、日本人の一〇人に九人が自衛隊を高く評価。一〇年前と比べて二〇ポイントも急増している[40]。沖縄県知事ですら、三・一一のあと、自衛隊が沖縄に駐屯していることを歓迎する発言をしたと報じられている[41]。

三・一一後の日本はどこへ向かうのか? 大災害後に急いでナラティブを生み出し、政治闘争に参加しようとするのはなにも日本に限ったことではない。日本の政治的アクターと政治的起業家がしたことは、震災後に方々で政治家や評論家が行なっていたことと同じだった——大急ぎで事の次第を説明し、その過程で責任の所在を明らかにし、耳当たりのいい安心感を与える言葉で持論を展開した。彼らは、三・一一のような大災害が二度と起こってはならないという点で大筋合意していたが、その過程で変化の可能性を誇張していた。三・一一からより大きな教訓を得るための参考に、ここでもう一度、悲観主義の小川議員と楽観主義の黒川教授の発言を振り返ってみよう。

小川が指摘するように、危機のレトリックと政治行動が一致しなくても不思議ではない。しょせん政治は行動よりもはるかに多くの議論が行なわれる果てしないゲームのようなものなのだから。危機の際には市民の希望と社会科学者の期待が高まるが、政治が停止することはない。実際、利害関係が強くなれば議論も行動も激化しがちだ。この傾向は三・一一後の日本でも見られた。大震災はリーダーシップやコミュニティ、脆弱性に関する、人々を励ますような物語を生み出した。これらの物語はいずれも変化を理想化し、それが確実に起こるかのように説く。市民社会は、これまで積み重ねてきた災害救援の豊富な経験を生かし——新しいネットワーク技術を活用しつつ——経済界や政府関係者とも協力しながら効果的に救援活動に参加した。

しかしながら、日本の政治的リーダーシップは分裂し、官僚は想像力を欠いたままである。政党に力はなく、コミュニティは大半の人が認める以上にバラバラだ。二〇一二年夏、やっと日本のエネルギー政策に関する公聴会が開かれたとき、多くの人々はやらせの形式的なものにすぎないのだろうと考え、当初は嘲笑していた[42]。しかし、市民活動が過去最高のレベルに達し、組織やリーダーに対する一般市民の信頼が記録的な低さとなっても、市民の強い無力感が政府の機能不全全般に対する大規模な抗議行動を引き起こすことはなかった。意識の高い市民によるボランティア活動から憤った市民による抗議行動へとついにバランスがシフトしたとき、二〇一二年七月に東京で行なわれたような大規模なデモが注目したのは原子炉の再稼働であり、同じころ起こった民主党の分裂や不人気な消費税率引き上げの決定など、国家政策のその他の議題に抗議することはなかった。

震災後の二年間、政治家は積年の権力争いに明け暮れた。不信任案を提出すると脅かし、時には実際に提出されることもあった。三・一一とは無関係な理由で政党が結成されたり、解散したりするたびに大臣も頻繁に入れ替わった。通常の政治が危機の政治に道を譲ることはなかった。つまり、三・一一で私たちが目にしたものは、日本内外の過去の災害の際に目にしたものと、なんら変わりはなかったということになる――災害後の時間は通常の時間と切り離された別の領域に存在するわけではないのだ。平常時の制約は、危機のさなかや社会と政治の均衡が失われているときですら存在しつづける。人々は危機が変化をもたらすと過剰に期待しがちだが、三・一一よりもはるかに大規模な災害でなければ長期的な変化を起こすことはできないのかもしれない、と小川は力説した。政権交代をめぐる議論にもっとも浸透しているのは「現状維持」を支持する第二のモデルであるのも、けっして驚くべきことではない。

その一方で黒川は、三・一一のおかげで豊富な知識を持った行動的な大勢の市民による活発な民主主義がついに登場したと示唆する。機敏さと柔軟性のテストに落ちたリーダーの陰には――「変化を加速する」努力がむしろフラストレーションの原因になっているとしても――積極的に社会参加している市民に変化のための革新的アイデアを提供した政治的起業家たちがいた。日本の政治階級は機能不全を起こしたが、彼らの政策には創造力を発揮した証拠がいくつも見られる。シンクタンク、民間企業、大学などに所属するさまざまな政治志向を持つ政治的起業家たちが、積極的に政策のアイデアを出し合った。原発反対派は再稼働を阻止できなかったが、固定価格買取制度の導入には成功し、大規模な抗議行動を実現し、数々の評議会に代表を送った。原子力発電について全国規模の公聴会を行なった結果、国民が現行の対応に強い嫌悪感を持っていることが判明し、断固として現状を維持しようとする政府の計画は窮地に立たされた。電力会社と経済界の協力者たちはけっして無能だったわけではないが、ライバルのいない地域的、全国的リーダーシップの座にいつまでも安住してはいられないと警告を受けた。同様に今回の危機を切り抜けた自衛隊および日米同盟は国民の支持を得て、有事に動員されることとなった。陸上自衛隊は水陸両用の上陸用船艇を入手し、防衛省は国家安全保障政策立案において、その立場を改善した。地方自治体はかつてないほど中央政府から独立するようになった。中央政府が地方を主導するように、地方自治体が中央政府を主導することも可能であることを証明した。彼らは確固とした態度で粘り強く行政改革を求め、メディアや一般大衆、政治階級から広く認められた。

さて、最後に残ったのはパラドックスの問題だ。三・一一は多くの政治的起業家が望んだような、形勢を一変させる「ゲーム・チェンジャー」にはならず、日本の政体を構造的に変えることもなかった。通常の政治はさまざまな欠点を持ちながらも優勢であり、本書で検証した三つの政策領域では、より前向きに「変化を加速する」よりも「現状維持」が優先されたようだ。それでも三・一一後の日本の状況は、小川の議論と同じくらい黒川の議論にも当てはまる。危機のレトリックは民主政治を鼓舞し、新たなアクターに力を与え、段階的ながら待望の改革を促し、大規模な抗議行動を引き起こし、政策決定のプロセスをより透明性の高い方向へ導いたと思われる。大震災は、少なくともこれらすべての可能性をもたらし、地震と津波、メルトダウン後の数カ月間は保守的なことで知られる体制にも（限定的ながら）変化の兆しが見られ、日本政治の刷新を心待ちにする人々に希望を与えた。こうした初期の動きは日本の政治に長期的な変化をもたらすのだろうか？　震災から二年近くたったが、まだ答えを出すには早すぎる。この時点で結論できるのは、三・一一の主たるナラティブは、まだ完成していないということだけだ。

11月1日より．

31. 「宅配便」という言葉と連隊長の役割については，自衛隊幹部のインタビュー，2011年11月18日より．
32. Marine Gazetteの小林佐登志氏の発言より http://www.marines.mil/unit/mebjapan/Pages/2011/111123-disa（リンク切れ）．愛知県，三重県，高知県もそれぞれアメリカ軍に接触している．*Japan Times*, 3 March 2012参照．
33. アメリカ海兵隊外交政策部次長（当時）Robert Eldridge（ロバート・エルドリッジ）の電話インタビュー，2012年6月10日より．
34. 民主党阿部知子議員のインタビュー，2011年11月2日より．
35. 共同通信2012年4月29日より．
36. 橋下氏が東京，北九州，沖縄などの自治体の首長に支援を要請する計画については *Japan Times*, 20 May 2012参照のこと．
37. 戦時中の政治家の比較については半藤，保坂，戸高『文藝春秋』2011年7月号を，日本軍司令官の非柔軟性を描写したイギリス元陸軍大将William Slim（ウィリアム・スリム）の回想についてはParshall and Tully 2005, 413を参照のこと．
38. 朝日新聞2012年3月2日より．
39. 2012年5月31日のインタビューより．
40. http://www.pewglobal.org/2012/06/05/japanese-wary-of-nuclear-energy/ 参照．
41. これは，防衛省の「大きな支援」により「非常に勇気づけられた」とされたもの．防衛省木村綾子参事官のインタビュー，2011年11月22日より．
42. 公聴会では聴衆からの質疑が禁止されていただけでなく，ある事例では，電力会社の社員が一般市民の発言者として送り込まれていたこともの ちに発覚した．共同通信2012年6月16日より．

木氏はあらゆる不正を拒否し，「今回の出来事が内閣府原子力委員会（とその他の諮問機関）の制度改革のきっかけになることを願っている」と述べた．個人的書簡，2012 年 5 月 29 日より．原子力委員会の，公開会議に先立つ秘密会議開催についての報道は共同通信 2012 年 7 月 9 日参照．

8. 小川代表の見解は，2011 年 11 月 18 日のインタビューより．出身についての問いかけは，2011 年 12 月 21 日の河野太郎氏による．小川代表は四国出身である．
9. この理論については『マキァヴェッリの子どもたち』を参照のこと．
10. Mahoney and Thelen 2010 より．
11. 同，pp.9 より．
12. これは Kingdon 1995 の予測と一致する．
13. こうした主張はすべて本書で言及してきたものである．
14. 戦争についての彼の有名な定義「他の手段をもってする政治の延長に過ぎない」より．Von Clausewitz's, *On War* 参照．
15. こうしたナラティブは 10 年以上も前に生まれていたことを思い出してほしい．飯田『論座』1997 年 2 月号より．
16. 仙石由人氏の発言，共同通信 2012 年 4 月 17 日より．
17. 逆転，危険性，無益が「反動のレトリック」の 3 つの要素である．『反動のレトリック』参照．
18. http://www.economist.com/blogs/graphicdetail/2012/04/daily-chart-16 参照．
19. 『東日本大震災ドキュメント　自衛隊もう 1 つの最前線』参照．
20. 日本政治の著名なアナリスト，マイケル・クセックは自身のブログ“Shisaku”2012 年 3 月 8 日の中で「菅元首相は人間の可能性の限界まで自分の仕事をした」と評価している．Funabashi and Kitazawa 2012 も参照のこと．
21. 例として読売新聞 2012 年 1 月 24 日，産経新聞 2012 年 4 月 2 日，朝日新聞 2012 年 4 月 14 日，http://www.bousai.metro.tokyo.jp/japanese/tmg/assumption_h24.html（リンク切れ）http://www.bousai.metro.tokyo.jp/japanese/tmg/pdf/20120418gaiyou.pdf（リンク切れ）および http://www.mxtv.co.jp/mxnews/news/201204186.html 参照．
22. 東京新聞 2012 年 1 月 3 日および http://www.pewglobal.org/2012/06/05/japanese-wary-of-nuclear-energy/ 参照．
23. 『「戦後」が終わり，「災後」が始まる』pp.24 より．
24. *China Daily*, 12 August 2011 より．
25. 朝日新聞 2011 年 4 月 8 日より．民主党の一般議員による抗議を受け，政府開発援助予算の削減率は 10%とされた．読売新聞 2011 年 4 月 17 日より．
26. 防衛省防衛研究所所長（当時）高見澤將林氏のインタビュー（2011 年 7 月 7 日），および内閣府原子力委員会鈴木達治郎元委員長代理のインタビュー（2011 年 9 月 26 日）より．
27. Avenell 2012a では，3.11 以前になぜこの 2 つの団体が協調しあえなかったかを考察している．
28. 共同通信 2012 年 11 月 20 日より．
29. 毎日新聞 2012 年 6 月 23 日の社説を参照のこと．
30. 全国知事会地方分権改革推進本部事務局部長藤原通孝氏のインタビュー，2011 年

より．

175. 読売新聞 2011 年 7 月 13 日より．
176. 河北新報 2012 年 2 月 6 日に基づく．
177. 岩手県復興局企画課計画担当課長小野博氏のインタビュー，2011 年 9 月 21 日より．
178. Yokomichi 2010 より．
179. 瀬口清之氏との個人的書簡，2012 年 9 月 10 日より．
180. 各省庁もそれぞれ調査報告をまとめていたが，この報告書がはじめて内閣府によって作成されたものである．「防災対策推進検討会議中間報告～東日本大震災の教訓を活かし，ゆるぎない日本の再構築を～」http://www.bousai.go.jp/chubou/suishinkaigi/chukan_hontai.pdf（リンク切れ．要旨は http://www.bousai.go.jp/kaigirep/chuobou/suishinkaigi/pdf/chukan_youshi.pdf にて参照可能）参照．
181. 共同通信 2011 年 6 月 25 日より．
182. この橋下氏の発言（ツイート）は，以下の 2012 年 1 月 21 日に投稿されたブログで参照できる．http://wondrousjapanforever.cocolog-nifty.com/blog/2012/01/post-405b.html.
183. http://www.hashimoto-toru.com/policy/ 参照．
184. ファシストとの比較は，*Japan Times*, 27 March 2012 の自民党谷垣禎一幹事長の発言より．吉富『橋下徹　改革者か壊し屋か』は 3.11 以前の橋下の政治構想をまとめたもの．

**結論**

1. 国会東京電力福島原子力発電事故調査委員会の報告は本書第 5 章で参照している．報告書の全文は http://naiic.go.jp/report/（リンク切れ．現在のサイトは http://warp.da.ndl.go.jp/info:ndljp/pid/3856371/naiic.go.jp/）英語版は http://naiic.go.jp/en/report/（リンク切れ．現在のサイトは http://warp.da.ndl.go.jp/info:ndljp/pid/3856371/naiic.go.jp/en/）参照．ただ海外メディアは，これが日本語版の完全な対訳ではないとして懸念を抱いている．2012 年 7 月 5 日に開かれた日本外国特派員協会での記者会見を参照のこと．http://inagist.com/all/221482359596388352/（リンク切れ）
2. 最終報告書の英語版 pp.16 によれば「原子力安全・保安院がかかる要求に応えなかったため，当委員会は権限によりこれらの情報を開示するよう求めた」とある．
3. http://www.kiyoshikurokawa.com/en/2011/05/first-step-towards-structuring-new-japan.html 参照．
4. 黒川教授のインタビュー，2012 年 5 月 21 日より．配信された動画は http://www.shugiintv.go.jp/en/index.php?ex=VL（リンク切れ）参照．記者クラブについては Freeman 2000 参照．
5. 「国会事故調」第 5 部より．
6. 英語版の序文では，黒川はさらに踏み込み，3.11 は日本特有の，いわば「メイド・イン・ジャパン」の災害だとした．海外に向けた 3.11 の原因究明報告は Curtis 2012，Dickie 2012 および Shimazu 2012 参照．
7. 鈴木達治郎氏の証言，2011 年 4 月 26 日より．のちに鈴木氏は「原発推進派」のみの秘密会議に出席したことで批判を受けた．毎日新聞 2012 年 5 月 24 日参照．鈴

147. データと一連のプロセスについては横浜市役所，2011 年 10 月 20 日より．
148. 東京新聞 2012 年 3 月 8 日より．
149. 衆議院総務委員会議事録，2011 年 4 月 19 日および 5 月 17 日参照．
150.『週刊東洋経済』2011 年 6 月 4 日号および名古屋市河村市長のインタビュー，2012 年 1 月 12 日より．
151. 名古屋市河村市長のインタビュー，2012 年 1 月 12 日より．
152. 読売新聞 2011 年 11 月 12 日より．
153. 東京新聞 2011 年 2 月 1 日，朝日新聞 2011 年 9 月 29 日，共同通信 2011 年 11 月 19 日，産経新聞 2011 年 12 月 30 日より．2012 年 5 月，九州では，宮城県から瓦礫を運搬してきたトラックを（放射能汚染なしという証明を得ているにも関わらず）拒否するという事件があった．共同通信 2012 年 5 月 23 日より．
154. Yomiuri Evening News, 25 March 2012 より．
155. 日本銀行元北京事務所長瀬口清之氏のインタビュー，2012 年 5 月 14 日より．
156. Morris-Suzuki 1995, 36 より．
157. http://www.env.go.jp/recycle/3r/approach/hokusai_en.pdf, 8 参照．
158. Morris-Suzuki 1995, 48 より．
159. http://www.japanfs.org/en_/newsletter/200310-1.html（リンク切れ）参照．
160. http://www.japanfs.org en_/newsletter/200310-1.html #to（リンク切れ）参照．
161. http://www.cas.go.jp /fukkou/pdf/kousou2/gijiyousi.pdf（リンク切れ）, 22 参照． 公開された会議の議事録にこの発言者を特定する記述はないが，出席者 2 名から梅原氏の発言であったとの証言を得ている．2012 年 1 月 18 日および 2012 年 2 月 2 日のインタビューより．
162. 御厨『「戦後」が終わり，「災後」が始まる』pp.22–23 より．日本の文化やビジネスが国内のみで独自に発展することを表す「ガラパゴス化」は，主に製品デザインなどが海外市場に対応できず孤立してしまう失敗例として用いられる．3.11 以前より広く使われている．例として，吉川『ガラパゴス化する日本』，http://news.searchina.ne.jp/disp.cgi?y=2012&d=0426&f=business_0426_080.shtml; and http://www.nri.co.jp/navi/2008/080213_1.html（リンク切れ）参照．
163. 個人的書簡，2012 年 1 月 9 日より．
164. 毎日新聞 2012 年 1 月 8 日より．
165. 朝日新聞 2011 年 9 月 10 日より．
166. http://sankei.jp.msn.com/lif/news/110620/art11062007240001-n1.htm（リンク切れ）参照．
167. 朝日新聞 2011 年 9 月 10 日より．
168. 鷲田『東北の震災と想像力　われわれは何を負わされたのか』pp.73 より．
169. 2012 年 1 月 18 日のインタビューより．
170. 鷲田『東北の震災と想像力　われわれは何を負わされたのか』pp.64-65 より．
171. 鷲田『東北の震災と想像力　われわれは何を負わされたのか』pp.67–68 より．
172. 横浜市職員のインタビュー，2011 年 9 月 30 日より．
173. 2011 年 12 月 22 日のインタビューより．
174. 読売新聞 2011 年 7 月 15 日，山崎「大都市制度をめぐる議論の状況などについて」

い合わせに対応する「総合相談窓口」を開設した．読売新聞 2011 年 7 月 4 日より．

129. 日本学術会議「東日本震災ペアリング支援」より．

130. 2008 年に中国政府が実施した地元自治体のペアリング／対口支援については本書第 3 章を参照のこと．林，穐原「四川震災復興・対口支援の事例」によれば，日本で「ペアリング」や「対口」という言葉が用いられるのは，日本語に同等の「1 対 1」を表す単語がないためとのこと．

131. 2011 年 12 月 27 日のインタビューより．読売新聞 2011 年 3 月の記事も参照のこと．

132. 2011 年 12 月 14 日のインタビューより．石川『学術の動向』2011 年 12 月号も参照のこと．

133. 神谷『地方行政』2011 年 9 月 1 日，『週刊東洋経済』2011 年 6 月 4 日号，http://financegreenwatch.org/jp/?p=723 および http://scienceportal.jp/news/daily/1103/1103221.html（リンク切れ．ただし関連記事は http://scienceportal.jst.go.jp/news/newsflash_review/newsflash/2011/03/20110326_01.html で参照可能）および小松『立法と調査』2011 年 6 月 No.317 pp.39 参照． 石川教授は，他の組織は適切な協力体制がとれていなかったため日本学術会議に諮ったとのこと．2011 年 12 月 14 日のインタビューより．名古屋市河村市長は，こうした知事会や市長会の役割について尋ねられると，ただ「うーん」とうなった．2012 年 1 月 12 日のインタビューより．兵庫県貝原元知事は一言「動かなかった」と答えた．2011 年 12 月 22 日のインタビューより．

134. 全国知事会のデータ，2011 年 11 月 1 日より．

135. 井戸『新々一歩いっぽ続』pp.127–31，神谷『地方行政』2011 年 9 月 1 日 pp.4，産経新聞 2011 年 3 月 28 日および 4 月 2 日，朝日新聞 2011 年 4 月 15 日，毎日新聞 2011 年 5 月 24 日，日本経済新聞 2011 年 5 月 30 日より．

136. 兵庫県井戸敏三知事のインタビュー，2011 年 12 月 22 日より．貝原元知事も「中央政府はうまく対応できていなかった」としてこれに賛意を示した．2011 年 12 月 22 日のインタビューより．

137. 2011 年 12 月 22 日のインタビューより．

138. 毎日新聞 2011 年 5 月 24 日より．

139. 神谷『地方行政』2011 年 9 月 1 日 pp.2 より．実際は，この表現はそれ以前より使われていた．例として産経新聞 2011 年 4 月 2 日参照．

140. 神谷『地方行政』2011 年 9 月 1 日 pp.6 より．

141. 2011 年 9 月 22 日のインタビューより．

142.『週刊東洋経済』2011 年 6 月 4 日号参照．産経新聞 2011 年 4 月 2 日によれば，先例は静岡県だった．総務省職員前健一氏のインタビュー，2011 年 11 月 2 日より．

143. 2011 年 12 月 22 日のインタビューより．2012 年 1 月までに，兵庫県はこうした会議の場を 46 回にわたって設けた．

144. データは名古屋市被災地域支援本部，2012 年 1 月 12 日より．

145. データは総務省，2011 年 11 月 4 日より． 2011 年 4 月時点では，緊急融通額は 58 億円だった．小松『立法と調査』2011 年 6 月 No.317 pp.42 より．

146. 日本経済新聞 2011 年 12 月 11 日より．この件に注意を向けさせてくれた青山学院大学西川雅史教授に深く感謝申し上げる．

commissions.html#more 参照.

109.「岩手復興特区を構成する9つの特区」, および達増知事のインタビュー, 2011年9月22日より.

110. 達増知事は, 事務所の調査によると一時避難施設に身を寄せた住民の92%が避難先から戻ったことを誇らしげに語った. 2011年9月22日のインタビューより.

111. 河北新報2011年5月12日および http://www.japan-press.co.jp/modules/news/index.php?action=List&categoryid=49（リンク切れ）参照.

112.『三・一一後　ニッポンの論点』pp.164より.

113. 河北新報オンライン2011年7月28日より. これを後押しする意見として, 全漁連常務理事長屋信博氏の見解は『三・一一後　ニッポンの論点』pp.165-67参照のこと.

114. 読売新聞2012年3月5日より.

115. この提案の詳細は, 日本政策投資銀行「復興地域づくり研究会中間報告書」および http://www.jamgr.jp/news/（リンク切れ）参照. 本書で紹介した数多くの提案と同様に, この構想も3.11以前から提唱されていて, 震災後新たに危急性と妥当性を伴って再び着手されたものである.

116. 大西, 日本経済新聞2011年5月11日掲載『経済教室』より.

117. 政府による東日本大震災復興特別区域法案の草案では, 本章で取り上げてきたそれぞれの特区への財政支援と規制緩和が規定され, さらに復興まちづくり会社(CBRC)への支援対策も盛り込まれた. 陸前高田市における復興まちづくり会社の初期の報告は岩手日報2011年10月20日参照. 大西教授は, 気仙沼市でも地元議員が労働組合を立ち上げ, 職を失った市民に雇用を斡旋していることを報告し, いわば復興まちづくり会社の「原型」だと語った. 氏は構想会議委員を退任してからは, 研究グループを発足させ, 東北の復興まちづくり会社の促進と監査に務めている.

118. 2011年12月14日のインタビューより.

119. 警察庁によると, 3.11後最初の3週間で17の自治体が16万人のために避難所を提供した. 産経新聞2011年4月2日参照. 有名な例として, 埼玉県はさいたまスーパーアリーナと閉校した学校を避難所として提供した. 新潟県は南相馬市の全住民の受け入れを申し出た. 神谷『地方行政』, 桜井『原子力村の大罪』pp.134参照.

120. 小松『立法と調査』2011年6月No.317 pp.38, 産経新聞2011年3月28日より.

121. 総務省のデータは http://www.soumu.go.jp/main_content/000125227.pdf より.

122. データは総務省, 2011年10月25日より.

123. 兵庫県井戸敏三知事提供のデータ, 2011年12月22日より.

124. 東京新聞2012年3月3日より.

125. データは横浜市役所, 2011年10月7日より. その他の事例は小松『立法と調査』2011年6月No.317および産経新聞2011年4月2日より.

126. 2012年1月12日のインタビューより. 名古屋市の「陸前高田市への全面的支援」について, 詳しくは毎日新聞2011年7月2日および24日参照.

127. データは名古屋市「被災者支援センター」職員のインタビュー, 2011年9月22日, および名古屋市被災地域支援本部, 2012年1月12日より.

128. 井戸敏三知事の事務所提供のデータ, 2011年12月22日より. さらに兵庫県は2年間にわたり被災者1万人の雇用を受け入れ, 東北住民のために震災後のあらゆる問

doshusei.dtiblog.com/blog-date-201104.html と思われる）参照.

83. http://doshusei.dtiblog.com/blog.entry-172 .html 参照.

84. 『東洋経済オンライン』2011年9月8日および『週刊東洋経済』2011年8月27日号より.

85. 毎日新聞2011年5月18日より.

86. http://www35.atwiki.jp/kolia/pages/763.html 参照. 江口氏の発言は『週刊東洋経済』2011年8月27日号より.

87. 大合併が道州制への戦略的第一歩だとする見解については http://www.keidanren.or/english/journal/200007.html（リンク切れ）参照.

88. 佐藤『原子力村の大罪』pp.124 より.

89. 岩手県復興局企画課計画担当課長小野博氏のインタビュー，2011年9月21日より.

90. 河北新報2011年10月16日より.

91. データは総務省，2011年10月31日より. 総務省職員のインタビュー，2011年9月20より.

92. 隣接地域への非協力的姿勢については，Massachusetts Institute of Technology (MIT) Japan 3.11 Initiative の一環で行われた南三陸市民のインタビュー，2012年1月23日にて. http://japan311.scripts.mit.edu/wp/, 23 January 2012 参照.

93. 2011年12月22日のインタビューより.

94. 2011年11月2日のインタビューより.

95. 朝日新聞2011年9月11日より.

96. 佐藤，田母神『撃論』vol.2 pp.130 より.

97. この見解は河北新報2011年5月12日で辛辣に展開されたもの.

98. 達増『世界』2011年9月号 pp.46 より.

99. 同，pp.43 より.

100. 2011年9月22日のインタビューより.

101. 達増『世界』2011年9月号 pp.45 より.

102. 同，pp.42 より.

103. 東日本大震災復興構想会議「復興への提言～悲惨のなかの希望～」pp.36 より.

104. 同，pp16 より.

105. 同，pp.7, 19, 33 より.

106. 朝日新聞2011年6月16日より. 福島県の「復興ビジョン」は内容が浅く，他県より議論も弱かった. 指導者も住民も原発の危険を明確に認識していなかったこと，すなわち事実上東京電力と経済産業省の橋渡し役を担っていたことを認め，報告書では再生可能エネルギーへの移行と，世界でもっとも広く汚染された場所を再生させることを宣言した. お決まりの「災害の克服」や「地域のきずなの再生」といった言葉が並んでいるが，残念ながら，苦境に立たされ，疲弊し，後悔に苛まれ，ほとんど無力となった地方行政による産物のように思われる. 福島県「復興ビジョン」参照.

107. 宮城県の計画は http://www.cas.go.jp/jp/fukkou/pdf/kousou7/murai.pdf より. 「宮城県震災復興計画」も参照のこと.

108. http://greattohokurevival.blogspot.com/2011/05/miyagi-and-iwate-recovery-

岩手県復興局企画課計画担当課長小野博氏のインタビュー，2011 年 9 月 21 日，内閣官房地域活性化統合事務局および内閣府地域活性化推進室「総合特区制度について」pp.7 より．

66. 経団連の道州制推進計画については，Nippon Keidanren 2008，経団連「経団連成長戦略 2011 - 民間活力の発揮による成長加速に向けて - 」および http://www.kkc.or.jp/doushusei/about/social.html（リンク切れ）参照．経団連は，一般向けに道州制のメリットを解説するサイトも運営しており，「やっぱりいいね！　道州制」という漫画のデジタルパンフレットも掲載している．http://www.kkc.or.jp/doushusei/（リンク切れ．該当のサイトは http://www.kkc.or.jp/dousyusei/ と思われる），http://www.kkc.or.jp/doushusei/about/opinion/html（リンク切れ．該当のサイトは http://www.kkc.or.jp/dousyusei/about/opinion.html と思われる）参照．また，経団連の対策本部についてとくに秀逸な分析は林「地域経済圏の確立に向けた道州制の導入と行政改革」参照のこと．関西学院大学の林教授は 2011 年に政府の地方制度調査会委員に選出された．道州制への見解は，元岩手県知事および総務大臣増田寛也氏と一致するものである．増田『日本の論点 2007』第 44 章参照．
67. 経団連「阪神・淡路地域の産業再生のための提言」と「経団連成長戦略 2011 - 民間活力の発揮による成長加速に向けて - 」を比較のこと．
68. 経団連「復興・創生マスタープラン～再び世界に誇れる日本を目指して～」pp.44–47 より．
69. これについては 2006 年に安倍首相が「道州制特区推進法」を制定したことで明示された．
70. 経団連政治・社会本部斎藤仁本部長のインタビュー，2011 年 9 月 14 日より．
71. 2011 年 11 月 2 日のインタビューより．
72. 佐藤『原子力村の大罪』pp.121 より．『撃論』vol.2 pp.130 でも同様の例えを用いている．
73. 岩手県復興局企画課計画担当課長小野博氏のインタビュー，2011 年 9 月 21 日より．一方で増田元岩手県知事は『東北州』の導入を強く支持している．増田『日本の論点 2007』第 44 章参照．
74. 2011 年 9 月 22 日のインタビューより．
75. 2012 年 1 月 12 日のインタビューより．
76. 同上．
77. 2011 年 11 月 18 日のインタビューより．このことは全国知事会職員および総務省のインタビュー，2011 年 10 月 31 日および 11 月 1 日でも繰り返し語られた．大前研一氏の見解 は http://www.nikkeibp.co.jp/sj/2/column /a /55/index1.html（リンク切れ）参照．
78. 河北新報オンライン 2011 年 5 月 30 日より．
79. ほくとう総研『NETT』No.74 pp.10 および読売新聞 2011 年 6 月 7 日より．
80. 『三・一一後　ニッポンの論点』pp.162 およびほくとう総研『NETT』No.74 pp. 10– 11 より．
81. 2012 年 1 月 18 日のインタビューより．
82. http://doshusei.dtiblog.com/blo.entry-171.html（リンク切れ．該当のサイトは http://

42. 戸羽『被災地の本当の話をしよう』pp.149 より.
43. 桜井市長は，自分達の市の火力発電所が津波によって深刻な被害を受けた際の東京電力の他人事のような冷淡で不十分な対応と，東北電力の対応とを比較した．桜井『原子力村の大罪』pp.142–43 参照.
44. 毎日新聞 2011 年 5 月 24 日，桜井『原子力村の大罪』pp.134–36 より.
45. 『三・一一後　ニッポンの論点』pp.26–29 より.
46. http://www.blog.goo.ne.jp/hosakakunio（リンク切れ．ただし本文で引用のブログは http://blog.goo.ne.jp/hosakakunio/m/201103）参照.
47. 達増知事のインタビュー，2011 年 9 月 22 日より.
48. 2011 年 12 月 22 日のインタビューより.
49. 2011 年 9 月 20 日のインタビューより.
50. 日本政策投資銀行，2011 年 4 月より.
51. 平山『世界』2011 年 8 月号より.
52. 朝日新聞 2011 年 9 月 13 日より.
53. 読売新聞 2011 年 4 月 29 日の御厨貴氏の発言より.
54. Rheuben 2012, 11 より.
55. 2011 年 9 月 30 日のインタビューより.
56. Center for International and Strategic Studies 2011, xxi, 12 および経団連「経団連成長戦略 2011 - 民間活力の発揮による成長加速に向けて - 」より.
57. 3.11 以前の，国家システムの改革がいかに日本の競争力を高めるかという議論については，経団連「阪神・淡路地域の産業再生のための提言」および Nippon Keidanren 2006 参照.
58. 「特区」モデルの背景や経緯については，内閣官房地域活性化統合事務局および内閣府地域活性化推進室「総合特区制度について」参照.
59. ある専門家は，内閣府が地方のために便宜をはかる仕組みになっていても，そこにはそれを邪魔だてする関連省庁の出向職員がいる，と指摘している．政策研究大学院大学畑山栄介教授のインタビュー，2011 年 7 月 21 日より.
60. 内閣府構造改革特区担当室「特区における効果」参照.
61. 同参照．これら特区の（きわめて限定的な）利点としては，カーシェアリングプログラムによる利便性の向上，刑務所の民営化による経費削減，リサイクル機器の共同購入などが例に挙げられる．またおそらくもっとも有名（かつ一般的）なのは，観光向けに濁り酒の製造販売を行える 71 のどぶろく特区だろう.
62. 朝日新聞 2011 年 6 月 16 日，宮城県地域振興課長補佐の小池源一氏のインタビュー，2011 年 9 月 20 日より．こうした特区のとくにささやかな例は，埼玉県草加市が建築基準法の規制緩和を求め，構造改革特区として文部科学省が定める天井高より 0.3m 低い小学校と中学校を建設したことである．内閣府構造改革特区担当室「特区における効果」参照.
63. 内閣官房地域活性化統合事務局および内閣府地域活性化推進室「総合特区制度について」pp.1 より.
64. 2012 年 1 月 12 日のインタビューより.
65. 東日本大震災復興対策本部事務局「復興特区制度（仮称）などの検討状況について」，

Jain 2011, 171 も参照のこと．
19. データは総務省，2011 年 10 月 31 日より．Rheuben 2007, 5 および Yokomichi 2010, 7–9 も参照のこと．
20. データは総務省，2011 年 10 月 31 日より．
21. 全国知事会藤原通孝氏のインタビュー，，2011 年 11 月 1 日より．
22. Rheuben 2007 参照．
23. 大前氏が広域連合を「中途半端な道州制」と評したものは，http://www.nikkeibp.co.jp/sj/2/column/a/55/index.html を参照．
24. 大前『文藝春秋』1995 年 3 月号より．吉富『橋下徹　改革者か壊し屋か』も参照．
25. Jain 2011, 174 より．着目すべきは，これは小泉政権が内閣への中央集権化を推し進める政策の一環であったことである．Uchiyama 2010 参照．
26. ある研究者によれば，地方分権推進委員会は中央機関の排除に注力していたが，各省庁では各担当機関における業務の限界について議論を重ねていた．政策研究大学院大学畑山栄介教授のインタビュー，2011 年 7 月 21 日より
27. http://www.doshusei.org/（リンク切れ）参照．
28. 自民党の研究グループは，地方強化によって政府は年間 11 兆円の経費削減と 10 万人以上の公務員削減を達成できるとした．Rheuben 2007, 4–6 参照．増田『日本の論点 2007』第 44 章は当時の首相から直接の証言をとっている．
29. 増田『日本の論点 2007』第 44 章 pp.416 より．
30. 同上．
31. 民主党の小川淳也議員のインタビュー，2011 年 11 月 18 日より．総務省職員は，政府が民主党の「『イエス』であり『ノーである』」方針に振り回されたことを認めた．2011 年 10 月 31 日のインタビューより．経団連職員は，小沢氏が方針を翻したのは，民主党擁する選挙区が廃止されてしまうからだと語った．2011 年 9 月 14 日のインタビューより．
32. Ozawa 1994, 76 より．
33. 2003 年の民主党の公約は「地域の問題は自分たちで決める社会を築きます」とされている．2005 年の公約では，ひも付き補助金の 90％を大くくりの一括交付金として分配し，社会保障や教育に充てられるようにすると発表した．どちらも 2009 年の公約，「5 原則」にも反映されている．
34. 3.11 の直前，地方自治体の研究者は，中央の政治的不安定のために，「（改革への）道は厳しいと言わざるをえない」と書いている．Yokomichi 2011, 24 参照．
35. 小沢氏は 2012 年 7 月に辞任した．
36. 2011 年 12 月 22 日のインタビューより．
37. 共同通信 2012 年 3 月 3 日より．しかし結局，広域連合は原発推進派からの圧力に抗えず，政府による大飯発電所の再稼働決定を受け入れると発表した．共同通信 2012 年 5 月 31 日参照．
38. 2011 年 12 月 22 日のインタビューより．
39. 共同通信 2011 年 8 月 26 日より．
40. 横道清孝教授のインタビュー，2011 年 7 月 15 日より．
41. 日本経済新聞 2011 年 4 月 29 日より．

減（「国家統一」の場合を除く）について詳細はSteiner 1965，Rheuben 2007，Jain 2011を参照のこと．

4. 「明治の大合併」以前は，7万以上の市区町村が，また「平成の大合併」までは3500近くの市区町村が存在していた．現在も，人口1万人以下の村や町はおよそ500あり，地方の中にはこれら小規模のコミュニティーが集まって自治体の大部分を構成しているものもある．総務省からのデータ，2011年10月31日より．
5. 航空会社のマイレージプログラムのように，これらの都市にはそれぞれの規模に応じた特権が付与されている．人口500万人以上からなる「政令指定都市」は神戸市，京都市，福岡市，名古屋市，横浜市，大阪市などである．「中核市」は人口300万人以上，1998年に制定された「特例市」は人口200万人以上と定義されている．林「地域経済圏の確立に向けた道州制の導入と行政改革」Yokomichi 2010および山崎「大都市制度をめぐる議論の状況などについて」参照．
6. 防衛省「東日本大震災への対応に関する教訓事項（中間取りまとめ）のポイント」pp.35より．
7. 増田『日本の論点2007』第44章より．
8. データは全国知事会，2011年11月1日より．政策研究大学院大学畑山栄介教授のインタビュー，2011年7月21日より．
9. 自民党の「建設的保守主義」についてはSee Pempel 1982参照．
10. たとえばJain 2011, 164では，地方は「リーダーシップの機会を創出してきた．とりわけ新しい政治戦略や革新的アイデアを通して」と指摘している．
11. 東京大学石川幹子教授のインタビュー（2011年12月14日），大西隆教授のインタビュー（2011年12月14日），河村たかし名古屋市長のインタビュー（2012年1月12日）より．
12. 防災対策基本法第12条第2項では，地方自治体は災害救助に対応するために　　相互応援に関する協定を締結できると定めている．
13. 総務省より2011年11月4日提供の，1996年6月の兵庫県のデータより．
14. 総務省職員前健一氏のインタビュー，2011年11月2日より．全国知事会による協定文書「全国都道府県における災害の広域応援に関する協定書」は10ページにおよぶ内容過多のものだった．United Nations Centre for Regional Development 1995, 146，神谷秀之『地方行政』2011年9月1日pp.2も参照のこと．．
15. Tierney and Goltz 1997は，こうした協定が阪神・淡路大震災後に急増したと指摘している．「リスクヘッジ」とは総務省職員小柳太郎氏のインタビュー，2011年10月31日より．
16. 小柳太郎氏のインタビュー，2011年10月31日より．この概算は静岡県の行政専門アドバイザーも務める明治大学北大路信郷教授も認めている．2011年10月3日のインタビューより．産経新聞2011年4月2日では，2006年の中越沖地震の際に鳥取県がどのように新潟県への支援活動を行ったか，また同様の「行政による災害支援」が2009年に新潟県を襲った台風9号の際にもいかに効果を発揮したかを報告している．
17. Nakabayashi 2009より．
18. 前総務省職員，現民主党の小川淳也議員のインタビュー，2011年11月18日より．

280. Bloomberg, 21 May 2012 および共同通信 2012 年 5 月 22 日より.
281. 3.11 後の改革への多くの推奨内容と同様に，これも新たなアイデアではなかった．通商産業大臣佐藤信二氏が 1997 年に発送電分離案を提唱していた．Scalise 2009, 242 参照．また橘川『日本電力業発展のダイナミズム』および『外交』，2011 年 7 月 pp.36–38 も参照のこと．澤『Wedge』2011 年 11 月号では，海外型の自由化と構造改革には一様に否定的と述べている．Scalise 2012b は発送電ビジネスにおける構造改革の 3.11 後の展望について分析している．
282. 経団連エネルギー政策担当幹部のインタビュー（2011 年 10 月 10 日），内閣官房国家戦略室幹部のインタビュー（2012 年 10 月 12 日）および経団連環境本部「エネルギー政策をめぐる最近の動向と経団連の取り組み」より．
283. 毎日新聞 2011 年 11 月 22 日の社説では，核燃料サイクルの廃止を強く訴えている．
284. 日本経済新聞 2011 年 8 月 9 日の社説および読売新聞 2011 年 10 月 25 日より．
285. 共同通信 2011 年 10 月 31 日および 11 月 28 日，毎日新聞 2011 年 11 月 22 日，読売新聞 2011 年 11 月 22 日より．
286. Takubo Masa 2011, 19–20 より．
287. http://www.siew.sg/energy-perspectives/global-energy-trends/asian-premium-gas-strikes-lng-importing-countries（リンク切れ）および『月刊エネルギーフォーラム』2011 年 7 月号参照．頼みの綱の石油輸入量は同年 2 倍となった．http://eneken.ieej.or.jp/data/4325.pdf 参照．
288. Toichi 2003 および佐野『月刊エネルギーフォーラム』2011 年 10 月号より．
289. 1998 年，東芝と日立は沸騰水型原子炉の輸出を促進するべくアジアプロモーション協会を設立した．Kido 1998 より．提携する，原子力輸出の官民ベンチャー企業の一つが，89％の政府出資と 26 の協力企業と 2 個人からの出資で運営されている産業革新機構である．www.incj.co.jp/english/index.html 参照．東京電力が筆頭株主である経済産業省所轄の国際原子力開発については http://www.jined.co.jp/pdf/101022-e.pdf 参照．また原子力エネルギーの世界市場についての経産省による分析は http://www.enecho.meti.go.jp/policy/nuclear/pptfiles/0602-6.pdf（リンク切れ）参照．
290. 日本経済新聞 2011 年 10 月 3 日より．
291. 朝日新聞 2011 年 9 月 26 日より．
292. *Wall Street Journal*, 28 September 2011，東京新聞 2011 年 12 月 2 日，読売新聞 2011 年 12 月 2 日，日本経済新聞 2011 年 12 月 7 日より．
293. International Energy Agency 2012, 22– 24 より．

### 第 6 章　地方自治体の再活用

1. Steiner 1965 は古典的論文である．本章は一部 Samuels 1983, chap.2 を出典としている．Steiner, Flanagan, and Krauss 1980 および Reed 1986 も参照のこと．日本の地方行政における近年の発展に関する分析は Jain 2011 および横道清孝氏の論文，http://www.grips.ac.jp/faculty/yokomichi_kiyotaka.html（リンク切れ）参照．
2. データは全国知事会，2011 年 11 月 1 日より．
3. 日本の地方行政システムにおけるこの原則とすべての基盤は，1947 年 5 月に憲法と併せて制定された地方自治法に定められている．「機関委任事務」の名ばかりの削は2015年までに9000億円規模の統合的インフラ市場を構想しており，フランスのリヨンや中国の澗西区の「スマートシティ」プロジェクトにも投資，同様に日本国内のローカライズにも注力している． http://www.toshiba.co.jp/about/press/2011_09/pr_j3002.htm および http://www.toshiba.co.jp/about/press/2011_10/pr_j2701.htm 参照．また，16のプロジェクトのうち経産省指定でないものは独自で展開されている．

262. 電力会社もスマートグリッドの実証実験を行っている．例として，http://www.kyuden.co.jp/press_110225-1.html，http://www.energi.co.jp/press/10/p100706-1.html（リンク切れ）http://www.solarfrontier.com/Projects/Niigata+Megasolar/69（リンク切れ）参照． また，3.11後の経団連のマスタープランでは，再生可能エネルギーシステムの用地選定を制限する規制の緩和を求めている．経団連「復興・創生マスタープラン～再び世界に誇れる日本を目指して～」pp.49 参照．
263. 2011年9月22日のインタビューより．
264. 東京電力幹部のインタビュー，2012年1月26日より．東京都と大阪市は2012年6月の株主総会でなんの変革も行われていないことに対し厳しい質問をぶつけた．朝日新聞2012年6月28日より．
265. こうした「安全協定」は地方自治体のウェブ上で公開されている．例として，http://www.atom.pref.fukui.jp/anzen/index.html 参照．
266. 日本経済新聞2011年11月27日より．
267. 朝日新聞2011年12月1日より．その2カ月前，既存の原子炉の解体を目指して，原発を有する県の地方議員からなる超党派のグループが組織された．朝日新聞2011年10月27日より．
268. 朝日新聞2012年4月11日および15日，時事通信2012年4月21日，毎日新聞2012年5月8日より．
269. 毎日新聞2012年4月25日より．
270. 共同通信2012年5月8日より．
271. 共同通信2012年3月3日，朝日新聞2012年3月22日より．
272. 朝日新聞2011年6月16日より．
273. 共同通信2012年8月12日より．
274. 朝日新聞2012年9月12日，*Japan Times*, 12 September 2012 より．ある記者は，もしも現在建設中の発電所が完成し，40年以上の運転が認可されたら，日本は2070年まで原発稼働をつづけているだろうと書いた．*New York Times*, 12 August 2012 参照．
275. *Wall Street Journal*, 18 September 2012 より．
276. 東京電力の変容について，業界紙での詳細な分析は『週刊文春』2011年3月27日臨時増刊号 pp. 95–101，『週刊東洋経済』2011年4月23日号 pp.32–48，*Financial Times*, 13 February 2012 および http://www.diamond.jp/articles/-/15582（リンク切れ）参照．
277. 東京電力幹部のインタビュー，2012年1月26日より．
278. Scalise 2011a, 204 および http://stocks.finance.yahoo.co.jp/stocks/detail/?code=9501.T&d=1y 参照．
279. *Oriental Economist*, April 2012, 5 より．

およびロイター通信 2012 年 2 月 24 日参照.

247. Son and DeWit 2011 より.『原発のウソ』pp.111 では，大島堅一氏が 1970 年から 2007 年度の発電費用を時間当たり 1 キロワット 10.7 円 と試算している．飯田「日本の将来のエネルギー政策」では，原発事故後の賠償金を賄うだけで，今後何十年かけて償却していったとしても 1 キロワット時当たりおよそ 16 円にはなると指摘している.
248. 内閣府原子力委員会元委員長代理鈴木達治郎氏のインタビュー，2011 年 9 月 26 日および NHK オンライン 2011 年 10 月 11 日より.
249. 毎日新聞 2011 年 12 月 29 日の社説でも，この価格はあまりに低すぎると指摘している.
250. 読売新聞 2012 年 4 月 12 日より．2012 年 4 月，太陽光発電は 1 キロワット時 42 円と推奨され，数多の投資家がこのほぼリスクゼロのプロジェクトに参入しようと群がった．2012 年 7 月 1 日に全量固定価格買取制度が施行されて以降，100 以上の 1 メガワットかそれ以上のメガソーラー計画が動き出した．設置費用 6000 億円を超える太陽光発電機と風力発電機が普及すれば，2014 年までに原子炉 2 基に匹敵する量の電力を生産できる見込みとなる．日本経済新聞 2012 年 6 月 28 日参照.
251. 経団連環境本部「エネルギー政策をめぐる最近の動向と経団連の取り組み」より．経団連幹部によると，業界としてはもしも再生可能エネルギーと従来の発電の価格が同じならば全量固定価格買取制度を受け入れるだろうと語った．だがそれでは FIT の目的を満たせない可能性もある．さらに，電気料金の税収ではなく中央政府の歳入から補助金が出るならば全量固定価格買取制度を支持するかもしれないと示唆した．2011 年 11 月 20 日のインタビューより.
252. 澤「エネルギー政策の見直しに向けて」pp.2 より.
253. 元東京電力副社長桝本晃章氏のインタビュー 2012 年 2 月 3 日より．FIT に対する反論は，澤「エネルギー政策の見直しに向けて」pp.2 および飯田『世界』2011 年 11 月号 pp.31 参照.
254. 経団連政治・社会本部斎藤仁本部長のインタビュー，2011 年 9 月 14 日より.
255. 朝日新聞 2011 年 6 月 19 日より.
256. DeWit 2011a, 1 より.
257. Klose et al. 2010, 8 および飯田「日本の将来のエネルギー政策」pp. 28–30 より.
258. 過去の評については『日本における国家と企業』参照.
259. 日本経済新聞 2011 年 9 月 17 日より.
260. 経済産業省の職員によると，同省は独立発電事業者が活発な北九州市のプロジェクトにとくに期待をかけていた．電力会社は独立発電事業者を他企業と区別していた．経産省商務情報政策局情報経済課課長補佐松田洋平氏のインタビュー，2011 年 12 月 9 日より．各プロジェクトの詳細は Energy Conservation and Renewable Energy Department, Agency for Natural Resources and Energy 2010 参照.
261. http://www.meti.go.jp/english/policy/energy_enviornment/smart_community/index.html（リンク切れ）参照.「スマートコミュニティ」構想はすでに経産省所轄の新エネルギー・産業技術総合開発機構と 647 の企業によってインドや東南アジアで展開されている．Information Economy Division 2011, 4 参照．その一環として，東芝

226. 日本経済新聞 2011 年 7 月 13 日より．
227. 共同通信 2011 年 7 月 13 日より．
228. 共同通信 2011 年 9 月 12 日より． http://jref.or.jp/images/pdf/20110912_presentation_e.pdf 参照．
229. 朝日新聞 211 年 6 月 16 日より．
230. 風力発電の場合は 3.5 倍（246 平方キロメートル）の発電量が必要とみられる．経団連環境本部 2011，pp.11，朝日新聞 2012 年 4 月 12 日より．
231. 澤「エネルギー政策の見直しに向けて」pp.1 より．
232. 2011 年 9 月 26 日のインタビューより．反証意見については飯田『世界』2011 年 11 月号を参照のこと．
233. 経産省商務情報政策局情報経済課課長補佐松田洋平氏のインタビュー，2011 年 12 月 9 日より．
234. 宮城県資源循環推進課長高橋平勝氏のインタビュー，2011 年 9 月 20 日より．
235. 元東京電力幹部は，孫氏が「目下東京電力が陥っている窮状」に対してどれだけ優位にあるか，「川に落とした馬はいじめろ」という韓国の諺をひいて語った．さらに，東京電力にとって敵対者の筆頭である菅直人元首相にも言及．菅氏と孫氏は非常に近しい，同じ基盤を持っていて，ふたりとも朝鮮人だと話した（菅氏が朝鮮民族出身であるとする論拠はない）．桝本晃章氏のインタビュー 2012 年 2 月 3 日より．金儲け目的の日和見主義だとする批判に対する孫氏の反論は，http://kaden.watch.impress.co.jp/docs/news/20110912_476956.htm 参照．
236. 河野太郎氏のインタビュー，2011 年 9 月 16 日より．
237. http://www.kaden.watch.impress.co.jp/docs/news/20111122_492782.html（リンク切れ）参照．
238. DeWit, Iida, and Kaneko 2012 および朝日新聞 2011 年 9 月 5 日の肯定的な社説を参照のこと．
239. 環境エネルギー政策研究所所長飯田哲也氏のインタビュー，2011 年 9 月 28 日より．
240. DeWit, Iida, and Kaneko 2012, 165 では，これは「意図的な妨害を含む，原発ムラが十分な時間をかけずに作成したもので……FIT の導入を公約に掲げる民主党への選挙対策である」と指摘している．孫氏もこの「馬鹿げた逃げ道」に異議を唱えた．http://www.kaden.watch.impress.co.jp/docs/news/20111122_492782.html. 参照．
241. Fairley 2011 より．
242. 自民党河野太郎議員のインタビュー，2011 年 11 月 21 日より．Shinoda forthcoming も参照．
243. 経産省商務情報政策局情報経済課課長補佐松田洋平氏のインタビュー，2011 年 12 月 9 日より．
244. 自民党河野太郎議員のインタビュー，2011 年 11 月 21 日，朝日新聞 2011 年 11 月 30 日および DeWit 2011b より．
245. 企業の場合，日本より電気代が高いのはイタリアのみ，一般家庭でも日本を上回るのはドイツとイタリアだけだった．経団連環境本部「エネルギー政策をめぐる最近の動向と経団連の取り組み」pp.35 参照．
246. 後者の試算については http://kakjoho.net/rokkasho/19chou040317.pdf（リンク切れ）

205. DeWit 2011a, 8，読売新聞 2011 年 9 月 14 日より．
206. 経団連環境本部「エネルギー政策をめぐる最近の動向と経団連の取り組み」参照．原発からの方向転換によって投資家の信頼は失われるとしている．
207. 東北電力は，3.11 後の電力供給契約不履行で東京電力に賠償金数百億円を要求しようとした．共同通信 2011 年 5 月 31 日より．
208. 経団連「エネルギー政策に関する第 1 次提言」より．こうした業界内の細分化については長谷川『週刊エコノミスト』2011 年 7 月臨時増刊号を参照のこと．
209. 日本経済新聞 2011 年 4 月 16 日より． トヨタ自動車は 2011 年 8 月，東北電力との卸供給事業の提携を発表した．毎日新聞 2011 年 8 月 26 日参照．原子力産業におけるビジネスの細分化については，朝日新聞 2012 年 7 月 31 日を参照のこと．
210. ロイター通信 2011 年 9 月 27 日より．
211. 読売新聞 2011 年 12 月 12 日より．東京電力幹部によれば，3.11 後，経済産業省がガス会社の電力事業参入を支援したとのこと．2012 年 1 月 26 日のインタビューより．
212. 政府系ファンドから資金提供を受けて，産業革新機構と東芝はスイスのスマートメーター企業ランディス・ギア社を 23 億ドルで買収した．Bloomberg, 19 May 2011 より．日立の中西宏明社長（当時）は東北での記者会見で国内外での原子力産業推進を表明するとともに，「スマートシティ」事業計画を発表した．電気新聞 2011 年 10 月 19 日参照．また丸紅は，中国の JA ソーラーと提携し，太陽光発電機器販売を行なうとした．日本経済新聞 2011 年 11 月 23 日より．
213. こうした新規参入企業について，詳しくは日本経済新聞 2011 年 8 月 31 日参照．また，元三井物産の石油部担当社員が創業した日本風力開発による（スマートグリッド計画に関する）協定は http://www.jwd.co.jp/pdf/news/091030_release.pdf を参照のこと．
214. 日本経済新聞 2011 年 11 月 21 日，読売新聞 2011 年 11 月 22 日より．
215. *Wall Street Journal*, 6 February 2012，共同通信 2010 年 2 月 10 日より．
216.『エネルギーフォーラム』2011 年 7 月号，共同通信 2011 年 10 月 17 日，読売新聞 2011 年 10 月 18 日より．
217. 共同通信 2012 年 2 月 26 日より．
218. *Washington Post*, 28 October 2011 より．長野県と県内の大学や市民グループや自治体の積極的参画については自然保護 2011 年 9・10 月 pp.15 参照．
219. 2011 年 9 月 22 日のインタビューより．
220. こうした変革については，Klose et al. 2010 に詳しい．
221. Diplomat, 30 May 2011 より．経団連側は理由について，三木谷氏が役職昇格を拒否したためと説明した．経団連幹部のインタビュー，2011 年 10 月 12 日より．．
222. 日本経済新聞 2011 年 11 月 16 日より．
223. 孫氏は進んで英雄の座に就いた．Son and DeWit 2011, 1 を参照．『AERA』2011 年 5 月 30 日号では，孫氏を日本の反原発運動のリーダーと称している．
224. 時事通信 2011 年 7 月 13 日より．http://www.newsweekjapan.jp/headlines/business/2011/11/60839.ph（リンク切れ）参照．
225. http://www.kaden.watch.impress.co.jp/docs/news/20111122_492782.html（リンク切れ）参照．

180. 朝日新聞 2011 年 5 月 19 日より．
181. 朝日新聞 2011 年 6 月 23 日より．
182. 朝日新聞 2011 年 7 月 8 日より．
183. これら議員の一覧は『週刊ダイヤモンド』2011 年 5 月 21 日号 pp.33 および長谷川『週刊エコノミスト』2011 年 7 月臨時増刊号 pp.110 参照．また朝日新聞 2011 年 6 月 16 日および共同通信 2011 年 7 月 13 日も参照のこと．
184. 共同通信 2011 年 10 月 5 日，朝日新聞 2012 年 5 月 30 日より．
185. 朝日新聞 2011 年 9 月 26 日，野田『文藝春秋』2011 年 9 月号より． 日本の原子力発電の輸出戦略について，詳しくは http://www.enecho.meti.go.jp/policy/nuclear/pptfiles/0602-6.pdf（リンク切れ）参照．
186. 朝日新聞 2011 年 9 月 13 日，読売新聞 2011 年 10 月 8 日より．
187. 読売新聞 2011 年 10 月 8 日より．
188. 朝日新聞 2011 年 9 月 12 日，2011 年 10 月 12 日のインタビューより．
189. AP 通信 2012 年 1 月 18 日，朝日新聞 2012 年 1 月 19 日，共同通信 2012 年 2 月 2 日より．
190. *New York Times*, 14 April 2012 および *Oriental Economist*, April 2012, 4 より．
191. 共同通信 2012 年 4 月 17 日より．
192. 毎日新聞 2012 年 5 月 8 日より．
193. 読売新聞 2012 年 6 月 13 日より．
194. 日本経済新聞 2011 年 9 月 27 日および 10 月 3 日，共同通信 2011 年 10 月 4 日より．
195. 基本問題委員会の報告書（英語版）は，http://www.meti.go.jp/english/press/2011/pdf/1220_05a.pdf（リンク切れ）参照．
196. 朝日新聞 2012 年 3 月 28 日で，その統一感の欠如について報じている．2012 年 6 月の最終報告では，選択肢は 3 つしか残っていなかった．ロイター通信 2012 年 6 月 29 日より．
197. 読売新聞 2011 年 6 月 16 日より．
198. 読売新聞 2011 年 4 月 20 日，ロイター通信 2011 年 8 月 3 日，*Wall Street Journal*, 15 August 2011 より．
199. *Japan Times*, 14 May 2012 より．
200. Samuels 1987，Scalise 2009，佐藤栄佐久『原子力村の大罪』pp.100-130 より．
201. 経産省商務情報政策局情報経済課課長補佐松田洋平氏のインタビュー，2011 年 12 月 9 日より．
202. 河野太郎氏のインタビュー（2011 年 9 月 16 日），元経済産業省で現在は国家戦略室に在籍する職員からの資料提供およびインタビュー（2011 年 10 月 12 日），東京工業大学教授柏木孝夫氏の経団連でのセミナーでの発言（2011 年 11 月 9 日）より．
203. Energy and Environmental Council 2011 より．
204. Energy Conservation and Renewable Energy Department, Agency for Natural Resources and Energy 2010 参照．経団連によれば，再生可能エネルギーの潜在的可能性は，経済産業省が提示するよりもはるかに大きいとのこと．2012 年 10 月 12 日に経団連職員より提供の文書「エネルギー政策をめぐる最近の動向と経団連の取り組み」より．飯田『世界』2011 年 11 月号 pp.110–11.

Kawato, Pekkanen, and Tsujinaka 2012, 81 は公式のデータの「シャドウモニタリング」に言及している．朝日新聞 2012 年 1 月 22 日参照．

159. 具体的には，1996 年の新潟県巻町，2001 年の新潟県刈羽村，そして 2011 年の三重県海山町の 3 件である．中には住民投票が行われるより前に原発計画が中止されるケースもあった．こうした活動の一覧は http://kokumintohyo.com/osaka/wp-content/uploads/2012/01/attached.pdf 参照のこと．
160. 今井一氏のインタビュー，2012 年 2 月 3 日より．
161. 同．その詳細については http://www.magazine9.jp/other/imai/index3.php 参照．
162. http://www.magazine9.jp/other/imai/index3.php 参照．
163. 朝日新聞 2012 年 1 月 22 日および 2 月 9 日より．
164. 朝日新聞 2012 年 1 月 22 日より．
165. *Japan Times*, 12 May 2012 より．
166. 橋下氏の最初の反応については http://kokumintohyo.com/osaka/ 参照．今井氏は 2012 年 2 月 3 日のインタビューでこれを「曇り空だ」と語った．
167. 企業団体の介入があったのではないかと疑う意見もある．*Japan Times*, 24 February and 7 June 2012 参照．
168. 朝日新聞 2012 年 3 月 28 日より．
169. 朝日新聞 2012 年 6 月 1 日より．
170. *Japan Times*, 7 June 2012，読売新聞 2012 年 6 月 18 日より．
171. 6 月 29 日に行われたデモでは，警察は参加者数推定 1 万 7000 人と発表．デモ主催者側は，およそ 20 万人が参加したと報告した．朝日新聞 2012 年 6 月 30 日および Williamson 2012 参照．映像は http://www.youtube.com/watch?v=hiIwLgvYyq8，さらに 2 回目は http://www.ustream.tv/recorded/23481490（リンク切れ）参照．またブログは http://www.asyura2.com/12/genpatsu24/msg/916.html（リンク切れ）参照のこと．
172. 最初のデモは NHK では報道されなかった．また参加者数については，保守的な産経新聞では 1 万 1000 人から，原発反対派の東京新聞では 4 万 5000 人と，報道内容に大きな差があった．
173. これは警察による推計である．主催者側は 17 万人と報告している． Bloomberg, 16 July 2012，共同通信 2012 年 7 月 16 日および http://news.tbs.co.jp/newseye/tbs_newseye5082487.html（リンク切れ）参照．また本書 pp. 194 の写真も参照のこと．
174. 代々木公園のデモが行われた 2012 年 7 月 16 日，*Japan Times* には仙台市でボディガードにつきそわれる細野大臣の写真が掲載された．タウンミーティングでの不正に対する抗議については，共同通信 2012 年 7 月 14 日も参照のこと．
175. 共同通信 2011 年 9 月 18 日，読売新聞 2011 年 9 月 19 日より．
176. 毎日新聞 2011 年 7 月 14 日，朝日新聞 2012 年 2 月 16 日より．
177. 構成員一覧は，阿部知子代表より提供，2011 年 11 月 2 日より．
178. 朝日新聞 2011 年 5 月 11 日，東京新聞 2011 年 6 月 3 日より．
179.『週刊ダイヤモンド』2011 年 5 月 21 日号より．菅首相も 3.11 以前は原子力輸出の積極的支持者だった．Hasegawa 2011, 108 では菅は「虎の尻尾を踏んだ」と評され，2011 年 6 月 3 日の東京新聞は，小沢氏と民主党による内閣不信任投票が原子力業界に操作されたのではないかという疑惑を示している．

140.『週刊ダイヤモンド』2011年5月21日号，pp.36参照．このパワートライアングルでは，電力会社をゼネコンと政治家とその他のグループの中心に据えているのが興味深い．

141. 2011年9月22日のインタビューより．

142. 毎日新聞2011年7月18日，電気新聞2011年10月19日および半藤，保坂，戸高『文藝春秋』2011年7月号pp.158でも，「絶対に安全な」原発を「絶対に沈まない」戦艦に例えている．Parshall and Tully 2005, 413では，これを第二次世界大戦中の日本軍が陥った柔軟性を欠く指揮系統とも結びつけて論じている．

143. 朝日新聞2011年5月11日，毎日新聞2011年7月18日および2012年3月7日，日本経済新聞2011年10月5日，12月13日および2012年1月10日より．朝日新聞2012年2月16日の社説では，東京電力の解体と電力分野全体の再編を求めている．2011年10月には，経団連の米倉会長（当時）までが発送電分離について，「利用者の観点から」であればおおいに議論すべきだと表明した．経団連環境本部「エネルギー政策をめぐる最近の動向と経団連の取り組み」参照．

144. 読売新聞2011年4月4日，毎日新聞2011年4月18日より．

145. どちらの調査結果も2011年6月14日に発表．朝日新聞は原子力発電の支持率が減少しつづけていることから，これが国民の総意だとした．ピュー・リサーチセンターは，日本の世論が二極化していると指摘した．Agence France Presse, 2 June 2011より．

146. 朝日新聞2012年3月13日より．この調査からは，女性の再稼働反対率（3分の2）が男性の反対率（半分以下）を上回っていることもわかる．2カ月に行われた調査でも同様の結果が得られた．朝日新聞2012年5月21日より．

147. 経団連「エネルギー政策に関する第1次提言」pp.3より．

148. *Guardian*, 2 May 2011，AP通信2012年1月18日より．

149. Szymkowiak 2002より．

150. 朝日新聞2011年6月18日より．

151. *Financial Times*, 28 June 2011より．

152. 朝日新聞，International Herald Tribune，日本経済新聞2011年6月29日より．

153. 鈴木，武田，水野『日本人は，核をどのように論じてきたのか』pp.28では，こうした運動が「新たなレベルに達する」と予測している．

154. Aldrich 2012でも高円寺のデモについて報告している．東京電力のデモ行進では，右派の集団との衝突も見られた．Agence France-Presse, 11 June 2011より．

155. Kawato, Pekkanen, and Tsujinaka 2012, 107より．Slater, Nishimura, and Kindstrand 2012では，震災後，ソーシャルメディアによって，かつて社会から疎外された若者らのネットワークが活性化したと指摘している．

156. 朝日新聞および時事ドットコム2011年9月19日より． 英語版の請願書はhttp://cnic.jp/english/topics/policy/10million.htmlを参照．

157. 朝日新聞2012年2月12日より． 2011年10月31日，経済産業省の前で野営をしていたデモ参加者や，Slater, Nishimura, and Kindstrand 2012が報道の少なさを非難した．

158.「市民科学者」とはDaniel Aldrich（ダニエル・アルドリッチ）が2011年11月25日にテンプル大学ジャパンで行った講義の中で用いた，的を射た表現である．

117. *Wall Street Journal*, 16 March 2011 より.
118. 東京電力の中間報告は http://www.tepco.co.jp/en/press/corp-com/release/betu1_e/images/111202e13.pdf（リンク切れ）参照.（＊訳注　日本語の中間報告書（http://www.tepco.co.jp/cc/press/betu11_j/images/111202c.pdf）pp. 19 参照.
119. 米倉氏の発言はネット上で拡散され，経団連職員も 2011 年 10 月 20 日にこれを認めている．三村氏の言葉は日本経済新聞 2011 年 4 月 21 日より.
120. 経団連による内部データ，2011 年 10 月 17 日および 20 日より.
121. 2011 年 10 月 12 日のインタビューより.
122. 経団連「エネルギー政策に関する第 1 次提言」より.
123. 澤氏の発言は Business Wire, 17 October 2011 より.
124. 澤氏のインタビュー内でのスライド資料より，2011 年 10 月 28 日.
125. 鈴木，武田，水野『外交』vol.8 より.
126. 鈴木達治郎氏の発言，2011 年 4 月 26 日および 2011 年 9 月 26 日のインタビューより.
127. 鈴木，武田，水野『外交』vol.8 pp.25 および読売新聞 2011 年 10 月 25 日より．村上陽一郎教授は，1990 年代に経済産業省資源・エネルギー庁の原子力安全に関わる諮問機関に在籍していた期間，原発の「安全神話」を強く批判し，「タブー」を打ち壊そうと試みてきたと主張した．(2011 年の発言）
128. 鈴木，武田，水野『外交』vol.8 pp.27 より.
129. Ohashi 2011 より.
130. http://www.siew.sg/energy-perspectives/global-energy-trends/nobuo-tanaka-shares-21st-century-energy-security-vision（リンク切れ）および http://www.siew.sg/energy-perspectives/global-energy-trends/5-questions-former-executive-director-international-energy（リンク切れ）参照.
131. 経団連のセミナー，2011 年 11 月 9 日より．http://www.iri.titech.ac.jp/old-iri/html/english/research/project/pj001.html も参照のこと．.
132. Kashiwagi 2012 より.
133. Business Wire, 7 August 2011 および澤氏のインタビュー，2011 年 10 月 28 日より.
134. 署名文書の例は http://english.roukyou.gr.jp/Petition_form.pdf 参照のこと．着目すべきは，脆弱性への言及，コミュニティー，リーダーシップ，変化の希求――すべてナラティブトループであるということだ.
135. http://www.env.go.jp/press/.php?serial=14223 参照.
136. 武内和彦『国際交通安全学会誌』vol.36 No.2 99.6-7 より．2007 年に開かれた「社会と原子力の調和を目指して」というシンポジウムで，武内教授が内閣府原子力委員会の近藤駿介委員長と同じ壇上に立ったのは注目に値することだろう．http://www.n.t.u-tokyo.ac.jp/modules/news/article.php?storyid=29 参照.
137. 東京新聞 2011 年 10 月 3 日より．http://ajw.asahi.com/article/behind_news/politics/AJ201203200067. The party was formally launched in July 2012. See Asahi Shimbun, 29 June 2012 も参照のこと.
138. 朝日新聞 2012 年 1 月 1 日より.
139. http://homepage2.nifty.com/nichousan/eco_bozu002_1104051.html 参照.

13日の会見での，原子力安全・保安院元企画調整課長西山英彦氏による「チェルノブイリ原発事故では29人しか死んでいない」，またあれは爆発事故であって福島第一原発の事故とはまったく異なる，とした発言はその後ブログなどを通じて拡散した．例として，http://www.sponichi.co.jp/society/news/2011/04/13/kiji/k20110413000616640.html（リンク切れ）および http://www.geocities.jp/angelo_de_rosa/TOKYOniGENPATSUwoFRASIinglese.html 参照．

99. 朝日新聞2011年5月5日より．

100. 時事通信2011年5月20日より．

101. 与謝野氏の見解を受け，インターネット上で批判が巻き起こった．http://niconicositaine.blog49.fc2.com/blog-entry-1872.html（リンク切れ）参照．批判の声があまりにも多かったため，補佐役の津村啓介氏が釈明に追われることとなった．「大臣は，人間がいかに自然に対して敬意を払うべきかと申し上げたかったのです」http://mojimojisk.coco-log-nifty.com/lilyyarn/2011/05/post-8515.html（リンク切れ）参照．

102. 朝日新聞2011年5月5日より．

103. 長谷川『週刊エコノミスト』2011年7月臨時増刊号 pp.109より，匿名の議員の言葉．

104. *Wall Street Journal*, 28 October 2011より．読売新聞の社説もこれに賛意を示している．3.11後，「国家安全保障」も原子力基本法に組み込むという流れにおいても，同様に疑問視する声がある．http://www.idsa.in/idsacomments/Japansclearnuclearambition_sakhan_110712 参照．

105. 読売新聞2011年7月7日より．

106. 共同通信2012年9月6日より．

107. 自民党による2011年8月2日の機関紙でも論じられている．

108. Toyoda 2011, 2より．

109. Center for International and Strategic Studies 2011, 16より．

110. 日本原子力産業協会今井敬会長の見解．http://www.jaif.or.jp/english/news-images/pdf/ENGNEWS02_1309841709pdf（リンク切れ）参照．

111. http://www.yoshiko-sakurai.jp/index.php/2011/09/27/can-japan-survive-without-nuclear-power-plants（リンク切れ）参照のこと．また，当初福島第一原発に推奨された規模の津波防護壁は経済的理由から建設が見送られたが，東北電力が同規模の防護壁を設置したおかげで女川原発が守られた，という指摘もある．3.11の10年前，アメリカの研究者らは福島第一原発に設置されたゼネラル・エレクトリック設計の軽水炉（LWR）は世界中の「安全，安価な原発開発および導入をけん制する形になった」と述べている．Lidsky and Miller 2002, 133参照．日本の技術国家的イデオロギーについては『富国強兵の遺産』参照のこと．

112.『エネルギーフォーラム』2011年10月号，pp.92より．

113. 関西電力の豊松秀己副社長の言葉は http://hiroakikoide.wordpress.com/2011/06/30/hoch-jun30/（リンク切れ）より．

114.『自由民主』2011年8月9日より．

115. 朝日新聞2011年7月14日より．

116. 2012年1月26日のインタビューより．

をしたことで，東京電力と繋がりがある自民党員から「共産主義者」だとなじられたという．「結局質問には答えてもらえませんでした」と彼は語った．2011 年 11 月 21 日のインタビューより．

80. 朝日新聞 2011 年 10 月 5 日および 6 日より．
81. 『三・一一後　ニッポンの論点』pp.171–73 より．電力会社出身の議員は，他に元民社党の長谷川清氏，元民主党の藤原正司氏など．Scalise 2009, 64–65 参照．
82. 大平『週刊文春：東京電力の大罪』pp.128–29 より．
83. 毎日新聞 2011 年 7 月 11 日，朝日新聞 2011 年 7 月 15 日より．
84. 『週刊文春』2011 年 3 月 27 日臨時増刊号，pp.88–93 より．読売新聞 2011 年 6 月 16 日の飯田氏の発言もこれを裏づけている．
85. 読売新聞 2011 年 6 月 16 日より．
86. 部会のメンバーと関係者の一覧は河野『「原子力ムラ」を超えて——ポスト福島のエネルギー政策』pp.72–77 参照．東京電力は，自分達は常に現行の津波対策ガイドラインを遵守してきたし，より大規模な津波を想定することを求めてきたが，信頼性が低いとして部会に却下されたのだと主張した．報告書は http://www.tepco.co.jp/en/press/corp-com/release/betu11_e/images/111202e13.pdf を参照．インタビューに応じた東京電力幹部は，「学識経験者」らは予測された数値よりも高い津波が発生すると警告していたが，「あくまで試算上の話だと思い，土木学会も受け入れなかった」ことを認めた．さらに，社内関係者は警告を拒絶した部会のメンバーであったことも認めた．2012 年 1 月 26 日のインタビューより．Fukushima Nuclear Accident Independent Investigation Commission 2012, 16 ( 英語版 ) および東京電力と規制当局への批判の詳細については，東京電力福島原子力発電所事故調査委員会 2012，1.2 を参照のこと．さらに朝日新聞 2011 年 8 月 26 日，Kageyama and Pritchard 2011 および読売新聞 2011 年 8 月 26 日も参照．
87. 飯田『「原子力ムラ」を超えて——ポスト福島のエネルギー政策』pp.27 および読売新聞 2011 年 6 月 16 日より．
88. 匿名での発言，毎日新聞 2011 年 9 月 27 日より．
89. 意見の例として http://blog.livedoor.jp/yamagata1111/archives/51767766html（リンク切れ）参照．
90. 国会東京電力福島原子力発電事故調査委員会 2012，5.4 より．
91. 共同通信 2011 年 4 月 28 日より．
92. 朝日新聞 2011 年 5 月 11 日，AP 通信 2011 年 5 月 18 日，日本経済新聞 2011 年 5 月 19 日より．
93. 内閣官房国家戦略局高官のインタビュー，2011 年 10 月 12 日より．
94. Japan Today, 3 April 2012 より．
95. 加納時男氏の発言は『三・一一後　ニッポンの論点』pp.172 より．桝本晃章氏の発言は，2012 年 2 月 3 日のインタビューより．
96. 畑村『未曾有と想定外—東日本大震災に学ぶ』pp.88-89 参照．
97. http://www.jaif.or.jp/english/news_images/pdf/ENGNEWS021336537903P.pdf（リンク切れ）参照．
98. 「だれも死ななかった」とは与謝野馨氏の発言，Osnos 2011 より．2011 年 4 月

ruinet.html?i=200&c=400&m=248670 参照．
61. 『週刊文春』2011 年 3 月 27 日臨時増刊号，pp.90 より．
62. DeWit 2011a, 1 より．
63. 飯田『「原子力ムラ」を超えて――ポスト福島のエネルギー政策』pp.40 より．
64. Segawa 2011 および『週刊文春』2011 年 3 月 27 日臨時増刊号 pp. 92–93 より．
65. 例として，長谷川『週刊エコノミスト』2011 年 7 月臨時増刊号 pp.110-11 より．Nakamura and Kikuchi 2011, 895 によれば，3.11 後まもなく東京電力は自社サイトと広報資料から安全対策に関するページを削除したとのこと．
66. 反原発運動家による原発研究費に関する資料は http://www47.atwiki.jp/goyo-gakusha/pages/1225.html を参照のこと．
67. 内閣府原子力委員会鈴木達治郎元委員長代理のインタビュー，2011 年 9 月 27 日より．関連記事は毎日新聞 2011 年 9 月 27 日参照．
68. 共同通信および朝日新聞 2012 年 1 月 1 日より．
69. 朝日新聞 2012 年 2 月 6 日より．
70. 小出氏は 40 年もの間昇進がなく，助教授のままだった．原子力産業を強く批判する小出氏を含めた研究グループ――通称「熊取 6 人衆」――のドキュメンタリーが放送された際，関西電力は放送局から一切のコマーシャルを引き上げたという．本人による述懐は『原発のウソ』および『原子力村の大罪』pp.7-42 参照．http://hasegawa.berkeley.edu/Papers/Koide.html も参照のこと．
71. Anzai 2011 および朝日新聞社『三・一一後　ニッポンの論点』pp.177–78 参照．こうした「村八分」は日本の封建社会特有の制裁行為である．飯田氏は，日本の学者らは研究費提供に対する感謝より，こうした制裁への危惧の方が強いと指摘した．2011 年 9 月 28 日のインタビューより．
72. 石橋『世界』2011 年 5 月号 pp.131 より．
73. 自民党河野太郎議員のインタビュー，2011 年 9 月 16 日，朝日新聞 2011 年 9 月 23 日より．
74. 朝日新聞 2011 年 4 月 19 日および *Financial Times*, 19 April 2011 より．
75. 毎日新聞 2011 年 9 月 27 日より．
76. Kageyama and Pritchard 2011，*Wall Street Journal*, 28 March 2011 および朝日新聞 2011 年 4 月 19 日より．各企業の経済産業省の天下り先を一覧にしたものは『週刊ダイヤモンド』2011 年 5 月 21 日号参照．
77. 『週刊文春』2011 年 3 月 27 日臨時増刊号，pp.90，朝日新聞 2011 年 4 月 19 日より．Scalise 2009, 50, 53 などでは，原子分野における天下りを重要視していない．
78. 長谷川『週刊エコノミスト』2011 年 7 月臨時増刊号 pp.110，共同通信 2011 年 7 月 23 日，朝日新聞 2011 年 10 月 9 日より．東京電力による政治献金の詳細な経緯については東京新聞 2011 年 6 月 3 日参照．Scalise 2012a, 148 はこうした政治的つながりを「せいぜい状況次第のものにすぎない」と切り捨てている．また別の論文では，この 70%という数字が粉飾され誤解を招くものであるとするデータを示している．Scalise 2009, 57–64 参照．
79. 河野議員は，ある自民党議員が東京電力に接触し 2 回の献金に対し「河野を黙らせておく」と約束したやり口を語った．また，原子力の安全対策に関して厳しい質問エネルギー政策における選択肢が急激に増え，多くのチャンスが生まれた」と認めている．2011 年 11 月 28 日のインタビューより．

46. 朝日新聞 2011 年 5 月 11 日より．
47. 小出『原子力村の大罪』pp.10 より．
48. 震災から半年後の 2011 年 9 月 11 日，日本語版グーグルで「原発ムラ」を検索すると，2600 万件がヒットした．
49. 飯田『論座』1997 年 2 月号 pp.25-29 参照．飯田氏はかつて東芝から福島第一原発に出向していた．読売新聞 2011 年 6 月 16 日参照．さらにベンダー側としてだけでなく，電力中央研究所（CRIEPI）と電気事業連合会（電事連）でも働き，退職後は環境エネルギー政策研究所所長に就任．2011 年 9 月 28 日のインタビューより．2012 年 7 月に山口県知事選に立候補するも落選．これはいわば原子力に対する国民の投票結果でもあった．
50. DeWit 2011a, 6 より．デウィットもまた「利益追求のみを目的とした」電力会社の「政界に広くはびこる」癒着だと称した．DeWit, Iida, and Kaneko 2012, 156 参照．
51. 例として，河野『「原子力ムラ」を超えて――ポスト福島のエネルギー政策』pp.65-104 および佐藤栄佐久『原子力村の大罪』pp.100-130 参照．佐藤氏は福島のプロジェクトを打ち切った後，原子力産業界から復讐を受けた被害者だと訴え，原発ムラの馴れ合い体質を「同じ穴のむじな」と表現した．『週刊文春』2011 年 3 月 27 日臨時増刊号 pp.89 参照．
52. 朝日新聞 2012 年 6 月 19 日より．東京電力福島原子力発電所事故調査委員会報告書 2012 の英語版 pp.20 より．日本語版は http://naiic.go.jp/report/（リンク切れ．ただし当該報告書は http://park.itc.u-tokyo.ac.jp/tkdlab/fukushimanpp/kokkai.html にて閲覧可能）参照．ここでは「原発ムラ」という言葉は使われていないが，規制側の「虜」と表現されている．5.2「東電・電事連の「虜」となった規制当局」参照．
53. 読売新聞 2012 年 6 月 16 日より．
54. この記事は原発ムラを舞台とするカネと利権と人間関係の恐るべき実態を伝えている．『週刊ダイヤモンド』2011 年 5 月 21 日号参照．
55. 鈴木，武田，水野『外交』vol.8 pp.26 より．鈴木達治郎氏は 2012 年 4 月に行われた秘密会議（メディアはこれを「原発ムラの……馬鹿げた寄り合い」と報じた）に出席したことで批判に晒された．毎日新聞 2012 年 5 月 24 日より．
56. 東京電力福島原子力発電所事故調査委員会は報告書の 1.2.4 および 5.4.4 で規制当局の透明性の欠如を指摘している．
57. 河野『「原子力ムラ」を超えて――ポスト福島のエネルギー政策』pp.76 より．
58. Japan Today, 3 April 2011 より．
59. 2011 年 9 月 28 日のインタビューより．「倫理的に疑問のある緊密な関係」については Nakamura and Kikuchi 2011, 896 を参照．
60. 長谷川『週刊エコノミスト』2011 年 7 月臨時増刊号 pp.110 より．税理士の森田義男氏はブログの中で原発ムラを満州の関東軍になぞらえている．こうした組織では議論や批評の場が排除され，「腐敗に堕ちる」と評した．http://www.moritax.jp/column/003/post-92.html（リンク切れ）参照．別のブロガーも原発ムラの官学産複合体制を「闇深いギルド的な内向きの利益集団」と断じている．http://www.rui.jp/

ては，『週刊ダイヤモンド』2011 年 5 月 21 日号の巻頭記事および Onitsuka 2012 を参照のこと．

30. ロイター通信 2011 年 8 月 3 日より．
31. 朝日新聞 2011 年 7 月 日より．
32. 共同通信 2011 年 10 月 5 日および時事通信 2011 年 12 月 7 日参照．ある政府関連委員会によって，2006 年に始まった公聴会での不正が発覚したこともある．読売新聞 2011 年 10 月 1 日より．
33. Suzuki 2000, 12 および *Wall Street Journal*, 3 January 2012 参照．Aldrich 2008, 137 にはその他の例についても言及されている．
34. Stigler 1971 はこうした現象の古典的分析である．Kageyama and Pritchard 2011 ではこれを「自己満足の文化」と名づけた．Scalise 2009, 107 は原子力政策のプロセスにおいて，「利益団体が競合する中で，クリアで一貫した優位性を保てる者はいない」と述べている．
35. 原子力安全委員会は，ほとんどが原子力推進派の専門家で構成されており，その多くが電力会社から研究費を得ていた．Kageyama and Pritchard 2011 参照．これらの電力会社は政府の天下り先となっていて，費用のかさむ安全改良対策を免れるため規制側とのコネクションを利用したかどで起訴された．朝日新聞 2011 年 4 月 19 日より．
36. Nakamura and Kikuchi 2011, 894．読売新聞 2011 年 6 月 16 日より．
37. 原子力安全・保安院の報告は，東京新聞 2011 年 11 月 15 日より．原子力推進側と規制側の対立について，詳しくは Scalise 2009, 50，Kageyama and Pritchard 2011 および *Wall Street Journal*, 28 March 2011 を参照のこと．
38. 2011 年 7 月のエネルギー・環境会議の報告は http://www.npu.go.jp/policy/policy09/pdf/20110908/20110908_02_en.pdf（リンク切れ）より．
39. 東京電力幹部のインタビュー，2012 年 1 月 26 日より．経済産業省のエネルギーセクター担当者は，電力会社が「電力供給の安定性を損なう可能性があると主張して」独立発電事業者（IPP）の送電網へのアクセスを制限したことも，計画頓挫の一因だろうと指摘した．経産省商務情報政策局情報経済課課長補佐松田洋平氏のインタビュー，2011 年 12 月 9 日より．独立発電事業者の初期の失敗については http://jref.or.jp/images/pdf/20110912_presentation_e.pdf 参照．
40. 概略は日本エネルギー経済研究所，http://eneken.ieej.or.jp/en/jeb/1005.pdf，経済産業省 2010 および Scalise 2012a 参照．
41. http://www.enecho.meti.go.jp/info/committee/kihonmondai/1st/sanko1_1.pdf（リンク切れ）も参照のこと．
42. 澤昭裕氏のインタビュー，2011 年 10 月 28 日より．
43. 澤昭裕氏提供の経済産業省のデータより，2011 年 10 月 28 日．
44. 原子力産業が「大きくてつぶせない」という主張については Suzuki 2000 および『週刊ダイヤモンド』2011 年 5 月 21 日号，pp.28 参照．
45. 橘川『外交』，2011 年 7 月 pp.36-38，御厨『「戦後」が終わり，「災後」が始まる』pp.15，Watanabe 2011，Kashiwagi 2012 より．原発擁護で知られる澤昭裕氏でさえも「3.11 は社会に変移性をもたらし，新たな解決策を生み出すことを可能にした．

15. もんじゅ事故では，動燃による証拠隠蔽も問題となり，内部調査責任者が死亡，死因は自殺とされる事件もあった．Kingston 2004, 19 より．東海村の事故では，2000年10月に幹部6名が業務上過失致死罪で起訴され，執行猶予付き有罪となった．http://www.wise-uranium.org/eftokc.html より．『週刊エコノミスト』2011年7月特大号 pp.79 では，1952年12月にカナダのチョーク・リバー研究所事故をはじめとする世界の原発関連事故の一覧が掲載されている．
16. Suzuki 2000, 24, 29 より．
17. 経緯については，Aldrich 2008 に詳しい．
18. 国民の受け入れについて中期的推移のデータは Aldrich 2008, 136–38 参照．国内外で原発関連の事故が起きるたびに肯定派の率が下がっている．
19. それも影響して，長距離間の輸送などで無用に費用がかさむにも関わらず，原発施設を人や建造物が密集する都会から離れた地域に建設したとも考えられる．Scalise 2009, 122 および小出『原発のウソ』参照．日本の原子炉全54基の所在——すべて海岸付近にある——を示した地図は，日本経済新聞 2011年5月7日参照のこと．原子力産業の発展に伴い，そのリスクを問う自由な議論がいかに避けられてきたかについては，鈴木，武田，水野『外交』vol.8 を参照．
20. *Washington Post*, 7 March 1994 より．「プルトくん」については http://woody.com/2011/08/03/plutonium-kun/ および http://fs200.www.ex.ua/get/157199220113/98cbe540e32ff5fa617dbcb162372d27/24097038/pluto-kun-subbed.mp4（リンク切れ）参照．3.11 以後，このキャラクターがいかに皮肉に用いられるようになったかは，http://news.linktv.org/videos/anime-characters-tweet-on-fukushima-disaster（リンク切れ）参照．
21. Ramseyer 2011. Kawato, Pekkanen, and Tsujinaka 2012 では，1970年代後半以降，電力会社や政府に対し原発の建設中止や廃止を求める訴訟件数は14件あったが，どれも和解に至らなかった．飯田『「原子力ムラ」を超えて——ポスト福島のエネルギー政策』pp.17-40 および Avenell 2012a では，反原子力運動を率いた物理学者，高木仁三郎の取り組みを取り上げている．
22. Suzuki 2000, 6，飯田『「原子力ムラ」を超えて——ポスト福島のエネルギー政策』pp.19 および http://www.pref.fukui.jp/doc/dengen/kufukin_d/fil/001.pdf（リンク切れ）より．「原発協力金」は1976年から1983年までの間に2倍になった．
23. 2009年には，これらの費用総額は1200億円を超えた．『週刊ダイヤモンド』2011年5月21日号より．
24. Nakamura and Kikuchi 2011, 896 より．
25. 原発施設に加え，福井県は29の水力発電所，3つの火力発電所，2つの風力発電所を有する．2010年には，国内全体のおよそ4分の1の電力を生産していた．http://www.pref.fukui.jp/doc/dengen/ 参照．
26. Kingston 2012b, 205 より．
27. Aldrich 2008 より．
28. これら資金のほとんどが納税者の負担で賄われた．共同通信 2012年5月2日より．
29. Aldrich 2011 では，これを「依存の文化」と評している．Aldrich 2008，Nakamura and Kikuchi 2011，大平『週刊文春：東京電力の大罪』参照．「交付金中毒」につい

2. 大島『再生可能エネルギーの政治経済学　エネルギー政策のグリーン改革に向けて』pp.36–44，Nakamura and Kikuchi 2011, 898より．この統計には議論の余地もある．国際原子力機関の報告によれば，2010年の日本のエネルギー研究開発における原子力費用のシェアは50%と，この統計よりはるかに少ないが，それでもシェア率は世界最大である．次点がフランスで，国のエネルギー研究予算の38%を原子力開発に投じている．International Energy Agency 2012, 22参照．また，これが実際よりも低く見積もられていると見るアナリストもいる．ある元地方自治体職員によると，福島第一・第二原発の建設だけで2兆円が投入されたという．その他，輸送費や交付金，助成金などを合わせると，費用総額は4兆円以上にもなる．大平『週刊文春：東京電力の大罪』pp.128参照．
3. 『週刊ダイヤモンド』2011年5月21日号では，経済産業省のデータと，当時の原子力産業の構造についての分析を掲載している．
4. この1956年の長期計画は，使用済み燃料の再処理と高速増殖炉（FBR）プロジェクトを規定するものだった．高速増殖炉（もんじゅ）は，最初の商業用軽水炉（LRW）が完成する前，1967年に国家的プロジェクトに指定された．Suzuki 2000, 4参照．
5. 原子力産業競争に敗れた元経済産業省関係者を含む研究グループなどの反対派は，匿名の徹底的批判を展開した．http://www.kakujoho.net/rokkasho/19chou040317.pdf参照．彼らによれば，日本政府がこの計画に関し「やめられない止まらない」のは，今までの政策が誤りだったと認めたくないから，2兆円以上にのぼる再処理工場建設費を弁済できないから，そして交付金など多額の恩恵を受けてきた多くの自治体や政界による「たかり」の構図がその原因だとしている．研究グループのインタビュー，2011年9月30日より．
6. 例として，小出『原子力村の大罪』pp.33参照．学術的見地からの批判については原子力未来研究会『原子力eye』vol.49 No.10を参照のこと．
7. 非核兵器国の中で唯一日本だけが商業用再処理施設を有している．中でも六ヶ所村再処理工場は，使用済み燃料から毎年8トンものプルトニウムを抽出できる規模を持つ．Takubo Masa 2011より．
8. 備蓄プルトニウムの量は，2007年で43トン以上にのぼる．http://www.wise-uranium.org/epasi.html#JPより．
9. Suzuki 2000, 10およびTakubo Masa 2011, 21より．
10. Scalise 2009, 111; 経団連環境本部「エネルギー政策をめぐる最近の動向と経団連の取り組み」pp.35より．
11. 『週刊ダイヤモンド』2011年5月21日号，pp.32より．
12. 『週刊文春』2011年3月27日臨時増刊号pp.99，*Wall Street Journal*, 30 March 2011, *Financial Times*, 24 October 2011より．2012年4月，野田首相は，東京電力への1兆円の財政援助を決定し，その条件策定者7名のうち下河辺和彦氏の東京電力次期会長就任を要請した．*Japan Times*, 20 April 2012より．
13. 「原子力損害の賠償に関する法律」第2章第3条より．2009年改正版はhttp://www.oecd-nea.org/law/legislation/japan-docs/Japan-Nuclear-Damage-Compensation-Act.pdfにて参照可能．
14. 共同通信2007年3月22日，読売新聞2007年3月31日より．

155. http://www.pewglobal.org/2011/07/13/chapter-2-views-of-the-u-s-and-american-foreign-policy/（リンク切れ）参照.
156. AP 通信 2011 年 9 月 5 日より.
157. 共同通信 2011 年 12 月 3 日より.
158. 時事通信 2011 年 4 月 13 日より.
159. こうした結末を早期に予測していたのは朝日新聞 2011 年 4 月 7 日，日本経済新聞 2011 年 4 月 17 日であった.
160. 2012 年 5 月 9 日の会合出席者のインタビューに基づく.
161. 防衛省『日本の防衛 - 防衛白書』pp.80–82 より．ある在日米軍職員によれば，アメリカ軍は必要に応じて上陸と補給のために日本の施設に「出入りする権利」を有していたとのこと．しかしこうした施設を「利用」するには複数の中央政府や関連機関による調整が必要となる．在日米軍大佐マーク・ヘイグ氏のインタビュー，2011 年 12 月 20 日より.
162. 森本敏氏のインタビュー，2011 年 7 月 13 日，防衛省企画評価課長（当時）増田和夫氏のインタビュー，2011 年 12 月 16 日より.
163. 防衛省東北方面隊政策補佐官のインタビュー，2011 年 11 月 18 日より．2011 年 4 月 17 日の日本経済新聞では，将来的な展望が「垣間見えた」と報じている．また，アメリカ軍と地方自治体間で自然災害を想定した定期的防災訓練を行える正式協定を求める声もある．佐藤正久『Voice』2011 年 5 月号 pp.69 参照.
164. 防衛省木村綾子参事官のインタビュー，2011 年 11 月 22 日より.
165. 安保条約の背景については『日本防衛の大戦略』を参照．Smith 2006 にも詳しい.
166. 共同通信 2011 年 7 月 22 日より.
167. 朝日新聞 2011 年 4 月 10 日および 13 日参照.
168. 朝日新聞 2011 年 4 月 13 日より.
169. 共同通信 2011 年 6 月 14 日，日本経済新聞 2011 年 6 月 27 日より.
170. 朝日新聞 2011 年 4 月 30 日の北澤俊美大臣の言葉より.
171. 時事通信 2011 年 4 月 13 日のジョン・マケイン上院議員の言葉より.
172. 朝日新聞 2011 年 6 月 14 日より.
173. 読売新聞 2012 年 3 月 10 日より.
174. *Japan Times*, 14 February 2012 より．読売新聞 2012 年 3 月 10 日も参照のこと．アナリストは，岩国市はアメリカ軍への協力にすでに限界を感じていると指摘している.
175. 日本経済新聞 2012 年 4 月 21 日より.
176. アメリカ政府職員の個人的書簡，2012 年 3 月 20 日より.
177. Logan 2012 より.
178. 朝日新聞 2012 年 4 月 21 日より.
179. 日本経済新聞 2011 年 5 月 20 日，*Economist*, 24 May 2011，共同通信 2011 年 9 月 4 日参照.

**第 5 章　エネルギー政策の議論**

1. 日本の原子力産業の歴史について，概略は『日本における国家と企業』第六章参照.

年 3 月 13 日より.

129. 防衛省より．続報は読売新聞 2011 年 8 月 23 日より.
130. 元防衛省職員のインタビュー，2011 年 7 月 22 日より.
131. 2011 年 7 月 7 日のインタビューより.
132. 2011 年 7 月 21 日のインタビューより.
133. 防衛省「東日本大震災への対応に関する教訓事項（中間取りまとめ）のポイント」より.
134. 北村『正論』2011 年 6 月号 pp.158–59，Mizokami 2011 より.
135. 2011 年 7 月 7 日のインタビューより.
136. アメリカ軍職員のインタビュー，2012 年 1 月 11 日より.
137. 2011 年 7 月 7 日のインタビューより.
138. 共同通信 2012 年 8 月 28 日より.
139. 谷田「自衛隊は震災の教訓」，読売新聞 2011 年 12 月 25 日，日本経済新聞 2012 年 2 月 24 日より.
140. 防衛省職員のインタビュー，2011 年 11 月 18 日より．データは防衛省，2011 年 11 月 27 日より．防衛省は，3.11 の際に宮城県で水没してしまった 4 機の救難ヘリコプター「UH-60J」に代わり，次期多用途ヘリコプター「UHX」3 機の導入計画を立てていた． 加えて，海水によるダメージを受けた F-2 戦闘機 18 機の代替機も必要だった．日本経済新聞 2011 年 4 月 21 日，*Aviation Week*, 19 July 2011，朝日新聞 2011 年 9 月 16 日参照.
141. 朝日新聞 2011 年 8 月 18 日より.
142. 2012 年 2 月 2 日のインタビューより.
143. *Defense News*, 10 September 2012 より.
144. 上級自衛官のインタビュー，2011 年 11 月 18 日より.
145. 防衛省防衛研究所所長（当時）髙見澤將林氏のインタビュー，2011 年 10 月 27 日，および東京電力幹部のインタビュー，2012 年 1 月 26 日より.
146. 共同通信 2011 年 4 月 6 日より引用.
147. 『週刊ポスト』2011 年 4 月 29 日号，『しんぶん赤旗』2012 年 3 月 29 日より.
148. 水島『世界』2011 年 7 月号 pp.119-21，読売新聞 2011 年 4 月 10 日朝日新聞 2011 年 5 月 11 日，東京新聞 2011 年 5 月 2 日，共同通信 2011 年 6 月 22 日参照．民主党の長島昭久議員は，トモダチ作戦は在日米軍が「占領軍」であることをさらに実証したに過ぎないと語っている．『Voice』2011 年 7 月号 pp.136 参照.
149. 東京新聞 2011 年 5 月 2 日の社説より.
150. 小林『国防論』pp.65 より．2011 年 4 月 29 日の『週刊ポスト』では，アメリカの意図についての批判記事の中で，この移送を「レーガンの逃走」と位置付けた．水島も『世界』2011 年 7 月号 pp.121 で，思いやり予算に関連してトモダチ作戦を「単なる定額給付金」だと断じている.
151. *Japan Times*, 18 January 2012 より.
152. 琉球新報 2011 年 3 月 18 日，沖縄タイムス 2011 年 4 月 9 日より.
153. 琉球新報 2011 年 4 月 26 日掲載の，我部政明教授の言葉より.
154. 時事通信社『コメントライナー』2011 年 4 月 21 日より.

日から2週間も要してしまったと悔やんだ．読売新聞2011年4月7日も参照のこと．
107. 西正典氏のインタビュー，2011年7月21日より．
108. 2012年5月9日のインタビューより．
109. 在日米軍中佐グレッグ・ボットミラー氏のインタビュー，2011年7月22日より．読売新聞2011年8月23日も参照のこと．
110. 個人的書簡，2011年9月27日より．
111. 君塚栄治陸上幕僚長のインタビュー，2011年12月16日より．
112. http://www.cfr.org/japan/us-japan-alliance-transformation-realignment-future-october-2005/p20745（リンク切れ）参照．
113. 防衛省企画評価課長（当時）増田和夫氏のインタビュー，2011年12月16日，および在日米軍中佐マーク・ヘイグ氏のインタビュー，2011年12月20日より．
114. 1997年の指針に沿って策定されたこの調整メカニズムが，震災発生後数時間内に実施されたという主張は誤りである．戦略国際問題研究所2011, 32-33参照．
115. アメリカ軍関係者との個人的書簡，2011年12月19日より．これは3.11規模の災害を想定していなかったからではないかと見る向きもある．読売新聞2011年4月7日参照．
116. 米軍関係者のインタビュー，2011年12月10日より．
117. アメリカ政府職員のインタビュー，2011年7月12日より．
118. アメリカ政府職員のインタビュー，2011年10月7日より．ある防衛省の元関係者によると，在日米軍の司令官には日本に駐留する米軍に対する指揮権がないのが原因だと語った．そのため同盟自体はいわば「張り子の虎」なのだと彼は評した．2012年1月11日のインタビューより．
119. アメリカ軍関係者のインタビュー，2011年1月11日より．
120. 「トモダチ作戦」については，Feickert and Chanlett-Avery 2011に詳しい．朝日新聞2011年4月30日も参照のこと．
121. アメリカ大使館代理大使（当時）ジェームス・ズムワルト氏のインタビュー，2011年7月5日より．
122. 戦略国際問題研究所2011, 33より．
123. 朝日新聞2011年5月21日および『週刊文春：東京電力の大罪』臨時増刊号2011年7月27日pp.37の菅首相の言葉より．感謝の言葉は共同通信4月4日，Stars and Stripes, 11 April 2011より．
124. 2012年12月16日のインタビューより．1986年のゴールドウォーター＝ニコルズ国防総省再編法について，詳しくはLocher 2002参照．
125. 防衛省「東日本大震災への対応に関する教訓事項（中間取りまとめ）のポイント」より．
126. 防衛省経理装備局長（当時）西正典氏，2011年7月21日，元防衛省職員山内千里氏，2011年7月22日，防衛省防衛研究所所長（当時）髙見澤將林氏，2011年10月27日のインタビューより．
127. アメリカ政府職員，2011年7月12日，政治学者森本敏氏，2011年7月13日，防衛省職員，2011年10月2日および7日のインタビューより．
128. 『文藝春秋』2011年7月号pp.236，『朝雲』2011年10月6日，日本経済新聞2012

87. 毎日新聞2011年4月18日より.
88. 読売新聞2011年12月18日より.
89. 調査結果はhttp://www.mod.go.jp/e/d_act/others/pdf/public_opinion.pdfより. 朝日新聞2012年3月11日も参照. また2011年4月4日の読売新聞の一面には, 自衛隊員が統一地方選の不在者投票を行なう様子が掲載された. 麻生『前へ! 東日本大震災と戦った無名戦士たちの記録』, Nishihara 2011, 『東日本大震災ドキュメント 自衛隊もう1つの最前線』, 桜林および佐藤正久『撃論』vol.2, 小林『国防論』, 『週刊大衆』2011年も参照. 自衛隊員の遺体回収作業による精神的負荷や負傷について, 具体的な報告は2011年の『週刊文春』や東京新聞2011年4月14日を参照のこと.
90. 防衛省「東日本大震災への対応に関する教訓事項（中間取りまとめ）のポイント」より.
91. ある岩手県職員は, これを「明らかに上からの指示だ」と語った（2011年9月21日のインタビュー）. 2012年6月には, 隊員らは42年の歴史上はじめて戦闘服で東京周辺地域を行進した. 共同通信2012年6月12日より.
92. データは防衛省, 2011年11月2日, また職員のインタビュー, 2011年9月29日および10月27日より.
93. Simpson 2011より.
94. 防衛省「東日本大震災への対応に関する教訓事項（中間取りまとめ）のポイント」より.
95. 『朝雲』2011年10月6日より.
96. 日本経済新聞2011年4月22日, 共同通信2011年6月29日参照.
97. 防衛省職員のインタビュー, 2011年9月29日, また2011年9月30日の時事通信, 共同通信, 日本経済新聞の報道より. 読売新聞2011年9月14日も参照のこと.
98. たとえば『東日本大震災ドキュメント 自衛隊もう1つの最前線』で志方俊之氏は, 自衛隊の十分な装備を評価しているが, 同時に3.11によって通常は予算上削減されやすい特殊な装備の必要性も浮き彫りになったと指摘している.
99. 読売新聞2011年9月14日より.
100. 3.11では, 海上自衛隊が使用できたおおすみ規模の輸送艦は3隻しかなかった. 1隻は改修中, もう1隻は折悪しくもインドネシアへの災害救援活動に使われていたためである. 読売新聞2011年4月27日, 谷田「自衛隊は震災の教訓」, Mizokami 2011参照. またロボットについては, 日本経済新聞2011年4月4日を参照のこと.
101. 読売新聞2011年4月2日, 勝俣秀通氏の記事を参照.
102. 産経新聞2011年7月24日より.
103. 共同通信2011年7月17日より.
104. 髙見澤將林氏のインタビュー, 2011年7月7日より.
105. 防衛省「東日本大震災への対応に関する教訓事項（中間取りまとめ）のポイント」より.
106. アメリカ軍関係者のインタビュー, 2012年1月11日より. さらに彼は2012年3月12日のメールで, 海上自衛隊とアメリカ軍は陸上自衛隊よりも連携しやすいと判断したと説明した. 一方で, こうした合同体制が軌道に乗るまでに数日どころか10

公式サイトで自衛隊への謝意を示した. http://pbv.or.jp/blog/?p=316 を参照のこと. ある防衛省職員によれば, 県の社会党員や地方議員からも自衛隊と防衛省に個人的な感謝を伝えられたが, 公式サイトには掲載されなかったとのこと. 陸上自衛隊東北方面隊政策補佐官のインタビュー, 2011 年 11 月 18 日より.

67. 防衛省は報告書で「災害時において民間事業者との連携に改善が見られた」ことを認めている.「東日本大震災への対応に関する教訓事項（中間取りまとめ）のポイント」参照. 3.11 後, 最初に行われた主要な軍事演習においては, 北海道から九州までの移動に民間のフェリー会社が用いられた. http://newpacificinstitute.org/jsw/?p=8758 参照.
68. 防衛省幹部のインタビュー, 2011 年 12 月 16 日より. 中谷元元防衛大臣の言葉は『三・一一後　ニッポンの論点』pp.43 より. 谷田「自衛隊は震災の教訓」も参照のこと. 村井嘉浩宮城県知事と君塚栄治陸将が防衛大学校の同級生であったことも効果的に作用しただろう.
69. 2011 年 9 月 22 日のインタビューより.
70. 朝日新聞 2011 年 5 月 7 日より.
71. 防衛省東北方面隊政策補佐官のインタビュー, 2011 年 11 月 18 日より.
72. 2011 年 12 月 16 日のインタビューより. 被災時に自治体の機能が低下している中での防衛省と自衛隊の役割についても, 防衛省により言及されている.「東日本大震災への対応に関する教訓事項（中間取りまとめ）のポイント」参照.
73. 岩手県復興局企画課計画担当課長小野博氏のインタビュー, 2011 年 9 月 21 日より.
74. 2011 年 7 月 13 日に放送された NHK の『クローズアップ現代』では, 自衛隊による自治体の治安維持活動に肯定的だった.
75. 統計は『日本の防衛 - 防衛白書』pp,363 および 373 より.
76. データは防衛省, 2012 年 2 月 1 日より.
77. Government of Japan 2011, 4 および防衛省政策担当官のインタビュー, 2011 年 7 月 7 日より.
78. 河村たかし名古屋市長のインタビュー, 2012 年 1 月 12 日より.
79. 毎日新聞 2011 年 4 月 22 日より.
80. 防衛省による見解.「東日本大震災への対応に関する教訓事項（中間取りまとめ）のポイント」参照.
81. 防衛省職員のインタビュー, 2011 年 11 月 18 日より.
82. 防衛省幹部のインタビュー, 2011 年 10 月 27 日より.
83. 東京電力幹部のインタビュー, 2012 年 1 月 26 日より.「電力会社との協力体制はまったく十分ではなかった」ことは防衛省幹部も 2011 年 10 月 27 日のインタビューで, また元陸上自衛隊総監中村信悟氏も『三・一一後　ニッポンの論点』pp.40 で認めている.
84. 防衛省木村綾子参事官のインタビュー, 2011 年 11 月 22 日より.
85. Midford 2011, 106– 7 では, 2000 年の世論調査について報告している. 2012 年 1 月の調査結果は http://www.mod.go.jp/e/d_act/others/pdf/public_opinion.pdf を参照のこと.
86. 読売新聞 2012 年 1 月 15 日より.

43. 朝日新聞 2011 年 4 月 30 日,『正論』2011 年 6 月号 pp.156,『東日本大震災ドキュメント　自衛隊もう 1 つの最前線』参照.
44. 岩波書店『世界』元編集長岡本厚氏のインタビュー, 2011 年 9 月 13 日より.
45. 朝日新聞 2011 年 4 月 30 日より. 国家のアイデンティティの機能について広範な分析は Boyd 2012 を参照のこと.
46. 朝日新聞 2011 年 5 月 7 日の論説より.
47. 川崎『世界』2011 年 9 月号 pp. 79 および 84 より.
48. 赤旗 2011 年 4 月 19 日より.
49. 例として, 平和運動家の井上正信弁護士のブログ, http://www.news-pj.net/npj/9jo-anzen/20110406.html を参照のこと.
50. 朝日新聞 2011 年 5 月 7 日より.
51. 水島『恒久世界平和のために―日本国憲法からの提言』より.
52. 日本人の多くがこの在日駐留米軍経費負担すなわち「思いやり予算」を疑問視している. 社会主義者と共産主義者はこれを復興支援に充てるよう求めた. 琉球新報 2011 年 4 月 19 日より.
53. 朝日新聞 2011 年 5 月 7 日, 水島『世界』2011 年 7 月号 pp.122 より.
54. 小林『国防論』pp.102 より.
55. 佐藤『撃論』vol.2 pp.100 より.
56. 防衛省でのインタビュー, 2011 年 12 月 16 日より.
57. 防衛省による「東日本大震災への対応に関する教訓事項（中間取りまとめ）のポイント」と, 防衛省の西正典氏（2011 年 7 月 21 日）, 髙見澤將林氏（2011 年 10 月 27 日）のインタビュー, 政治学者の森本敏氏（2012 年 6 月に防衛大臣就任）のインタビュー, 2011 年 7 月 13 日に基づく. 志方『東日本大震災ドキュメント　自衛隊もう 1 つの最前線』による評価も参照のこと.
58. 2011 年 11 月 18 日の防衛省のデータによれば, 5 月初旬の 106,000 人が最高動員数.
59. 防衛省「東日本大震災への対応に関する教訓事項（中間取りまとめ）のポイント」より.
60. 同上.
61. 防衛省はこの点に関し「関係機関と現場における連携の強化が必要」と認めている. 「東日本大震災への対応に関する教訓事項（中間取りまとめ）のポイント」参照.
62. 読売新聞 2011 年 5 月 4 日の君塚栄治陸将による指摘. 5 月には, 200 人以上の自衛隊員が 3.11 で家族を失ったと報告された. さらに君塚陸将は 7 月の時点で, その人数を 344 人に修正した. 時事通信 2011 年 7 月 4 日参照.
63. 朝日新聞 2011 年 6 月 24 日, 防衛省「東日本大震災への対応に関する教訓事項（中間取りまとめ）のポイント」より.
64. 防衛省防衛研究所所長（当時）髙見澤將林氏のインタビュー, 2011 年 10 月 27 日より.
65. 防衛省「東日本大震災への対応に関する教訓事項（中間取りまとめ）のポイント」および防衛省幹部のインタビュー（2011 年 11 月 18 日）, 日本経済新聞 2012 年 3 月 13 日より.
66. 朝日新聞 2011 年 5 月 7 日および本書 pp.172 の写真を参照のこと. ピースボートは

16. Nishihara 2011, 1 より.
17. 君塚栄治陸将のインタビュー，2011 年 12 月 16 日より.
18. 西尾『WiLL』2011 年 7 月号 pp.47 より. .
19. 中西『正論』2011 年 6 月号より.
20. 猪瀬直樹元東京都副知事『中央公論』2011 年 7 月号，pp.89 より.
21. 西尾『WiLL』2011 年 7 月号 pp.48 より.
22. 間宮『撃論』vol.2，2011 年 pp.111 より.
23. 小林は『国防論』pp.56 で，3.11 は「警鐘」だと述べている．また pp.31-33 では，日本はアメリカの災害支援に感謝すべきだとする意見を一蹴している.
24. 間宮『撃論』vol.2，2011 年，pp.106 より.
25. 田久保忠衛『Voice』2011 年 5 月号 pp.186 より.
26. 佐藤正久『撃論』vol.2，2011 年，pp.105 より.
27. 中西『正論』2011 年 6 月号 pp.51 より.
28. 佐々淳行『東日本大震災ドキュメント　自衛隊もう 1 つの最前線』pp.45 より．尖閣諸島と近隣諸国との領土問題については，『日本防衛の大戦略』参照.
29. http://research.php.co.jp/research/foreign_policy/policy/post_3.php 参照.
30. 長島『Voice』2011 年 7 月号より.
31. 中曽根『文藝春秋』2011 年 7 月号より.
32. 読売新聞 2011 年 4 月 23 日より.
33. 坂元『Voice』2011 年 7 月号 pp.113 より．Watanabe 2011 も参照のこと.
34. 陸上自衛隊東北方面隊政策補佐官のインタビュー，2011 年 11 月 18 日より．彼によると，ほかにも計画案や訓練案はあったが，電力事業業界から「市民の安全感情への影響を考慮して」反対されたとのこと．そのため自衛隊は独自の災害対策計画を立てた.
35. 防衛省防衛政策局長（当時）髙見澤將林氏のインタビュー，2011 年 7 月 7 日および岩手県復興局企画課計画担当課長小野博氏のインタビュー，2011 年 9 月 21 日より．また，元防衛省職員山内千里氏の未発表記録，2011 年 7 月 22 日より．『東日本大震災ドキュメント　自衛隊もう 1 つの最前線』pp.48 君塚栄治統合任務部隊指揮官のインタビューも参照のこと.
36. 朝日新聞 2011 年 4 月 8 日より.
37. 麻生『前へ！　東日本大震災と戦った無名戦士たちの記録』第 2 章より.
38. 桜林『正論』2011 年 6 月号 pp.90 より.
39. 天皇陛下のお言葉の英訳は http://www.kunaicho.go.jp/e-okotoba/01/address/okotoba-h23e.html 参照．安倍晋三元首相は陛下のお言葉を毎日伝えたが，朝日新聞と毎日新聞がその全文を掲載しなかったことを非難した．『WiLL』2011 年 7 月号 pp.37 より．天皇による自衛隊の「優渥なる御嘉賞」については，『東日本大震災ドキュメント　自衛隊もう 1 つの最前線』pp.48 および田久保『正論』2011 年 6 月号を参照のこと.
40. 防衛省経理装備局長（当時）西正典氏のインタビュー，2011 年 7 月 21 日より.
41. 桜林『正論』2011 年 6 月号，pp.94 より.
42. 『三・一一後　ニッポンの論点』pp.40 より.

193. 両氏のコメントは Przystup 2008 より.
194. 朝日新聞，産経新聞，読売新聞は 2008 年 5 月 29 日にあらためて中国との摩擦を報じた.
195. 中国人民解放軍元副総参謀長馬暁天氏による声明．朝日新聞 2008 年 6 月 1 日より．*Financial Times,* 29 May 2008 に寄せられた投書には「昨日，自衛隊の航空機は中国に爆弾を落とし，今日は中国国民を戸惑わせる小さな好意を贈ろうとしている」とある．またその 2 日後の読売新聞には「(中国に自衛隊を派遣するのは) 部屋に狼を呼び込むようなものだ」という意見も寄せられた.
196. 読売新聞 2008 年 5 月 29 日，時事通信 2008 年 5 月 30 日より．着目すべきは，当時の航空幕僚長がナショナリストの田母神俊雄氏であったことだろう．氏はその後まもなく任を解かれることになった.
197. 読売新聞 2008 年 5 月 31 日より.
198. 朝日新聞 2008 年 6 月 28 日より.
199. 日本経済新聞 2008 年 6 月 25 日より.
200. こうした側面について，詳しくは Nakabayashi 2009 参照のこと.

### 第 4 章　安全保障をめぐり競合するナラティブ

1. 内閣府による調査報告（2012 年 3 月）は，http://www.mod.go.jp/e/d_act/others/pdf/public_opinion.pdf 参照.
2. Wike 2012 にもあるが，3.11 以前より日本人はアメリカに対し好意的印象を持っていた．ピュー・リサーチセンターが 23 カ国を対象に行った調査によれば，3.11 以後その風潮がさらに高まった.
3. 自衛隊は（国民感情を慮り）戦車を「特車」，軍艦を「護衛艦」と再区分した．こうした自主的規制の歴史については Frühstück 2007 および『日本防衛の大戦略』を参照のこと.
4. Midford 2011 より.
5. http://www.mod.go.jp/e/d_act/others/pdf/public_opinion.pdf より.
6. Midford forthcoming, 1 より．時事ドットコム 2012 年 3 月 11 日も参照.
7. 2012 年 12 月 16 日のインタビューより.
8. 防衛省木村綾子参事官のインタビュー，2011 年 11 月 22 日より.
9. Der Westen 2010 より.
10. Taipei Times, 8 September 2011 より引用.
11. 長島『Voice』2011 年 7 月号 pp.134 より.
12. 『三・一一後　ニッポンの論点』pp.43，中谷元氏より．防衛大学校神谷万丈教授も「アレルギー」という表現を用いた．Kamiya Matake 2011, 15 参照．本書第 2 章でも触れたが，日本人は長くこの「アレルギー」を抱えていた.
13. 前者は水島『世界』2011 年 7 月号 pp.122，後者は Kamiya Matake 2011, 15 より.
14. 外務省北米局長（当時）梅本和義氏のインタビュー，2011 年 7 月 15 日より.
15. 読売新聞 2011 年 4 月 10 日より．2011 年 4 月 18 日の朝日新聞，毎日新聞，日本経済新聞，産経新聞には，ヒラリー・クリントン元国務長官が 3.11 後に来日した際の同盟関係について，同様にきわめて楽観的ともいえる社説が掲載されている.

168. Restall 2008, 77–78 および Mine 2011, 3 参照.
169. Ayson and Taylor 2008, Restall 2008, 79 より.
170. Wei, Zhao, and Liang 2009 より.
171. 時事通信 2008 年 5 月 16 日, 共同通信 2008 年 5 月 16 日, Xinhua, 16 May 2008 より.
172. 日本銀行元北京事務所長瀬口清之氏のインタビュー, 2012 年 5 月 14 日より.
173. 毎日新聞 2008 年 6 月 8 日より.
174. 東京新聞 2008 年 5 月 14 日より.
175. 同, および読売新聞 2008 年 5 月 14 日より.
176. 毎日新聞 2008 年 6 月 8 日より. 小野寺五典元外務副大臣も, この救援隊派遣を外交政策の一環と見なしている. Przystup 2008 参照.
177. 国際協力機構 (JICA) 職員によれば, 外務省が国際緊急救命隊を指揮するのはきわめて異例で, 特殊な事例だったとのこと. 国際協力機構元理事長緒方貞子氏, 同地球環境部長不破雅実氏のインタビュー, 2012 年 5 月 15 日より.
178. 救援隊の活動について, 詳細な報告は, 国際協力機構年次報告書 2009 参照.
179. 朝日新聞 2008 年 5 月 31 日より.
180. 国際協力機構年次報告書 2009, pp.14 より.
181. 読売新聞 2008 年 6 月 4 日, 共同通信 2008 年 6 月 8 日, ジャパン・プラットフォーム 2009 より.
182. 背景には, 2007 年に中国が国際災害チャータに加入し, その結果として, 中国国家航天局が日本の宇宙航空研究開発機構 (JAXA) から被災地の衛星画像を提供されたことがある. 読売新聞 2008 年 5 月 24 日, 国際協力機構年次報告書 2009 より.
183. 共同通信 2008 年 5 月 21 日より.
184. http://www.zakzak.co.jp/top/2008_05/t2008052901_all.html (リンク切れ) 参照.
185. 毎日新聞 2008 年 5 月 15 日および 6 月 8 日より. 中国メディアからの日本の救援活動に対する「大変な注目」は救援隊団長を務めた外務省の小泉崇氏の報告から. 国際協力機構年次報告書 2009 参照.
186. 毎日新聞 2008 年 5 月 20 日より.
187. 例として, BBC, 12 June 2008 and 27 December 2008, *Los Angeles Times*, 29 July 2008, *New York Times*, 29 July 2008 参照.
188. BBC, 28 May 2008 より.
189. Xinhua, 17 and 18 May 2008 より. 国際協力機構の報告では, 救援隊に関する報道をした日中メディアがすべて列挙されている.
190. 写真と新華社のレポーターによる撮影者へのインタビュー映像は http://www.youtube.com/watch?v=XoRDWylU1Jk (リンク切れ) より.
191. 世論調査では, 上海市民の 70%以上が日本に対する見方を変え, 84%が好意的印象を持つようになったとの結果が出ている. 調査ニュース 2008 年 5 月 22 日, http://news.searchina.ne.jp/dispcgi?y=2008&d=5022&f=research_0522_002.sthml (リンク切れ) より.
192. 代表的な見解として, 調査ニュース 2008 年 5 月 22 日, 財部『Harvey Road Weekly』no. 585, 美根『Canon-Ifri Paper Series』No.5 参照.

145. マイク・マレン大将“What I Believe: Eight Tenets That Guide My Vision for the 21st Century”（「私の信条：21 世紀への 8 つの展望」）(U.S. Navy Proceedings, January 2006) より．
146. Wike 2012 より．
147. Bowers 2010, 132 より．
148. Bureau of Legislative and Public Affairs 2006, 3– 4，Wilder 2008, 3，Bowers 2010, 132 より．
149. Bowers 2010, 133 より．
150. Newsweek, 4 September 2009, USAID, Pakistan Earthquake Relief, 6 および“Fact Sheet—DOD Assistance to Pakistan.”より．
151. USAID“Fact Sheet—DOD Assistance to Pakistan,”7 より．
152. 例として，Associated Press, 10 October 2005，*Washington Post*, 13 October 2005 および *Wall Street Journal*, 22 December 2005 参照のこと．
153. Bowers 2010, 132 より．
154. Terror Free Tomorrow, A Dramatic Change of Public Opinion in the Muslim World: Results from a New Poll in Pakistan (Washington, DC: Terror Free Tomorrow, 2005) より．
155. Wilder 2008, 4 より．
156. 同，26 より．
157. Pew Research Center, Global Attitudes Project, 2011 より．
158. Wike 2012 より．
159. 自宅を失った人の数については，いまだはっきりとした調査結果が出ていないが，少なくとも 500 万人にはのぼると思われる．http://www.factsanddetails.com/china.php?.itemid=407&catid=10&subcatid=65#8711（リンク切れ）参照．また，BBC, 1 September 2008，Restall 2008，国際協力機構年次報告書 2009，Chen et al. 2010，Huang, Zhou, and Wei 2011 および Zhang 2011 も参照のこと．
160. BBC, 19 May 2008 より．両国の比較について詳しくは Ayson and Taylor 2008 and Kapucu 2011 を参照のこと．
161. 本書第 6 章で考察するが，こうした「パートナーサポート」のシステムは 3.11 後の日本でもモデルとなった．中国でこのシステムがどのように機能したか，日本人による分析は，林，穐原「四川震災復興・対口支援の事例」に詳しい．支援協力対象となった地域や市町村について，実証的かつ冷静な分析は You, Chen, and Yao 2009, 384–85 を参照のこと．
162. Shieh and Deng 2011, 185, 194 より．
163. Restall 2008, 80 より．
164. 同，77–78 では，これを中国の市民社会の「ルネサンス」と称している．一方 Teets 2009 はこれに懐疑的で，四川大地震とその後の市民社会の安定性についてはおおいに議論の余地があるとしている．Shieh and Deng 2011, 181 も参照のこと．
165. Zhang 2011 より．
166. Restall 2008, 77 より．
167. BBC, 12 June 2008 参照．

115. 見出し例は AP 通信（オンライン含む），および New York Times headlines from 9–10 September 2005 より.
116. Paglia in Independent (London), 3 September 2005 より.
117. Sullivan in Sunday Times (London), 4 September 2005 より.
118. Freedland in *Guardian*, 5 September 2005 より.
119. Frum in National Post (Toronto), 3 September 2005 より.
120. *New York Times*, September 8, 2005 より.
121. Dowd in *New York Times*, 12 September 2005 より.
122. Dionne in *Washington Post*, 13 September 2005 より. *New York Times*, 28 August 2006, *Washington Post*, 29 August 2006 および New Republic, 25 September 2006 も参照のこと.
123. Lowry in National Review, 2 April 2007 より.
124. Malhotra and Kuo 2008 も参照.
125. Kelman and Koukis 2000, Kelman 2007, 2012 参照. 災害外交についての研究は http://www.disasterdiplomacy.org 参照.
126. ハリケーン・カトリーナ後のアメリカに支援協力をした 133 カ国には，ライバル国であるキューバ，イラン，中国も含まれていた.
127. Ker- Lindsay 2000, Akcinaroglu, DiCicco, and Radziszewsk 2011 より.
128. Gaillard, Clavé, and Kelman 2008 より. *Economist*, 20 July 2005 および *Guardian*, 14 August 2005 も参照のこと.
129. Kelman and Koukis 2000, Kelman 2012 より.
130. CBS News Transcripts, 17 May 1991 より.
131. Agence France Presse, 15 May 1991 より.
132. McCarthy 1991, 31 より.
133. *New York Times*, 16 May 1991 より.
134. 国防総省職員クリストファー・クラリー氏のメール，2011 年 8 月 2 日より.
135. Smith 1995, 85–87 より.
136. Seiple 1991, 68 より.
137. Stackpole 1992, 116 より. Seiple 1991, 88, 93 に引用されている第 5 海兵遠征旅団を指揮した Rowe（ロー）准将の言葉や，国防総省職員とのメール（2011 年 8 月 2 日）より.
138. Tripartite Core Group 2008, 1 より.
139. 同，21 より.
140. *Guardian*, 23 May 2008 より.
141. 国際危機グループより "Burma/Myanmar after Nargis: Time to Normalise Aid Relations"（「ミャンマー（ビルマ）におけるナルギス後の支援関係の正常化に向けて」）(Asia Report No. 161, Brussels, 20 October 2008), 6–7 参照.
142. これは自衛隊の海外支援としては過去最大規模のものだった.
143. Beinert 2006, 194 より.
144. http://www.terrorfreetomorrow.org/articlenav.php?id=56（リンク切れ．当該組織のサイトは http://www.terrorfreetomorrow.org/ で参照可能）参照.

93. 御厨「現地・現場主義で議論」読売新聞 2011 年 4 月 29 日 pp.16–17 より.
94. Edgington, Hutton, and Leaf 1999, 15 より.
95. *Japan Times*, 26 January 1995, Tierney and Goltz 1997, 4, 中川『地方行政』, Özerdem and Jacoby 2006, 41 より.
96. 学術的観点からは, http://tatsuki-lab.doshisha.ac.jp/~statsuki/papers/IAVE98/IAVE98.html 参照. また阪神・淡路大震災のボランティア活動がどのように日本の政治のあり方を根本的に変えたか, という分析は Pekkanen 2006 も参照のこと. 概略は http://www.gdrc.org/ngo/jp-npo-law.html でも参照できる.
97. 日本政策投資銀行, 2011 年 7 月より.
98. Tierney and Goltz 1997, 4, 7, www.jishin.go.jp/main/w_030_f-e.htm より.
99. 岩波書店『世界』元編集長岡本厚氏のインタビュー, 2011 年 9 月 13 日より. .
100. 2011 年 12 月 16 日のインタビューより.
101. こうした防災訓練の様子は *Wall Street Journal*, 25 October 2004 で取り上げられた. さらに, 訓練が改善されていく過程については本書第 4 章で詳しく検証している.
102. ルイジアナ州健康・病院省 "Reports of Missing and Deceased,"（行方不明者および死者に関する報告）, 2006 年 8 月 2 日, http://www.dhh.louisiana.gov/offices/page.asp?ID=192&Detail=5248（リンク切れ）参照. 調査に協力してくれた国防総省職員 Christopher Clary（クリストファー・クラリー）氏にとくに感謝申し上げる.
103. *Washington Post*, 28 September 1998 でも, ジェームズ・リー・ウィット元局長は詳しく語っている. その他, NBC News Transcripts, 26 September 1998 も参照.
104. Scientific American, October 2001 より.
105. すべての記事は http://www.nola.com/washingaway/ にて閲覧可能. 本引用は 2002 年 6 月 24 日掲載分より.
106. 連邦緊急事態管理庁 "Hurricane Pam Exercise Concludes,"（ハリケーンを想定した災害訓練報告）プレスリリース No. R6-04-093, 23 July 2004, http://www.fema.gov/news/newsrelease.fema?id=13051（リンク切れ. 現在のリンクは http://www.fema.gov/news-release/2004/07/23/hurricane-pam-exercise-concludes と思われる）U.S. House of Representatives 2006, 81–84 も参照のこと.
107. U.S. House of Representatives 2006, chap. 16 より.
108. 警察官が起こした事件の例として, アメリカ司法省広報より, http://www.justice.gov/opa/pr/2010/December/10-crt-1420.html および http://www.justice.gov/opa/pr/2011/April/11-crt-463.html 参照のこと. .
109. http://georgewbush-whitehouse.archives.gov/news/releases/2005/09/20050902-2.html 参照.
110. Boston Herald, 3 September 2005 および *New York Times*, 3 September 2005 より.
111. Joel Roberts, "Poll: Katrina Response Inadequate," CBS News, September 8, 2005, http://www.cbsnews.com/stories/2005/09/08/opinion/polls/main824591.shtml より.
112. U.S. House of Representatives Select Bipartisan Committee 2006, 3 より.
113. ナギン市長のインタビューは http://www.jacksonfreepress.com/index.php/site/comments/transcript_new_orleans_mayor_c_ray_nagins_interview/（リンク切れ）より.
114. Horne 2006, 3 より.

65. 麻生『情報，官邸に達せず』pp.72–76 より．
66. Terry 1998, 233 より．
67. Tierney and Goltz 1997, 5 より．
68. Terry 1998, 232 より．
69. United Nations Centre for Regional Development, 144，Tierney and Goltz 1997, 6–7 より．
70. United Nations Centre for Regional Development, 144，Terry 1998, 237 より．
71. Tierney and Goltz 1997, 6 より．
72. United Nations Centre for Regional Development, 151 より．
73. 防衛省「東日本大震災への対応に関する教訓事項（中間取りまとめ）のポイント」より．
74. Özerdem and Jacoby 2006, 39 には，自衛隊が東京で待機させられたためとある．
75. Motoaki Kamiura（神浦元彰）"Self Defense Forces Gain New Cachet as Emergency Responders," Cultural News, May 2011, www.culturalnews.com/?p=4689 参照．
76. Terry 1998, 236 および Tierney and Goltz 1997, 7 の見解．佐藤『撃論』vol.2 pp.62 も参照のこと．
77. 2011 年 12 月 16 日のインタビューより．
78. 2011 年 11 月 18 日のインタビューより．
79. United Nations Centre for Regional Development, 151 より．
80. 2011 年 12 月 22 日のインタビューより．
81. Özerdem and Jacoby 2006, 40 より．
82. 2011 年 12 月 22 日のインタビューより．
83. Terry 1998, 234 より．貝原知事自身は，ウォルター・モンデール駐日アメリカ大使との会談と防水シートの提供申し出に感謝したとのこと．2011 年 12 月 22 日のインタビューにて．
84. United Nations Centre for Regional Development, 171–72 より．
85. Leslie Helm, "Gangs Bridge Relief Gap after Quake," *Los Angeles Times*, 22 January 1995 より．
86. Avenell 2012a, 59 より．
87. United Nations Centre for Regional Development, 175 より．
88. 2011 年 12 月 22 日のインタビューより．
89. Edgington, Hutton, and Leaf 1999, 15 より．
90. 東京都は第三次補正予算案で 3 兆 2300 億円を計上したにもかかわらず，復興資金のおよそ半分が地方債のみで賄われることとなった．www.jointokyo.org/files/cms/news/pdf/kobe.pdf（リンク切れ）www.city.kobe.lg.jp/safety/hanshinawaji/revival/promote/january.2011.pdf，www.mofa.go.jp/policy/economy/apec/1995/issue/info14.html，United Nations Centre for Regional Development, 143 および Nagamatsu 2007, 372 参照．
91. Edgington 2010 より．
92. ノンレザーシューズや日本酒といった地元の主要産業の拠点はさらに少ない．www.city.kobe.lg.jp/safety/hanshinawaji/revival/promote/january.2011.pdf 参照．

36. Davison 1931, 19 より.
37. Kinney 1924, 11, Busch 1962, 108–12『正午二分前』pp. 105-110, Hammer 2006, 159 より.
38. Hammer 2006, 167 より. Busch 1962, 111『正午二分前』pp. 108 には, 政府はこうした残虐行為の本格的な調査を行わず, 加担した者に相応の罰を与えることもなかったとある.
39. Hammer 2006, 168 より.
40. Davison 1931, 50 より.
41. 目撃者の証言は Kinney 1924, 12 を参照. また Hammer 2006, 217 も参照のこと.
42. Davison 1931, 21 より. 当時の記述には, アメリカなどの海軍が早期救助救援活動を行なう一方で, 帝国軍は名ばかりで日本政府からの指示を待つばかりだったとある. Kinney 1924 参照.
43. Hammer 2006, 219– 20 より.
44. 『正午二分前』pp. 164 より.
45. Hammer 2006, 246–48 より.
46. Humphreys 1995, 88 より.
47. Hammer 2006, 217 ではアメリカのみの言及だが, ソ連も支援を拒否され, その他の国の支援も疑いの目を向けられることになった.
48. Schencking 2009 より.
49. 同上.
50. Humphreys 1995, 52, 46–52 より.
51. Duus 2012, 178 より.
52. Schencking 2006, 2008, 2009 より.
53. Schencking 2008, 306 より.
54. Borland 2006, 889 より天理教の奥谷文智氏の言葉.
55. 『正午二分前』, pp. 150 より.
56. Schencking 2006, 309–10 より.
57. Borland 2006, 891 より.
58. 同, 894 より.
59. Seidensticker 1991, 14–15 より. 後藤新平は内務大臣兼帝都復興院総裁として, 大きな責任を負うことになった.
60. 推定被害総額は変動あり. Nagamatsu 2007, 373 および日本経済新聞 2011 年 3 月 21 日参照. 阪神・淡路大震災当時と以降について, 信頼に足る英語の考証は United Nations Centre for Regional Development, Tierney and Goltz 1997, Edgington, Hutton, and Leaf 1999, Özerdem and Jacoby 2006, Kingston 2011 より. 日本の考証は, 麻生『情報, 官邸に達せず』が秀逸である.
61. 「膠着した日本の行政機構」の詳細は麻生『情報, 官邸に達せず』pp.114 より.
62. Midford, forthcoming では, 国民は国の上層部よりも正しく自衛隊の正当性を認識していたと指摘している.
63. 中川『地方行政』より.
64. 同書および 麻生『情報, 官邸に達せず』pp.72–76 より.

およそ60%が倒壊，全体の半分が日本の戦後高度成長期（1946-1965）に建てられたもの．1986年以降の建造物で被害を受けたのは6%のみだった． www.jointokyo.org/files/cms/news/pdf/kobe.pdf（リンク切れ）参照.

8. Hammer 2006; Smits 2006; Duus 2012 より． 鯰 絵 は http://pinktentacle.com/2011/04/namazu-e-earthquake-catfish-prints/ でも参照できる．
9. Smits 2006, 1052, 1066 より．
10. Clancey 2006a, 128 より．
11. 同，130–31 より．
12. 同，122 より．
13. 皇室の政治的利用については，Fujitani 1996 および『マキァヴェッリの子どもたち』参照のこと．
14. Clancey 2006a, 132 より．
15. 同，131 より．
16. 震災予防調査会のこと．同，151 より．
17. Beard 1924 では，アメリカの著名な社会科学者による当時の興味深い考察が参照できる．『正午二分前』，Seidensticker 1991，Hammer 2006，Duus 2012 も参照のこと．『文藝春秋』2011年6月号および御厨『「戦後」が終わり，「災後」が始まる』では関東大震災と東日本大震災を比較している．
18. Beard 1924, 17 より．
19. 姜『関東大震災』第1章より．日本の軍隊がいかに思慮を深めたか，またいかに民主主義の風潮が広まっていったかについては，『撃論』vol.2, pp.103 の元陸上自衛官佐藤正久氏の記事を参照のこと．帝国軍は，関東大震災以後の自由化の流れを抑圧するために戒厳令を用いたとしている．
20. Kinney 1924, 3–4 より．
21. Davison 1931, 40 より．
22. 同，18–22 より．
23. Beard 1924, 18, and Schencking 2006, 835 および Dimmer 2011 より．
24. Beard 1924, 11 より．
25. 『正午二分前』pp. 179-180 より．
26. Beard 1924, 14–15 より．
27. 同，18 より．
28. 御厨『「戦後」が終わり，「災後」が始まる』pp.13–16 より．
29. 同，pp.14 より．
30. Schencking 2006, 870 より．
31. Beard 1924, 18, 21 より．
32. こうした悪行の一つに，アナーキスト作家の大杉栄とその内縁の妻，さらにアメリカ人の甥が憲兵隊により不当に連行され，監禁の上殺害されたという事件がある．Humphreys 1995, 56–58 参照．Kinney 1924, 14 も同様の事件に触れている．
33. Allen 1996, 67–68 より．
34. Hammer 2006, 194 より．
35. 戒厳令は10月15日まで敷かれた．

131. 首相の声明（2011 年 4 月 11 日）は www.kantei.go.jp/foreign/kan/statement/201104/11kizuna_e.html 参照．菅首相は，1 月に行われたダボスでの世界経済フォーラムの際も「きずな」という言葉を使用している．
132. 毎日新聞 2011 年 12 月 13 日より．
133. 動画は www.kizuna-japan.com/kizuna_movie.html より．これらのメッセージから外国人に対する抵抗は一切感じられず，逆に使用されている画像や歌には部分的に英語も用いられているのは注目すべき特徴だろう．
134. www.Kakogawa-matsuri.com/program/?page_id=15 参照．
135. 朝日新聞 2012 年 1 月 5 日より．
136. 連合会による千代田線の広告，2012 年 1 月より．
137. www.sakaya1.com/SHOP/njk007.html（リンク切れ．ただし同酒造メーカーのサイトは www.sakaya1.com と思われます）参照．
138. 遠藤氏の動画は http://www.youtube.com/watch?v=i6Kl08zHiJY（リンク切れ）より．野田首相の所信表明は http://www.kantei.go.jp/foreign/noda/statement/201109/13syosin_e.html より．小林氏の言及については『国防論』pp.16 より．こうした職員らの最初の犠牲者については，産経新聞 2011 年 4 月 16 日参照．
139. 共同通信 2012 年 8 月 26 日より．
140. 朝日新聞 2011 年 4 月 10 日より．特筆すべきは，国外メディアが生み出した表現であることを意識して「フクシマ」と片仮名が用いられている点である．
141. Penney 2011, 1 より．東京電力による下請け作業員の悪用疑惑についての調査報告は，高橋『週刊東洋経済』2011 年 4 月 23 日号 pp.52-55 参照のこと．作業員の実態については *Wall Street Journal*, 18 April 2012. 142 も参照．
142. 東電による報告書は www.tepco.co.jp/en/challenge/environ/pdf-1/10report-e.pdf 内 pp. 66．Jobin 2011 も参照．
143. 猪瀬直樹『中央公論』2011 年 7 月号，pp.92 より．
144. 朝日新聞 2011 年 6 月 16 日より．
145. 吉田氏の「本来ならばありえない」英雄的行為については *New York Times*, 13 June 2011 参照．朝日新聞 2011 年 5 月 27 日にも掲載．

### 第 3 章　災害の歴史的・比較的考察

1. Duus 2012, 175 より．
2. 『正午二分前』pp. 32 より．
3. Davison 1931, 56–57 より．
4. 『正午二分前』pp. 73-74 より．
5. 濃尾地震は 80km におよぶ断層線が活動したもの．Awata, Kariya, and Okumura 1998 による http://unit.aist.go.jp/actfault-eq/english/reports/h10seika/12seika.html. 参照．（リンク切れ．ただし https://www.gsj.jp/en/publications/reports/h10seika/12seika.html にて参照可能）彼らはこの断層は 2700 年周期で活動すると結論付けている．
6. Beard 1924, 11 より．
7. United Nations Centre for Regional Development, xiii より．神戸では戦前の建造物の

113. 報道によれば，官僚らはタクシー代や飲食費，コンパニオンによる接待の費用を要求し，これを東京電力側から受け取ったとのこと．『週刊文春』2011 年 4 月 17 日号，pp.30 より．
114. Onuki 2011, 2，『週刊文春』2011 年 4 月 14 日号 pp.30，Kingston 2012b より．．
115. 佐藤栄佐久『原子力村の大罪』pp.100-101，読売新聞 2011 年 4 月 10 日より．90 年代初頭，当時の福島県知事だった佐藤氏は県内の 17 の原発を運転停止させた．Onuki 2011, 1 参照．また 2012 年 1 月 2 日の毎日新聞の社説は，過去に使用済み核燃料の処理に関するデータの隠蔽を指示した安井正也氏が，野田政権で原子力安全規制改革担当審議官に任命された件を疑問視している．かつて東京電力社員で福島第一原発に勤めており，70 年代に北朝鮮によって弟を拉致された過去を持つ蓮池透氏も批判を表明している．蓮池，恩田『世界』2011 年 8 月号 pp.237 参照．
116. 朝日新聞 2011 年 5 月 27 日より．
117.『東日本大震災ドキュメント　自衛隊もう 1 つの最前線』pp.1 より．
118. 読売新聞 2012 年 1 月 15 日より．本書第 3 章でも論じているが，「想定外」は自衛隊にはあてはまらない．3.11 以後，そうした大災害を想定し，効果的な訓練を実施することでよりよく機能するようになったからである．
119. たとえば Smith 1985 は日本社会における集団の重要性を指摘し，Katzenstein 1996 では意思決定の際の日本の「反多数決主義的基準」について言及している．
120. www.jointokyo.org/files/cms/news/pdf/Kobe.pdf 参照．ここでは，2003 年の神戸市民への調査に基づき，震災から学んだ最も大切なことは，コミュニティーや家族との結びつきと，助け合いだと述べている．
121. 瀬口「大震災克服のために何をすべきか」p.2 では，ハリケーン・カトリーナの際の略奪行為と，3.11 での被災者のおにぎりの分け合いを対比している．一方で，とくに被災地域の一時避難場所では窃盗や暴行が起きていたとの報告も散見される．
122. 日本経済新聞 2011 年 11 月 4 日より．
123.「がんばろう東北」の検索では 1100 万件がヒットし，インターネット上で見ない日はなかった．
124.「平成の大合併」について詳細は Yokomichi 2010 を参照のこと．当初の計画では 2010 年までに市町村数を 1000 程度まで減らす予定だったが，目標には達していない．総務省小柳太郎氏のインタビュー，2011 年 10 月 13 日より．
125. 佐藤『原子力村の大罪』pp.124 より．
126. 地方議会議員と町長のインタビュー，南三陸町にて 2012 年 1 月 12 日より．一時避難所におけるコミュニティー維持の取り組みについては，読売新聞 2011 年 3 月 18 日も参照のこと．
127. 東日本大震災復興構想会議 2011 より．
128. 御厨『「戦後」が終わり，「災後」が始まる』pp. 42–43 より．「光がさしてくる」という引用は，北村太郎（戦後を代表する詩人）の詩集タイトルより．
129. 同，pp.39 より．
130. 宮城県の計画は http://www.cas.go.jp/jp/fukkou/pdf/kousou7/murai.pdf を，岩手県の計画は「岩手県東日本大震災津波復興計画」を，福島県の計画は「福島県復興ビジョン」を参照のこと．

93. 読売新聞 2011 年 12 月 16 日より．同紙は「想定外」論に否定的な立場と思われる．過去の社説の見出しには「もう『想定外』は許されない」とある．読売新聞 2011 年 4 月 18 日より．すでに述べているとおり，「想定外」という表現は，とくに東京電力に対する批判となる．東京電力の責任の大きさは，3.11 が人災ではなく天災だったと認識されるか否かで決まるからだ．

94. 例として，中西『正論』2011 年 6 月号，西尾『WiLL』2011 年 7 月号参照のこと．

95. 中川『地方行政』2000 年 1 月より．

96. *Japan Times*, 16 February 2012 より．

97. Hirose 2011, 1 より．

98. 『文藝春秋』2011 年 7 月号 pp.158, 163 より．

99. 畑村『未曾有と想定外――東日本大震災に学ぶ』pp.91 より．

100. 「復興地域づくり研究会中間報告書」pp.34 参照．

101. 読売新聞 2011 年 4 月 22 日によれば，国民は原発事故の責任は東京電力と政府の双方にあると見なしている．

102. *Wall Street Journal*, 17 and 19 March 2011，*Financial Times*, 19 April 2011 より．

103. 『週刊文春』2011 年 4 月 7 日号より．福島第一原発の汚染水流出問題や東京電力と規制当局とのなれ合いの関係を含むこれらの記事は，被害者への補償責任などについて疑問を呈した．また過去号では東京電力のことを「ブラック独占企業」と評している．『週刊文春』2011 年 3 月 27 日号も参照のこと．

104. *Financial Times*, 15 March 2011 より．

105. 読売新聞 2011 年 4 月 11 日，朝日新聞 2011 年 4 月 18 日および *New York Times*, 21 May 2011 より．

106. *Japan Times*, 15 February 2012 より．

107. 西尾『WiLL』2011 年 7 月号 pp.44–46 より．東京電力によれば，原子力産業界が築き上げてきた「安全神話」が崩れることを恐れて，遠隔操作技術やロボットの導入を拒否したとのこと．朝日新聞 2011 年 5 月 14 日より．

108. 桜井勝延『原子力村の大罪』pp.141 より．動画は http://www.youtube.com/watch?v=70ZHQ–cK40 参照（リンク切れ）

109. AP 通信 2011 年 4 月 13 日より．

110. Asia-Pacific Journal, 4 April 2011 より．

111. William Pesek（ウィリアム・ペセック）氏の Bloomberg, 24 May 2011 のコラムより．*Economist*, 24 May 2011 は，東京電力は「規制当局も買収できる，あまりにも力を持った強大な組織」だと述べている．一方で東京電力の幹部らは，自分達の尽力を国民は理解していないと訴え，事故の犯人扱いされることに憤った．1923 年の関東大震災後の東京における朝鮮人の境遇と比較した意見もあれば，首相は支配力を維持するために自分達を悪者に仕立て上げたのだという人もいた．ある元重役にいたっては，首相は朝鮮人だといって非難の矛先を変えようとした．2011 年 1 月 26 日および 2012 年 2 月 3 日の東京電力のインタビューより．朝日新聞 2012 年 7 月 14 日も参照のこと．

112. 枝野幸男官房長官（当時）は，電力業界の天下りを断固撤廃すると表明した．共同通信 2011 年 4 月 13 日および *Financial Times*, 18 April 2011 より．

68. 2011年7月中旬には，後藤新平が設立した「後藤・安田記念東京都市研究所」の向かいで，彼に関するシンポジウムが開かれた．参加者は数百人にのぼった．http://goto-shimpei.org/（リンク切れ．後藤・安田記念東京都市研究所のサイトはhttp://www.timr.or.jp/）*Los Angeles Times*, 11 April 2011も参照.
69. Kingston 2012では，菅首相の功績と，否定的な世間の論調は首相を退任に追い込むために東京電力が「悪意的に」主導権をとったことに起因するという仮説が述べられている．危機対応における首相の失策については日本経済新聞2011年4月14日で詳細に報道されている.
70. 戸羽『被災地の本当の話をしよう』より.
71. 共同通信2011年4月14日より.
72. 「素人」とは日本大学教授岩井奉信氏の *Wall Street Journal*, 9 April 2011の発言より.
73. *Wall Street Journal*, 9 April 2011および *New York Times*, 15 April 2011より.
74. 『正論』2011年6月号pp.122，石原慎太郎氏のインタビューより.
75. NBCR推進対策機構井上忠雄理事長，*Japan Times*, 12 April 2011より.
76. 読売新聞2011年4月19日より.
77. 日本語の検索エンジンで「鈍菅」と「東日本大震災」で検索をかけると，2011年12月の時点で100万件以上ヒットした．2011年3月16日の日本経済新聞でも用いられている．石原慎太郎都知事（当時）は「無知や勘違い」と表現した．『正論』2011年6月号pp.122より.
78. 中曽根氏の発言は毎日新聞2011年4月19日，米倉氏の発言は同紙2011年5月26日より．*Wall Street Journal*, 9 April 2011も参照のこと．菅首相直々に復興構想会議議長に任命された五百旗頭氏も取材に対し「市民運動家あがりの政治家の限界が露呈している」と語った．毎日新聞2011年8月28日より.
79. 安倍『WiLL』2011年7月号pp.36より.
80. 読売新聞2011年5月5日より.
81. 『週刊文春』2011年7月27日臨時増刊号，pp.16より.
82. 緒方貞子氏のインタビュー，2012年5月15日より.
83. *Economist*, 24 May 2011より.
84. 日本経済新聞2011年4月18日より.
85. 共同通信2011年5月1日より．ただアメリカ政府職員らは菅首相のリーダーシップを評価している．ある職員は「もし菅が東京電力を叱咤しなかったら，一体どうなっていたことか」と話した．2011年10月7日のインタビューより.
86. 東日本大震災復興構想会議2011，pp.2より.
87. Dinmore 2006より.
88. 防衛省幹部髙見澤將林氏のインタビュー，2011年7月より.
89. P. Hart 1993, 44およびBoin et al. 2008, 4参照.「想定外」という言葉が「責任回避」と「事実隠蔽」のために用いられているという指摘は識者にも指摘されている．例として，畑村『未曾有と想定外――東日本大震災に学ぶ』pp.86-89, 92参照.
90. 『三・一一後　ニッポンの論点』pp.182より.
91. Kawano 2011, 5, 21より.
92. 『三・一一後　ニッポンの論点』pp.173より．本書第3章も参照のこと.

49. *Los Angeles Times*, 11 April 2011 より.
50. 御厨『「戦後」が終わり,「災後」が始まる』pp.7 より. これは読売新聞 2011 年 3 月 14 日の論説を再掲したもの.
51. Taggart Murphy, "3/11 and Japan: A Hinge of History?" *Japan Focus*, 21 April 2011 より.
52. 「災後」という言葉が最初に用いられたのは読売新聞 2011 年 3 月 24 日.『中央公論』2011 年 7 月号 pp.89-91 や御厨『「戦後」が終わり,「災後」が始まる』でも使われている.「ようやく」は坂元『Voice』2011 年 7 月号, pp.112 からの引用で, 氏も 3.11 を「戦後」の終わりを意味する歴史の句読点と位置付けている.
53. 読売新聞 2011 年 4 月 23 日より.
54. 若い世代の活性化を予見したものは Kamiya 2011, pp.14–15 も参照のこと.『三・一一後 ニッポンの論点』pp.116-22 では, こうした変化について今井一氏と民主党前原誠司議員が討論している.
55. 御厨『「戦後」が終わり,「災後」が始まる』pp.173 より.
56. 東京電力幹部のインタビュー, 2012 年 1 月 26 日より.
57. 日本原子力産業協会の今井敬会長も, 2011 年 6 月の年次総会で Hirschman によるこの説について論じている. http://www.jaif.or.jp/english/news_images/pdf/ENGNEWS02_1336537903P.pdf 参照 (リンク切れ) 日本経済新聞 2011 年 7 月 12 日掲載の与謝野馨内閣府特命担当大臣 (経済財政政策担当) の主張も参照のこと.
58. 桜林『正論』2011 年 6 月号, pp.94 より.
59. Befu, 2001 および Dale, 1986 参照.
60. 梅原猛の縄文文化に対する発想は『精神の発見』および www.goipeace.or.jp/english/activities/award/award3-1.html (リンク切れ) 参照. 3.11 に対する梅原の視点と伝統的文化への回帰がどのように一般の共感を得たか, 元公明党赤松正雄議員のブログからうかがい知ることができる. www.akamatsu.net/index.php/wp/2011/07/02/3014.html (リンク切れ) 一方で, 復興構想会議の五百旗頭議長は, 縄文回帰説は「国民を惑わす」と語った. 2012 年 1 月 26 日のインタビューより.
61. http://homepage2.nifty.com/nitchousan/ecobozu0021105031.html (リンク切れ)
62. 内山『世界』2011 年 11 月号より.
63. 同, pp. 94 より.
64. ただし例外的ともいえる意見として, 鋭い批評で知られる京都大学中西寛教授は, 震災後の菅首相の対応について「あれ以上迅速かつ適切に対処できた指導者はいないだろう」と述べている. 産経新聞 2011 年 5 月 4 日参照. Kingston 2012a では, 菅首相は政敵によって「スケープゴート」にされたとしている. 日本再建イニシアティブによると, 首相は震災の初期から自分の冷静沈着な采配ぶりを誇示していたとのこと. http://bos.sagepub.com/content/early/2012/02/29/0096340212440359.full.pdf+html および奥村準氏による考察, http://www.son-of-gadfly-on-the-wall.blogspot.com/2012/07/the-fukushima-reportsor-whom-do-i-trust.html より.
65. 朝日新聞デジタル 2011 年 4 月 7 日 (英語版) より. 翌日の朝日新聞の社説では, 菅首相の 自衛隊投入を評価している. 本書第 3 章参照.
66. 時事通信 2011 年 3 月 27 日より.
67. 読売新聞 2011 年 3 月 24 日, 日本経済新聞 2011 年 3 月 29 日より.

17. 「ほかの人々と協調して」というのはP. Hart 1993, 41から．McCloskey 2011, 186は「4つの修辞要素，すなわち事実，物語，論理，メタファーがすべての人間の思考を特徴づける」とし，経済や政治の世界では「常に言葉によって協議される」と定義した．
18. Clancey 2006b, 916より．
19. McCloskey 2011, 182より．
20. P. Hart 1993, 39より．
21. Sniderman and Theriault 2004，Chong and Druckman 2007およびBaumgartner and Jones 2009より．
22. White 1981，Stone 1989，Linde 1993より．
23. Gamson and Modigliani 1989, 5より．
24. Van Oostendorp 2001より．
25. Brysk 1995, 577より．
26. この論文に関する近年の考察はBorah 2011を参照のこと．
27. Gusfield 1981, 3より．
28. Edelman 1988, 95より．
29. Entman 1993より．
30. Chong and Druckman 2007, 112より．
31. Entman 2003, 7より．
32. Samuels 2003『マキァヴェッリの子どもたち』より．同書における「ブリコラージュ」の出典はLévi-Strauss 1966より．
33. Gusfield 1981, 8より．
34. Nelson and Kinder 1996, 1055– 78より．
35. See Slater, Nishimura, and Kindstrand 2012より．
36. McGraw and Hubbard 1966より．
37. Sniderman and Theriault 2004, 158，Chong and Druckman 2007より．
38. Snow and Benford 1988，Benford and Snow 2000より．
39. Druckman 2001, 1045; 2004, 683より．
40. Rochon 1998, 7– 8より．
41. Birkland 1997, 33より．
42. Jennings 1999, 3より．
43. 『東日本大震災ドキュメント　自衛隊もう1つの最前線』より佐々淳行氏の発言．
44. Duus 2012, 176より．
45. "Fukushima Project," www.f-pj.org/e-index.htmlwww.f-pj.org/e-index.html（日本語版はhttp://www.f-pj.org/index.html）を参照のこと．
46. 阿部知子氏のインタビュー，2011年11月2日より．日本経済新聞2011年11月4日「復興は『国づくり』」も参照のこと．
47. 『三・一一後　ニッポンの論点』pp.136-43より．飯尾潤教授の発言は*Oriental Economist*, May 2011, 7より．平山『世界』2011年8月号も参照のこと．
48. Izumi 2011，http://www.tokyofoundation.org/en/articles/2011/post-quake-politics 参照．

朝日新聞 2011 年 4 月 18 日参照のこと.

178. 細野グループ関係者のインタビュー, 2012 年 7 月 12 日より. これは政府の元情報部高官も認めている. 2011 年 6 月 29 日のインタビューより. アメリカ関係者によると, 北澤防衛大臣は会議の際, アメリカ側の参加を求めた. 同会議には東京電力と経済産業省も難色を示しつつ参加したとのこと. 2011 年 10 月 7 日のインタビューより.
179. 長島昭久氏のインタビュー, 2011 年 7 月 7 日より.

### 第 2 章　危機を無駄にしてはならない

1. こうした現象については, Katznelson 1997, Immergut 1998, Capoccia and Kelemen 2007, Mahoney and Thelen 2010 で詳しく述べられている. Baumgartner and Jones 2009 では, アメリカにおける政策変更がいかに「支離滅裂で無計画的」であったか, 詳細な経験学的分析がなされている. Gourevitch 1986 は比較論的および歴史的見地から非常に意義深い研究を行っている. また Gershenkron 1966 には, 産業革命によって後進国の産業戦略が変化したとの仮説がある.
2. 『マキァヴェッリの子どもたち』より.
3. 基本理論としては, Kuhn 1996 で述べられている科学革命の概念に等しい. ケインズ主義の例については Hall 1989 を参照のこと. Mahoney 2000 および Pierson 2004 は, 経路依存を強調する「重大な岐路」への基本的考察を行っている.
4. Freeman 1987 より.
5. 『マンハイム全集 3』より. マンハイムの理論は Neumann 1939, Linton 1942 および Heberle 1951 を発展させたもの. 比較応用については Samuels, ed. 1977, Johnston 1992 および Nikolayenko 2007 を参照.
6. 『マンハイム全集 3』173, 206 より.
7. 御厨『「戦後」が終わり,「災後」が始まる』より. 安保世代の研究については Krauss 1974 を参照のこと. 3.11 以前の日本の政治世代の考察は Boyd and Samuels 2008 を参照.
8. CNN.com, 2011 年 4 月 22 日より.
9. Hay 1999, 318 より.
10. Baumgartner and Jones 2009, xxvii より.
11. Kingdon 1995 より.
12. エマニュエルはアジア人の概念に着目し, 危機には好機もあると考えた. 日本語の「危機」という単語は「危険」と「機会」が結びついてできているというのだ. この発想について, より学術的見地からの考察は Polsky 2000, 466 を参照のこと.
13. P. Hart 1993, 46 より.
14. 『反動のレトリック』より.
15. P. Hart 1993, 37–38 および Hay 1996, 254 より.
16. Stryker 1996 は, 社会科学者による「戦略的ナラティブ」の構造と用法, というよりも, 政治関係者によって作られたナラティブの解釈について概説している. いずれにしろ, 原則は変わらない. ナラティブは連続的であり,「何が起こったかだけではなく, なぜそれがそのように起こったかを語る」ものである.

参照.

154. こうした支援活動の詳細については，Feickert and Chanlett-Avery 2011 および Zielonka 2011 を参照のこと.
155. アメリカが山形空港の使用を決定した経緯は朝日新聞 2011 年 3 月 16 日参照.
156. 在日アメリカ軍のデータ，2011 年 7 月 20 日より.
157. 外務省北米局長（当時）梅本和義氏インタビュー，2011 年 7 月 15 日より.
158. アメリカ大使館高官のインタビュー，2011 年 7 月 5 日および防衛省高官のインタビュー，2011 年 7 月 21 日より．Nishihara 2011 も参照.
159. 2011 年 9 月 9 日のインタビューより．その他の日本に対する配慮については読売新聞 2011 年 4 月 7 日を参照のこと.
160. アメリカ政府職員のインタビュー，2011 年 7 月 5 日および 7 日，10 月 7 日より.
161. 防衛省企画評価課長（当時）増田和夫氏のインタビュー，2011 年 12 月 16 日より.
162. *Wall Street Journal*, 22 April 2011 の北澤防衛大臣の発言から．このかつてない日米の共同作戦について，早期の分析は朝日新聞 2011 年 3 月 23 日参照.
163. 防衛省職員のインタビュー，2011 年 9 月 15 日より.
164. アメリカ政府職員のインタビュー，2012 年 5 月 9 日より.
165. ある事例では，アメリカ軍が計測した放射線量データはまず外務省に，次いで文部科学省に報告されたが，首相官邸には届かなかった．ロイター通信 2012 年 6 月 20 日より.
166. 東京新聞 2012 年 2 月 23 日より．アメリカ大使館職員によると（2011 年 7 月 12 日）日本政府はアメリカ政府に対し，東京電力からの情報を得るのに困難が生じていると釈明したという.
167. アメリカ企業幹部のインタビュー，2012 年 1 月 10 日より.
168. アメリカ大使館から東京アメリカンクラブを通じて出された通達，2011 年 3 月 17 日.
169. *Wall Street Journal*, 7 June 2011 より.
170. 読売新聞 2011 年 5 月 4 日，および著者によるインタビュー，2011 年 12 月 16 日より.
171. 長島『Voice』2011 年 7 月号，pp.136 より.
172. *Wall Street Journal*, 7 June 2011 の長島昭久氏の発言から．「トモダチ作戦」は結果的に日本の対米依存を露呈したに過ぎないとする意見への反論については，『Voice』2011 年 7 月号を参照のこと．朝日新聞 2011 年 4 月 30 日によれば，こうした問題は「米国は先進国に対する支援に慣れて」おらず，日本は「支援されることに慣れていな」かったためだとしている.
173. アメリカ大使館職員のインタビュー，2011 年 7 月 12 日および 10 月 7 日より.
174. 上記インタビュー，長島『Voice』2011 年 7 月号 pp.136, および *New York Times*, 13 June 2011 参照.
175. 朝日新聞 2011 年 5 月 21 日（英語版）より.
176. アメリカ大使館職員のインタビュー，2012 年 5 月 9 日より.
177. 朝日新聞 2011 年 4 月 21 日より．原子力規制委員会からの民間専門家，国防総省，保健福祉省からなるアメリカとの 6 つの合同プロジェクトチームが編成された．福島第一原発のメルトダウンによる放射能の影響に関する日米の協調体制については，

129. Kingston 2012b, 189 より.
130. 朝日新聞 2011 年 12 月 26 日より.
131. Shinoda, 2013 では菅首相のジレンマが的確に叙述されている. 政府の再生可能エネルギー関連政策「固定価格買取制度」については本書第 5 章で詳述.
132. 総務省, 2011 年 9 月 15 日のデータより. Government of Japan 2011 and 2012 も参照.
133. 中国は中国人民解放軍海軍（PLAN）の医療船派遣も申し出たが, 日本政府は受け入れを見送った. これはあたかも, 2008 年の四川大地震の際, 自衛隊の軍用機派遣を拒否されたことに対する意趣返しのようである（本書第 3 章参照).
134. 毎日新聞 2011 年 4 月 18 日より.
135. 朝日新聞 2011 年 6 月 19 日および Kawato, Pekkanen, and Tsujinaka 2012 より.
136. 総計は東京新聞 2012 年 3 月 8 日より. 兵庫県は 1995 年の阪神・淡路大震災の経験を踏まえ, 喫茶店や医療施設, 美容室などの設置費用として 130 万円を地元団体に寄付した. データは井戸敏三元兵庫県知事の事務所, 2011 年 12 月 22 日より. 神戸市は「ひょうごボランタリープラザ」から東北にボランティアを送る無料バスを提供した. 井戸『新々一歩いっぽ続』pp.132 参照.
137. 岩手県政策地域部 NPO・文化国際課総括部長畠山智禎氏のインタビュー, 2011 年 9 月 21 日より.
138. 経済広報センター「災害への支えと対応に関する意識・実態調査報告書」より.
139. これは国民全体の調査結果ではないが, 大手企業の社員や関係者による市民活動も反映している. 6 1 歳以上と 30 歳未満の数がもっとも多かった. 経済広報センター「ボランティア活動に関する意識・実態調査報告書」参照.
140. 経団連 2012 年 2 月 28 日のデータより.
141. 時事通信 2011 年 4 月 26 日より.
142. 東京新聞 2012 年 3 月 8 日より.
143. 総務省消防庁災害ボランティア活動時列データベース 2009, Avenell 2012b, Kawato, Pekkanen, and Tsujinaka 2012 参照.
144. NPO 経団連 1% クラブのコーディネーター長沢恵美子氏のインタビュー, 2011 年 2011 年 9 月 9 日, Avenell 2012b; 国際協力機構（JICA）地球環境部長不破雅実氏のインタビュー, 2012 年 5 月 15 日より.
145. Avenell 2012b, 58 より.
146. 2012 年 5 月 15 日のインタビュー より.
147. ピースボート http://peaceboat.jp/relief/reports/shingo/ および本書 pp. 172 の写真参照.
148. Avenell 2012b, 67 より.
149. NPO 経団連 1% クラブのコーディネーター長沢恵美子氏のインタビュー, 2011 年 2011 年 9 月 9 日より.
150. Slater, Nishimura, and Kindstrand 2012, 96 より.
151. *USA Today*, 11 March 2011 より.
152. アメリカ政府職員のインタビュー, 2012 年 5 月 9 日より.
153. 米国法人日本国際交流センターの特別レポート "U.S. Giving in Response to Japan's March 11 Disaster Tops $630 Million," http://www.jcie.org/311recovery/usgiving.html

107. *New York Times*, 28 February 2012 より.
108. 『週刊文春』2011 年 3 月 21 日臨時増刊号，pp.37 より．2011 年 3 月 11 日当初，政府は福島第一原発の半径 3km 圏内に避難指示を出したが，翌 12 日には半径 10km 圏内，さらに爆発後は半径 20km 圏内まで避難区域を拡大した.
109. 朝日新聞 2011 年 4 月 12 日より.
110. アメリカ大使館提供の地図，2011 年 8 月 31 日より.
111. 共同通信 2011 年 4 月 16 日，読売新聞 2011 年 4 月 17 日より.
112. *Guardian*, 2 May 2011 より.
113. 『文芸春秋』2011 年 8 月号より.
114. *Financial Times*, 7 July 2011 より.
115. 共同通信 2011 年 7 月 5 日より.
116. 朝日新聞 2011 年 9 月 10 日より.
117. 読売新聞 3 月 13 日より.
118. AP 通信 2011 年 6 月 1 日，小松『立法と調査』pp.41 より.
119. 朝日新聞 2011 年 3 月 28 日および 4 月 3 日，読売新聞 2011 年 4 月 14 日より．皮肉にも，離婚した小沢の元夫人によると，小沢氏は放射能を恐れて 1 年近く選挙区である岩手を離れていたとのこと．http://japandailypress.com/11-page-letter-reveals-wife-divorcing-ozawa-aftea-he-fled-from-radiation-154369 より.
120. 自民党はこのときの統一地方選挙で 40 ～ 41 議席を確保したが，1 県を除くすべての県で得票数を落とした．朝日新聞 2011 年 4 月 11 日より.
121. 読売新聞 2011 年 4 月 16 日，ロイター通信 2011 年 4 月 20 日より.
122. 朝日新聞 2011 年 4 月 14 日より.
123. 西岡氏は参議院議長就任のために民主党を離党しているが，議長には本来中立性が求められる．朝日新聞 2011 年 5 月 21 日の社説，また日本経済新聞 2011 年 4 月 14 日参照.
124. 4 月中旬の調査では，回答者の 69％が復興税導入に賛成した．日本経済新聞 2011 年 4 月 18 日より．これは NHK による 3 月の調査時から大きくポイントを増やしている．しかし 5 月になると賛同率は 26％まで落ち込んだ．*Bloomberg Businessweek*, 23 May 2011 参照.
125. 4 月下旬に実施された世論調査では，76.4％が政府の事故対応に不満を示した．産経新聞 2011 年 4 月 25 日より．その 1 週間前，4 月 18 日の朝日新聞による世論調査では，政府の対応を評価する人はわずか 16％で，およそ半数が「菅首相の早期辞任を求め」ていた．7 月には内閣支持率は発足以来最低の 12.5％にまで落ち込んだ．時事通信 2011 年 7 月 15 日より.
126. Izumi 2011 参照.
127. 4 月上旬には，国民の約 2/3 が民主党と自民党の「大連立政権」を支持している．読売新聞 2011 年 4 月 4 日より．*Oriental Economist* によると，自民党の石場茂政調会長（当時）と石原伸晃幹事長（当時）も大連立構想に前向きな姿勢を示していた.
128. 朝日新聞 2011 年 5 月 21 日の社説を参照のこと．経団連の米倉弘昌会長（当時）や経済同友会の長谷川閑史代表幹事もこうした政府の方針に異議を唱えた．共同通信 2011 年 6 月 7 日より.

た．批判的意見については安倍『WiLL』2011 年 7 月号 pp.37，朝日新聞 2011 年 5 月 7 日，板垣『撃論』vol.2，pp.123，Matsumura 2011, 23，『正論』2011 年 6 月号 pp.121，「立法と調査」320 号（2011 年 9 月）pp.37 を参照のこと．

86. 『AERA』2011 年 5 月 2 日号より．
87. 『週刊文春』2011 年 3 月 21 日臨時増刊号 pp.36 より．また本誌は pp.40 で，東京電力は菅首相を「無視し」直接アメリカ軍に協力を要請したと報じている．*Wall Street Journal*, 21 March および 9 April 2011 も参照のこと．
88. 読売新聞 2011 年 3 月 13 日より．
89. *Washington Post*, 23 February 2012 より．
90. 拓殖大学森本敏教授のインタビュー，2011 年 7 月 13 日より．
91. *Wall Street Journal*, 29 March 2011，朝日新聞 2011 年 4 月 30 日，本書第 5 章参照．
92. 政府は事故調査のために設置された特別委員会は，3.11 は「明らかに人災であり，事前に想定し事故防止対策が講じられるべきで」さらに「さまざまな不備と不手際により，福島第一原発は今回のような事故への対策が不充十分だった」と明言した．Fukushima Nuclear Accident Independent Investigation Commission. 2012, pp.9 参照．
93. 時事通信 2011 年 4 月 29 日より．当該原則の分析については Ramseyer 2011 を参照のこと．
94. *Agence France-Presse*, 2 May 2011 より．
95. これらのガイドラインの多くは，必ずしも独立した立場ではなかった可能性のある規制側と技術者側が設定したという議論もある．本書第 4 章参照．
96. 内閣府原子力委員会鈴木達治郎元委員長代理のインタビュー，2011 年 9 月より．
97. 読売 2011 年 5 月 4 日，共同通信 2011 年 5 月 14 日，*Financial Times*, 17 May 2011，朝日新聞 2011 年 6 月 15 日，日本経済新聞 2011 年 11 月 15 日より．賠償問題の討議の経緯は大鹿『AERA』2011 年 5 月 16 日号を参照．
98. 朝日新聞 2011 年 11 月 7 日より．
99. *Bloomberg Businessweek*, 24 February 2012. より．賠償をめぐる議論の詳細は *Oriental Economist*, April 2012 を参照．
100. Slater, Nishimura, and Kindstrand 2012 の分析が秀逸である．小出『原発のウソ』pp.104– 6 および M. Takubo 2011, 23 も参照のこと．
101. 日本経済新聞 2011 年 4 月 26 日は，こうした現象に早くも着目している．
102. Slater, Nishimura, and Kindstrand 2012, 104 参照．
103. 小出『原子力村の大罪』pp.21 より．
104. 東京電力福島原子力発電事故調査委員会中間報告，2011 年 12 月 26 日より．最終報告の英語版サマリーは http://icanps.go.jp/eng/SaishyuRecommendation.pdf を参照．報告書は東京電力も強く非難している．2011 年 12 月 27 日の朝日新聞，*Financial Times*, *Japan Times* および *New York Times* の報道を参照．緊急時迅速放射能影響予測ネットワークシステム（SPEEDI）について詳しくは *New York Times* を参照．高木義明元文部科学大臣による内部文書によれば，SPEEDI の拡散予測は一般には「とても公表できない内容」として発表を控えたとのこと．共同通信 2012 年 3 月 4 日より．
105. *New York Times*, 18 May 2011 より．
106. *Oriental Economist*, May 2011, 2 より．

65. International Atomic Energy Agency. 2011 より.
66. 長島『Voice』2011 年 7 月号，pp.136 より．中曽根康弘は「危機管理」をもじって「菅理危機」と首相の対応を揶揄した.
67. 防衛省のインタビュー，2011 年 11 月 18 日より.
68. 危機管理チームの主要メンバー 2 名のインタビュー，2011 年 7 月 7 日および 11 月 18 日，また復興構想会議のメンバーのインタビュー，2012 年 1 月 18 日および 26 日より.
69. 山内千里氏の未発表記録，2011 年 7 月 22 日より.
70. *Wall Street Journal*, 9 April 2011 より.
71. 五百籏頭真氏のインタビュー，2012 年 2 月 2 日より.
72. 赤坂憲雄氏のインタビュー，2012 年 1 月 18 日より.
73. 御厨『「戦後」が終わり，「災後」が始まる』pp.65-66，日本経済新聞 2011 年 3 月 18 日参照.
74. 朝日新聞 2011 年 6 月 28 日，御厨『「戦後」が終わり，「災後」が始まる』pp.69，読売新聞 2011 年 6 月 26 日，五百籏頭真氏のインタビュー，2012 年 2 月 2 日より．被災者の補償と復興のための増税に対する公的支援はきわめて短命に終わった．朝日新聞 2011 年 6 月 8 日参照.
75. 共同通信 2011 年 3 月 17 日より.
76. 民主党長島昭久議員のインタビュー，2011 年 7 月 7 日より.
77. 日本経済新聞 2011 年 3 月 18 日より.
78. 菅首相は復興構想会議の議長，副議長，「特別顧問」の任命権を「必要に応じて」保持した．専門家スタッフを召喚する政令はなかった．読売新聞 2011 年 4 月 12 日より．議長代理は委員会における政治家と官僚の壁について内部者としての見解を示し，菅首相から官僚が信用できるか尋ねられたことを告白．御厨『「戦後」が終わり，「災後」が始まる』pp.67 より.
79. Fukushima Nuclear Accident Independent Investigation Commission. 2012，pp.18, 33-34 参照.
80. 報告は福島第一原発事故の独立調査委員会によるもの．*Japan Times*, 17 March 2012 と本書の結論を参照のこと．ある第一線の政治アナリストは，東京電力への介入によって菅首相が「最悪の事態を防いだことは間違いない」と評価している．奥村準氏のブログ“Global Talk 21”も参照のこと．http://son-of-gadfly-on-the-wall.blogspot.com/2012/07/the-fukushima-reportsor-whom-do-i-trust.html.
81. 朝日新聞 2011 年 5 月 21 日より．2012 年 5 月に行われた国会事故調のヒアリングで，菅は 2011 年 3 月 12 日の福島第一原発視察について抗弁したが，政府内の情報伝達と指揮系統に混乱があったことは認めた．*Japan Times*, 29 May 2012 も参照のこと.
82. 政治的スペクトラムの観点からの批判については，日本経済新聞 2011 年 3 月 18 日，朝日新聞 2011 年 4 月 16 日，読売新聞 2011 年 4 月 28 日参照.
83. Matsumura 2011, 23 参照.
84. 横田『文藝春秋』2011 年 5 月号参照．視点を変えての評価は Kingston 2012b を参照のこと.
85. 北澤俊美防衛大臣は，緊急災害対策本部は迅速かつ適切に対応したと何度も強調し

36. AP 通信 2011 年 4 月 13 日，*Oriental Economist*, May 2012 参照.
37. 読売新聞 2012 年 1 月 18 日より.
38. 東京新聞 2012 年 2 月 6 日より.
39. 朝日新聞 2011 年 9 月 10 日より．データは総務省 2011 年 10 月 31 日より.
40. 京都に本社を置くオムロン株式会社など．朝日新聞 2011 年 6 月 17 日より.
41. 共同通信 2011 年 7 月 5 日より.
42. *New York Times*, 24 August 2011 より.
43. 中曽根『文藝春秋』2011 年 7 月号 pp.129 より.
44. 読売新聞 2012 年 2 月 14 日より.
45. ほくとう総研『NETT』No.74 pp.37 より.
46. 読売新聞 2011 年 12 月 11 日より.
47. 食品小売りチェーンは，理由はコスト削減であり原産地によるものではないとしている．日本経済新聞 2012 年 2 月 13 日より.
48. 達増『世界』2011 年 9 月号，pp.44 より.
49. 共同通信 2011 年 5 月 31 日，瀬口「大震災克服のために何をすべきか」pp.3 より.
50. 県の第一次産業，公共施設，商工業における損害額の合計．福島県「復興ビジョン」pp.38 より.
51. 読売新聞 2011 年 4 月 20 日，東京電力による 2012 年 1 月 15 日の未発表データより．地元経済の原発産業依存については本書第 4 章を参照のこと.
52. ほくとう総研 2011 年『NETT』No.74 pp.11 より.
53. 共同通信 2012 年 5 月 9 日より.
54. 朝日新聞 2011 年 10 月 12 日および 2012 年 2 月 23 日，*Japan Times*, 22 February, 2012 より.
55. 日本経済新聞 2012 年 3 月 5 日より.
56. 朝日新聞 2012 年 12 月 11 日より．佐藤雄平福島県知事も，政府の対応の遅さを問題視していた．読売新聞および *Japan Times*, 10 February, 2012 参照.
57. 朝日新聞 2012 年 12 月 11 日より.
58. 防衛大学校長（当時）五百籏頭真氏のインタビュー，2012 年 2 月 2 日より.
59. 東京大学石川幹子教授のインタビュー，2011 年 12 月 14 日より.
60. Howitt and Leonard 2009, 611– 24 および Bosner 2011 参照．麻生『情報，官邸に達せず』も日本の危機管理の歴史について詳細に検証している.
61. Howitt and Leonard 2009, 617 参照.
62. 麻生『情報，官邸に達せず』参照.
63. United Nations Centre for Regional Development. 1995，Bosner 2011，David Rubens Associates 2011, 10– 11 参照．日本経済新聞 2011 年 3 月 18 日の社説は，阪神大震災後の危機管理システムは同時多発的災害の可能性を視野に入れていない点を指摘し，政府と民間事業者間の連携の欠如を批判している.
64. 被災の経緯は『東日本大震災ドキュメント　自衛隊もう 1 つの最前線』に詳しい．Yamada 2011 も参照のこと．原発事故の経緯については http://www.thebulletin.org/web-edition/columnists/tatsujiro-suzuki/daily-update-japan を参照．Kingston 2012 も事故と政府の対応について詳細に分析している.

ポートが不可欠で，協調体制をとるのは困難だと思い知らされることになった．

13. 震災におけるコストと対応については，2011年および2012年の日本政府発表の概略を参照のこと．
14. 東日本大震災復興構想会議2011より．
15. 毎日新聞2011年5月28日より．
16. 共同通信2011年4月15日より．
17. 総務省2011年10月17日のデータより．
18. 東京大学石川幹子教授のインタビュー，2011年12月14日より．
19. 福島県2011年，御厨『「戦後」が終わり，「災後」が始まる』pp.91より．
20. 被災地には4カ所の原子力発電所と14基の原子炉がある．そのうち福島第一原発の4基を除く10基が安全な冷温停止状態となった．
21. 福島市は，市内のすべての住宅と公共建築物の除染を公約に掲げた．朝日新聞2011年9月28日より．櫻井勝延南相馬市長は，全市民の帰宅と福島のコミュニティーの再興を訴えた．朝日新聞2012年5月7日参照．
22. 東京新聞2011年8月25日より．
23. 朝日新聞2012年12月20日より．
24. アメリカ政府系科学者のインタビュー，2012年1月11日より．国会特別調査委員会は「低線量の被爆における人体への影響について，専門家間での意見の一致は得られていない」と報告している．東京電力福島原子力発電所事故調査委員会2012年(英文)，pp.39参照．
25. 放射能汚染に関する報道は，例として共同通信2011年4月21日，朝日新聞，毎日新聞，東京新聞2011年8月30日参照．2011年3月下旬の東京での「水道水汚染パニック」については『週刊文春』2011年3月27日臨時増刊号，pp.46参照のこと．
26. 朝日新聞2011年11月26日より．
27. 朝日新聞2011年8月18日，共同通信2011年12月8日より．
28. 玄葉光一郎国家戦略担当相は，こうした差別的行為の是正を求めた．毎日新聞2011年4月19日より．
29. 朝日新聞2011年7月3日掲載の，警察庁のデータより．Segawa, 2011参照．赤坂憲雄氏によれば，南相馬市出身の90代女性は二度と自宅に戻れないと悟り，「わたしの避難所はお墓です」と遺書を残した．鷲田『東北の震災と想像力　われわれは何を負わされたのか』pp.18参照．
30. 朝日新聞2011年9月23日より．
31. 戸羽『被災地の本当の話をしよう』pp.157参照．
32. Government of Japan. 2011，東日本大震災復興構想会議2011より．これに先立つ被害額の詳細な分析については，日本政策投資銀行「復興地域づくり研究会中間報告書」を参照のこと．
33. 朝日新聞2011年4月29日より．
34. 日立オートモティブシステムズ株式会社，東芝モバイルディスプレイ株式会社，TDK株式会社，三井物産メタルズ株式会社，日本電波工業株式会社，セイコーエプソン株式会社など．日本経済新聞2011年3月19日より．
35. 読売新聞2011年5月4日より．

# 原注

発言者の記名がないものは，本人の希望により匿名としたもの．

## 序文

1. マサチューセッツ工科大学教授，神田駿氏による指摘．
2. McCloskey 2011, 181– 85 より．

## 第 1 章　過去の状況と三・一一

1. 『ジャパンアズナンバーワン』は当時数多く出版された日本を高く評価する書籍の先駆けであり，そのなかでも本書が最高の売り上げを記録した．Ouchi 1981，Johnson 1982 も参照のこと．
2. 『Wedge』2011 年 11 月号 pp.13，経済産業省のデータより．*Oriental Economist*, July 2011 によれば，3.11 以前から日本の資本投資は約 1/3 が海外投資だったが，3.11 以降は経産省の「指針」に反して一層増加する見込みとのこと．
3. 共同通信 2011 年 9 月 6 日より．Shimabukuro 2012, chap. 1 から経済協力開発機構（OECD）のデータによる．d'Ercole 2006 も参照のこと．
4. *Japan Times*, 10 May 2011 より．警察庁のデータは http://www.npa.go.jp/safetylife/seianki/H23jisatsunojokyo.pdf（リンク切れ．新しいサイトは https://www.npa.go.jp/safetylife/seianki/jisatsu/H23/H23_jisatunojoukyou_01.pdf）参照．
5. http://citigroup.com/citi/citiforcities/pdfs/hotspots.pdf (appendix 1)（リンク切れ．該当の情報は http://www.citigroup.com/citi/citiforcities/pdfs/eiu_hotspots_2012.pdf (appendix 1) で得られる）を参照のこと．2012 年前半のその他のデータによれば，2009 年の東京都民の平均所得は，次点の神奈川県民より 21％以上高い．さらに，いずれも国内上位の繁栄都市であるこれら 4 つの主要都市を除くと，日本人全体の平均所得は東京都民の平均所得より 36％低かった．読売新聞 2012 年 3 月 1 日より．
6. 対照的な見解は，Schaede 2008 および Fingleton 2012 を参照．
7. 「経団連成長戦略 2011」より．Lincoln 2011 も日本経済の低迷は国策の失敗が原因とし，政府の反応の鈍さを指摘している．
8. 「新成長戦略」閣議決定，2010 年 6 月 18 日より．http://www.kantei.go.jp/foreign/kan/topics/sinseichou01_e.pdf 参照．
9. 「日本人はたくましく復興を目指すも，経済的課題を不安視」Pew Global Attitudes Project, 1 June 2011，http://www.pewglobal.org/files/2011/06/Pew-Global-Attitudes-Japan-Report-FINAL-June-1-2011.pdf より．
10. 『正論』2011 年 6 月，pp.124 より．
11. 引用元は「政治家が君臨し，官僚が国を統治する」Johnson 1982, 154, 316 参照．
12. 民主党の 2010 年の公約は，http://www.dpj.or.jp/english/manifesto/manifesto2010.pdf 参照．民主党の基本方針，すなわち (1) 政治的リーダーシップ，(2) 中央による政策決定，(3) 閣内の政策協調については Shinoda, 2013 参照．しかし実際は官僚的サ

Responses_to_China_in_the_Aftermath_of_Wenchuan_Earthquake にて参照可能）
White, Hayden. 1981. "The Value of Narrativity in the Representation of Reality." In *On Narrative,* 2nd ed., edited by W. J. T. Mitchell. Chicago: University of Chicago Press.
Wike, Richard. 2012. "Does Humanitarian Aid Improve America's Image?" *Pew Global Attitudes Project,* Pew Research Center Publications, Washington, DC, 6 March, http://pewresearch.org/pubs/2213/united-states-humanitarian-aid-disaster-relief-pakistan-indonesia-japan-tsunami-earthquake.
Wilder, Andrew. 2008. *Perceptions of the Pakistan Earthquake Response: Humanitarian Agenda 2015, Pakistan Country Study.* Medford, MA: Feinstein International Center, Tufts University, February.
Williamson, Piers. 2012. "Largest Demonstrations in Half a Century Protest the Restart of Japanese Nuclear Power Plants," *The Asia-Pacific Journal* 10 (27), no.5.

Yamada, Masaki. 2011. "Forces for Good." *Japan Journal* 8 (1): 8–13.
「大都市制度をめぐる議論の状況などについて」山崎重孝、総務省自治行政局行政課、2012 年
Yokomichi, Kiyotaka（横道清孝）. 2010. "New Policies in Wide-Area Administration in Japan." Council of Local Authorities for International Relations, Up-to-Date Documents on Local Autonomy in Japan, No. 6, Tokyo.
———. 2011. "Movement in Decentralization in Japan after the First Decentralization Reform." Council of Local Authorities for International Relations, Up-to-Date Documents on Local Autonomy in Japan, No. 8, Tokyo.
「現役官僚 83 人の大アンケート」横田由美子、文藝春秋『文藝春秋』2011 年 5 月号、pp.374-85
『ガラパゴス化する日本』吉川尚宏、講談社、2010 年
『橋下徹　改革者か壊し屋か』吉富有治、中央公論新社、2011 年
You, Chuanmei, Xunchui Chen, and Lan Yao. 2009. "How China Responded to the May 2008 Earthquake during the Emergency and Rescue Period," *Journal of Public Health Policy* (2009) 30, 379–394.

Zhang, Xiaoling. 2011. "From Totalitarianism to Hegemony: The Reconfiguration of the Party State and the Transformation of Chinese Communication." *Journal of Contemporary China* 20 (68): 103–15.
Zielonka, Ryan. 2011. "Chronology of Operation Tomodachi." Brief, National Bureau of Asian Research, 8 April, http://www.nbr.org/research/activity.aspx?id=121.

press/corp-com/release/betu11_e/images/111202e13.pdf .
「天皇皇后両陛下巡幸に感涙した被災地の日本人」富岡幸一郎、オークラ出版『撃論』vol.2、2011 年、pp.92-97
Toyoda, Masakazu（豊田正和）. 2011. "Lessons from Fukushima." PowerPoint presentation, Institute of Energy Economics, Tokyo, 11 October.
Tripartite Core Group. 2008. *Post-Nargis Joint Assessment*. Yangon, Burma: United Nations Information Centre.
Tsuji, Kiyoaki（辻清明）. 1984. *Public Administration in Japan*. Tokyo: University of Tokyo Press.

「近代世界の敗北と新しいエネルギー――この構造のすべてを問い直せ―」内山節、岩波書店『世界』2011 年 11 月号、pp.86-99
Uchiyama, Yu（内 山 融）. 2010. Koizumi and Japanese Politics: Reform Strategies and Leadership Style. London: Taylor and Francis.
『精神の発見』梅原猛、集英社、1983 年
United Nations Centre for Regional Development. 1995. "Comprehensive Study of the Great Hanshin Earthquake." Research Report Series No. 12, Nagoya, October.
U.S. House of Representatives Select Bipartisan Committee to Investigate the Preparation for and Response to Hurricane Katrina. 2006. *A Failure of Initiative*. Washington, DC: U.S. House of Representatives.

Van Oostendorp, Herre. 2001. "Holding onto Established Viewpoints during Processing News Reports." In New Perspectives on Narrative Perspective, edited by Willie van Peer and Seymour Benjamin Chatman. SUNY Series, *The Margins of Literature*. Albany: State University of New York Press.
Vogel, Ezra. 1979. *Japan as No. One: Lessons for America*. Cambridge, MA: Harvard University Press.〔エズラ・F. ヴォーゲル『ジャパンアズナンバーワン』広中和歌子、木本彰子訳、阪急コミュニケーションズ、2004 年〕
Von Clausewitz, Carl. 1968. *On War*. London: Penguin Classics.〔クラウゼヴィッツ『戦争論（上・中・下）』篠田英雄訳、岩波書店、1993 年〕
『東北の震災と想像力　われわれは何を負わされたのか』鷲田清一、講談社、2012 年
「緊迫する省エネルギー政策と再生可能エネルギー活用による長期地域活性化」渡邊裕、岡山県技術士会 9 月例会より、2011 年

Watanabe, Tsuneo（渡 邉 恒 雄）. 2011. "An Independent Commission to Explore Japan's Disaster Response." Tokyo Foundation, 16 April, http://www.tokyofoundation.org/en/articles/2011/independent-commission.
Wei, Jiuchang, Dingtao Zhao, and Liang Liang. 2009. "Estimating the Global Responses to China in the Aftermath of the Wenchuang Earthquake." Unpublished paper, http://www.kadinst.hku.hk/PDF_file/PA_Wei,_Zhao%20and%20Liang.pdf.（リンク切れ。ただし http://www.researchgate.net/publication/228493111_Estimating_the_Global_

The Challenges and Possibilities of Regional Cooperation," Report published by the James A. Baker Institute for Public Policy, Rice University, May.
科学技術・イノベーション推進特別委員会（2011 年 4 月 26 日）
『日本人は、核をどのように論じてきたのか』鈴木達治郎、武田徹、水野倫之、都市出版『外交』vol.8、2011 年 7 月、pp.22-31
Szymkowiak, Kenneth. 2002. Sokaiya: Extortion, Protection, and the Japanese Corporation. Armonk, NY: M. E. Sharpe.

「むつ中間貯蔵施設と原子力マネーの深い霧」高橋篤史、東洋経済新報社『週刊東洋経済』、2011 年 4 月 23 日、pp.52-55
「原子力利用の停滞は電気料金にどの程度影響するか？」高橋雅仁、永田豊、電力中央研究所社会経済研究所ディスカッションペーパー、2011 年
Takao, Yasuo. 2007. R*einventing Japan: From Merchant Nation to Civic Nation*. New York: Palgrave Macmillan.
「四川大地震　救援隊がもたらした対日感情の変化」財部誠一、『Harvey Road Weekly』no. 585、2008 年 6 月 16 日、pp.1-2
「自然と共生できる社会を目指して」武内和彦、国際交通安全学会誌 vol.36 No.2、pp.6-11
Takubo, Masa（田久保雅文）. 2011. "Nuclear or Not? The Complex and Uncertain Politics of Japan's Post-Fukushima Energy Policy." *Bulletin of the Atomic Scientists* 67 (5): 19–26.
「傲岸不遜なロシア外交に対峙せよ」田久保忠衛、PHP 研究所『Voice』2011 年 5 月号、pp.186-193
Taleb, Nassim Nicholas. 2010. *The Black Swan: The Impact of the Highly Improbable*. New York: Random House.〔ナシーム・ニコラス・タレブ『ブラック・スワン――不確実性とリスクの本質』望月衛訳、ダイヤモンド社、2009 年〕
『愛国運動闘士列伝』田鍋三郎、小杉賢二、岡野忠弘、日本図書センター、1990 年
「自衛隊は震災の教訓」谷田邦一、朝日新聞、2011 年 6 月 30 日
「答えは現場にある」達増拓也、岩波書店『世界』2011 年 9 月号、pp.41-50
Teet, Jessica C. 2009. "Post-Earthquake Relief and Reconstruction Efforts: The Emergence of Civil Society in China?" *The China Quarterly* 198 (June), 330–47.
Terry, Edith. 1998. "Two Years after the Kobe Earthquake." In *Unlocking the Bureaucrat's Kingdom: Deregulation and the Japanese Economy,* edited by Frank Gibney, 231–42. Washington, DC: Brookings Institution Press.
Tierney, Kathleen, and James D. Goltz. 1997. "Emergency Response: Lessons Learned from the Kobe Earthquake." Preliminary paper no. 260, University of Delaware, Disaster Research Center.
『被災地の本当の話をしよう』戸羽太、ワニブックス、2011 年
Toichi, Tsutomu（十市勉）. 2003. "Energy Security in Asia and Japanese Policy." Asia-Pacific Review 10 (1): 44–51.
Tokyo Electric Power Company（東京電力）. 2011. "Fukushima Nuclear Accident Analysis Report: Interim Report Summary." Tokyo, 2 December, http://www.tepco.co.jp/en/

「東日本大震災　自衛隊支援活動：100 日全軌跡」双葉社『週刊大衆』2011 年 6 月 23 日号

Sieff, Martin. 2011. "Fukushima Disaster Propels Japan Closer to U.S., India." *Asia Pacific Defense Forum*, 16 September, http://apdforum.com/en_GB/article/rmiap/articles/online/features/2011/09/16/jajap-nuclear-disaster.（リンク切れ）

Simpson, James. 2011. "Competition Rises for SDF Reservist Candidates." *Japan Security Watch*, 25 September, http://newPacificinstitute.org/jsw/?p=8324.

Slater, David H., Keiko Nishimura, and Love Kindstrand. 2012. "Social Media in Disaster Japan." Chap. 5 in *Natural Disaster and Nuclear Crisis in Japan: Response and Recovery after Japan's 3-11*, edited by Jeff Kingston. London: Nissan Monograph Series, Routledge.

Smith, Charles R. 1995. *Angels from the Sea: Relief Operations in Bangladesh, 1991*. Washington, DC: History and Museum Division, U.S. Marine Corps Headquarters.

Smith, Robert J. 1985. *Japanese Society: Tradition, Self, and the Social Order*. Ithaca, NY: Cornell University Press.

Smith, Sheila A. 2006. "Shifting Terrain: The Domestic Politics of the U.S. Military in Asia." East-West Center, Special Report No. 8, Honolulu.

Smits, Gregory. 2006. "Shaking Up Japan: Edo Society and the 1855 Catfish Picture Prints." *Journal of Social History* 39 (4): 1045–78.

Sniderman, Paul M., and Sean M. Theriault. 2004. "The Structure of Political Argument and the Logic of Issue Framing." In *Studies in Public Opinion: Attitudes, Nonattitudes, Measurement Error, and Change,* edited by Willem E. Saris and Paul M. Sniderman. Prince ton, NJ: Prince ton University Press.

Snow, David A., and Robert D. Benford. 1988. "Ideology, Frame Resonance, and Participant Mobilization," in Bert Klandermans and Hanspeter Kriesi, eds., *International Social Movement Research Across Cultures.* Greenwich, CT: JAI Press, 1988.

Son, Masayoshi（孫正義）, and Andrew DeWit. 2011. "Creating a Solar Belt in East Japan: The Energy Future." *Asia-Pacific Journal* 9 (38), no. 2.

Stackpole, Lt. Gen. Henry, III. 1992. "Angels from the Sea." Proceedings/Naval Review, vol. 118, May.

Steiner, Kurt. 1965. *Local Government in Japan*. Stanford, CA: Stanford University Press.

Steiner, Kurt, Scott Flanagan, and Ellis Krauss, eds. 1980. *Local Opposition in Japan: Progressive Local Government, Citizens' Movements, and National Politics*. Princeton, NJ: Prince ton University Press.

Stigler, G. J. 1971. "The Theory of Economic Regulation." *Bell Journal of Economic Management* 2 (1): 3–21.

Stone, Deborah A. 1989. "Causal Stories and the Formation of Policy Agendas." *Political Science Quarterly* 104 (2): 281–300.

Stryker, Robin. 1996. "Beyond History versus Theory: Strategic Narrative and Sociological Explanation." *Sociological Methods and Research* 24 (3): 304–52.

Suzuki, Tatsujirō（鈴木達治郎）. 2000. "Nuclear Power Generation and Energy Security:

Economist Group.
Schaede, Ulrike. 2008. *Choose and Focus: Japanese Business Strategies for the 21st Century.* Ithaca, NY: Cornell University Press.
Schencking, J. Charles. 2006. "Catastrophe, Opportunism, Contestation: The Fractured Politics of Reconstructing Tokyo following the Great Kantō Earthquake of 1923." *Modern Asian Studies* 40 (4): 833–74.
———. 2008. "The Great Kantō Earthquake and the Culture of Catastrophe and Reconstruction in 1920s Japan." *Journal of Japanese Studies* 34 (2): 295–331.
———. 2009. "1923 Tokyo as a Devastated War and Occupation Zone: The Catastrophe One Confronted in Post Earthquake Japan." *Japanese Studies* 29 (1): 111–29.
Schumpeter, Joseph A. 1942. *Capitalism, Socialism, and Democracy*. New York: Harper.〔シュムペーター『資本主義、社会主義、民主主義』中山伊知郎、東畑精一訳、東洋経済新報社、1995 年〕
Segawa, Makiko（瀬川牧子）. 2011. "Fukushima Residents Seek Answers amid Mixed Signals from Media, TEPCO and Government." Report from the Radiation Exclusion Zone. *Asia-Pacific Journal* 9 (16).
———. 2012. "After the Media Has Gone: Fukushima, Suicide, and the Legacy of 3.11." *Asia-Pacific Journal* 10 (19), no. 2.
「大震災克服のために何をすべきか」瀬口清之、キヤノングローバル戦略研究所、2011 年 3 月 16 日
Seidensticker, Edward. 1991. *Tokyo Rising: The City since the Great Earthquake.* Tokyo and Rutland, VT: Tuttle.
Seiple, Christopher. 1996. *The U.S. Military/NGO Relationship in Humanitarian Interventions.* Carlisle, PA: Peacekeeping Institute, U.S. Army War College.
Seligman, Adam B. 1992. *The Idea of Civil Society*. New York: Free Press.
Sheafer, Tamir, and Gadi Wolfsfeld. 2009. "Party Systems and Oppositional Voices in the News Media: A Study of the Contest over Political Waves in the United States and Israel." *International Journal of Press/Politics* 14 (2): 146–65.
Shieh, Shawn, and Guosheng Deng. 2011. "An Emerging Civil Society: The Impact of the 2008 Sichuan Earthquake on Grassroots Associations in China." *China Journal, January,* 181–94.
「成果挙げた『自衛隊六つの特性』」志方俊之、『東日本大震災ドキュメント　自衛隊もう 1 つの最前線』毎日新聞社、2011 年、pp.52-53
Shimabukuro, Yumiko（島袋祐巳子）. 2012. *Democratization and the Development of Japan's Uneven Welfare State*. Unpublished doctoral diss., Department of Political Science, Massachusetts Institute of Technology.
Shimazu, Naoko（島津直子）. 2012. "The Fukushima Report Hides behind the Cultural Curtain." *Guardian*, 6 July.
Shinoda, Tomohito（信田智人）. 2013. *Contemporary Japanese Politics:Institutional Changes and Power Shifts*.New York: Columbia University Press.
『週刊文春：東京電力の大罪』臨時増刊号、文藝春秋、2011 年 7 月 27 日

———. 1987. *The Business of the Japa nese State: Energy Markets in Comparative and Historical Perspective*. Ithaca, NY: Cornell University Press.〔リチャード・J・サミュエルズ『日本における国家と企業——エネルギー産業の歴史と国際比較』廣松毅監訳、多賀出版、1999年〕
———. 1994. *"Rich Nation, Strong Army": National Security and the Technological Transformation of Japan*. Ithaca, NY: Cornell University Press.〔『富国強兵の遺産——技術戦略にみる日本の総合安全保障』奥田章順訳、三田出版会、1997年〕
———. 2003. *Machiavelli's Children: Leaders and Their Legacies in Italy and Japan*. Ithaca, NY: Cornell University Press.〔『マキァヴェッリの子どもたち——日伊の政治指導者は何を成し遂げ、何を残したか』鶴田知佳子、村田久美子訳、東洋経済新報社、2007年〕
———. 2007. *Securing Japan: Tokyo's Grand Strategy and the Future of East Asia*. Ithaca, NY: Cornell University Press.〔『日本防衛の大戦略——富国強兵からゴルディロックス・コンセンサスまで』白石隆訳、日本経済新聞出版社、2009年〕
Samuels, Richard J., ed., 1977. Political Generations and Political Development. Lexington, MA: Lexington Books.
「福島事故に揺れる『原発輸出』の新展開を探る」佐野鋭、エネルギーフォーラム『月刊エネルギーフォーラム』2011年10月号、pp.36-37
「本丸は東京電力ではなく、経産省だ！」小出裕章、西尾幹二、佐藤栄佐久、桜井勝延、恩田勝亘、星亮一、玄侑宗久編『原子力村の大罪』(KKベストセラーズ、2011年)より pp.100-130
「『ふるさと福島』は必ず甦る！」佐藤栄佐久、田母神俊雄、オークラ出版『撃論』vol.2、2011年、pp.126-35
「本当の危機に日本は国防を遂行できるのか」佐藤正久、オークラ出版『撃論』vol.2、2011年、pp.98-105
「最後に頼りになるのは自衛隊だ」佐藤正久、PHP出版社『Voice』2011年5月号、pp.62-69
「電力会社は自律的な経営改革を」澤昭裕、ウェッジ『Wedge』2011年11月号、pp.47
「エネルギー政策の見直しに向けて」澤昭裕、21世紀政策研究所、2011年
「発送電分離論ここがおかしい」澤昭裕、ウェッジ『Wedge』2011年11月号、pp.14-17
Scalise, Paul J. 2009. "The Politics of Restructuring: Agendas and Uncertainty in Japan's Electricity Deregulation." Doctoral diss., Department of Politics and International Relations, University of Oxford.
———. 2011a. "Can TEPCO Survive?" In *Tsunami: Japan's Post-Fukushima Future,* edited by Jeff Kingston. London: Foreign Affairs.
———. 2011b. "Japan: Troubled TEPCO Weighs Mounting Damages." *Global Strategy Analysis Daily Brief,* Oxford Analytica, 1 June.
———. 2012a. "Hard Choices: Japan's Post-Fukushima Energy Policy in the 21st Century." Chap. 8 in *Natural Disaster and Nuclear Crisis in Japan: Response and Recovery after Japan's 3-11*, edited by Jeff Kingston. London: Nissan Monograph Series, Routledge.
———. 2012b. "Japan's Distribution Challenge: Lessons from Abroad." Chap. 6 in *Powering Ahead: Perspectives on Japan's Energy Future*. London: Economist Intelligence Unit,

*American Political Science Review* 94 (2): 251–68.
———. 2004. Politics in Time: History, Institutions, and Social Analysis. Prince ton, NJ: Prince ton University Press.
Polsky, Andrew. 2000. "When Business Speaks: Political Entrepreneurship, Discourse and Mobilization in American Partisan Regimes." *Journal of Theoretical Politics* 12 (4): 455–76.
Przystup, James J. 2008. "Japan-China Relations: Progress in Building a Strategic Relationship." *Comparative Connections*, July, 1–14, http://csis.org/files/media/csis/pubs/0802qjapan_china.pdf.

Ramseyer, J. Mark. 2011. "Why Power Companies Build Nuclear Reactors on Fault Lines: The Case of Japan." In *Back to the State? Government Investment in Corporations and Reregulation*, Paper presented at the Cegla Center of the Tel Aviv University Buchmann Faculty of Law. Tel Aviv, June.
Reed, Steven R. 1986. *Japanese Prefectures and Policymaking*. Pittsburgh, PA: University of Pittsburgh Press.
Restall, Hugo. 2008. "Shifting the Moral High Ground." *Global Asia* 3 (2): 74–81.
Rheuben, Joel. 2007. "The Rumble in the Regions: Decentralization and a State System for Japan." Research paper, Faculty of Law, University of Sydney, Australia.
———. 2011. "Could the Tohoku Earthquake Lead to Local Government Reform?" *East Asia Forum*, 16 September.
———. 2012. "Earthquake Disaster Could Be Catalyst for Regional Restructure." *Asia Currents*, February.
Riker, William H. 1986. *The Art of Political Manipulation*. New Haven, CT: Yale University Press.
Rochon, Thomas R. 1998. *Culture Moves: Ideas, Activism, and Changing Values*. Princeton, NJ: Prince ton University Press.
Rohlen, Thomas P. 1974. *For Harmony and Strength: Japanese White-Collar Organization in Anthropological Perspective*. Berkeley: University of California Press.

「『災後の時代』の同盟論」坂元一哉、PHP 研究所『Voice』2011 年 7 月号、pp.112-21
「大奮闘！自衛隊は報われるか」桜林美佐、産経新聞社『正論』2011 年 6 月号、pp.90-99
「災害支援で自衛隊を見る目は変わったのか」桜林美佐、オークラ出版『撃論』vol.2、2011 年、pp.152-59
「東電からもらったのは被害だけだ！」小出裕章、西尾幹二、佐藤栄佐久、桜井勝延、恩田勝亘、星亮一、玄侑宗久編『原子力村の大罪』（KK ベストセラーズ、2011 年）より pp.131-45
「軍事大国・中国の恫喝に屈しないベトナム、フィリピンの『したたかな国防』日本が学ぶべきこと」櫻井よしこ、小学館『Sapio』2011 年 7 月号、pp.8-11
Samuels, Richard J. 1983. The Politics of Regional Policy in Japan: Localities Incorporated? Prince ton, NJ: Prince ton University Press.

2011 年 7 月 27 日、pp.126-31
「今なぜ知事連盟が必要なのか」大前研一、文藝春秋『文藝春秋』1995 年 3 月号、pp.197-215
「町の再生、被災地主導で」大西隆、日本経済新聞 2011 年 5 月 11 日掲載『経済教室』
Onitsuka, Hiroshi. 2012. "Hooked on Nuclear Power: Japanese State-Local Relations and the Vicious Cycle of Nuclear Dependence." *Asia-Pacific Journal* 10 (3), no. 1.
Onuki, Satoko（大貫聡子）. 2011. "Former Fukushima Governor Sato Eisaku Blasts METI-TEPCO Alliance: Government Must Accept Responsibility for Defrauding the People." *Asia-Pacific Journal* 9 (15).
「東京電力は救済される一結局負担は国民が負うのか」大鹿靖明、朝日新聞社『Aera』2011 年 5 月 16 日
『再生可能エネルギーの政治経済学　エネルギー政策のグリーン改革に向けて』大島堅一、東洋経済新報社、2010 年
Osnos, Evan. 2011. "The Fallout." *New Yorker,* 17 October, 46–61.
『東日本大震災ドキュメント　自衛隊もう 1 つの最前線』毎日新聞社、2011 年
Ouchi, William G. 1981. *Theory Z: How American Business Can Meet the Japanese Challenge.* Reading, MA: Addison-Wesley.
Ozawa, Ichirō（小沢一郎）. 1994. *Blueprint for a New Japan: The Rethinking of a Nation*（『日本改造計画』の英訳版）. Tokyo: Kodansha.
Özerdem, Alpaslan, and Tim Jacoby. 2006. *Disaster Management and Civil Society: Earthquake Relief in Japan, Turkey, and India*. London: I. B. Tauris.

Park, Cheol Hee. 2011. "Post-Earthquake Japan-Korea Ties." *Diplomat*, 18 April.
Parshall, Jonathan, and Anthony Tully. 2005. *Shattered Sword: The Untold Story of the Battle of Midway.* Washington, DC: Potomac Books.
Payne, James L. 1968. *Patterns of Conflict in Colombia*. New Haven, CT: Yale University Press.
Pearce, Jenny. 1990. *Colombia: Inside the Labyrinth*. London: Latin America Bureau.
Pekkanen, Robert. 2004. "Japan: Social Capital without Advocacy." In *Civil Society and Political Change in Asia, edited by Muthiah Alagappa*, 223–55. Stanford, CA: Stanford University Press.
———. 2006. *Japan's Dual Civil Society: Members without Advocates*. Stanford, CA: Stanford University Press.
Pempel, T. J. 1982. *Policy and Politics in Japan: Creative Conservatism*. Philadelphia, PA: Temple University Press.
Penney, Matthew. 2011. "Heroes or Victims? The 'Fukushima Fifty.' " *Japan Focus*, 28 March.
———. 2012. "Nuclear Power and Shifts in Japanese Public Opinion." *Asia-Pacific Journal: Japan Focus,* 13 February.
Perlstein, Rick. 2008. *Nixonland: The Rise of a President and the Fracturing of America*. New York: Scribner.
Pierson, Paul. 2000. "Increasing Returns, Path Dependence, and the Study of Politics."

and What We Have Not Yet Learned: Triple Disasters and the Fukushima Nuclear Fiasco in Japan." *Public Administration Review*, November/December, 893–99.
「日本の宿痾〜『想定外』と戦後体制が招く国家の危機」中西輝政、産経新聞社『正論』2011 年 6 月、pp.50-61
「菅直人くんに引導を渡す」中曽根康弘、文藝春秋『文藝春秋』2011 年 7 月号、pp.120-29
Nelson, Thomas E., and Donald R. Kinder 1996. "Issue Frames and Group- Centrism in American Public Opinion." *Journal of Politics* 58 (4): 1055–78.
Neumann, Sigmund. 1939. "The Conflict of Generations in Contemporary Europe from Versailles to Munich." *Vital Speeches of the Day* 5: 623–28.
「東日本震災ペアリング支援」日本学術会議・環境学委員会、土木工学・建築委員会、2011 年 3 月
「原子力発電に係る産業動向調査」一般社団法人日本原子力産業協会、2008 年
Nikolayenko, Olena. 2007. "The Revolt of the Post Soviet Generation: Youth Movements in Serbia, Georgia, and Ukraine." *Comparative Politics* 39 (2): 169–88.
Nippon Keidanren（一般社団法人日本経済団体連合会）. 2006. "Interim Report on the Integrated Reform of Expenditures and Revenues: Building Streamlined and Well-Muscled Government." Tokyo, 18 April.
———. 2008. "Proposal for Comprehensive Reform of Taxation, Fiscal Policy, and Social Security Programs: Realizing a Secure and Vibrant Economic Society." Tokyo, 2 October.
「エネルギ　政策に関する第 1 次提言」一般社団法人日本経済団体連合会、2011 年 7 月 14 日
「復興・創生マスタープラン〜再び世界に誇れる日本を目指して〜」一般社団法人日本経済団体連合会、2011 年 5 月 27 日
「復興地域づくり研究会中間報告書」日本政策投資銀行、2011 年
Nishihara, Masashi（西原正）. 2011. *The Earthquake Has Strengthened the Japan-U.S. Alliance.* AJISS Commentary. Tokyo: Association of Japanese Institutes of Strategic Studies.
「脱原発こそ国家永続の道」西尾幹二、ワック・マガジンズ『WiLL』2011 年 7 月号、pp44-54
「我が政権構想　今こそ『中庸』の政治を」野田佳彦、文藝春秋『文藝春秋』2011 年 9 月号、pp.94-103

O'Connor, James R. 1987. *The Meaning of Crisis: A Theoretical Introduction.* Oxford: Blackwell.
Ohashi, Hiroshi（大橋弘）. 2011. "Think Hard about Renewable Energy." The Association of Japanese Institutes of Strategic Studies, AJISS Commentary No. 133, 7 October, http://www.jiia.or.jp/en_commentary/201110/07-1.html.（リンク切れ。新しいサイトは https://www2.jiia.or.jp/en_commentary/201110/07-1.html と思われる）
「原発マネーに町は沈んだ」大平誠、文藝春秋『週刊文春：東京電力の大罪』臨時増刊号

pp.46-51
「自衛隊の平和憲法的解編構想」深瀬忠一、杉原泰雄、樋口陽一、浦田賢治編、『恒久世界平和のために—日本国憲法からの提言』（勁草書房、1998 年）より、pp.589-617
『現代軍事法制の研究』水島朝穂、日本評論社、2005 年
「東日本大震災と憲法—被災地で考えたこと」水島朝穂、日本評論社『法律時報』2011 年 7 月号、pp.1-3
「史上最大の災害派遣—自衛隊をどう変えるか」水島朝穂、岩波書店『世界』2011 年 7 月号、pp.112-22
Mochizuki, Mike（マイク望月）. 2008. "U.S.-Japan Alliance Dilemmas Regarding China." In *The Japan-U.S. Alliance and China-Taiwan Relations: Implications for Okinawa*, edited by Akikazu Hashimoto（橋本晃和）, Mike Mochizuki, and Kurayoshi Takara（高良倉吉）. Washington, DC: Sigur Center for Asian Studies, George Washington University.
「60 年安保をめぐるメディアの政治学」毛利嘉孝、青土社『現代思想』2007 年 1 月号、pp.182-95
Morinobu, Shigeki（森信茂樹）. 2011. "Financing Reconstruction with a Solidarity Tax." Tokyo Foundation, April 5, http://www.tokyofoundation.org/en/articles/2011/financing-reconstruction.
Morris-Suzuki, Tessa. 1995. "Sustainability and Ecological Colonialism in Edo Period Japan." Japanese Studies 15 (1): 36–48.
「日本の平和運動に未来はあるか」川崎哲、岩波書店『世界』2011 年 9 月号、pp.79-90
「フクシマ以後、いかに『安全』を確立するか？」村上陽一郎、中央公論新社『中央公論』2011 年 9 月号、pp.152-59
Muramatsu, Michio（村松岐夫）, and Ellis S. Krauss. 1984. "Bureaucrats and Politicians in Policymaking: The Case of Japan." American Political Science Review 78 (1): 126–46.
「東日本大震災と動的防衛力」村山裕三、一般財団法人平和安全・保障研究所『RIPS' Eye』No.135、2011 年 4 月 22 日

Nagamatsu, Shingo（永松伸吾）. 2007. "Economic Problems during Recovery from the 1995 Great Hanshin-Awaji Earthquake." *Journal of Disaster Research* 2 (5): 372–80.
「原発対処—日米協力の舞台裏」長島昭久、PHP 研究所『Voice』2011 年 7 月号、pp.134-39
「総合特区制度について」内閣官房地域活性化統合事務局および内閣府地域活性化推進室、2011 年 5 月
「構造改革特区～地域特性を活かして魅力を創出～」内閣官房構造改革特区推進室および内閣府構造改革特区担当室、2008 年 9 月
「特区における効果」内閣府構造改革特区担当室、2008 年 7 月
Nakabayashi, Itsuki（中林一樹）. 2009. "Disaster Management System for Wide-Area Support and Collaboration in Japan."（日本における広域応援と広域協働による災害対応システムの現状）都市科学研究 3: 73–81.
「阪神大震災から 5 年」中川和之、時事通信社『地方行政』2000 年 1 月
Nakamura, Akira（中邨 章）, and Masao Kikuchi（菊地端夫）. 2011. "What We Know

Martin, Alex. 2011. "Military Wins Hearts, Minds." In *3.11: A Chronicle of Events Following the Great East Japan Earthquake*, 49–50. Tokyo: Japan Times.
「道州制こそ地方分権と住民集権への切り札―首都・東京は国の直轄に」増田寛也、文藝春秋『日本の論点 2007』第 44 章より、pp.412-17
「『世界史のゲーム』の終わらせ方」松本健一、中央公論新社『中央公論』1991 年 4 月号、pp.180-219
Matsumura, Masahiro（松村真宏）. 2011. "Japan's Earthquake: The Politics of Recovery." *Survival*, June–July, 19–25.
McCarthy, Paul A. 1991. *Operation Sea Angel: A Case Study*. Santa Monica, CA: Rand.
McCloskey, Deirdre Nansen. 2011. "The Rhetoric of the Economy and the Polity." *Annual Review of Political Science* 14: 181–99.
McDermott, Rose. 1992. "Prospect Theory in International Relations: The Iranian Hostage Rescue Mission." *Political Psychology* 13 (2): 237–63.
McGraw, Kathleen M., and Clark Hubbard. 1996. "Some of the People Some of the Time." In *Political Persuasion and Attitude Change*, edited by Diana Carole Mutz, Paul M. Sniderman, and Richard A. Brody. Ann Arbor: University of Michigan Press.
McNeill, David. 2001. *Media Intimidation in Japan: A Close Encounter with Hard Japanese Nationalism (Discussion Paper 1)*. Retrieved from electronic journal of contemporary Japanese studies, March, http://www.Japanesestudies.org.uk/discussionpapers/McNeill.html.
Midford, Paul. 2011. *Rethinking Japanese Public Opinion and Security: From Pacifism to Realism?* Stanford, CA: Stanford University Press.
———. forthcoming. "The GSDF's Quest for Public Acceptance." In *Japan's Ground Self-Defense Force and Its Search for Legitimacy*, edited by Robert Eldridge, Paul Midford, and Guiseppe Stavale.
「現地・現場主義で議論」御厨貴、読売新聞 2011 年 4 月 29 日
『「戦後」が終わり、「災後」が始まる』御厨貴、千倉書房、2011 年
Miller, Nathan. 1997. *The U.S. Navy: A History*. Annapolis, MD: Naval Institute Press.
「東日本大震災と日中の和解」美根慶樹、キヤノングローバル戦略研究所『Canon-Ifri Paper Series』No.5、2011 年 10 月
Ministry of Defense（防衛省）. 2011. "Structural Reform of Defense Capability." Report, Tokyo, August.
Ministry of Economy, Trade, and Industry（経済産業省）. 2010. "The Strategic Energy Plan of Japan: Meeting Global Challenges and Securing Energy Futures." Tokyo, June.
「宮城県震災復興計画」宮城県、2011 年 9 月
『近代ヤクザ肯定論―山口組の 90 年』宮崎学、筑摩書房、2007 年
「何が彼らを追い詰めるのか」宮崎学、鈴木邦男、朝日新聞社『論座』2006 年 11 月号、pp.33-43
Mizokami, Kyle. 2011. "Japan's Soft Power Chance." Diplomat Blogs, 2 July.
『きみはサンダーバードを知っているか』水島朝穂、日本評論社、1992 年
「どのような災害救助組織を考えるか」水島朝穂、岩波書店『世界』1995 年 3 月号、

Philadelphia PA.
Lane, Robert E. 1962. *Political Ideology*. New York: Free Press of Glencoe.
Lasswell, Harold D. 1930. *Psychopathology and Politics.* Chicago: University of Chicago Press.
Lévi-Strauss, Claude. 1966. *The Savage Mind.* London: Weidenfeld and Nicolson.
Levidis, Andrew. 2011. "Disasters May Help Redefi ne Japan's Self-Defense Forces." *Jakarta Globe*, 30 May.
Lidsky, Lawrence M., and Marvin M. Miller. 2002. "Nuclear Power and Energy Security: A Revised Strategy for Japan." *Science and Global Security* 10: 127–50.
Lincoln, Edward J. 2011. "The Heisei Economy: Puzzles, Problems, Prospects." *Journal of Japanese Studies* 37 (2): 351–76.
Linde, Charlotte. 1993. *Life Stories: The Creation of Coherence.* New York: Oxford University Press.
Linton, Ralph. 1942. "Age and Sex Categories." *American Sociological Review* 1.7 (5): 589–603.
Locher, James R. 2002. *Victory on the Potomac: The Goldwater-Nichols Act Unifies the Pentagon.* College Station: Texas A&M University Press.
Logan, Justin. 2012. "Japan Still Sleeps." *National Interest*, blog, 9 May, http://nationalinterest.org/blog/the-skeptics/japan-still-sleeps-6903.

Mahoney, James. 2000. "Path Dependence in Historical Sociology." *Theory and Society* 29: 507–48.
Mahoney, James, and Kathleen Thelen. 2010. "A Theory of Gradual Institutional Change." Chap. 1 in *Explaining Institutional Change: Ambuguity, Agency, Power*, edited by James Mahoney and Kathleen Thelen. Cambridge: Cambridge University Press.
Malhotra, Neil, and Alexander Kuo. 2008. "Atrributing Blame: The Public's Response to Hurricane Katrina." *Journal of Politics* 70 (1): 120–35.
「災害救助の民間人防護隊を作り、自衛隊を"国防"に専念させよ！」間宮重蔵、オークラ出版『撃論』vol.2、2011 年、pp.106-11
Mann, Michael. 2005. *The Dark Side of Democracy: Explaining Ethnic Cleansing.* New York: Cambridge University Press.
Mannheim, Karl. 1993. "The Problem of Generations." In *From Karl Mannheim*, 2nd ed., edited by K. H. Wolff, 351– 95. New Brunswick, NJ: Transaction. 〔カール・マンハイム『マンハイム全集 3――社会学の課題』鈴木宏訳、潮出版社、1976 年所収「世代の問題」〕
Marcus, George E. 2002. *The Sentimental Citizen: Emotion in Democratic Politics.* University Park: Pennsylvania State University Press.
Marcus, George E., W. Russell Neuman, and Michael MacKuen. 2000. *Affective Intelligence and Political Judgment*. Chicago: University of Chicago Press.
Marcus, George E., John L. Sullivan, Elizabeth Theiss-Morse, and Sandra Wood. 1995. *With Malice toward Some: How People Make Civil Liberties Judgments*. New York: Cambridge University Press.

———. 2011. *Contemporary Japan: History, Politics and Social Change since the 1980s*. West Sussex, UK: Blackwell.
———. 2012a. "Mismanaging the Fukushima Nuclear Crisis," *Asia-Pacific Journal* 10 (12), no. 4.
———. 2012b. "The Politics of Disaster, Nuclear Crisis, and Recovery." Chap. 11 in *Natural Disaster and Nuclear Crisis in Japan: Response and Recovery after Japan's 3-11*, edited by Jeff Kingston. London: Nissan Monograph Series, Routledge.
Kinney, Henry. 1924. "Earthquake Days." *Atlantic Monthly*, January.
「米軍『トモダチ作戦』の成果に隠れた日本政府の失態」北村淳、産経新聞社『正論』2011年6月号、pp.157-60
Klose, Frank, Michael Kofl uk, Stephan Lehrke, and Harald Rubner. 2010. "Toward a Distributed Power World: Renewables and Smart Grids Will Reshape the Energy Sector." Boston Consulting Group, June.
『国防論』小林よしのり、小学館、2011年
『原発のウソ』小出裕章、扶桑社新書、2011年
「原子力村への最終勧告」小出裕章、西尾幹二、佐藤栄佐久、桜井勝延、恩田勝亘、星亮一、玄侑宗久編『原子力村の大罪』(KKベストセラーズ、2011年)より、pp.7-42
『原子力村の大罪』小出裕章、西尾幹二、佐藤栄佐久、桜井勝延、恩田勝亘、星亮一、玄侑宗久編、KKベストセラーズ、2011年
「国会事故調」国会東京電力福島原子力発電事故調査委員会、2012年
「中国西部大地震被害に対する国際緊急援助隊救助チーム・医療チーム活動報告書」独立行政法人国際協力機構国際緊急援助隊事務局、2009年、http://libopac.jica.go.jp/images/report/12004156.pdf
「東日本大震災発生を受けた地方行財政分野における取組」小松由季、『立法と調査』2011年6月No.317より、pp.38-43
「東北大震災から原発事故へ」河野太郎、飯田哲也、佐藤栄佐久編『「原子力ムラ」を超えて——ポスト福島のエネルギー政策』(NHKブックス、2011年)より、pp.65-104
Krasner, Stephen D. 1984. "Approaches to the State: Alternative Conceptions and Historical Dynamics." *Comparative Politics* 16 (2): 240.
Krauss, Ellis S. 1974. *Japanese Radicals Revisited: Student Protest in Postwar Japan*. Berkeley: University of California Press.
「茶番、大連立騒動に戦後政治の病巣を見た」田久保忠衛、産経新聞社『正論』2011年6月号、pp.74-81
Kuhn, Thomas. 1996. *The Structure of Scientific Revolutions*. 3rd ed. Chicago: University of Chicago Press.
Kuznetsov, Sergei, and Yulia Mikhailova. 2008. "Memory and Identity: Japanese POWs in the Soviet Union." In *Japan and Russia: Three Centuries of Mutual Images*, edited by Yulia Mikhailova and M. William Steele, 91–111. Folkestone, UK: Global Oriental.

Lambert, Kathryn Mary. 1993. "Negotiating between State and Non-State Actors: A Structural Analysis of International Hostage Events." PhD thesis, Temple University, japanpolicyforum.jp/archives/culture/pt20120519191005.html にて参照可能）

Katzenstein, Peter J. 1996. *Cultural Norms and National Security: Police and Military in Postwar Japan*. Ithaca, NY: Cornell University Press.

Katznelson, Ira. 1997. "Structure and Configuration in Comparative Politics." In *Comparative Politics: Rationality, Culture, and Structure*, edited by Mark Irving Lichbach and Alan S. Zuckerman. Cambridge: Cambridge University Press.

Kawano, Akira（川野晃）. 2011. "Lessons Learned from Our Accident at Fukushima Nuclear Power Stations." Presentation made to GLOBAL2011@Makuhari by Tokyo Electric Power Company, 12 December.

「日本の平和運動に未来はあるか」川崎哲、岩波書店『世界』2011 年 9 月号、pp. 79–90

Kawato, Yuko, Robert Pekkanen, and Yutaka Tsujinaka（辻中豊）. 2012. "Civil Society and the Triple Disasters: Revealed Strengths and Weaknesses." Chap. 4 in *Natural Disaster and Nuclear Crisis in Japan: Response and Recovery after Japan's 3-11*, edited by Jeff Kingston. London: Nissan Monograph Series, Routledge.

「阪神・淡路地域の産業再生のための提言」経団連、1995 年 3 月 28 日 .

「経団連成長戦略 2011 - 民間活力の発揮による成長加速に向けて - 」経団連、2011 年 9 月 16 日 .

「エネルギー政策をめぐる最近の動向と経団連の取り組み」経団連環境本部、2011 年 10 月

「ボランティア活動に関する意識・実態調査報告書」（財）経済広報センター、2011 年 7 月

「災害への支えと対応に関する意識・実態調査報告書」（財）経済広報センター、2011 年 10 月

Kelman, Ilan. 2007. "Hurricane Katrina Disaster Diplomacy." *Disasters* 1 (3): 288–309.

———. 2012. *Disaster Diplomacy: How Disasters Affect Peace and Conflict*. Abingdon, UK: Routledge.

Kelman, Ilan, and Theo Koukis, eds. 2000. "Disaster Diplomacy." *Cambridge Review of International Affairs* 14 (1): 214–94.

Ker-Lindsay, James. 2000. "Greek-Turkish Rapprochement: The Impact of 'Disaster Diplomacy'?" *Cambridge Review of International Affairs* 14 (1): 215–32.

Kershner, Isabel. 2011. "After Soldier Freed, Israelis Reflect on Public Campaign." *International Herald Tribune*, 20 October.

Kido, Atsushi（木戸淳）. 1998. "Trends of Nuclear Power Development in Asia." *Energy Policy* 26 (7): 577–82.

『日本電力業発展のダイナミズム』橘川武郎、名古屋大学出版会、2004 年

「原子力国策民営方式の光と影」橘川武郎、外務省『外交』、2011 年 7 月、pp.36-39

Kingdon, John W. 1995. *Agendas, Alternatives, and Public Policies*. 2nd ed. Boston: Little, Brown.

Kingston, Jeff. 2004. *Japan's Quiet Transformation: Social Change and Civil Society in the Twenty-first Century*. London: RoutledgeCurzon.

「被災地の復興計画策定のプロセスの視点から」石川幹子、日本学術会議『学術の動向』2011 年 12 月号
「国家の危機対処を担えるのは中央政府だけだ」板垣英憲、オークラ出版『撃論』vol.2、2011 年、pp.120-125
「岩手復興特区を構成する 9 つの特区」岩手県東日本大震災津波復興計画、復興基本計画、2011 年
Iyengar, Shanto. 1991. *Is Anyone Responsible? How Television Frames Political Issues.* Chicago: University of Chicago Press.
Izumi, Hiroshi（泉宏）. 2011. "Post-Earthquake Politics: A New Paradigm?" Tokyo Foundation, April 26, http://www.tokyofoundation.org/en/articles/2011/post-quake-politics.

Jacoby, Wade. 2000. *Imitation and Politics: Redesigning Modern Germany.* Ithaca, NY: Cornell University Press.
Jain, Purnendra. 2011. "Japan's Subnational Government: Toward Greater Decentralization and Participatory Democracy." Chap. 9 in *Japanese Politics Today: From Karaoke to Kabuki Democracy*, edited by Takashi Inoguchi（猪口孝）and Purnendra Jain. Houndmills, UK: Palgrave Macmillan.
Jennings, M. Kent. 1999. "Political Responses to Pain and Loss," *American Political Science Review* 93 (1): 1–13.
Jobin, Paul. 2011. "Dying for TEPCO? Fukushima's Nuclear Contract Workers." *Asia-Pacific Journal* 9 (18).
Johnson, Chalmers. 1982. *MITI and the Japanese Miracle: The Growth of Industrial Policy, 1925–1975.* Stanford, CA: Stanford University Press.
Johnston, Richard. 1992. "Political Generations and Electoral Change in Canada." *British Journal of Political Science* 22 (1): 93–122.
「中国四川地震被災者支援報告書」ジャパン・プラットフォーム、2011 年 11 月

Kageyama, Yuri（影山優理）, and Justin Pritchard. 2011. "Ties Bind Japan Nuke Sector, Regulators." *Associated Press and Time Magazine*, May 2.
「自治体連携元年 2011—新時代の幕開け」神谷秀之、時事通信社『地方行政』2011 年 9 月 1 日、pp.1-10
Kamiya, Matake（神谷万丈）. 2011. "Don't Underestimate Japan!" *Japan Journal* 8 (1): 14–16.
『関東大震災』姜 徳相、中央公論新社、1975 年
Kapucu, Naim. 2011. "Collaborative Governance in International Disasters: Nargis Cyclone in Myanmar and Sichuan Earthquake in China Cases." *International Journal of Emergency Management* 8 (1): 1–25.
Kashiwagi, Takao（柏木孝夫）. 2012. "Turning Smart Community Products into New Export Items." Japan Echo Web, no. 11, April–May, http://www.japanechoweb.jp/wp-content/uploads/downloads/2012/04/jew1112.pdf.（リンク切れ。ただし http://www.

Hirose, Takashi（広瀬隆）. 2011. "Japan's Earthquake-Tsunami-Nuclear DISASTER Syndrome: An Unprecedented Form of Catastrophe." *Asia-Pacific Journal* 9 (39), no. 1.

Hirschman, Albert O. 1991. *The Rhetoric of Reaction: Perversity, Futility, Jeopardy.* Cambridge, MA: Harvard University Press.〔アルバート・O・ハーシュマン『反動のレトリック――逆転、無益、危険性』岩崎稔訳、法政大学出版局、1997 年〕

「東日本大震災特集」ほくとう総研『NETT』No.74、2011 年

Hood, Christopher P. 2011. *Dealing with Disaster in Japan: Responses to the Flight JL123 Disaster.* London: Routledge.

Horne, Jed. 2006. *Breach of Faith: Hurricane Katrina and the Near-Death of an American City.* New York: Random House.

Hornung, Jeffrey W. 2011a. "The Risks of Disaster Nationalism." *Japan Times*, 4 July.

———. 2011b. "When Disaster Isn't a Zero-Sum Game." *Diplomat,* 28 April.

Howitt, Arnold M., and Herman B. Leonard, eds. 2009. *Managing Crises: Responses to Large-Scale Emergencies.* Washington, DC: Congressional Quarterly Press.

Huang, Yunong, Linlin Zhou, and Kenan Wei. 2011. "Wenchuan Earthquake Recovery: Government Policies and Non-Governmental Organizations' Participation." *Asia-Pacific Journal of Social Work and Development* 21 (2): 77–91.

Humphreys, Leonard A. 1995. *The Way of the Sword: The Japanese Army in the 1920s.* Stanford, CA: Stanford University Press.

『新々一歩いっぽ　続』井戸敏三、神戸ジャーナル、2011 年

「暴走する原子力ムラの人々」飯田哲也、朝日新聞社『論座』1997 年 2 月号、pp.25-29

「原子力の運営体制のあり方について」飯田哲也、第 5 回原子力政策円卓会議資料、1999 年 1 月 21 日

「『原子力ムラ』がもたらした破局的な " 終戦の日 "」飯田哲也、佐藤栄佐久、河野太郎編『「原子力ムラ」を超えて――ポスト福島のエネルギー政策』（NHK 出版、2011 年）pp.5-16

「『原子力ムラ』という虚構」同書 pp.17-40

「日本の将来のエネルギー政策」飯田哲也、経済同友会会員セミナー、2011 年 9 月 28 日

「Q&A　再生可能エネルギー：まず、知りたい 7 つのこと」飯田哲也、岩波書店『世界』2011 年 11 月号、pp.109-12

Immergut, Ellen M. 1998. "The Theoretical Core of the New Institutionalism," *Politics and Society*. 26 (1): 5–34.

Information Economy Division, Commerce and Information Policy Bureau, Ministry of Economy, Trade and Industry（経済産業省）. 2011. "Smart Community Initiatives as a New Energy Policy after the Great Japan Earthquake." Slide presentation.

International Atomic Energy Agency. 2011. "Expert Mission to Japan." IAEA Study Mission Report, Vienna, Austria, 1 June.

International Energy Agency. 2012. *Tracking Clean Energy Progress*. Paris: International Energy Agency.

「まさに『原発震災』だ」石橋克彦、岩波書店『世界』2011 年 5 月号 pp.127-33

Government of Japan. 2011. "Road to Recovery." Tokyo, September.
———. 2012. "Road to Recovery." Tokyo, March.
Gusfield, Joseph R. 1981. *The Culture of Public Problems: Drinking-Driving and the Symbolic Order*. Chicago: University of Chicago Press.

Hall, Peter A., ed. 1989. *The Political Power of Economic Ideas: Keynesianism Across Nations*. Princeton, NJ: Princeton University Press.
Hammer, Joshua. 2006. *Yokohama Burning: The Deadly 1923 Earthquake and Fire That Helped Forge the Path to World War II*. New York: Free Press.
「関東大震災と東日本大震災」半藤一利・保阪正康・御厨貴、文藝春秋『文藝春秋』2011 年 6 月号 pp.94-104
「戦艦大和と福島原発：あの戦争から変わらない日本人の弱点」半藤一利、保坂正康、戸高一成、文藝春秋『文藝春秋』2011 年 7 月号
Hart, Janet. 1993. "Cracking the Code: Narrative and Political Mobilization in the Greek Resistance." *Social Science History* 16: 631–68.
Hart, Paul 't. 1993. "Symbols, Rituals, and Power: The Lost Dimensions of Crisis Management." *Journal of Contingencies and Crisis Management* 1: 26–50.
Hasegawa, Koichi（長谷川公一）. 2004. *Constructing Civil Society in Japan: Voices of Environmental Movements*. Melbourne, Australia: Trans Pacific Press.
「政・官・産・学・メディアを取り込んだ電力業界」長谷川学、毎日新聞社『週刊エコノミスト』2011 年 7 月臨時増刊号、pp.108-11
「東京電力という社会問題」蓮池透、恩田勝亘、岩波書店『世界』2011 年 8 月号、pp.232-39
『未曾有と想定外—東日本大震災に学ぶ』畑村洋太郎、講談社、2011 年
Hay, Colin. 1996. "Narrating Crisis: The Discursive Construction of the 'Winter of Discontent.' " *Sociology* 30 (2): 253–77.
———. 1999. "Crisis and the Structural Transformation of the State: Interrogating the Process of Change." *British Journal of Politics and International Relations* 1 (3): 317–44.
「四川震災復興・対口支援の事例」林敏彦、穐原雅人、（公財）ひょうご震災記念 21 世紀研究機構研究調査本部、21 世紀文明研究セミナー 2011 年 11 月 18 日
「地域経済圏の確立に向けた道州制の導入と行政改革」林宜嗣、21 世紀政策研究所研究プロジェクト、2009 年 3 月
Heberle, Rudolf. 1951. *Social Movements: An Introduction to Political Sociology*. New York, Appleton-Century-Crofts.
「復興への提言～悲惨のなかの希望～」東日本大震災復興対策本部事務局、東日本大震災復興構想会議、2011 年
「復興特区制度（仮称）などの検討状況について」東日本大震災復興対策本部事務局、2011 年 8 月 23 日
「危機は機会なのか？」平山洋介、岩波書店『世界』2011 年 8 月号、pp.67-75
Hirono, Miwa（廣野美和）. 2011. "The Limits of Disaster Diplomacy." *Diplomat*, 17 April, http://the-diplomat.com/china-power/2011/04/17/the-limits-of-disaster-diplomacy/.

Fairley, Peter. 2011. "Japan Faces Post-Fukushima Power Struggle." *IEEE Spectrum*, August, http://spectrum.ieee.org/green-tech/solar/japan-faces-postfukushima-power-struggle.

Feickert, Andrew, and Emma Chanlett-Avery. 2011. *Japan 2011 Earthquake: U.S. Department of Defense (DOD) Response*. Washington, DC: Congressional Research Service.

Fingleton, Eamonn. 2012. "The Myth of Japan's Failure." *New York Times*, 6 January.

Fouse, David. 2011. *Japan Unlikely to Redirect Defense Policy*. Honolulu: PacNet Newsletter.

Freeman, Christopher. 1987. *Technology Policy and Economic Performance*. London: Pinter.

Freeman, Laurie. 2003. "Mobilizing and Demobilizing the Japanese Public Sphere: Mass Media and the Internet in Japan." Chap. 11 in *The State of Civil Society in Japan*, edited by Frank Schwartz and Susan Pharr. New York: Cambridge University Press.

Freeman, Laurie Anne. 2000. *Closing the Shop: Information Cartels and Japan's Mass Media*. Princeton, NJ: Prince ton University Press.

Frühstück, Sabine. 2007. *Uneasy Warriors: Gender, Memory, and Popular Culture in the Japanese Army*. Berkeley: University of California Press.

Fujitani, Takashi. 1996. *Splendid Monarchy: Power and Pageantry in Modern Japan*. Berkeley: University of California Press.

Fukao, Mitsuhiro（深尾光洋）. 2011. "The Great East Japan Earthquake and Japan's Fiscal Consolidation." *Japan Economic Currents* 79 (July), Tokyo: Keizai Kōhō Center.

Fukushima Nuclear Accident Independent Investigation Commission. 2012. "The Official Report of the Fukushima Nuclear Accident Indepedent Investigation Commission." National Diet of Japan, Tokyo, 5 July. English summary: http://www.slideshare.net/jikocho/naiic-report-hires.（リンク切れ。ただし https://www.nirs.org/fukushima/naiic_report.pdf にて参照可能）

「福島県復興ビジョン」福島県、2011 年 8 月

Funabashi, Yoichi（船橋洋一）, and Kay Kitazawa. 2012. "Fukushima in Review: A Complex Disaster, a Disastrous Response." *Bulletin of the Atomic Scientists*, 5 March, http://bos.sagepub.com/content/68/2/9.

Gaillard, Jean-Christophe, Elsa Clavé, and Ilan Kelman. 2008. "Wave of Peace? Tsunami Disaster Diplomacy in Aceh, Indonesia." *Geoforum* 39: 511–26.

Gamson, William A., and Andre Modigliani. 1989. "Media Discourse and Public Opinion on Nuclear Power: A Constructionist Approach." *American Journal of Sociology* 95 (1): 1–37.

原子力未来研究会 HP、2003 年、http://park.itc.u-tokyo.ac.jp/yamaji/atom/（リンク切れ）

「六ヶ所再処理プロジェクト決断への選択肢—出口なき前進か、再生への撤退か—」『原子力 eye』vol.49 No.10、2003 年、pp.1-10

http://park.itc.u-tokyo.ac.jp/yamaji /atom/docs/rokkasho.pdf.（リンク切れ。ただし http://www.iwafunelab.iis.u-tokyo.ac.jp/yamaji/atom/docs/rokkasho.pdf にて参照可能）

Gershenkron, Alexander. 1962. *Economic Backwardness in Historical Perspective: A Book of Essays*. Cambridge: Harvard University Press.

Gourevitch, Peter. *Politics in Hard Times*. Ithaca, NY: Cornell University Press, 1986.

army service?]. 18 October, http://www.derwesten.de/nachrichten/politik/Heimatschutz-Dienst-statt-Bundeswehr-id3842510.html.

DeWit, Andrew. 2011a. "Fallout from the Fukushima Shock: Japan's Emerging Energy Policy." *Asia-Pacific Journal: Japan Focus* 9 (45), no. 5.

———. 2011b. "Japan's Nuclear Village Wages War on Renewable Energy and the Feed-In Tariff." *Asia-Pacific Journal: Japan Focus* (50).

DeWit, Andrew, Iida Tetsunari, and Kaneko Masaru（飯田哲也、金子勝）. 2012. "Fukushima and the Political Economy of Power Policy in Japan." Chap. 9 in *Natural Disaster and Nuclear Crisis in Japan: Response and Recovery after Japan's 3-11*, edited by Jeff Kingston. London: Nissan Monograph Series, Routledge.

Dickie, Mure. 2012. "Beware Post-Crisis 'Made in Japan' Labels." *Financial Times*, 5 July.

Dimmer, Christian. 2011. "Imagining an Alternative Future." JapanEcho.net, 21 June, http://japanecho.net/society/0086/.（リンク切れ）

Dinmore, Eric Gordon. 2006. "A Small Island Poor in Resources: Natural and Human Resource Anxieties in Transwar Japan." PhD diss., Department of History, Prince ton University, Princeton, NJ.

Druckman, James N. 2001. "On the Limits of Framing Effects: Who Can Frame?" *Journal of Politics* 63 (4): 1041–66.

———. 2004. "Political Preference Formation: Competition, Deliberation, and the (Ir) relevance of Framing Effects." *American Political Science Review* 98 (4): 671–86.

Duus, Peter. 2012. "Dealing with Disaster." Chap. 10 in *Natural Disaster and Nuclear Crisis in Japan: Response and Recovery after Japan's 3-11*, edited by Jeff Kingston. London: Nissan Monograph Series, Routledge.

Edelman, Murray J. 1988. *Constructing the Political Spectacle*. Chicago: University of Chicago Press.

Edgington, David W. 2010. *Reconstructing Kobe: The Geography of Crisis and Opportunity.* Vancouver: University of British Columbia Press.

Edgington, David W., Thomas Hutton, and Michael Leaf. 1999. "The Post-Quake Reconstruction of Kobe: Economic, Land Use and Housing Perspectives." *Japan Foundation Newsletter* 27 (1): 13–15, 17.

Energy and Environmental Council. 2011. "Interim Compilation of Discussion Points for the Formulation of 'Innovative Strategy for Energy and the Environment.' " Tokyo, 29 July.

Energy Conservation and Renewable Energy Department, Agency for Natural Resources and Energy. 2010. "Selection of Next Generation Energy and Social Systems Demonstration Areas." Ministry of Economy, Trade, and Industry（経済産業省）, Tokyo, April.

Entman, Robert M. 1993. "Framing: Toward Clarification of a Fractured Paradigm." *Journal of Communication* 43 (4): 51–58.

———. 2003. *Projections of Power: Framing News, Public Opinion, and U.S. Foreign Policy.* 1st ed. Chicago: University Of Chicago Press.

U.S. Agency for International Development.
Busch, Noel F. 1962. *Two Minutes to Noon*. New York: Simon and Schuster.〔ノエル・ブッシュ『正午二分前』向後英一訳、ハヤカワ・ノンフィクション、1967 年〕

Capoccia, Giovanni, and R. Daniel Kelemen. 2007. "The Study of Critical Junctures: Theory, Narrative, and Counterfactuals in Historical Institutionalism." *World Politics* 59 (3): 341–69.
Carothers, Thomas. 1999–2000. "Civil Society: Think Again." *Foreign Policy* 117: 18–29.
Center for International and Strategic Studies. 2011. "Partnership for Recovery and a Stronger Future: Standing with Japan after 3-11." Report of a Center for Strategic and International Studies (CSIS) Task Force in Partnership with Keidanren, November.
Chen, Guo, et al. 2010. "The Dragon Strikes: Lessons from the Wenchuan Earthquake." *Anesthesia and Analgesia*, March, 908–15, http://www.anesthesia-analgesia.org/content/110/3/908.
Chong, Dennis, and James N. Druckman. 2007. "Framing Theory." *Annual Review of Political Science* 10: 103–26.
「防災対策推進検討会議中間報告～東日本大震災の教訓を活かし、ゆるぎない日本の再構築を～」中央防災会議防災対策推進検討会議、2012 年 3 月 7 日 http://www.bousai.go.jp/chubou/suishinkaigi/chukan_hontai.pdf.（リンク切れ。新しいサイトは http://www.bousai.go.jp/kaigirep/chuobou/suishinkaigi/pdf/chukan_youshi.pdf と思われる）
「トモダチ作戦の舞台裏」中央公論新社『中央公論』、2011 年 9 月号、pp.60-68
Clancey, Gregory K. 2006a. E*arthquake Nation: The Cultural Politics of Japanese Seismicity, 1868–1930*. Berkeley: University of California Press.
———. 2006b. "The Meiji Earthquake: Nature, Nation, and the Ambiguities of Catastrophe." *Modern Asian Studies* 40 (4): 909–51.
Comfort, L. 2000. "Disaster: Agent of Diplomacy or Change in International Affairs?" *Cambridge Review of International Affairs* 14 (1): 277–94.
Cronin, Patrick. 2011. "Japan's New Deal Opportunity." *Diplomat*, 11 April.
Curtis, Gerald. 2012. "Stop Blaming Fukushima on Japan's Culture." *Financial Times*, 10 July.

Dale, Peter N. 1986. *The Myth of Japanese Uniqueness*. New York: St. Martin's Press.
David Rubens Associates. 2011. "Great Eastern Japan Earthquake, March 11th, 2011: A Preliminary Report on the Japanese Government's Disaster Response Management." David Rubens Associates, London, May.
Davison, Charles. 1931. *The Japanese Earthquake of 1923*. London: Thomas Murby.
De Dilutiis, Guiseppe. 2007. *Il Golpe di Via Fani* [The coup on Via Fani]. Milan: Sperling and Kupfer.
d'Ercole, Marco Mira. 2006. "Income In equality and Poverty in OECD Countries: How Does Japan Compare?" *Japanese Journal of Social Security Policy* 5 (1): 1–15.
Der Westen. 2010. "Heimatschutz-Dienst statt Bundeswehr?" [Homeland security instead of

Earthquake, Central Honshu, Japan, Based on the Paleoseismic Investigations."
http://unit.aist.go.jp/actfault-eq/english/reports/h10seika/12seika.html.（リンク切れ。ただし https://www.gsj.jp/en/publications/reports/h10seika/12seika.html にて参照可能）
Ayson, Robert, and Brendan Taylor. 2008. "Carry China's Torch." Survival 50 (4): 5–10.

Baumgartner, Frank R., and Bryan D. Jones. 2009. *Agendas and Instability in American Politics.* 2nd ed. Chicago: University of Chicago Press.
Beard, Charles A. 1924. "Goto and the Rebuilding of Tokyo." Our World, April, 11–21.
Befu, Harumi. 2001. *Hegemony of Homogeneity: An Anthropological Analysis of "Nihonjinron."* Melbourne, Australia: Trans Pacific Press.
Beinert, Peter. 2006. *The Good Fight: Why Liberals, and Only Liberals, Can Win the War on Terror and Make America Great Again.* New York: HarperCollins.
Benford, Robert D., and David A. Snow. 2000. "Framing Processes and Social Movements: An Overview and Assessment." In *Annual Review of Sociology*, Vol. 26, edited by Karen S. Cook, 625–27. Palo Alto, CA: Annual Reviews.
Birkland, Thomas A. 1997. *After Disaster: Agenda Setting, Public Policy, and Focusing Events.* Washington, DC: Georgetown University Press.
「東日本大震災への対応に関する教訓事項（中間取りまとめ）のポイント」防衛省、2011年
http://www.mod.go.jp/j/approach/defense/saigai/pdf/k_chukan_point.pdf.
『日本の防衛 - 防衛白書』防衛省、2011 年 8 月 2 日
Boin, Arjen, Allan McConnell, and Paul 't Hart. 2008. "Governing after Crisis." In *Governing after Crisis: The Politics of Investigation, Accountability, and Learning*, edited by Arjen Boin, Allan McConnell, and Paul 't Hart. New York: Cambridge University Press.
Borah, Porismita. 2011. "Conceptual Issues in Framing Theory: A Systematic Examination of a De cade's Literature." *Journal of Communication* 61 (2): 246–63.
Borland, Janet. 2006. "Capitalizing on Catastrophe: Reinvigorating the Japanese State with Moral Values through Education following the 1923 Great Kanto Earthquake." *Modern Asian Studies* 40 (4): 875–907.
Bosner, Leo. 2011. "Japan's Response to a Large-Scale Disaster: Can It Be Improved?" Report to the Maureen and Mike Mansfield Foundation, Washington, DC, 13 July.
Bowers, William J. 2010. "Pakistani Earthquake Relief Operations: Leveraging Humanitarian Missions for Strategic Success." *Prism* 2 (1): 131–44.
Boyd, J. Patrick. 2012. "States of the Nations: Nationalism, Narratives and Normative Change in Postwar Japan." PhD diss., Department of Political Science, Massachusetts Institute of Technology.
Boyd, J. Patrick, and Richard J. Samuels. 2008. "Prosperity's Children: Generational Change and Japan's Future Leadership." *Asia Policy* 6: 15–51.
Brysk, Alison. 1995. " 'Hearts and Minds': Bringing Symbolic Politics Back In." *Polity* 27 (4): 559–85.
Bureau of Legislative and Public Affairs. 2006. *Pakistani Earthquake Relief.* Washington, DC:

# 参考文献

「私ならこうやる」安倍晋三、ワック・マガジンズ『WiLL』2011 年 7 月号、pp28-37

「想定外の安全と賠償－福島原発事故調査の課題－」赤木昭夫、岩波書店『世界』2011 年 8 月号 pp.194-211

Akcinaroglu, Seden, Jonathan M. DiCicco, and Elizabeth Radziszewsk. 2011. "Avalanches and Olive Branches: A Multimethod Analysis of Disasters and Peacemaking in Interstate Rivalries." *Political Research Quarterly* 64: 260–75.

Aldrich, Daniel P. 2008. *Site Fights: Divisive Facilities and Civil Society in Japan and the West.* Ithaca, NY: Cornell University Press.

———. 2011. "Nuclear Power's Future in Japan and Abroad: The Fukushima Accident in Social and Political Perspective." *ParisTech Review*, 25 August, http://www.paristechreview.com/2011/08/25/nuclear-fukushima-accident-social-Political-perspective/.

———. 2012. "Networks of Power: Institutions and Local Residents in Post-Tohoku Japan." Chap. 7 in *Natural Disaster and Nuclear Crisis in Japan: Response and Recovery after Japan's 3-11*, edited by Jeff Kingston. London: Nissan Monograph Series, Routledge.

Allen, J. Michael. 1996. "The Price of Identity: The 1923 Kanto Earthquake and Its Aftermath." *Korean Studies* 20: 64–93.

Ames, Chris, and Yuiko Koguchi-Ames. 2012. "Friends in Need: 'Operation Tomodachi' and the Politics of U.S. Military Disaster Relief in Japan." Chap. 12 in *Natural Disaster and Nuclear Crisis in Japan: Response and Recovery after Japan's 3-11*, edited by Jeff Kingston. London: Nissan Monograph Series, Routledge.

Andrews, Molly. 2003. "Grand National Narratives and the Project of Truth Commissions: A Comparative Analysis." *Media, Culture & Society* 25: 45–65.

Anzai, Ikuro（安斎育郎）. 2011. "An Agenda for Peace Research after 3/11." *Asia-Pacific Journal* 9 (46), no. 1.

『三・一一後　ニッポンの論点』朝日新聞社、2011 年

『情報、官邸に達せず』麻生幾、新潮文庫、2003 年

『前へ！　東日本大震災と戦った無名戦士たちの記録』麻生幾、新潮文庫、2014 年

Avenell, Simon. 2012a. "From Fearsome Pollution to Fukushima: Environmental Activism and the Nuclear Blind Spot in Contemporary Japan." *Environmental History* 17: 244–76.

———. 2012b. "From Kobe to Tohoku: The Potential and the Peril of a Volunteer Infrastructure." Chap. 3 in *Natural Disaster and Nuclear Crisis in Japan: Response and Recovery after Japan's 3-11*, edited by Jeff Kingston. London: Nissan Monograph Series, Routledge.

Awata, Yasuo, Yoshihiko Kariya, and Koji Okumura（粟田泰夫、苅谷愛彦、奥村晃史）. 1998 . "Segmentation of the Surface Ruptures Associated with the 1891 Nobi

訳者

## プレシ南日子

東京外国語大学卒業。ロンドン大学修士課程修了。主な訳書に『核を売り捌いた男』（ビジネス社）、『自然災害の恐怖』（ゆまに書房）、『グリーンスパンの正体』（エクスナレッジ）、『最新脳科学で読み解く0歳からの子育て』（東洋経済新報社）、『理想の村マリナレダ』（太田出版）がある。

## 廣内かおり

主にビジネス文書、ノンフィクション書籍を翻訳。これまでの訳書に『Google Earthと旅する世界の歴史』（大日本絵画）、『ジョブズのすべて』（電子書籍　ディスカバー・トゥエンティワン）など。

## 藤井良江

神戸女学院大学文学部卒。訳書に『変わり者でいこう』（東京書籍）、『世界を変えるエリートは何をどう学んできたのか？』（日本実業出版社）、『ネイティブ・アメリカン　幸せを呼ぶ魔法の言葉』（日本文芸社）がある。

著者

## リチャード・J・サミュエルズ
Richard J. Samuels

マサチューセッツ工科大学（MIT）政治学部フォードインターナショナル教授、MIT国際研究センター所長、MIT日本研究プログラム創設者。専門は日本の政治、安全保障。1992 ～ 95 年 MIT 政治学部長、2001 ～ 08 年日米友好基金理事長を務めた。日米の相互理解と文化交流への寄与により旭日重光章を受章している。著書『富国強兵の遺産――技術戦略にみる日本の総合安全保障』（奥田章順訳、三田出版会、1997 年）で日本に関する優れた英語文献に贈られるジョン・ホイットニー・ホール・ブック賞および有沢広巳記念賞を受賞。また『日本における国家と企業――エネルギー産業の歴史と国際比較』（廣松毅監訳、多賀出版、1999 年）で大平正芳記念賞を、『マキァヴェッリの子どもたち――日伊の政治指導者は何を成し遂げ、何を残したか』（鶴田知佳子、村田久美子訳、東洋経済新報社、2007 年）で米国政治学会エルビス・シュローダー賞を受賞した。他の著書に『日本防衛の大戦略――富国強兵からゴルディロックス・コンセンサスまで』（白石隆訳、日本経済新聞出版社、2009 年）などがある。

● 英治出版からのお知らせ
本書に関するご意見・ご感想を E-mail（editor@eijipress.co.jp）で受け付けています。
また、英治出版ではメールマガジン、ブログ、ツイッターなどで新刊情報やイベント情報を配信しております。ぜひ一度、アクセスしてみてください。

メールマガジン ：会員登録はホームページにて
ブログ ：www.eijipress.co.jp/blog/
ツイッター ID ：@eijipress
フェイスブック ：www.facebook.com/eijipress

# 3.11　震災は日本を変えたのか

発行日　2016年 3月11日　第1版　第1刷

著者　リチャード・J・サミュエルズ
訳者　プレシ南日子（ぷれし・なびこ）
廣内かおり（ひろうち・かおり）
藤井良江（ふじい・よしえ）
発行人　原田英治
発行　英治出版株式会社
〒150-0022 東京都渋谷区恵比寿南 1-9-12 ピトレスクビル 4F
電話　03-5773-0193　FAX　03-5773-0194
http://www.eijipress.co.jp/
プロデューサー　高野達成
スタッフ　原田涼子　岩田大志　藤竹賢一郎　山下智也　鈴木美穂
下田理　田中三枝　山見玲加　安村侑希子　山本有子
上村悠也　田中大輔　谷本雅章　渡邉吏佐子
印刷・製本　シナノ書籍印刷株式会社
装丁　英治出版デザイン室
翻訳協力　山内めぐみ／株式会社トランネット　www.trannet.co.jp


ISBN978-4-86276-196-5　C0030　Printed in Japan